Axel Görlitz/Hans-Peter Burth

Politische Steuerung

Ein Studienbuch

2., überarbeitete
und erweiterte Auflage

Leske + Budrich, Opladen 1998

Gedruckt auf säurefreiem und altersbeständigem Papier.

ISBN 3-8100-2125-3

Satz und Umbruch: Bettina Oeding
Druck: Druck Partner Rübelmann, Hemsbach
Printed in Germany

Inhalt

1. Steuerungsproblematik 7

1.1 Steuerungsverständnis 7
1.2 Steuerungskrise 10
1.2.1 Kapitalismuskritische Ansätze 11
1.2.2 Pluralismuskritische Ansätze 14
1.2.3 Kritik der kritischen Ansätze 16
1.3 Steuerungsbedarf 19
1.4 Steuerungsinstrumente 28
1.5 Steuerungsmedien 34
1.6 Steuerungsfelder 48
1.6.1 Verkehr 50
1.6.2 Umwelt 62

2. Konventionelle Steuerungskonzepte 77

2.1 Steuerungsbegrifflichkeit 77
2.2 Planungskonzepte 80
2.2.1 Policy-Making-Ansätze 81
2.2.2 Entscheidungstheoretische Ansätze 90
2.2.3 Kybernetisch-systemtheoretische Ansätze 96
2.2.4 Gesellschaftspolitische Ansätze 101
2.2.5 Zwischenergebnis 110
2.3 Staats- und Gesellschaftskonzepte 116
2.3.1 Staatstheoretische Zugänge 116
2.3.2 Neokorporatistische Zugänge 125
2.3.3 Steuerungssoziologische Zugänge 131
2.4 Policy-analytische Konzepte 141
2.4.1 Prozeßmodelle 141
2.4.2 Netzwerkmodelle 148
2.4.3 Akteurszentrierte Modelle 169

2.5 Steuerungspraxis 175
2.5.1 Programmsetzung 179
2.5.2 Programmvollzug 182
2.5.3 Programmwirkung 186

3. Unkonventionelle Steuerungskonzepte 196

3.1 Selbstorganisationsbegrifflichkeit 200
3.2 Autopoiesekonstrukte 203
3.3 Konstrukte selbstreferentieller Systeme 210
3.4 Konstrukte Struktureller Kopplung 223
3.4.1 Sozialtheoretische Interpretation des Autopoiesemodells 223
3.4.2 Steuerungstheoretische Interpretation des Autopoiesemodells 241
3.5 Steuerungsstrategie 246
3.5.1 Regulierung 258
3.5.2 Finanzierung 261
3.5.3 Strukturierung 264
3.5.4 Informierung 266
3.6 Steuerungspraxis 269
3.6.1 Agrar-Ökologiepolitik 272
3.6.2 Kommunale Verkehrspolitik 282
3.7 Ausblick 291

Literatur 295

Stichwortverzeichnis 310

Content 319

Verfasser 320

In Kapitel 1 geht es um folgende Fragen:

1.1 Was meint der Steuerungsbegriff?
1.2 Ist Steuerung überhaupt möglich?
1.3 Warum wird gesteuert?
1.4 Wie wird gesteuert?
1.5 Was weiß man über die Wirkung von Steuerungsinstrumenten?

1. Steuerungsproblematik

1.1 Steuerungsverständnis

Ein Begriff wie Steuerung assoziiert Bilder von einem Steuermann, der das Steuerruder fest in den Händen hält und sein Schiff auf sicherem Kurs steuert. Solche Bilder gibt es auch in Politik und Politikwissenschaft. Die Politik porträtiert einen Staatenlenker, der die Staatsgewalt nutzt, um das Staatsschiff über alle Klippen zu bringen. Die Politikwissenschaft zeichnet einen Regler nach, der durch einen Steuerungsbefehl das Gesellschaftssystem gestaltet.

Das erste Bild veranschaulicht Alltagswissen. Solches Wissen versorgt im Alltag mit plausiblen Deutungsmustern, etwa derart, daß der Landesvater die Regierungsgeschäfte zur Mehrung des Allgemeinwohls zu besorgen habe. Alltagswissen speist sich aus vielen Quellen und ist deshalb auch mit popularisiertem wissenschaftlichem Wissen durchsetzt; so repräsentiert der Staat Rousseaus den Volkswillen und ist deshalb dem Gemeinwohl verpflichtet.[1] Mit derartigen Denkergebnissen sickern auch Denkweisen in das Alltagswissen ein, die etwa auf den Zusammenhang zwischen Ursachen und Wirkungen oder Zwecken und Mitteln abstellen. Auf diese Weise läßt sich dann der Zusammenhang zwischen Gemeinwohlmehrung und Endlagerbau

1 Ulrich, Steuerung, S. 150

problematisieren, beispielsweise das Ziel, die Energieversorgung und ein Mittel dazu, die Einlagerung hochgiftigen Plutoniums, sicherzustellen, als Widerstreit zwischen zugleich umweltfreundlicher und gesundheitsgefährdender Energiepolitik. Und wer neben einem potentiellen Endlager wohnt, mag konstatieren, daß der gesteuerte Kurs falsch ist.

Das zweite Bild illustriert wissenschaftliches Wissen. So setzt die „Politische Kybernetik“ eine bestimmte Größe, einen Sollwert, als Gesellschaftszweck, der mit dem momentanen Zustand, dem Istwert, mit Hilfe eines Reglers abgeglichen und durch einen Steuerungsbefehl angeglichen wird.[2] Den Gesellschaftszweck filtert die Politik aus der Vielzahl konkurrierender Meinungen und Orientierungen als konsensfähige Zielvorstellung heraus. Zielerreichung sollen regulative Entscheidungen und die Steuerung menschlichen Verhaltens zur Durchsetzung dieser Entscheidungen verbürgen, so daß es sich beim politischen System um ein Entscheidungs- und Steuerungssystem handelt.[3]

Im kybernetischen Steuerungskonstrukt ist Überlebenssicherung das oberste Systemziel, so daß sich auf diesen Metazweck die Entscheidungen des politischen Systems wie Emissionsverbote oder Investitionsanreize letztlich zurückführen lassen. Die Steuerung menschlichen Verhaltens entspricht dann „einer im Hinblick auf die Erfüllung gesellschaftlicher Zielvorstellungen zuverlässig funktionierenden Gleichrichtung von menschlichen Arbeitsleistungen und Erwartungen“[4] und ließe sich etwa durch Verbote, Geldleistungen oder Überzeugungskampagnen bewerkstelligen. Regler könnte in diesem Konstrukt das Parlament sein, das Soll-Zustände oder politische Ziele wie Vollbeschäftigung mit Ist-Zuständen oder sozialen Problemlagen wie Arbeitslosigkeit ab- und durch Steuerungsbefehle, etwa Arbeitsbeschaffungsmaßnahmen, angleicht.

In diesem Kontext ist Steuerung ein nach außen offener, aber in sich geschlossener Regelungsprozeß. Regelung ist die Reaktion auf unberechenbare systemexterne Störgrößen, die zur Bestandserhaltung die systeminternen Variablen modifiziert. An diesem Prozeß sind also Instanzen zur Konkretisierung des Systemziels, zur Erfassung der Systemumwelt, zur Ermittlung des gegenwärtigen Systemzustands, zur Verfügung der Systemmodifikation und zur Ermittlung des modifizierten Systemzustands beteiligt. Man kann sich diesen Regelungs- als Policymaking-Prozeß vorstellen, mit Stationen wie Zieldefinition, Verarbeitung von sozialen Inputs, Beurteilung der poli-

---

2 Luhmann, Zweckbegriff, S. 159, s. auch v. Cube, Kybernetik, S. 130

3 Deutsch, Politische Kybernetik, S. 266

4 Ebd., S. 187

tisch-administrativen Ressourcen sowie Programmentwicklung, -durchführung und -bewertung, wobei zwischen den einzelnen Stationen Rückkoppelungsschleifen bestehen, etwa derart, daß ein Programmvollzug durch die Verwaltung auf die Zieldefinition der politischen Führung zurückwirken und beispielsweise eine Programmrevision auslösen kann.

Dementsprechend handelt es sich bei einem derartigen Steuerungsprozeß um eine von einem Steuerungssubjekt bei einem Steuerungsobjekt gezielt herbeigeführte, zustandswandelnde Verhaltensänderung.[5] Auch wenn Rückwirkungen vom Steuerungsobjekt auf das Steuerungssubjekt einkalkuliert werden, beispielsweise von Kraftwerksbetreibern auf die emissionsbegrenzende Regierung, oder vom Zustand B auf den Zustand A, etwa vom strompreisverteuernden Filtereinbau auf den Anstieg der Lebenshaltungskosten, so ist dieses Steuerungsverständnis dennoch hierarchisch und kausaldeterministisch. Damit ist zum einen gesagt, daß zwischen Steuerungssubjekt und -objekt ein Über- und Unterordnungsverhältnis besteht, und zum anderen, daß der Zustandswandel per Verhaltensänderung durch die gezielte Verhaltensbeeinflussung bedingt ist.

Wie es aussieht, präzisiert das wissenschaftliche das alltägliche Steuerungsverständnis. Was im Alltag grob mit „führen" umschrieben und als Bedingungsgefüge zwischen Befehlshaber und -befolger thematisierbar ist, gestaltet die Wissenschaft zu einem Politikverfertigungsmodell aus, das ein Bedingungsgefüge zwischen Gestaltungsinstanzen und -adressaten beschreibt. Nun gehören Führungsversagen wegen Befehlstaubheit, -verweigerung oder -widerstand zum Alltagswissen, und auch im wissenschaftlichen Wissen findet sich Gestaltungsversagen wegen Adressatenverfehlung, -veto oder -resistenz. Fragen danach, warum Adressaten Gestaltungsstrategien nicht wahrnehmen, konterkarieren oder ignorieren, beantwortet eine weiter spezialisierte Steuerungsforschung. So sucht die Planungsforschung Erklärungen für Steuerungsdefizite vorzugsweise bei den Steuerungsinstanzen, die Implementationsforschung bei den Vollzugsträgern oder die Evaluationsforschung bei den Adressaten.

Kurzum, Steuerung ist ein politisches und ein politikwissenschaftliches Problem. Ein Steuerungsverständnis, das die Konditionierung sozialen Verhaltens in den Mittelpunkt stellt, wirft Fragen danach auf, ob und gegebenenfalls inwieweit sich soziales Verhalten konditionieren läßt. Unbeeinflußbarkeit machte jeden Steuerungsversuch zunichte. Geringe Beeinflussungsmöglichkeiten setzten Steuerungsversuchen enge Grenzen. Große Beeinflußbarkeit eröffnete enorme Steuerungsaussichten. Die Ob- und die Inwie-

5 Vgl. Mayntz, Steuerung, S. 93 f

weitfragen richten sich allerdings nicht nur an Adressaten, sondern auch an den Staat, so daß nicht nur nach Steuerungsmöglichkeit, sondern auch nach Steuerungsfähigkeit gefragt ist. Schließlich müßten dem politischen System eventuelle Steuerungsmöglichkeiten bekannt und verfügbar sein. Gewußt werden müßte also, wodurch begrenzt oder inwieweit mit gegebenen Mitteln gesteuert werden könnte.

Vielleicht ist aber weniger Steuerung als vielmehr die gängige Steuerungsdefinition das eigentliche Problem. Eine Definition präzisiert, wie gesagt, Begriffe kontextabhängig. In einem anderen, etwa vorrangig auf die eher beiläufig behauptete Rückkoppelung des Steuerungsprozesses abhebenden Kontext, könnte sich Steuerung als Kooperation zwischen Staat und Adressaten oder Verwaltung und Betroffenen definieren. Steuerung wäre dann nicht länger eine hierarchische und kausaldeterministische Veranstaltung, weil Steuerungssubjekte und -objekte als (Verhandlungs-)Partner und Steuerungsprozesse als offene (Verhandlungs-)Verfahren erschienen. Welche Fragen sich auch immer stellen mögen, so hat wenigstens die Antwortsuche einen Ausgangspunkt: sollte die Frage nach der Steuerungsfähigkeit von Staat und Politik zu verneinen sein, erübrigten sich alle weiteren Fragen.

1.2 Steuerungskrise

Wenn man sich einmal andauernde Probleme moderner Industriegesellschaften wie Arbeitslosigkeit, Kriminalität oder Umweltverschmutzung vor Augen führt, fällt auf, daß man vom Staat zwar Lösungen erwartet, aber kaum erhält. Alle Lösungsversuche, etwa Beschäftigungsprogramme, Strafverschärfungen oder Emissionsverbote, bringen so wenig Erfolg, daß die These vom Staatsversagen Allgemeingut werden konnte. Damit ist also gemeint, daß gesellschaftlich bedeutsame und politisch relevante Probleme vom Staat nicht gelöst werden. Während aber Staatsversagen im Alltag vorzugsweise als Unfähigkeit von Politikern diskutiert wird, thematisiert man in der Wissenschaft das staatliche Steuerungspotential. Dabei lassen sich zwei Argumentationslinien unterscheiden.

Zum einen bezweifelt man die Steuerbarkeit sozialer Entwicklungen und die Steuerungsfähigkeit des politischen Systems. Wie versucht wird, diese Zweifel wissenschaftlich zu begründen und möglicherweise auch auszuräumen, demonstrieren die gängigen Steuerungsmodelle oder -theorien; davon wird später noch ausführlich die Rede sein. Zum anderen konstatiert man eine unüberwindbare Steuerungskrise. Der Versuch, die Ursachen und Folgen dieser Krise zu erklären, firmiert als Krisentheorien. Dabei handelt es sich um Konstrukte, die unterschiedliche Krisenphänomene systematisieren und kategorisieren. Krisenphänomene in diesem Sinn sind die sozio-politischen Entstehungsbedingungen von Krisen wie der Steuerungskrise. Krisentheorien lassen sich danach unterscheiden, wie die konstatierte Entscheidungs- und Handlungsunfähigkeit moderner Industriestaaten begründet wird. In einer ersten Grobeinteilung kann man zwischen kapitalismuskritischen Ansätzen einerseits und pluralismuskritischen Ansätzen andererseits unterscheiden.

1.2.1 Kapitalismuskritische Ansätze

Gemeinsamer Ausgangspunkt dieser Ansätze ist die Annahme, daß die strukturellen Voraussetzungen kapitalistischer Austauschprozesse sich selbst verstärkende Widersprüche erzeugen, etwa zwischen Arbeit und Kapital oder Produktions- und Konsumptionssphäre. Diese Widersprüche verstärken sich wechselseitig und lassen sich am Ende vom Staat nicht mehr überbrücken. Anders gesagt, die Steuerungskrise ist nur die politische Konsequenz der sozio-ökonomischen Krise. Die Antworten auf die Fragen, wo das Widerspruchskarussell verortet wird und wie sich die Widersprüche aufschaukeln, fügen sich zu unterscheidbaren Argumentationslinien zusammen, die als Krisentheorien des Spätkapitalismus firmieren. Diese Entwicklungsphase wird durch die antagonistische Produktionsweise einerseits und die politische Allzuständigkeit andererseits gekennzeichnet.

Finanzkrisen-These. Dieser Ansatz geht von einer wachsenden Diskrepanz zwischen privater Bereicherung und öffentlicher Verarmung aus, die schließlich in die Finanzkrise des Staates mündet. Die Privatisierung der Gewinne und die Verstaatlichung von Kosten (etwa für Umweltgüter) vergrößert stetig die Lücke zwischen den Einnahmen und den Ausgaben des Staates.[6] Die Ausgaben werden zur Erfüllung der Staatsfunktionen getätigt, vor allem der Akkumulationsfunktion, bei der es um die Aufrechterhaltung der Bedingungen für eine profitable Kapitalvermehrung geht, und der Legitimationsfunktion, die zur Aufrechterhaltung der Bedingungen für einen so-

6 Vgl. hierzu und zum Folgenden O'Connor, Finanzkrise, S. 20 ff

zialen Konsens verpflichtet. Der Staat interveniert also in ökonomische Prozesse, sei es zum Nutzen der Kapitaleigner, sei es zum eigenen Nutzen (etwa zur Steigerung der Steuereinnahmen), und in soziale Prozesse, um auch die Benachteiligten bei der Stange zu halten.

Die Interventionskosten heißen im ersten Fall Sozialkapital und im zweiten Fall soziale Unkosten. Das Sozialkapital finanziert demnach die Strukturvoraussetzungen der privaten Kapitalvermehrung. Dazu gehören etwa technische Infrastrukturen wie Kommunikations- und Verkehrsnetze und soziale Infrastrukturen, etwa das Renten- oder Gesundheitswesen. Diese Ausgaben wirken indirekt produktiv. Die sozialen Unkosten entstehen für die Wahrung des sozialen Friedens und lassen sich als Wohlfahrtsstaatsausgaben etikettieren. Mit zunehmendem Wirtschaftswachstum wachsen auch beide Ausgabenposten, weil sowohl die ökonomischen als auch die sozialen Rahmenbedingungen immer kostenintensiver werden. Vom Staat wird gleichermaßen wirtschaftliche Prosperität wie soziale Wohlfahrt eingefordert, während zugleich die Privatisierung der Erträge und die Sozialisierung von Kosten die Finanzmittel zur Erfüllung dieser Forderungen vorenthält. Die Einnahmen decken nicht mehr die Ausgaben; die Finanzkrise wird unentrinnbar.

Legitimationskrisen-These. Hier wird davon ausgegangen, daß die Legitimationsbeschaffung mit der Expansion der Staatstätigkeit nicht mehr Schritt halten kann, wobei Legitimationsdefizite vor allem dann entstehen, wenn das staatliche Management zur Bewältigung von Strukturwandel versagt.[7] Erfahren die Gesellschaftsmitglieder den unbewältigten Strukturwandel als bestandskritisch und identitätsbedrohend, dann ist die Legitimationskrise da. Solche Erfahrungen werden dann gemacht, wenn es an konsumierbaren Wirtschaftsgütern, rationalen Verwaltungsentscheidungen, generalisierten Motivationen oder an handlungsmotivierendem Sinn fehlt, aber auch im Falle von Störungen der ökologischen, anthropologischen oder internationalen Balance.[8]

Ungelöste Steuerungsprobleme können also delegitimierend und damit desintegrierend wirken. Hauptgrund für die Steuerungsproblematik und damit Delegitimation sowie Desintegration soll die Krisenenergie sein, die aus dem fortbestehenden, wenn auch anonymisierten und verdrängten Klassenantagonismus resultiert.[9] Die staatlichen Verdrängungsstrategien, beispielsweise die quasipolitische Lohnstruktur oder Mitbestimmung, verdrängen

7 Habermas, Legitimationsprobleme, S. 98 ff; vgl. auch Guggenberger, Herrschaftslegitimierung, S. 21

8 Habermas, Legitimationsprobleme, S. 61 ff

9 S. ebd., S. 50 f, S. 103

zugleich die systemtypischen Motivationsbestände wie Arbeitsmarkt oder Klassenkampf. Der Versuch, die Produktionssphäre gleichermaßen politisch zu neutralisieren und ökonomisch zu privatisieren, endet mit dem Auseinanderdriften von Sinnhorizont und Funktionszwang.[10] Kurz gesagt, sind Wirtschaft und Staat gegeneinander abgeschottet, so daß fortbestehende Eingriffserwartungen an den Staat leerlaufen. Die Gesellschaftsmitglieder sind zwar in die privatisierte Produktionsweise eingebunden, erwarten aber vom Staat die politische Bereinigung ökonomischer Störfälle. Die Legitimationskrise ist folglich das unentrinnbare Schicksal kapitalistischer Industriegesellschaften.

Memo Steuerungskrise

Ansätze / Merkmale	Kapitalismuskritische Ansätze	
	Finanzkrisenthese	Legitimationskrisenthese
Grund-annahme	Kapitalistische Austauschprozesse erzeugen vom Staat nicht mehr überbrückbare Widersprüche	
Gesellschaftlicher Anspruch	Politische Steuerung soll die Bedingungen für profitable Kapitalvermehrung und sozialen Konsens aufrechterhalten	Politische Steuerung soll Strukturwandel bewältigen
Staatliches Dilemma	Privatisierung der Erträge bei Sozialisierung der Kosten	Politische Neutralisierung bei ökonomischer Privatisierung der Produktionssphäre
Folge	Öffentliche Verarmung	Delegitimierung und Desintegration
Trend	**Unregierbarkeit**	

10 Offe, Unregierbarkeit, S. 316

1.2.2 Pluralismuskritische Ansätze

Gemeinsamer Ausgangspunkt dieser Ansätze ist die Vermutung, daß die Meinungs-, Interessen- und Organisationsvielfalt moderner Industriegesellschaften den Staat überfordert. Das pluralistische Postulat, diese Vielfalt im politischen Willensbildungsprozeß abzubilden und abzuarbeiten, stößt an unterschiedliche Kapazitätsgrenzen. Zur Fixierung solcher Grenzen geraten die Kompetenzen und Ressourcen des politischen Systems ins Visier. Je nachdem, ob es um die Fähigkeit zur Kanalisierung oder zur Regulierung der Vielfalt geht, lassen sich unterschiedliche Argumentationszusammenhänge ausmachen, die sich ebenfalls als Krisentheorien etikettieren. Unregierbarkeitstheorien sind ein weiteres, nicht minder eingängiges Etikett.

Kostendruck-These. Analyseansatz ist ein Begriffskonzept politischer Autorität, das Steuerungseffektivität sowie Loyalität zu Meßgrößen für Regierbarkeit macht.[11] Steuerungseffektivität bezeichnet den Grad der Zielerreichung oder -verfehlung politischer Programme, Loyalität den Grad der Zustimmung zu politischen Institutionen. Effektivitäts- und Loyalitätsdefizite resultieren, so die Ausgangsbehauptung, vorrangig aus einer Überforderung der Wohlfahrtspolitik. Grund dieser Überforderung sei, daß das Wirtschaftswachstum hinter den wachsenden Kosten für den öffentlichen Sektor hinterherhinke. Kostentreibend sei auch die Vielzahl gegenläufiger politischer Programme oder die Zunahme politischer Responsivität gegenüber einer sich ständig vergrößernden Klientel. Unbefriedigte Nutzenerwartungen erscheinen als Steuerungsineffektivität, die Loyalitätseinbußen bewirkt. Loyalitätsverluste wiederum lösen Effektivitätsschwund bei dem Versuch aus, die öffentliche Wohlfahrt zu steigern. Der Kreis zwischen der einander stetig abschwächenden Steuerungseffektivität und Loyalität schließt sich zum sogenannten Unregierbarkeitstheorem.

Aufgabendruck-These. Hier wird von einer wachsenden Scherenöffnung zwischen den Aufgaben, deren Lösung vom Staat erwartet wird, und den gegebenen Lösungsmöglichkeiten ausgegangen.[12] Die Antworten auf die Frage, wieso sich diese Schere immer weiter öffnet, unterscheiden sich bloß in Nuancen. So resultiert Regierungsüberlastung nach der einen Auffassung aus der Vielzahl möglicher Koalitionen von Interessengruppen, dem Distanzabbau zur Regierung wegen gewachsener Informationschancen von Klientelen oder der Vermittelbarkeit fast jeder Erwartung als „unabweis-

11 S. zum Folgenden Rose, Persuasive Problems, S. 30 ff
12 Frei, Einführung, S. 10

bar".[13] Nach einer anderen Auffassung ist der Liberaldemokratie die Gefahr immanent, exzessive Erwartungen und destruktive Partikularinteressen hervorzurufen.[14] Grund dafür soll die Verteilungsfunktion des Staates sein, zu deren Erfüllung Steuer-, Sozial- oder Wirtschaftspolitik dienen. Dabei können Paradoxien derart entstehen, daß von der Sozialpolitik wachsende Wohlfahrtsleistungen und von der Steuerpolitik sinkende Steuerlasten erwartet werden. Die Parteienkonkurrenz um Machterhalt und -erwerb verleitet dann dazu, der Inflation konfligierender Erwartungen mit einer Inflation unhaltbarer Versprechen zu begegnen. Diese Tendenz verstärkt sich, je mehr eine potentiell jeden begünstigende Verteilungspolitik, wie beispielsweise die Auslobung von Sparprämien, zur Umverteilungpolitik wird, die den einen gibt, was sie den anderen nimmt, so vor allem in Abschwungphasen. Eine dritte Auffassung hält Problemimport für die Wurzel des Aufgabendrucks.[15] Demnach sieht sich der moderne Wohlfahrtsstaat nicht nur mit intern, sondern zudem mit extern heraufbeschworenen Aufgaben konfrontiert. Dazu gehören grenzüberschreitende Wirtschafts-, Umwelt- oder Sicherheitsprobleme, aber auch Identitätsprobleme, wie sie Europäisierung oder Internationalisierung mit sich bringen.

Komplexitätsdruck-These. Die zentrale Aussage lautet hier, daß sich soziale Interessen- und Organisationsvielfalt nicht mehr kanalisieren, integrieren und steuern lassen.[16] Damit verringert sich die politische Fähigkeit, Konsens herzustellen, Folgeprobleme zu regulieren oder Verteilungskonflikte zu lösen. Erklärt wird dieses Steuerungsdefizit mit einem Theorem der Neuen Politischen Ökonomie, wonach die institutionalisierte politische Steuerungsstruktur den Tauschbedingungen hochindustrialisierter Gesellschaften nicht mehr angemessen sei. Damit ist gemeint, daß die Komplexität des Steuerungssystems, vor allem seine interne Differenzierung, der Komplexität interdependenter und spezialisierter sozio-politischer Problemkonstellationen nicht entspricht. Das politische System hinkt den Umweltanforderungen hinterher; es ist nicht in der Lage, individuelle und kollektive Interessen in konsistente und konsensfähige gesellschaftliche Orientierungen umzusetzen.[17]

---

13 Grozier/Huntington/Watanuki, The crisis, S. 13 f
14 S. auch zum Folgenden Brittan, Economic Contradictions, S. 129 ff
15 Hennis, Fragestellung, S. 15
16 Lehner, Grenzen, S. 4
17 S. ebd., S. 63

Memo Steuerungskrise

Merkmale \ Ansätze	Pluralismuskritische Ansätze		
	Kostendruckthese	**Aufgabendruckthese**	**Komplexitätsdruckthese**
Grund-annahme	Meinungs-, Interessen- und Organisationsvielfalt überfordern den Staat		
Gesellschaftlicher Anspruch	Politische Steuerung soll allgmeine Wohlfahrt verbürgen	Politische Steuerung soll partikulare Interessen und konfligierende Erwartungen befriedigen	Politische Steuerung soll individuelle und kollektive Interessen in konsensfähige gesellschaftliche Orientierungen umsetzen
Staatliches Dilemma	Wirtschaftswachstum hinkt hinter dem öffentlichen Kostenwachstum hinterher	Paradoxe Erwartungen wie Wohlfahrtssteigerung bei gleichzeitigen Steuersenkungen	Wachsende und schließlich nicht mehr abarbeitbare Umweltanforderungen
Folge	Wachsende Loyalitätsdefizite wegen wachsender Steuerungsineffektivität	Wachsender und schließlich unbewältigbarer Aufgabendruck	Die Komplexität des Steuerungssystems hinkt hinter der Komplexität des Gesellschaftssystems hinterher
Trend	**Unregierbarkeit**		

1.2.3 Kritik der kritischen Ansätze

Ob das Steuerungsversagen, wie gezeigt, an der öffentlichen Verarmung, am Klassenantagonismus, an den Kosten des Wohlfahrtsstaates, an den gesellschaftlichen Ansprüchen, an konkurrierenden Machtzentren, an veränderten Rahmenbedingungen oder an institutionellen Defiziten festgemacht wird, stets wird damit zugleich Unregierbarkeit konstatiert, jener „dramatische Tatbestand ..., den man traditionell als Anarchie bezeichnete – in der Erinnerung der Geschichte ... eine schreckliche Sache“[18]. Anarchie in diesem

18 Hennis, Fragestellung, S. 12

Sinn ist der Gegenbegriff zu Herrschaft und Ordnung, meint also Gesetzlosigkeit, Auflösung und Chaos, ein Zustand, in den niedergehende Demokratien schon nach den antiken Staatstheorien umschlagen.

Nun ist auch den Verfechtern der Unregierbarkeitsthese nicht entgangen, daß von einem Umschlag westlicher Demokratien in eine derartige Anarchie keine Rede sein kann. So bemerkt der Vertreter der Komplexitätsdruckthese, daß von Unregierbarkeit des modernen Wohlfahrtsstaates kaum gesprochen werden könne; zwar gebe es gewichtige Störfaktoren, aber deren Bereinigung durch Strukturreformen erscheine möglich.[19] Ein Vertreter der Aufgabendruckthese meint gar, daß der Unregierbarkeitsgedanke ein Unfug sei, weil anarchistische Phasen alsbald durch neue Regimephasen abgelöst würden; „government goes on – but it may not go in future as before“[20]. Krisentheorien erklären also offensichtlich keine gegenwärtigen, sondern prophezeien zukünftige Entwicklungszustände moderner Liberaldemokratien.

In einer ersten Kritik wurden diesen Trendanalysen neue Trends entgegengehalten. So würden die Trends, die von den kapitalismuskritischen Ansätzen extrapoliert werden, durch gegenläufige Trends vom Abbau des Wohlfahrtsstaates, wertträchtige Wahlentscheidungen oder neue Parteiformationen aufgehoben, und im Falle der pluralismuskritischen Ansätze wird die Verallgemeinerungsfähigkeit oder die Prognosequalität der Befunde bestritten.[21] Auf diese noch zeitgenössische Gegenkritik ließen sich zwischenzeitlich noch weitere gegenläufige Trends draufsatteln: die Sozialstaaten sind nicht in Konkurs gefallen, während gerade die Systeme ohne Privateigentum an Produktionsmitteln an Legitimationsdefiziten gescheitert sind, und keine Liberaldemokratie ist in Anarchie versunken.

Solche Gegenkritik hat allerdings den gleichen Argumentationsstandard wie die kritischen Ansätze, weil hier wie dort Entwicklungstendenzen modelliert, taxiert und extrapoliert werden. Damit ist gesagt, daß Geschehenszusammenhänge konstruiert, bewertet und weitergesponnen werden, und zwar meistens mit der Intention, offenbar gegenläufige politische Aktivitäten zu provozieren. Der Verdacht drängt sich auf, daß es sich bei der Unregierbarkeitsdebatte weniger um eine politikwissenschaftliche als vielmehr um eine politische Debatte handelt. Dieser Verdacht verstärkt sich, wenn man fragt, wie der Argumentationsstand wissenschaftlich zu qualifizieren ist.

19 Lehner, Grenzen, S. 156, S. 161
20 Rose, Persuasive Problems, S. 50, S. 29
21 Birch, Overload, S. 139 ff

Allen Ansätzen liegt die Annahme zugrunde, daß die jeweils konstatierten sozio-politischen Prozesse in Richtung Un- oder wenigstens Schwerregierbarkeit laufen. Eine Richtungsdisposition historischer Entwicklungen nennt man Tendenz. Die Frage ist, worauf Tendenzen beruhen und woran sie sichtbar werden sollen. Die kapitalismuskritischen Ansätze gehen wohl – wenn auch implizit – von gesellschaftlichen Bewegungsgesetzen aus, die den Klassenantagonismus über sich selbst hinaustreiben und diese Entwicklung in der Unregierbarkeit tendenziell sichtbar machen. Die pluralismuskritischen Ansätze versuchen vermutlich – ebenfalls höchstens implizit – eine Interpretation von Befunden einer Zeitreihe. Soll es sich dabei um eine Trendanalyse handeln, dann müßte Regierbarkeit die mittlere Linie des Trends und Unregierbarkeit den Trendumschwung charakterisieren. Die Befunde oder Daten wären eine Vielzahl erfaßter und statistisch verarbeiteter Einzelergebnisse.

Methodologisch ist gegen die kapitalismuskritischen Ansätze einzuwenden, daß ihre Trendanalysen von zwar gesetzmäßigen, insbesondere evolutionären, richtungsbestimmenden und unumkehrbaren Entwicklungsverläufen ausgehen, die zugrunde liegenden Sozialgesetze aber nirgends präzisiert oder – im empirisch-analytischen Sinn – belegt werden.[22] Die pluralismuskritischen Ansätze, die von den Befunden der Zeitreihen auf eine sozio-politische Entwicklungsrichtung schließen, präzisieren nirgends diese Reihen als chronologische Folgen gleichartiger statistischer Daten, so daß keine Trendanalysen im sozialwissenschaftlichen Sinn vorliegen. Methodisch lassen beide Ansätze begriffliche Schärfe, vor allem exakte Bedeutungsfestlegung, weiter operationale Definitionen, also auf beobachtbare Indikatoren bezogene Begrifflichkeiten, und schließlich empirische Belege vermissen, d. h. es fehlen erfahrungswissenschaftlich abgesicherte Aussagen.

Die Hoffnung, Krisentheorien gleich welcher Provenienz könnten Steuerungsversagen aufdecken, erklären und belegen, trügt folglich. Die Frage, ob der Staat überhaupt steuern kann, beantworten diese Theorien mit Alltagsvermutungen derart, daß der Wohlfahrtsstaat nicht finanzierbar, der Interventionsstaat nicht plausibilisierbar oder der Verbändestaat nicht regulierbar und die Industriegesellschaft infolgedessen unregierbar sei. Der Gehalt derartiger Vermutungen läßt sich erst nach ihrer Präzisierung und Testung im Rahmen wissenschaftlicher Theorien oder wenigstens Modelle abschätzen. So könnte beispielsweise Unregierbarkeit als Steuerungsversagen identifiziert, vor dem Hintergrund eines Steuerungsmodells definiert und an Steuerungsversuchen kontrolliert werden.

22 S. ausführlicher Popper, Elend, S. 88

Damit wird auf den zweiten, anfangs erwähnten Diskussionsstrang verwiesen, bei dem es um die theoretische und empirische Fundierung der Vermutungen über die Steuerbarkeit sozialer Entwicklungen und die Steuerungsfähigkeit des politischen Systems geht. Während die Unregierbarkeitsdebatte vom fortbestehenden Wohlfahrts-, Interventions- oder Verbändestaat gleichsam ad absurdum geführt wurde, lebte die andere Diskussion erst richtig auf. Aus der politischen Diskussion über Regieren wurde ein politikwissenschaftlicher Diskurs über Steuerung. Dieser Diskurs wird nunmehr nachgezeichnet. Anders gesagt, Steuerungsversagen oder – das Gegenteil – Steuerungserfolg bleiben Gegenstand auch der folgenden Kapitel, allerdings nicht im Sinne jener, die gesamte Staatstätigkeit umfassender Globalkategorien, sondern als Teilklassen staatlicher Finanzierungs-, Interventions- oder Integrationsstrategien.

1.3 Steuerungsbedarf

Die Annahme, daß gesellschaftliche Erwartungen durch politische Steuerung zu erfüllen sind, ist noch nicht alt. Der Grund dafür liegt allerdings nicht darin, daß sich neuerdings das soziale Erwartungsgefüge oder die politische Aufgabenstellung abrupt geändert hätten, sondern in einer veränderten Wahrnehmung des Staatszwecks. Frühere Zweckbestimmungen, etwa Lenkung oder Führung, waren Alltagsbegrifflichkeiten, die sich nicht präzisieren und für die wissenschaftliche Analyse nutzbar machen ließen. Wer untersuchen wollte, was der Staat leistete, benötigte ein praktikables Analyseraster, das testable Leistungskriterien verbürgte. Regieren, leiten oder gestalten blieben deshalb wissenschaftlich unpraktikable Begriffe, weil sie nicht in wissenschaftlich stringente Aussagenzusammenhänge eingebettet waren.

Wie unpraktikabel solche Alltagsbegriffe sind, demonstriert die Definition, „Regierung ... heißt die Lenkung des Ganzen unter dem Gesichtspunkt der größtmöglichen Ordnung und Sicherheit“,[23] wobei Ordnung die staatliche Regulierung sozialer Beziehungen und Sicherheit die Gewährleistung dieser Ordnung nach innen und außen sein soll. Wer mit Hilfe derartiger Begriffe testen wollte, ob der Staat seine Lenkungsaufgabe erfüllt, würde

23 v. d. Gablenz, Macht, S. 58

sich in ihrer Unschärfe und Nichtoperationalisierbarkeit hoffnungslos verstricken, so wenn es um die Qualität, etwa die Sozialangemessenheit, oder die Quantität, also den Erfüllungsgrad der Regulierung geht, ganz zu schweigen von der Frage, ob die Definition überhaupt konsensfähig wäre. Ordnung und Sicherheit in diesem Sinn sind so diffuse Begriffe, daß letztlich jede Staatstätigkeit, von der Abfallbeseitigung bis zur Zustellung, Regierung wäre.

Selbst mit der fachsprachlichen Präzisierung solcher Begriffe wäre nur eine Verständigungshilfe geleistet, mehr nicht. Da es aber nicht nur um eine gleichsinnige Begriffsverwendung, sondern zudem um Wirklichkeitsbewältigung geht, stellt sich die Frage nach dem Realitätsgehalt einer Begrifflichkeit. Diese Frage beantwortet keine noch so sorgfältige Präzisierung eines Begriffs, die sich bloß auf einer Sprachebene abspielt, sondern erst die Durchgriffsmöglichkeit auf die begrifflich umschriebene Wirklichkeit; wissenschaftlich brauchbare Begriffe müssen also vor allem einen nachvollziehbaren Zugriff auf die Wirklichkeit eröffnen. Dazu wird eine Anzahl von Begriffen zu einem Erklärungszusammenhang verknüpft, der nachprüfbare Aussagen über einen Realitätsausschnitt aufstellt. Definitionen stehen also nicht allein, sondern im Kontext eines Erklärungszusammenhangs, der ihren Stellenwert bestimmt. Man kann folglich den Steuerungsbegriff nicht einfach per definitionem festlegen und dann mit der Forschung beginnen. Vielmehr muß man den Realitätsausschnitt, den dieser Begriff etikettiert, durch informative und präzise, sich zu einem Erklärungszusammenhang verdichtende Vermutungen der Forschung zugänglich machen. Erklärungszusammenhänge in diesem Sinn sind insbesondere Theorien und Modelle.

Die Verwissenschaftlichung des Steuerungsbegriffs markiert deshalb ein Zitat, das „den Regierungsprozeß als Problem der Steuerung" sieht, wobei es um „Theoreme und Modelle" gehe, „die den Naturwissenschaften entnommen sind, insbesondere der Theorie der ... Steuerung"[24]. Zwischenzeitlich haben theoretische Anstrengungen wie planungs-, implementations- oder evaluationstheoretische Ansätze die Verwissenschaftlichung des Steuerungsbegriffs vorangetrieben. Pointiert kann man sagen, daß politische Steuerung gegenwärtig als feststehende, kaum mehr erklärungsbedürftige weil hinreichend erklärte Tatsache angesehen wird.[25] Auch wenn irren wissenschaftlich ist, wie sich zeigen wird, erscheint als Kehrseite dieser Unterstellung die Behauptung, daß Steuerungsbedarf ebenso eine feststehende Tatsache sei.

---

24 Deutsch, Politische Kybernetik, S. 30 f

25 Mayntz, Steuerung, S. 91

Im Alltagsverständnis gibt es an dieser Tatsache nichts zu rütteln. So findet breite Zustimmung, wer verlangt, der Staat solle in Richtung Sozialgerechtigkeit, Umweltverträglichkeit oder Wohlstandsvermehrung steuern. In akuten Problemsituationen wird dieser Steuerungsbedarf noch augenfälliger, so wenn nach einem Dioxinausstoß aus einem Chemiewerk der Ruf nach einer sanften Chemie oder nach einer Kernschmelze in einem Atomkraftwerk das Verlangen nach alternativen Energiequellen laut wird. Solchen Steuerungsbedarf sollen dann spezielle Sozial-, Umwelt-, Wirtschafts-, Technologie- oder Energiepolitiken befriedigen. Niemand würde bezweifeln, daß derartige Politiken die Pflicht und Schuldigkeit eines Staates sind, der gerade zur Steuerung sozialer Entwicklungen geschaffen wurde.

Im Wissenschaftsverständnis ist Steuerungsbedarf eine Konsequenz der funktionalen Differenzierung. Damit ist ein Denkmuster gemeint, das der Gesellschaft Funktionen wie Güterversorgung oder Sinnstiftung zuschreibt, die dann von spezialisierten Subsystemen wie Wirtschaft oder Religion erfüllt werden. Anders gesagt, bedürftige Menschen formieren sich erst zur Gesellschaft, die dann zur Optimierung der Bedürfnisbefriedigung Subsysteme organisiert. Beispielsweise definiert Parsons die Gesellschaft als Gefüge von Subsystemen, wovon eines die bestandsnotwendige Zielverwirklichung verbürgt, nämlich das politische System. Zur Erfüllung dieser Funktion, kollektive Ziele zu realisieren, akkumuliert das politische System Macht, die als generalisierte Kapazität zur Zielerreichung bestimmt wird.[26]

Aus gesellschaftlicher Perspektive wird die Ausdifferenzierung des politischen Systems also mit der Behauptung plausibel gemacht, daß dadurch gesamtgesellschaftlich bedeutsame Ziele kollektiv verbindlich realisiert werden. Aus der Perspektive des ausdifferenzierten politischen Systems ist damit allerdings noch nicht plausibel gemacht worden, warum es solche Ziele tatsächlich realisieren sollte; Macht läßt sich schließlich auch für andere, insbesondere eigene Zwecke gebrauchen. Parsons beantwortet diese Frage mit einem Austauschverhältnis: das politische System liefert bindende Entscheidungen gegen generalisierte Unterstützung.[27] In früheren Worten, der Staat erfüllt den gesellschaftlichen Steuerungsbedarf in seinem eigenen Bestandsinteresse.

Die weitere Frage, woher dieses Bestandsinteresse rührt, beantwortet dann Easton mit einer Analogie. Demnach haben Sozialsysteme ebenso wie die sie erzeugenden menschlichen Lebewesen das Bestreben, in ihrer jeweiligen

---

26 Parsons, Structure, S. 181

27 Parsons, Zur Theorie, S. 98

Umwelt zu überleben.[28] Das adaptive, sich selbst regulierende und transformierende Sozialsystem reagiert auf störende Umwelteinwirkungen beispielsweise mit Anpassungsprozessen wie Struktur- bzw. Zielveränderungen oder mit Gegenvorstößen zur Veränderung der Umwelt.[29] Störende Umwelteinwirkungen auf das politische System sind in dieser Sicht Steuerungsbedürfnisse mit Unterstützungsrelevanz, weil Unterstützung das Überlebenselexier des politischen Systems ist.[30] Politische Steuerung reguliert auch in diesem Kontext einen Steuerungsbedarf, um Unterstützung zu mobilisieren, die ihrerseits Bestandsvoraussetzung des jeweiligen politischen Systems ist.

Spinnt man Eastons Ansatz weiter, dann kommt man zu überraschenden Einsichten. Da das politische System zur Umwelt der anderen Sozialsysteme gehört, ist Steuerungsbedarf nichts anderes als ein Versuch eines Sozialsystems zur Einwirkung auf das – zur jeweiligen Systemumwelt gehörende – politische System. Pointiert gesagt, soll Steuerungsbedarf das politische System steuern zu steuern. Solcher Bedarf wird offenbar dann angemeldet, wenn ein Sozialsystem Störeinwirkungen anderer Sozialsysteme nicht selbst abarbeiten kann. Das politische System stört nur eine Bedarfsmeldung, die mit politischem Unterstützungszuwachs winkt oder mit Unterstützungsabbau droht. Will das politische System via Steuerung einen Zuwachs erreichen oder einen Abbau verhindern, dann handelt es sich in der Sprache Eastons um einen Gegenvorstoß zur Veränderung seiner Umwelt und damit um eine Störeinwirkung auf ein anderes Sozialsystem.

Ein bekanntes Beispiel mag diesen Störkreislauf verdeutlichen. So wirkt die freie Fahrt für freie Bürger mit einer Freisetzung von NO_X und CO-Schadstoffen im Verkehrssystem störend auf das ökologische System, das Luftreinhaltungsmaßnahmen einfordert. Das politische System sieht sich dann gestört und registriert Steuerungsbedarf, wenn Steuerungsabstinenz größere Wanderungsbewegungen umweltbewußter Wähler auslösen könnte. Steuerungsmaßnahmen wie Emissionsobergrenzen stören das technologische System, das Innovationen bei Katalysatoren oder Magermisch-Motoren hervorbringen soll. Die Innovationen wiederum sind für das ökonomische System störende Kostenfaktoren. Die überraschendste Einsicht aus solchen Steuerungszusammenhängen ist wohl der Perspektivenwechsel: je nach Blickpunkt ist ein und derselbe Vorgang entweder Störung oder Steuerung.

---

28 Vgl. Easton, A Systems Analysis, S. 15

29 Ebd., S. 18

30 S. hierzu ebd., S. 38, S. 120, S. 159 f

Memo Steuerungskreislauf

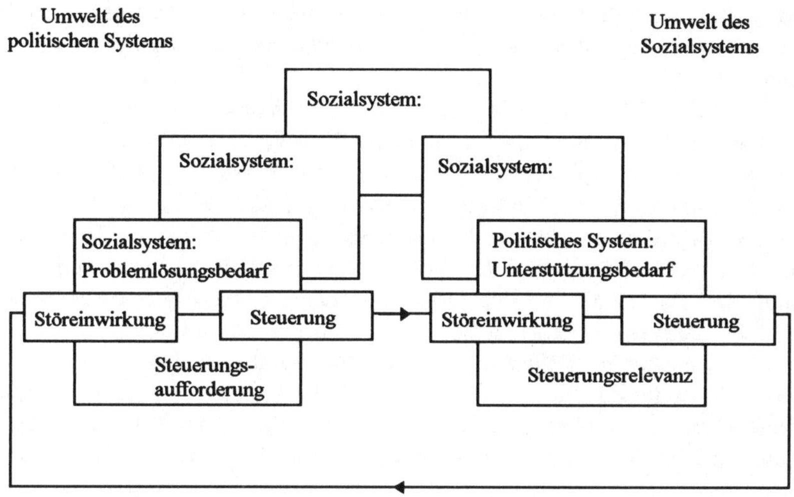

- Eastons Modell des politischen Systems läßt sich auf alle Sozialsysteme anwenden.
- Von Bedeutung ist der Perspektivenwechsel: ein und derselbe Vorgang ist entweder Störeinwirkung oder Steuerung.
- Soziale Steuerung mit Unterstützungsrelevanz initiiert politische Steuerung.

Am Anfang der Wahrnehmungsstadien, die zum Steuerungsbedarf führen, steht mithin die Wahrnehmung eines Systemproblems. Im sozialen System tauchen Probleme auf, beispielsweise im ökonomischen System die Unzulänglichkeit der Arbeitnehmer bei der Anpassung an den Wandel von Qualifikationsprofilen, die dort als Umschulungskosten thematisiert wird. Will das System diese Kosten externalisieren, die Problemlösung nach außen verlagern, dann entstehen Folgeprobleme, die etwa im Bildungssystem als Sozialisationsdefizite thematisiert werden. Anders gesagt, jedes Sozialsystem identifiziert Probleme nach seiner Systemlogik, nach der sodann auch Lösungskapazitäten abgeschätzt werden.

Eine Verlagerung auf das politische System wird in der Regel dann angestrebt, wenn die Lösung ressourcenaufwendig erscheint oder nicht in der Kompetenz des betroffenen Systems liegt, so wenn Berufsqualifizierung den Produktionsfaktor Arbeit zu sehr verteuert oder Sache der Bildungseinrichtungen sein soll.

Wie für die anderen Sozialsysteme gilt auch für das politische System, daß am Anfang des Weges zum Steuerungsbedarf ein Systemproblem steht. In früheren Worten, das politische System muß sich gestört wissen, insbesondere in seinem Bestandsinteresse. Bestandsgefährdend erscheint vorzugsweise Loyalitätsentzug, etwa die drohende Abwanderung von Stammwählern oder die Aufkündigung von Verbandsgefolgschaft. Macht sich das politische System deshalb ein Problem eines anderen Sozialsystems selbst zum Problem, dann ist zur eigenen Bestandswahrung Steuerung angezeigt. In der Politikwissenschaft definiert man dieses Stadium als Agenda-Setting.

Agenda in diesem Sinn meint „the list of problems to which government officials, and people outside of government closely associated with those officials, are paying some serious attention at any given time ... up for an active decision“.[31] Den Weg, der auf diese Liste steuerungsrelevanter Gegenstände führt, zeichnet die Politik-, aber auch die Kommunikations- oder die Managementwissenschaft als Agenda-Setting nach. Dabei geht es also um Antworten auf Fragen danach, was wie warum Steuerungsrelevanz gewinnt. Agenda-Setting-Modelle beschreiben insbesondere die Zyklen oder Phasen, die ein Problem durchläuft, bis es auf die Agenda kommt – oder auch nicht.

Demnach besteht ein Problem, wenn „some highly undesirable social condition exists“[32], eine Zustandsbeschreibung, die zunächst von Interessen- aber auch Expertengruppen gegeben wird. Wenn „the public suddenly becomes aware of and alarmed about the evils of a particular problem“, wird das Problem zum Gegenstand öffentlicher Diskussion und damit zum Issue. Die Phase, in der Journalisten, Politiker oder Meinungsbildner die Diskussionswürdigkeit eines Gegenstandes abklären, kann man Agenda-Building nennen. Dabei sind gleichermaßen medieninterne Faktoren, etwa der Nachrichtenwert oder die Corporate Identity, wie medienexterne Faktoren von Belang, zum Beispiel der Grad der sozialen Betroffenheit.[33] Man kann die

---

31 Kingdon, Agendas, S. 3

32 Vgl., auch zum Folgenden, Downs, Up and Down, S. 39

33 Brettschneider, Agenda-Setting, S. 225

Verbreitung und Diskussion solcher Issues mit Luhmann[34] auch als Thematisierung bezeichnen. Das öffentliche Interesse ist somit der erste Filter, den ein Problem passieren muß, um zunächst zu einem Issue oder Thema zu werden.

Solche Themen durchlaufen Karrieren. Die aufgeschreckte Öffentlichkeit erwartet unverzügliche Problembereinigung. Hat sich der erste Schreck gelegt, dringt ins öffentliche Bewußtsein, daß eine Problemlösung auch Nachteile mit sich bringt, etwa in Form von Freiheitsbeschränkungen oder Abgabenbelastungen. Entmutigung und am Ende Desinteresse am Thema können sich breitmachen. Solche zeitliche und inhaltliche Instabilität demonstrieren Umweltthemen wie Schadstoffthemen (z. B. Asbest, Cadmium, Dioxin, Formaldehyd usw.), Gefahrenthemen (z. B. Klimawandel, Ozonloch, Saurer Regen, Treibhauseffekt usw.) oder Krisenthemen (z. B. Energiekrise, Müllnotstand, Ressourcenerschöpfung, Waldsterben usw.), die sich überlagern und verdrängen. In dieser Agenda-Setting-Phase im engeren Sinn schlägt die Stunde der Massenmedien; was von den Medien auf Dauer als lösungsbedürftig thematisiert und zur öffentlichen Meinung verfestigt wird, hat größte Aussichten, vom politischen System registriert zu werden.[35] Ebenso schlägt die Stunde der Interessengruppen; vor allem sie können Ressourcen wie Massenaufmärsche oder Parteispenden mobilisieren, die einem Issue Aufmerksamkeit bewahren. Die Public Agenda, auf der sich „issues which have achieved a high level of public interest and visibility“[36] halten, ist damit der zweite Filter auf dem Weg zum Steuerungsbedarf.

Der Issue findet dann Eingang in das politische System, wenn Parteien sich darin wiedererkennen oder davon bedroht fühlen, also damit Loyalität zu binden oder verlieren meinen.[37] Loyalität steigt oder fällt mit Steuerungsbedarf anmeldenden Wählergruppen, Klientelen, Seilschaften usw. Diese These ist für die kommunale Ebene, die für eine besonders bürgernahe Politik steht, empirisch erhärtet, wobei sich die Ergebnisse dieser Untersuchung über die Steuerungsorientierung des kommunalpolitischen Führungspersonals so zusammenfassen lassen:[38] 1. Programmatische Steuerungsvorgaben, seien sie nun konzeptioneller oder ideologischer Art, sind faktisch ohne Belang. 2. Mutmaßliche Steuerungspräferenzen aktueller oder potentieller Wählerschaften sind die bedeutsamsten Orientierungsmuster. 3. Mutmaßliche Steuerungspräferenzen von Bevölkerungsmehrheiten sind zu-

34 Luhmann, Soziale Systeme, S. 13 ff
35 S. auch Brettschneider, Agenda-Setting, S. 225
36 Cobb/Ross/Ross, Agenda Building, S. 126
37 Vgl. Gerhardts/Neidhardt, Strukturen, S. 81
38 Gabriel/Brettschneider/Kunz, Responsivität, S. 45

mindest für die Volksparteien Orientierungsmarken. 4. Steuerungspräferenzen von Klientelgruppen sind jedenfalls für die übrigen Parteien Orientierungsmarken.

Die Rezeption solcher Steuerungspräferenzen als Steuerungsintentionen gibt zugleich einen Anhaltspunkt zur Erklärung von Konstanz und Wandel unterschiedlichen Steuerungsbedarfs. Die geringste Kontinuität haben wohl mutmaßliche Steuerungspräferenzen von Bevölkerungsmehrheiten, die sich in den öffentlichen Themen spiegeln und ständig wechseln. Das gilt auch für Prioritätenskalen, die sozio-politische Bedürfnisse in eine Rangfolge bringen, denn ein Schluß von der relativen Stabilität sozialer Einstellungsmuster auf die Stabilität politischer Verhaltensmuster wäre voreilig; wie Politik beispielsweise Sicherheit, Preisstabilität oder Verkehrsberuhigung bewirken soll, wird ständig neu und anders thematisiert. Mehr, wenn auch noch immer geringe Kontinuität dürften die mutmaßlichen Steuerungspräferenzen von Wählergruppen haben. Wählerfluktuation, Wechselwählerschaft oder Wahlabstinenz sind in diesem Kontext Synonyme für die Diskontinuität des Steuerungsbedarfs. Am stabilsten sind vermutlich die Steuerungspräferenzen von Klientelgruppen, die sich auch am leichtesten als Steuerungsintentionen von Programmen identifizieren lassen, wie etwa im Falle des Risikomanagements durch das Gentechnikgesetz.

Der dritte Filter ist demnach das Wahrnehmungsraster des politischen Systems. Hier gelangen die Issues auf die Formal Agenda, d. h. „the list of items which decision makers have formally accepted for serious consideration".[39] Das Problem war zunächst zum Issue mutiert, drang auf die Public Agenda vor und wurde von dort auf die Formal Agenda gesetzt. Nunmehr findet die politiktypische Abarbeitung statt: Ressorts, Beamte, Experten, Interessenvertreter, Abgeordnete usw. favorisieren und selektieren Lösungsalternativen zur Befriedigung des Steuerungsbedarfs. Beispielsweise könnten im Fall der erwähnten Nitratbelastung Verbote zur Ausbringung von Nitraten oder aber auch Subventionen bei Verzicht auf Nitrate Entlastung versprechen, und jede Alternative impliziert unterschiedliche Interessenlagen. Am Ende kann dann aus dem Tagesordnungspunkt der Formal Agenda ein Steuerungsvorhaben auf der Decision Agenda werden.[40] Der zuvor konstatierte Steuerungsbedarf muß jetzt nur noch befriedigt werden. Der Staat nimmt sich in die Pflicht zu handeln.

---

39 Cobb/Ross/Ross, Agenda Building, S. 126

40 Kingdon, Agendas, S. 4

Memo Steuerungsbedarf

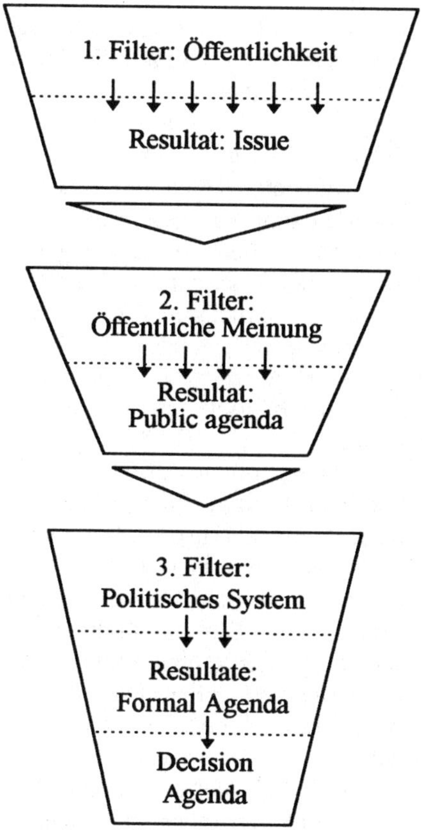

- Sozialsysteme identifizieren Probleme, die politisch gelöst werden sollen, nach ihrer jeweiligen Systemlogik und -semantik; ein Problem erscheint anfangs als Systemproblem. Systemübergreifende Problemidentifizierung setzt öffentliche Thematisierung voraus: Problem wird zum Issue.
- Politische Relevanz gewinnen solche systemübergreifenden Probleme, die in die öffentliche Meinung Eingang finden: Issue kommt auf die Public agenda.
- Politische Problemidentifizierung findet statt, wenn Loyalitätszuwachs oder -abbau in Frage steht: Issue kommt auf die Formal Agenda und schließlich auf die Decision Agenda.

1.4 Steuerungsinstrumente

Wenn die Ausbringung von Nitraten verboten oder die Nichtausbringung belohnt wird, setzt der Staat im ersten Fall auf die Angst vor Strafe und im zweiten Fall auf das Streben nach Gewinn, um die Nitratbelastung zu verringern. Solche Handlungsformen, deren sich der Staat zur Erreichung politischer Ziele bedient, werden Steuerungsinstrumente genannt. Mit der Aufbietung von Steuerungsinstrumenten sollen also die Entscheidungen der Decision Agenda realisiert und damit der Steuerungsbedarf befriedigt werden. Für die politische Führung ist die Steuerungsangelegenheit dann erst einmal erledigt; der Instrumentengebrauch obliegt den Durchführungsinstanzen wie der Justiz im Falle eines Strafausspruchs oder der Verwaltung im Falle einer Auszahlung. Dabei wird davon ausgegangen, daß bedarfsangemessene Instrumente zur Verfügung standen, ein steuerungsgeeignetes Instrument ausgewählt wurde, der Instrumenteneinsatz reibungslos verläuft und der Steuerungsbedarf befriedigt wird.

Ist auch nur eine dieser Unterstellungen falsch, dann läuft der Steuerungsversuch leer. Beispielsweise wird vom Staat gefordert, den Drogenkonsum Jugendlicher durch Sinnstiftung zu erübrigen. Hier stellt sich die Frage, wie sich neuer Lebenssinn implantieren läßt. Erhofft man sich, Sinnwandel durch eine Veränderung von Sozialisationsroutinen zu erreichen, kann man schulische Curricula ändern oder Elternschulung verordnen. Ändert man Curricula, muß man auf die Lehrer zählen können. Lehren schließlich die Lehrer, was sie sollen, müssen die Schüler nicht nur eben deshalb die neuen Werte verinnerlichen, sondern auch noch von den Drogen lassen. Alle Stadien werfen Zweifel auf: fraglich ist, ob eine Veränderung von Sozialisationsroutinen Sinnwandel nach sich zieht, ob Curriculumrevisionen wie die Einführung ethischer oder aufklärerischer Unterrichtselemente das schulische Gesamtcurriculum ändert, ob die Lehrer mitziehen, ob die Schüler schulische Singebung annehmen und ob sich damit für sie jeder Drogenkonsum erübrigt.

Dieses Beispiel listet die meisten Steuerungsprobleme auf, die ein politisch konstatierter Steuerungsbedarf heraufbeschwört. Die Liste läßt sich nur Schritt für Schritt abarbeiten. Der erste Schritt führt deshalb in Richtung der politisch verfügbaren Steuerungsinstrumente; wie erinnerlich, geht es zunächst um die Auswahl bedarfsgerechter Instrumente. Jedermann und -frau weiß, daß der Staat über ein ganzes Instrumentenarsenal verfügt, von A wie Abgabenerhebung bis Z wie Zuchtmittel, und die Wissenschaft hat viel

Mühe darauf verwandt, dieses Arsenal zu inventarisieren. Dabei verfahren unterschiedliche Wissenschaftsdisziplinen verschiedenartig. Die Rechtswissenschaft beispielsweise nimmt ihren Ausgangspunkt von dem Postulat, staatliches Handeln müsse sich rechtsförmig vollziehen, und inventarisiert folgerichtig gesetzliche Eingriffs-, Leistungs-, Organisations- usw. Handlungsformen.[41] Die Wirtschaftswissenschaft, um ein weiteres Beispiel anzuführen, modelliert staatliches vorzugsweise als interventionistisches Handeln und inventarisiert etwa preisregulierende, lizensierende, standardisierende usw. Handlungsformen.[42] Das juristische Forschungsinteresse an gerichtlicher Überprüfbarkeit und das wirtschaftswissenschaftliche Forschungsinteresse an freier Marktentfaltung machen es schwer, diese Inventarverzeichnisse für ein politikwissenschaftliches Forschungsinteresse an politischer Steuerung unmittelbar in Dienst zu nehmen.

Derartige Anleihen erübrigen sich freilich nicht zuletzt deshalb, weil es eigene sozial- bzw. politikwissenschaftliche Inventarverzeichnisse gibt. War Ableitungsgrundlage der Jurisprudenz ein rechtsstaatliches und der Ökonomie ein interventionsstaatliches Instrumentenverständnis, so ist hier Basis ein eher sozialstaatliches Instrumentenverständnis. Instrumente werden gleichsam als Mittel einer aktiven Politik zur Umgestaltung der Gesellschaft gesehen und erfaßt.[43] Dieser gemeinsame Verständnishorizont verbürgt allerdings kein einheitliches Inventarverzeichnis, vielmehr gibt es eine Vielzahl unterschiedlicher Bestandsaufnahmen.

So wird einmal nach Steuerungstechniken klassifiziert, die Verhaltensänderungen fallweise spontan, manipulativ, zwangsweise oder kooperativ herbeiführen wollen. Zum anderen katalogisiert man Policy-Typen, die Distribution (alle bereichernde Verteilung z. B. durch kostenlos ausgegebene Volksaktien), Regulation (ungleich belastende Verteilung etwa im Falle von Umweltschutzauflagen) oder Redistribution (gezielt einige entreichernde und andere bereichernde Umverteilung wie durch eine Kapitalertragssteuer) bewirken. Schließlich systematisiert man, um ein letztes gängiges Schema aufzuführen, nach Programmstrategien und unterscheidet zwischen regulativen Programmen, die etwa auf Verbote setzen, Anreizprogrammen, die z. B. Subventionsansprüche einräumen, Leistungsprogrammen, die beispielsweise Sozialarbeit ermöglichen, Persuasivprogrammen wie Überzeugungskampagnen und schließlich Prozeduralen Programmen wie Mitbestimmungsregeln. Das letzte Schema hat sich, wenn auch in vielerlei Varia-

---

41 Vgl. die Zusammenstellung bei König/Dose, Klassifikationsansätze, S. 23

42 Z. B. Meier, Regulation, S. 1 f

43 Vgl., auch zum Folgenden, König/Dose, Klassifikationsansätze, S. 43 ff, 85 ff

tionen, so doch als eine Art basale Typologie zur Klassifikation von Instrumenten durchgesetzt. Auch hier wird deshalb nach Instrumenten-Strategien systematisiert und zwischen Regulierung, Finanzierung, Strukturierung und Informierung unterschieden.

Regulierung meint die rechtsförmige Normierung von Adressatenverhalten. Rechtsförmigkeit soll Verbindlichkeit, also staatliche Durchsetzbarkeit verbürgen, so daß abweichendes Verhalten sanktioniert werden kann, kurz, es handelt sich um sanktionsbewehrte Verhaltensvorschriften, die zumeist Gebots- oder Verbotscharakter haben. Beispiele sind Strafnormen, Standards, Genehmigungsvorbehalte, Auflagen usw. Solche imperativen Strategien setzen auf Sanktionsvermeidung durch Adressaten. Angst vor Strafe hat aber nur, wer erwischt zu werden fürchtet, wen die Strafhöhe schreckt oder wer sich nicht freikaufen kann,[44] ganz zu schweigen davon, daß die gebotene auch eine verfügbare Handlungsalternative sein muß.

Finanzierung meint den Einsatz geldwerter Mittel und zielt auf das ökonomische Kosten-/Nutzen-Kalkül der Adressaten. Dazu gehören Subventionen, Abgaben, Lizenzen, Entschädigungen, Dienstleistungen usw. Hier wird also vorausgesetzt, daß sich die anvisierten Adressaten ökonomisch rational verhalten und eben deshalb im Politiksinn kalkulieren, also beispielsweise Investitionsförderungsmittel für den Ankauf einer neuen Maschine und nicht eines neuen Autos verwenden. Solche Mitnahmeeffekte wären ebenso kontraproduktiv wie die Versickerung oder Streuung gezielt einzusetzender Geldmittel.[45]

Strukturierung will ein politisch gewolltes Verhalten durch eine Veränderung sozialer Verhaltensarrangements herbeiführen. Erwünschte Zustände werden also nicht direkt, sondern indirekt anvisiert. Beispiele dafür sind Rahmenordnungen, Deregulation, Selbsthilfeeinrichtungen, Teilhaberechte, Infrastrukturbereitstellung usw. Mit derartigen Modifikationen verbindet sich die Hoffnung, daß geänderte Verhaltensdispositionen auch zur Veränderung von Verhaltensverläufen führen, man also nur geeignete Verhaltensvorgaben machen muß, um Zustandswandel zu erreichen. Vorausgesetzt wird also, daß politisch gesetzte Verhaltensarrangements verhaltensleitend sind – eine Voraussetzung, die durch konkurrierende soziale Arrangements konterkariert werden könnte.[46]

Informierung umschreibt einen Instrumententyp, der Adressatenverhalten mit Hilfe von symbolischer, in der Regel sprachlicher Interaktion steuern

44 S. Windhoff-Héritier, Politikimplementation, S. 114
45 Hucke/Wollmann, Kriterien, S. 66 f
46 Mayntz, Überlegungen, S. 247

will. Die kommunizierten Interaktionen sollen kognitive oder emotionale Verhaltensdispositionen umstrukturieren. Beispiele dafür sind Beratung, Aufklärung, Verlautbarungen, Appelle, Propaganda usw. Vorausgesetzt wird, daß Adressaten aufnahmewillig und -fähig sind,[47] weiter, daß die kommunizierten Dispositionen verhaltensleitend werden. Die Frage ist, ob und inwieweit anderes oder gar besseres Wissen zunächst motivbildend und sodann handlungssteuernd wirkt.

Wie sich zeigt, folgt die – hier auf einen gemeinsamen Nenner gebrachte – sozialwissenschaftliche Inventarisierung politischer Instrumente der Vorgabe, die verfügbaren Steuerungsmittel nach Art und Wirkung zu katalogisieren. Arten sind Macht, Geld, Stimulus und Information, dazu gehörige Wirkungen Gehorsam, Eigennutzen, Response und Überzeugung. Die klassifikatorischen Begriffe Regulierung, Finanzierung, Strukturierung und Informierung sollen auf diese Weise trennscharf definiert sein und in die Lage setzen, jede beliebige staatliche Handlungsform einer, aber auch nur einer Klasse zuzuordnen. Damit soll also eine brauchbare Typologie zur Verfügung stehen.[48] Typologien sind folglich disjunkte, somit durch Definitionen gegeneinander abgrenzte analytische Begriffe, die empirisch Vorfindliches zu beschreiben und zu systematisieren beanspruchen. Wer fragt, wieso das Stabilitätsgesetz und eine Datenautobahn gleichermaßen unter Strukturierung zu subsumieren sind, erhält zur Antwort, daß eine Rahmenordnung für eine Konzertierte Aktion ebenso wie ein Glasfasernetz für einen Datentransfer per definitionem zur Klasse indirekt ansteuernder Verhaltensarrangements gehört.

47 Mayntz, Einleitung, S. 13; s. auch Hucke/Wollmann, Kriterien, S. 74 f

48 Vgl. hierzu im einzelnen Nohlen, Typologie, S. 1040

Memo Steuerungsinstrumente

Strategie	Regulierung	Finanzierung	Strukturierung	Informierung
Ressource	Macht	Geld	Stimulus	Information
Wirkungsmechanismus	Sanktion ↓ Befolgung	Kosten-/Nutzen-Kalkül ↓ Vorteilsnahme	Verhaltensangebot ↓ Response	Wissen ↓ Motivation
Programm	regulative Programme	Anreizprogramme Leistungsprogramme	prozedurale Programme	Informations- und Überzeugungsprogramme
Typ	Gebots- und Verbotsnormen, Standards, Anzeige- und Genehmigungspflichten, Erlaubnisvorbehalte	Vergünstigungen, Subventionen, Zuschüsse, Abgaben, Steuern, Abschöpfungen, Transfers, immaterielle Dienstleistungsprogramme	Rahmenordnungen, Deregulierung, Teilhaberechte, Entscheidungsregeln, Infrastrukturprogramme	Beratung, Information, Aufklärung, Verlautbarung, Appelle, symbolische Belohnung, Propaganda, Empfehlungen
Beispiel	Arbeitsschutz, Emissionsgrenzwerte, Umweltstrafrecht, Produktionsstandards	Abwasserabgabe, Pigou-Steuern, Sozialhilfe, Bildungsgutscheine	Mitbestimmungsregelung, Rahmenlehrplan, Datenautobahn	Blauer Engel, Anti-Aids-Kampagne, Warnhinweise auf Zigarettenpackungen, Orientierungsdaten
Problematik	Kontrollaufwand, Sanktionsrealisierung, Stigmatisierung, Dunkelziffer	Kontrollaufwand, Kostenaufwand, Versickerung, Mitnahmeeffekt, strukturelle Unterlegenheit bei bestimmten Nachfragern	Bedarfseinschätzung, Kostenaufwand, Teilnahmebereitschaft	Informationsverarbeitungskapazität, Lernvermögen, Desinteresse, Vorurteile
Lenkungsart	direkt	indirekt bei Anreiz, direkt bei Leistungsprogrammen	weich bis hin zur Selbststeuerung	weich

Typologien beschreiben und systematisieren zwar politische Instrumente, erklären aber nichts. Nur der erste anfangs erwähnte Schritt, nämlich die Auflistung verfügbarer Instrumente, ist getan. Zum zweiten Schritt, Kriterien zur Auswahl bedarfsgeeigneter Instrumente bereitzustellen, wurde bestenfalls angesetzt. Solche Ansätze spiegeln sich darin, daß die analytischen Typenbegriffe durch empirisch gehaltvolle Aussagen definiert werden, die Wirkungsbeziehungen zwischen Handlungsformtypen und Handlungserfolgen behaupten. Allerdings genügen diese Behauptungen wissenschaftlichen Ansprüchen an Erklärungssätze kaum.

Seit langem wird immer wieder beklagt, daß theoretisch und empirisch abgesicherte Hypothesen über den Zusammenhang zwischen Instrumenteneinsatz und -wirkung zwar ständig angemahnt, aber nicht erbracht werden.[49] Wirkungsvermutungen wie Angst vor Strafe oder Mehrung des Eigennutzens behalten ohne wissenschaftliche Überprüfung den Status von Alltagsvermutungen. Dabei bieten sich durchaus Erklärungsansätze an; so könnten testable Vermutungen über Instrumentenwirkungen vielleicht mit Hilfe der empirischen Ökonomik aufgestellt werden, die sozio-politische Prozesse individualistisch-strukturell erklären will.[50]

Immerhin gibt es wenigstens einige Vorstöße zur Verwissenschaftlichung der Diskussion. So wird beispielsweise versucht, die Wirkung einer Regulierung, nämlich einer monetären Sanktion, mit Hilfe der Theorie der öffentlichen Güter, der externen Effekte, der ökonomischen Theorie der Politik und institutionenökonomischer Ansätze zu erklären.[51] Allgemeiner setzt ein anderer Versuch an, der die Regelungsstruktur des Steuerungsfeldes und damit des Netzwerks aus Normen, Akteuren, Ressourcen und Interaktionsstilen für wirkungsbedingend hält.[52] Schließlich soll sich die Steuerungswirkung, um ein letztes Beispiel anzuführen, ganz allgemein damit erklären, daß es sich bei den erwähnten Instrumentenarten, also Macht, Geld usw., um Steuerungsmedien handele,[53] die ohnehin soziales Verhalten lenkten und per Instrument politisch nur in Dienst genommen würden.

Solche Versuche, Vermutungen über die Wirkungen von Instrumentenklassen wissenschaftlich zu begründen, bleiben allerdings zu vage, um am Einzelfall getestet werden zu können. Schlimmer noch, es drängt sich der Verdacht auf, daß alle Präzisierungsanstrengungen scheitern müssen, weil die Vermutungsbasis, eben das jeweils in Anspruch genommene Konstrukt,

49 S. z. B. Landfried, Steuerungswissen, S. 323 m. w. N.
50 zusammenfassend Kunz, Empirische Ökonomik, S. 189 ff
51 S. Gelbhaar, Monetäre Sanktionen, S. 43 ff
52 Bohnert/Klitzsch, Selbstregulierung, S. 207
53 Jann, Kategorien, S. 62 ff

Wirkungsvermutungen nicht wissenschaftlich begründen kann. Diesem Verdacht soll exemplarisch nachgegangen werden. Zum Exempel dient hier die Ableitung von Steuerungswirkungen aus dem Medienmodell, das, kurz gesagt, die wechselseitige Abstimmung sozialen Verhaltens in und zwischen unterschiedlichen sozialen Teilwelten erklären will. Wäre damit in der Tat erklärt, wodurch ökonomisches, religiöses oder ökologisches Verhalten innerhalb der Teilwelten und zwischen den Teilwelten aufeinander abgestimmt wird, dann wäre der Einsatz politischer Steuerungsinstrumente als ein Fall externer Verhaltensabstimmung zu erklären – und weiter nur noch die Wahl eines steuerungsbedarfsgerechten und -bedarfsbefriedigenden Instruments zu begründen.

1.5 Steuerungsmedien

Steuerungsmedien verdanken ihren Namen der Annahme, daß sich aus der Vielzahl unspezifischer Handlungsmöglichkeiten eine Anzahl spezifischer Interaktionsmöglichkeiten herauskristallisieren muß, damit aufeinander bezogenes sowie ineinandergreifendes Handeln in und zwischen Sozialsystemen möglich wird.[54] So kann Herumschlendern unterschiedliche Reaktionen nach sich ziehen, je nachdem, wo es stattfindet, etwa im Park, im Kaufhaus oder im militärischen Sperrgebiet, und ein Flirtversuch, ein Beratungsangebot oder eine Verhaftung lösen dann weitere Anschlußhandlungen aus. Diese Auswahl wechselbezüglicher Handlungsprämissen wird durch normative Hintergrundstrukturen ermöglicht, die Aktionen in Sinnzusammenhänge einbetten und Reaktionen begreiflich machen. Solche Sinnzusammenhänge können sich in Vordergrundstrukturen wie Geld oder Recht vergegenständlichen, die dann verkürzend als Steuerungsmedien etikettiert werden.

Medienkonzepte haben demnach nicht die politische, sondern die soziale Steuerung sozialen Verhaltens im Visier, wollen also die Frage beantworten, welche gesellschaftlichen Mechanismen Handlungen normieren und koordinieren. Steuerungsmedien heißen infolgedessen deshalb so, weil sie soziales Handeln vor allem in, aber auch zwischen sozialen Systemen regulieren. Da soziale Differenzierung, also die Herausbildung spezialisierter Sozialsy-

54 Vgl. Parsons, Zur Theorie, S. 290 ff

steme zur Erfüllung gesellschaftlich notwendiger Aufgaben wie Güterversorgung (Wirtschaft) oder Professionalisierung (Bildung), funktionstypische Strukturmuster mit jeweils eigenen Sinn- und Sprachkriterien mit sich bringt, kann man zwischen ökonomischen und religiösen Handlungen unterscheiden. Auf solche Unterscheidungen hat der Handelnde keinen Einfluß; wer bei einer Auktion nach oben den Weg zu Gott weist, hat augenscheinlich ein Gebot abgegeben. Das ökonomische Steuerungsmedium hat diese Handlung normiert (Gebot), codiert (Steigerung) und quantifiziert (Geldbetrag).

Nun nutzt auch der Staat zu politischen Steuerungszwecken Geld und kann sich demnach ebensowenig dem ökonomischen Sinnzusammenhang entziehen. Vielmehr ist der politisch motivierte Einsatz von Geld darin unentrinnbar eingebunden. Dann aber sieht es so aus, als ob Steuerungsmedien auch Kürzel für die sozialen Rahmenbedingungen politischer Steuerungsmaßnahmen sind. Eine Regulierungsmaßnahme wie ein Verbot läßt sich nur im Rahmen von Recht treffen oder durchführen. Recht ist der Bestimmungsgrund dafür, wie ein Verbot erlassen, artikuliert, ins Werk gesetzt oder erzwungen wird. Jede politische Regulierung ist daher immer ein Rechtsphänomen und jede Finanzierung stets ein Geldphänomen. Augenscheinlich instrumentalisiert Politik die sozialen Rahmenbedingungen zu Steuerungszwecken. Die fallweise politische Instrumentalisierung ist jedoch ebenso ein Randaspekt wie die religiöse Instrumentalisierung von Recht als Scheidungshemmnis oder die familiale Instrumentalisierung von Geld als Erziehungsmittel. Recht dient in erster Linie zur Absicherung sozialer Verhaltensmuster und Geld zur Generalisierung ökonomischer Tauschbeziehungen.

Behält man diese Unterscheidung zwischen soziologisch inspirierten Steuerungsmedien und politikwissenschaftlich konzipierten Steuerungsinstrumenten im Auge, dann bleibt gegenwärtig, daß Instrumente in Codes und Rationalitäten von Medien eingebunden sind. Dieses Medienkonzept geht, wie gezeigt wurde, von drei Prämissen aus:

Die erste Prämisse lautet, daß Sozialsysteme funktionsspezifische Netzwerke zur Verhaltensregulation ausbilden, die Handeln systemtypisch plausibilisieren, selektieren und kompatibilisieren. Derartige Hintergrundstrukturen firmieren auch als – etwa ökonomische oder politische – Systemrationalitäten, die das jeweilige Handeln im System steuern. Nur deshalb läßt sich das erwähnte Ausstrecken eines Armes einmal als Gebot (ökonomischer Kontext) und ein andermal als Anflehen (religiöser Kontext) identifizieren. Kurz, die Sozialsysteme bilden funktionsspezifische Netzwerke und damit Systemrationalitäten aus.

Die zweite Prämisse lautet, daß die Netzwerke durch Ausbildung systemspezifischer Codes kommunikabel sind. Hier ist von systemischen Sondersprachen die Rede, durch die sich komplexe Verhaltensnetzwerke als überschaubare Handlungszusammenhänge abbilden und transferieren lassen. So verweist die Identifikation des Armausstreckens als Gebot weiter auf einen juristischen Kontext, der auf diesen Begriff die Abgabe eines Vertragsangebots, das durch Zuschlag angenommen wurde, verkürzt und damit die Teilnahme an einer Versteigerung erleichtert. Kurz, die Netzwerke bilden Codes und damit systemspezifische Sondersprachen aus.

Die dritte Prämisse lautet, daß sich Regelwerk und Sondersprache als Systemrationalität und Systemcode symbolisch vergegenständlichen, sei es materiell als Geld oder begrifflich als Macht. Diese sogenannten Vordergrundkomponenten sind griffige Formalisierungen, die auch systemextern verstehbar sind und insoweit zwischensystemische Handlungsoptionen eröffnen. Terminologisch handelt es sich hierbei um Steuerungsmedien, also um Vergegenständlichungen, die systemintern und -extern Handlungsreihen organisieren. Beispielsweise erhält der Meistbietende die zugeschlagene Sache nur gegen Barzahlung, und die Scheine oder der Scheck lösen Handlungsreihen derart aus, daß Eigentum verschafft oder der Erlös weitergeleitet wird. Kurz, die Systemrationalitäten und -codes vergegenständlichen sich in Steuerungsmedien.

Nicht unerwähnt bleiben darf, daß die Identifizierung von Steuerungsmedien in Sozialsystemen kein empirischer, sondern ein modelltheoretischer Befund ist. Zwar ist beispielsweise Geld, sei es in Form von Scheinen, Münzen oder Buchungszahlen, unbestrittene Faktizität, aber seine Gleichsetzung mit einem symbolischen Tauschmittel und gar seine Verallgemeinerung zu einem Fall äquivalenter Interaktionsvermittler wie auch Macht oder Einfluß hat Modellcharakter. Modelltheoretisch liegt ein semantisches Modell vor, also eine Konvention darüber, den Begriff „Steuerungsmedium" dem sozialen Phänomen „Geld" zuzuordnen, um eine Konzeption sozialer Ordnungsmuster verfertigen zu können. Das Medienkonzept ist folglich ein Begriffszusammenhang zur Repräsentation eines unterstellten sozialen Ordnungsprozesses.

Dieses Modell ist steuerungstheoretisch aus zwei Gründen von Interesse. Zum einen lassen sich damit möglicherweise Steuerungsdefizite erhellen. So dürfte in der Modellogik die Annahme liegen, daß Steuerungsinstrumente als politische Konkretisierungen von Vordergrundkomponenten wie Geld oder Recht Wirkungseinbußen erleiden, wenn die Hintergrundstrukturen, etwa ökonomische oder juristische Systemrationalitäten, vernachlässigt werden. Z. B. verletzt eine Subventionierung der Investitionsgüterindustrie zur

Konjunkturankurbelung in Zeiten der Rezession die ökonomische Rationalität, weil es an Nachfrage nach Investitionsgütern fehlt. Zum anderen könnte die Steuerungsperspektive verschoben werden. So scheint die Modellogik eher Steuerungspessimismus zu verbreiten, weil sich Steuerungsimpulse in komplexen Netzwerken aus unterschiedlichen Verhaltensregulationen verfangen dürften. Z. B. verheddert sich ein Emissionsverbot leicht im Dickicht ökologischer, ökonomischer, ethischer oder staatlich verordneter Handlungsprämissen.

Nun handelt es sich bei einem Emissionsverbot um eine Intervention des politischen in das ökonomische System. Ging es bisher vorrangig um intrasystemische Steuerungsarrangements, so geraten nunmehr intersystemische Steuerungsbeziehungen ins Blickfeld. Das steuerungstheoretische Interesse am Medienkonzept gründete sich bislang auf das Bedingungsgefüge im angesteuerten System, wozu vorrangig dessen Systemrationalität gezählt wurde. Von steuerungstheoretischem Interesse ist aber nicht minder das Bedingungsgefüge zwischen politischem und angesteuertem System. Das Medienkonzept ist also auch daraufhin zu befragen, ob es dieses Gefüge erfaßt. Parsons hat zwar die systeminterne Steuerungsleistung von Medien, kaum aber deren systemexterne Steuerungsleistung untersucht. Offensichtlich wird unterstellt, daß ein Steuerungsmedium als vereinfachte, plausible und griffige Symbolisierung einer komplexen Systemkonfiguration von anderen Systemen aufgegriffen und abgearbeitet werden kann. Diese Unterstellung mutet überraschend an, gehorchen doch die anderen Systeme modellgemäß ihren eigenen Steuerungsmedien mit jeweils systemtypischen Semantiken und Rationalitäten. Was die Integrations- und damit Steuerungsdefizite der Gesellschaft zu erklären schien, eben die differierenden und auch konfligierenden Eigenlogiken der Subsysteme, firmiert nunmehr als gesellschaftlicher Integrations- und Steuerungsmechanismus.

Das Medienmodell ist also gefragt, ob es Erklärungen dafür gibt, daß ein Sozialsystem an die Interaktionen eines anderen Sozialsystems anschließt, obwohl doch jeweils eigene Steuerungsmedien mit eigenen Systemrationalitäten handlungsleitend sind. Daß es Handlungsanschlüsse gibt, ist offensichtlich; so sammelt und verwendet auch das religiöse System Geld. Parsons gibt eine erste Antwort derart, daß die gesamtgesellschaftliche Funktion von Subsystemen, etwa Anpassung und Zielerreichung, genauso innerhalb der Subsysteme selbst erfüllt werden muß, ist sie doch eine basale Bestandsvoraussetzung. Folglich müssen auch das ökonomische System Zielerreichung und das politische System Anpassung vollbringen, und deshalb differenzieren sie dazu Subsubsysteme aus.[55] Die Schlußfolgerung lautet nun, daß die im politischen System zur Anpassung ausdifferenzierte Einheit offen für das ökonomische Medium Geld und die im ökonomischen System zur Zielerreichung ausdifferenzierte Einheit offen für das politische Medium Macht sei. Anders gesagt, bei der Bewältigung des gleichen Bestandsproblems gleichen sich zwar nicht die Lösungen, wohl aber die Lösungsmuster, und deshalb werden die Lösungen wechselseitig vermittelbar (s. Memo S. 39).

Solche Argumentation erinnert an die Puppe in der Puppe. Die Frage, was eine Puppe im Innersten zusammenhält, beantwortet die zweite Puppe im Innersten der ersten Puppe, die wiederum eine dritte Puppe enthält. Diese Antwort befriedigt bestenfalls solange, bis die letzte Puppe zum Vorschein gekommen ist. Dann fällt auf, daß nicht der Modellgehalt, das Puppenbild, sondern die Modellgrundlage das Problem ist, also Holz, Leim oder Farbe.

Selbst wenn sich die Lösungsmuster ausdifferenzierter Subsysteme glichen, bliebe doch die Frage nach der Vermittelbarkeit der Lösungen. Der Modellgehalt, also die funktionsspezifische Ausdifferenzierung im Bestandsinteresse, läßt sich nicht mit der Modellgrundlage plausibel machen, die von grundverschiedenen Bestandsproblemen ausgeht.

Anders gesagt, diese Weiterführung verlagert nur die Frage nach der Konvertierbarkeit der Steuerungsmedien von Systemebene zu Systemebene. Am Ende bleibt die Frage, ob beispielsweise der ökonomische Mediencharakter von Geld konvertiert wurde, wenn es in der Religion zur Erlangung des Seelenheils oder in der Kunst zur Veranstaltung eines Happenings im Ofen landete.

Zur Beantwortung dieser Frage erweitert Münch das Medienmodell Parsons und unterscheidet zwischen dem Erwerb und der Verwendung eines Steuerungsmediums. Ein derartiger Doppelcharakter spiegelt sich im Glückspfennig, der die Eigenschaft dieses Metallstücks, Glücksbringer und Zahlungsmittel zu sein, klar ausdrückt. Ob Geld vermehrt, verteufelt, verlacht oder verzaubert wird, hängt offenbar vom jeweiligen Verwendungszusammenhang ab. Wer also Geld sagt, meint immer Zahlungsmittel, vielleicht aber zudem auch anderes, das dann verstehbar wird, wenn man den anderen Verwendungszusammenhang kennt. Das Geld, das gerade wegen seines Charakters als Zahlungsmittel verfremdet wird, erfährt eine zusätzliche Charakterisierung in religiösen, künstlerischen oder familialen Zusammenhängen. Selbstverständlich kann der ökonomische Charakter dort auch

55 S. hierzu Willke, Systemtheorie, S. 124 ff; Parsons, Zur Theorie, S. 302 ff

vorherrschend bleiben, so wenn eine Kollekte oder eine Auktion veranstaltet werden.

Memo Steuerungsmedien: Parsons

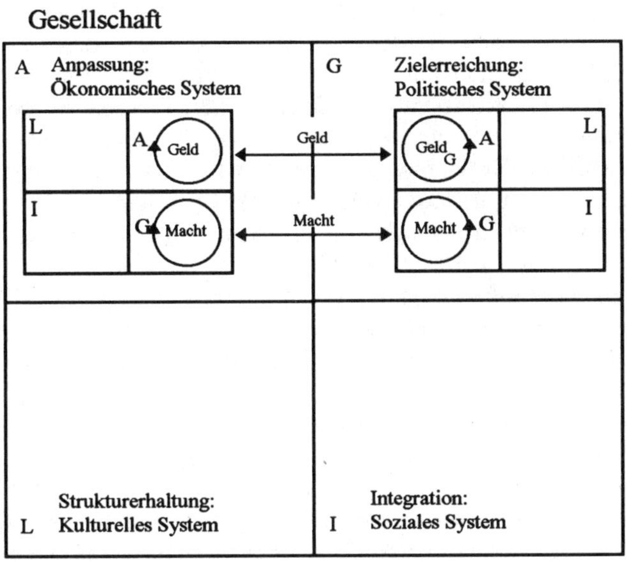

- Zu den basalen Bestandsvoraussetzungen von Handlungssystemen gehören u. a. die Erfüllung der Anpassungs- (Versorgung) und der Zielerreichungsfunktion (Lenkung).
- Für das Gesellschaftssystem insgesamt leistet Anpassung das ökonomische System mittels des Steuerungsmediums Geld und Zielerreichung das politische System mittels des Steuerungsmediums Macht.
- Für das ökonomische wie das politische System gilt ebenso, daß Geld zur Anpassung und Macht zur Zielerreichung dienen.
- Steuerungsmedien bewirken damit (auch) Interaktion zwischen und Integration von Sozialsystemen.

Mit der Unterscheidung zwischen dem Erwerb (Geld wird im ökonomischen System beschafft) und der Verwendung (Geld kann im religiösen System

Strafablaß bringen) hat Münch[56] das Interaktions- und Integrationsmodell von Parsons ausgebaut. Der Erwerb vollzieht sich nach dem Regelwerk des Sozialsystems, in dem das Steuerungsmedium verankert ist, die Verwendung nach dem Regelwerk des anwendenden Systems. So regelt den Gelderwerb die Eigentumsordnung oder den Machterwerb die Herrschaftsordnung, und wenn die Politik Geld oder die Wirtschaft Macht verwendet, dann können hier Arbeitsbeziehungen reguliert oder dort internationale Verpflichtungen finanziert werden. Zur Kennzeichnung dieser janusköpfigen Medienleistung spricht Münch von Faktor- und Produkteigenschaften. Unter Faktor wird der systemspezifische Output, unter Produkt ein systemfremder Input verstanden, der – nomen est omen – zur Produktion anderenorts typischer Leistungen in Dienst genommen wird. Um das frühere Beispiel nochmals aufzunehmen: Der Faktor Geld wird erwirtschaftet, das Produkt Geld geheiligt, und der Zirkel schließt sich, wenn das Produkt Geld zum Bau des Petersdomes dient. Auf diese Weise können Sozialsysteme interagieren, einander integrieren und damit interpenetrieren.

Die Zusatzannahme lautet also, daß Sozialsysteme zur Erfüllung ihrer gesellschaftlichen Funktion nach ihrer Eigenlogik Faktoren erzeugen und dazu mit fremder Logik behaftete Produkte verwenden, wobei die entsprechenden Handlungsreihen durch die Eigenlogik definiert und von den Fremdlogiken mitbestimmt werden. Auf diese Weise soll die systemexterne Steuerungsleistung und damit die Konversion von generalisierten Austauschmedien erklärt werden: die Zirkulation von Faktoren und Produkten verknüpft die Sozialsysteme zu einem gesellschaftlichen Leistungszusammenhang, der Gleichklänge in den Vielklang der Systemstimmen bringt (s. Memo S. 41).

Ob diese Zusatzannahme tatsächlich das Modell von Parsons erweitert, ist zweifelhaft. Der Tauschcharakter von Medien soll eine Binnen- und eine Außenperspektive eröffnen; die Binnenperspektive verweist auf systeminterne, von der Eigenlogik geprägte Tauschakte, die Außenperspektive auf systemexterne, auch von Fremdlogiken beeinflußte Tauschakte. So vermittelt Geld einmal nach ökonomischen Rationalitätskriterien Güter oder Dienstleistungen und weiter auch nach außerökonomischen Rationalitäten beispielsweise Macht. In gängiger systemtheoretischer Terminologie hieße Geld aus der Perspektive des ökonomischen Systems Output und aus der Perspektive des politischen Systems Input, der den Output des politischen Systems mitbestimmt. Sagt man Faktor statt Output und Produkt statt Input, dann hat man bestenfalls die Modellbegrifflichkeit präzisiert, nicht dagegen den Modellgehalt vergrößert. Nicht zuletzt erklären Begriffspräzisierungen

56 Vgl. auch zum Folgenden Münch, Basale Soziologie, S. 102 ff

nichts, sondern verbürgen höchstens eine gemeinsinnige Begriffsverwendung.

Memo Steuerungsmedien: Münch

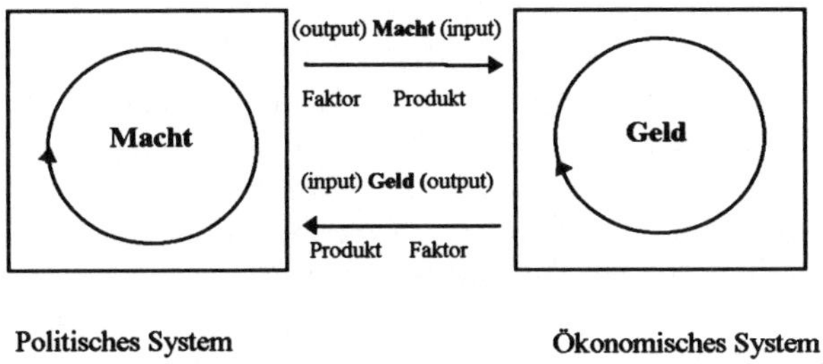

- Steuerungsmedien sind systemspezifische Funktionsmodi (Faktor).
- Ein Faktor kann von einem anderen Sozialsystem nur als Produkt, d. h. gemäß dessen spezifischem Funktionsmodus, in Dienst genommen werden.
- Die Möglichkeit und Notwendigkeit zur Indienstnahme von Faktoren als Produkte führt zu Interaktion, Interpenetration und Integration der Sozialsysteme.

Deshalb kreiert Willke mögliche Konversionsinstanzen, die zwischen unterschiedlichen Medien vermitteln könnten, etwa die Bundesbank oder die Konzertierte Aktion zur Vermittlung von Geld und Macht.[57] Plausibel scheint, daß es intermediäre Instanzen, die verschiedenartige Rationalitätskalküle abgleichen und auf diese Weise zur Integration von Sozialsystemen beitragen, gibt, so etwa das Bundesgesundheitsamt zum Abgleich von Heilberufs- und Patientenkalkülen. Im Beispiel der Bundesbank oder der Konzertierten Aktion geht es aber weniger um einen Rationalitätsabgleich als vielmehr um den Vorrang der politischen Rationalität, so daß die Bundesbank Geldwertstabilität oder die Konzertierte Aktion Arbeitsfrieden zur Wahrung der Legitimität und damit des Bestandes des politischen Systems

57 Willke, Systemtheorie, S. 131

ansteuert. Ob und gegebenenfalls inwieweit im Modellsinn Konversionsinstanzen vorliegen, läßt sich nicht entscheiden, weil solche Instanzen nicht modelltheoretisch konstruiert wurden. Es gibt also keine analytischen Modellbegriffe, auf die empirisch gehaltvolle Begriffe wie Bundesbank oder Konzertierte Aktion zurückführbar wären.

Die mutmaßlichen Integrations- und Penetrationsleistungen von Medien sind also noch vager ausmodelliert als die internen Steuerungsleistungen. Vor allem darauf zielt politische Steuerung. Aus der Perspektive des politischen Systems geht es darum, sich solche internen Steuerungsleistungen zunutze zu machen, aus der Perspektive eines Sozialsystems um die Aufrechterhaltung der Leistungen. Wenn der Medienbegriff ein Synonym für das interne Steuerungsarrangement eines Sozialsystems ist, dann hat es politische Steuerung mit so vielen Medien zu tun, wie es Sozialsysteme gibt. In der Tat hat die Medientheorie eine Vielzahl von Steuerungsmedien ausfindig gemacht. Dazu gehören das eigene Medium des politischen Systems und andere, unter politischen Steuerungsgesichtspunkten bedeutsame Medien wie das wiederholt erwähnte Geld, das gleichsam die Initialzündung dieser Theorie war.

Geld – ein generalisiertes Symbol zum Austausch ökonomischer Ressourcen – wird als Spezialfall einer Vielzahl systemtypischer Interaktionsvermittler begriffen.[58] Der Symbolcharakter verweist auf den ökonomischen Code und das ökonomische Rationalitätskalkül, zugleich aber auch auf die Codes und Rationalitäten anderer Systeme. So gilt Macht als generalisiertes Symbol zur Vermittlung kollektiv bindender Entscheidungen nach politischen Regeln, mag es sich nun um Richtlinien- (z. B. Regieren) oder Richtungsentscheidungen (z. B. Wählen) handeln, die gesamtgesellschaftliche Ziele verwirklichen sollen. Analog zur Begriffsbestimmung von Geld wäre Macht dann ein generalisiertes Symbol zum Austausch politischer Ressourcen, eben der kollektiv bindenden Entscheidungen gegen kollektiv bindende Unterstützung.

Es war bereits davon die Rede, daß derartige Begriffsbestimmungen im Argumentationszusammenhang eines funktionalen Differenzierungsmodells stehen. Aus dieser gesamtgesellschaftlichen Perspektive erscheint es durchaus plausibel, daß die Wirtschaft zur kollektiven Deckung des Bedarfs an Gütern und Diensten oder die Politik zur Deckung des Bedarfs an kollektiven Zielen ausdifferenziert wurden und die dazu erforderlichen Interaktionen geld- bzw. machtvermittelt sind. Nur läge es dann in der Argumentationslogik, Geld und Macht ebenfalls als gesamtgesellschaftlich generierte

58 Parsons, Zur Theorie, S. 302

Medien zu sehen, die diese Systeme zur Bedarfsdeckung in die Lage setzen. Dann wäre auch das leidige Konversionsproblem vom Tisch: Geld und Macht ließen sich als Spezialfälle allerorten gängiger Gütertausch- oder Über- bzw. Unterordnungsverhältnisse begreifen.

Die Begriffsbestimmungen von Steuerungsmedien gehören aber in den Argumentationszusammenhang des Medienmodells, wonach gesellschaftliche Subsysteme nach ihren teilsystemischen Rationalitäten und nicht gemäß einer gesamtgesellschaftlich verbindlichen Rationalität operieren. Aus dieser Modellperspektive erscheint es plausibel, daß die Wirtschaft oder die Politik zur Wahrung ihres jeweiligen Bestandsinteresses Interaktionsvorgaben machen, die sich systemintern legitimieren. Bezugshorizont des Medienmodells ist nämlich nicht das Gesellschafts- sondern das Systemganze. Das Differenzierungsmodell skizziert bestenfalls die gesellschaftliche Ausgangsbedingung für die Generierung von Steuerungsmedien, und zwar die Ausdifferenzierung funktional-spezifischer Subsysteme, nicht jedoch den teilweltlichen Verfertigungsgrund. Der liegt, wie oft gesagt, im Bestandsinteresse des Subsystems, so daß in ausdifferenzierten Subsystemen Steuerungsmedien primär zur Erfüllung von Subsystem- und nur noch nachrangig zur Erfüllung von Gesamtsystemfunktionen beitragen. Anderenfalls gäbe es für das Medienmodell kein Integrations-, Interpenetrations- oder Konversionsproblem, eben weil sich jedes Medium aus der Differenzierungsperspektive plausibilisieren ließe.

Es war schon davon die Rede, daß sich Teilsysteme gegenüber der Gesamtgesellschaft verselbständigen, so daß Subsystemfunktionen nach systeminternen und nicht nach systemexternen Vorgaben zugeschrieben werden; bestimmte die Gesamtgesellschaft die Subsystemleistungen, dann gäbe es keine Steuerungsprobleme. Das Medienmodell beschreibt insoweit nichts anderes als ein systeminternes Leistungsmuster, das in handlungsleitende Hintergrundstrukturen aufgefächert wird, insbesondere in systemspezifische Norm-, Sinn- und Sprachhorizonte.

Problematisch ist bei alledem die Beschreibungsgrundlage. Die modelltheoretischen Sätze erscheinen erfahrungswissenschaftlich unergiebig, weil es kaum operationalisierbare und damit testable Aussagen gibt. So sind beispielsweise die Behauptungen über Produkte und Faktoren unüberprüfbar. Ebenso ist die grundlegende Prämisse vom Bestandserhaltungsinteresse keine empirisch bewährte, sondern eine analogisierende Aussage von einem erfahrungswissenschaftlich irrelevanten Abstraktionsgrad. Last, not least sind, um ein letztes Bedenken zu formulieren, die klassifikatorischen Aussagen, etwa über Anpassungs- oder Zielerreichungsfunktionen von Systemen, weder stringent abgeleitet noch konsistent formuliert.

Memo Medienmodell

	Differenzierungsmodell	Medienmodell
Forschungsfokus	Gesamtgesellschaftliche Funktion der gesamtgesellschaftlich generierten Steuerungsmedien	Subsystemische Funktion der subsystemisch generierten Steuerungsmedien
Argumentationsbasis	Bestandsinteresse der Gesamtgesellschaft, zu dessen Wahrung Subsysteme ausdifferenziert werden.	Bestandsinteresse der Subsysteme, zu dessen Wahrung systemspezifische Medien ausgebildet werden.
Bezugshorizont	Gesamtgesellschaft	Subsystem
Konversionsproblematik	Partikularlogiken sind gesamtgesellschaftlich generiert und deshalb allgemein verständlich: So sind Geld oder Macht lediglich Spezialfälle allerorten gängiger Gütertausch- bzw. Über-/Unterordnungsverhältnisse.	Partikularlogiken müssen zur Bestandssicherung ihrer jeweiligen Subsysteme aneinander anschließen; so knüpft die Wirtschaft an die politische Machtlogik oder die Politik an die wirtschaftliche Geldlogik an.

Als Zwischenbilanz läßt sich festhalten, daß alle erwähnten Versuche, das Konversionsproblem zu lösen, an der Vermengung zweier separater Modellkonstrukte mit unterschiedlichen Modellierungsintentionen leiden. Im Forschungsfokus der einen Modellbildung liegt die gesamtgesellschaftliche Funktion von Steuerungsmedien. Argumentationsbasis ist deshalb das Bestandsinteresse der Gesamtgesellschaft, zu dessen Wahrung Subsysteme mit jeweils eigenen, der Gesamtbestandswahrung dienenden Medien ausdifferenziert werden. Die Subsystemrationalitäten erscheinen hier gleichsam als gesamtgesellschaftlich hervorgebrachte Partikularlogiken, die eben deshalb in der Gesamtsystemlogik liegen. Dieser gemeinsame Rationalitätshintergrund der Partikularrationalitäten soll dann den Weg zur Lösung des Konversionsproblems eröffnen. Im Forschungsfokus der anderen Modellbildung liegt die subsystemische Funktion von Steuerungsmedien. Argumentationsbasis ist hier das Bestandsinteresse eines Subsystems, zu dessen Wahrung Leistungsmuster mit einem systemspezfischen, hochspezialisierten Medium ausgebildet werden. Die Subsystemrationalitäten erscheinen dabei als autonome Handlungsarrangements, und der Weg zur Lösung des Konversionsproblems wird darin gesehen, daß zur Wahrung des Bestandsinteresses an andere Subsystemrationalitäten angeschlossen werden muß.

Wem diese Grundannahmen einleuchten, dem werden auch die Modellkonstrukte annehmbar vorkommen. Nicht recht nachvollziehbar erscheint dagegen die weitere Behauptung, ein systemspezifisches Handlungsarrangement manifestiere sich jeweils in einer einzigen Vergegenständlichung, eben dem Steuerungsmedium. Die Zweifel beginnen bereits beim Geld. Wenn man die Funktion des Geldes darin sieht, Tauschakte zu generalisieren, dann macht Geld die ökonomische Grundfrage nach der Äquivalenz eines Tauschaktes bezifferbar, aber nicht beantwortbar; bekanntlich gibt es eine Vielzahl von Tauschmotiven. Eher wäre Tauschäquivalenz das Medium des ökonomischen Systems und nicht Geld, das nur zur Quantifizierung, Rationalisierung und Generalisierung der Tauschakte diente. Die Zweifel vertiefen sich, wenn man in anderen Subsystemen nach dem einen Steuerungsmedium sucht. Das politische System maximiert gleichermaßen Macht, Loyalität oder Kompetenz, und alles könnte, je nach Vorannahme, gleichrangig oder ausschließlich Steuerungsmedium sein. Im religiösen System steht anstelle des Geldes vielleicht das Kreuz, vielleicht aber auch das Dogma oder die Schrift.

Wie es aussieht, handelt es sich bei den erwähnten sprachlichen und physikalischen Phänomenen um Symbole im herkömmlichen Verständnis.[59] Damit sind Reduktionen komplexer Sinnzusammenhänge auf einzelne Vergegenständlichungen gemeint, die in die Lage setzen, an solchen Zusammenhängen teilzuhaben. Die Vergegenständlichungen stehen für etwas anderes, daraus nicht Ableitbares. Die Zuordnung eines geprägten Metallstücks, eines bedruckten Papiers oder einer eingeschwärzten Zahl zum ökonomischen Kontext versteht sich nicht von selbst, sondern erfolgt nach eigenen Zuordnungsregeln. Dabei kann die gleiche Vergegenständlichung nach unterschiedlichen Zuordnungsregeln verortet werden, beispielsweise das ge-

59 Vgl. auch zum Folgenden Görlitz, Symbol, S. 482 ff

prägte Metallstück zur Symbolisierung von Tausch (Geld), Status (Schmuck) oder Kunst (Sammlerstück). Solche Zuordnungsregeln können gesamtgesellschaftlich oder auch nur subsystemisch bekannt sein. So wird vom bettelarmen Puschkin berichtet, er sei mit seinen ersten selbstverdienten Goldstücken auf einen See hinausgerudert und habe Stück für Stück ins Wasser versenkt und sich am verdämmernden Glitzern erfreut.

Hat man sogenannte Steuerungsmedien als gewöhnliche Symbole identifiziert, dann kann man mit den gängigen Funktionszuschreibungen die Leistungen von Geld oder Macht hinreichend beschreiben. Dazu gehören beispielsweise die Kommunikations- und die Transferfunktion, wobei es im ersten Fall um die angemessene Verwendung des jeweiligen Systemcodes und im zweiten Fall um die Abbildung des jeweiligen Rationalitätsmusters geht. So kann Geld Tauschaktivitäten eröffnen (Kommunikationsfunktion) oder Gewinnmaximierung anzeigen (Transferfunktion), und der Tag der deutschen Einheit mobilisiert Solidarität oder demonstriert politische Identität. Aus dieser Perspektive läßt sich möglicherweise auch die Konversionsfrage leichter beantworten. So könnte die ökonomische Dimension des Geldes ein Spezialfall genereller sozialer Tauschbeziehungen oder die politische Dimension des Nationalfeiertages ein Spezialfall genereller sozialer Identitätsfindung sein, und diese gesamtgesellschaftliche Verortung teilgesellschaftlicher Symbole eröffnet zumindest einige Verständnismöglichkeiten. Mit dem Wissen über den teilweltlichen Code und die teilweltliche Rationalität nimmt auch das Symbolverstehen zu.

Damit hat sich der – am Ende des letzten Kapitels – ausgesprochene Verdacht erhärtet, daß Vermutungen über die Wirkungen von Instrumenten wissenschaftlich nicht zureichend begründet sind. Am Medienmodell konnte exemplarisch demonstriert werden, daß sich vage Verweise auf die mögliche Steuerungsrelevanz sozialwissenschaftlicher Konstrukte trotz aller Bemühungen nicht präzisieren lassen, wenn schon die Konstrukte selbst modelltheoretische Defizite aufweisen. Anstelle vager Verweise werden stringente Ableitungszusammenhänge benötigt, woraus sich theoretisch fundierte und empirisch gehaltvolle Wirkungsvermutungen schlußfolgern lassen.

Bisher steht nach alledem nur fest, wer warum womit zu steuern beansprucht, nämlich das politische System zur Befriedigung von Steuerungsbedarf mit Steuerungsinstrumenten. Offen ist weiterhin die Frage, ob bzw. inwieweit mit angebbarer Erfolgsaussicht gesteuert werden kann. Da, wie gesagt, Steuerungsanstrengungen stattfinden, gibt es auf jeden Fall so etwas wie eine Steuerungspraxis, die wissenschaftlich interpretiert wird, beispielsweise als Planungs- und Implementationspraxis. Spannend wird es, wenn zudem Steuerungstheorie in Frage steht, weil es dabei um methodisch abgesicherte und testable Steuerungseffekte geht, eben um Steuerbarkeit gesellschaftlicher Zustände, aber auch um Steuerungsfähigkeit des politischen Systems.

Memo Steuerungsmedien

Steuerungsaspekte / Modellaspekte	Systeminterne Steuerungsleistung	Systemexterne Steuerungsleistung
Ordnung	Medien ermöglichen aufeinander bezogenes und ineinander greifendes Handeln	Medien leisten gesamtgesellschaftliche Integration von Subsystemen mit unterschiedlichen Rationalitäten und Semantiken
Interaktion	Medien selektieren Interaktionsmöglichkeiten nach systemtypischen Rationalitäten	**Parsons**: Auf jeder ausdifferenzierten Systemebene sind dieselben Grundfunktionen mit denselben Medien zu erfüllen. Die Systeme interagieren zur Erfüllung sich entsprechender Grundfunktionen. **Münch:** Die Eigenlogik des jeweiligen Mediums prägt die systeminternen Tauschakte: Die Zirkulation von Input- und Outputleistungen führt zu einem gesamtgesellschaftlichen Leistungszusammenhang. **Willke:** Intermediäre Instanzen gleichen verschiedenartige Rationalitäten bzw. Semantiken ab und vermitteln so zwischen Sozialsystemen.

1.6 Steuerungsfelder

Wie sich gezeigt hat, beziehen sich Steuerungsprozesse auf steuerungsrelevante Realitätsauschnitte. Wiederholt war auch davon die Rede, auf welche Weise Steuerungsrelevanz zustande kommt: Problemlösungsbedarf wird teilsystemisch artikuliert, öffentlich thematisiert und politisch perzipiert. So könnte sich etwa die Klage von Bildungseinrichtungen über eine zunehmende Drogenappetenz Jugendlicher in den Massenmedien als generativer Orientierungsverlust und im politischen System als bildungs-, drogen- oder familienpolitische Steuerungsaufforderung widerspiegeln. Kommen Bildungs-, Drogen- oder Familienpolitik dieser Aufforderung nach, lassen sich leicht feldtypische Steuerungsgegenstände wie Curricula, Dealerorganisationen oder Elternverhaltensweisen ausmachen, und weiter feldtypische Steuerungsmaßnahmen wie Curriculumrevision, verdeckte Ermittlung oder Elternschulung.

Auf den ersten Blick scheint es, daß Steuerungsfelder den sozio-politischen Bezugsrahmen der Steuerungsgegenstände abstecken; so gehören im Beispiel Curricula ins Bildungs-, Dealerorganisationen ins Rechts- oder Elternverhaltensweisen ins Familiensystem. Der soziale Bezugsrahmen wären dann ausdifferenzierte Subsysteme, der politische Bezugsrahmen ausdifferenzierte Politiken. Es sieht also so aus, als ob die Politik so viele Politiken bereitstellt, wie es problembelastete gesellschaftliche Teilwirklichkeiten gibt, von A wie Ausländerpolitik bis Z wie Zollpolitik. Diesen Bezug zwischen einer Politik und ihrer jeweiligen Teilwelt, den vorangestellte Kennzeichnungen wie Technologie-, Umwelt- oder Wirtschaftspolitik einfangen wollen, thematisiert die Politikfeldanalyse als inhaltliche Dimension von Politik, kurz, als Politikfeld.[60] Es empfiehlt sich deshalb, die politikfeldanalytische Sicht der Dinge nachzuvollziehen, um den Feldbegriff mit dieser Hilfe möglicherweise genauer konturieren zu können.

Der erwähnte erste Blick fällt gleichsam durch die Brille des politischen Systems. Damit werden in der Tat die Arbeitslosigkeit zuvörderst der Wirtschaft, der Sommersmog dem Verkehr oder der Geburtenrückgang der Familie zugeordnet und Lösungskompetenz fallweise der Wirtschafts-, Verkehrs- oder Familienpolitik angesonnen. In der Terminologie der Politikfeldanalyse ist hier von Politikfeldern im Sinne nomineller Policies die Rede.[61] Nun fällt rasch auf, daß beispielsweise Sommersmog die Verkehrs-

60 Jann, Artikel „Politikfeldanalyse", S. 711 f

61 Heinelt, Policy und Politics, S. 307

politik zu Maßnahmen wie Geschwindigkeitsbegrenzungen oder Innenstadtsperrungen für den individuellen Personennahverkehr provozieren kann, die Initiative dazu aber zumeist von der Umweltpolitik ausgeht, während die Wirtschaftspolitik häufig Widerspruch anmeldet. Diese Gemengelage spiegelt auch die Organisationsstruktur des politischen Systems wider, das etwa Umweltabteilungen nicht nur in Umwelt-, sondern auch in Landwirtschafts- oder Wirtschaftsministerien ressortieren läßt. Anders gesagt, die inhaltliche Dimension ein und derselben politischen Problemkonstellation kann in vielen Politiken zum Ausdruck kommen.

Deshalb liegt es nahe, die politische Brille ab- und eine wissenschaftliche Brille aufzusetzen, die Transparenz in das Gemenge bringt. Auf diese Weise setzt sich das Puzzle aus einzelnen Politikmosaiken zu einer „Policy-Landschaft“[62] zusammen, die Politikverflechtung oder auch -wandel abbildet. Diese Begriffe sollen zum Ausdruck bringen, daß sich das Gemenge zum einen im Lauf der Zeit verändert, etwa weil sich unterschiedliche Politikarenen eröffnen, und zum anderen ein Gespinst aus verschiedenartigen Interaktionszusammenhängen ist. Aus dieser Sicht ist ein Politikfeld ein nach modelltheoretischen Vorgaben ausdifferenzierter Prozeß oder ein Handlungsmuster. Anders gesagt, die inhaltliche Dimension von Politik ist das empirische Relativ zu einem wissenschaftlichen Modell.

Dieses empirische Relativ bildet also einen problembelasteten Realitätsausschnitt wie Verkehrslawine oder Ozonloch nach vorgegebenen Wahrnehmungsrastern ab, die Akteure, Orientierungen, Ressourcen usw. ins Blickfeld rücken. Die wissenschaftliche Brille will allerdings nicht nur den Blick für die Feld-, sondern vor allem für die Politikdimension des Politikfeldbegriffs schärfen. Dabei geht es zuvörderst um Antworten auf die Frage, welche Politikformen jene Felder am besten bestellen, und dazu identifiziert man etwa – bereits erwähnte – distributive (verteilende), redistributive (umverteilende) oder regulative (autoritative) Politikformen mit jeweils unterschiedlichen Konsens- bzw. Konfliktbedingungen.[63] Hier werden konkrete problembelastete Realitätsausschnitte gleichsam zu Problemtypen abstrahiert, um generelle Lösungsbedingungen für jene Inhalte auflisten zu können, die sich jeweils unter die Typen subsumieren lassen. Die Verlagerung der Sichtweise von den konkreten Problemsituationen auf die generellen Lösungsmechanismen hat hierzulande ihr Pendant in Begrifflichkeiten wie „Regulative Politik“ oder „Persuasive Politik“ gefunden. Politikfeld bzw.

62 Héritier (Hrsg.), Policy-Analyse, S. 13

63 Vgl. hierzu Lowi, Four Systems, S. 299 ff

Policy kann also sein, was, wie etwas oder womit etwas politisch bewältigt wird.

Durch die wissenschaftliche Brille verschwimmt demnach zunehmend die Feld-, durch die politische Brille die Politikdimension des Politikfeldbegriffs. Dieser Begriff hat einen übergroßen Bedeutungsspielraum und einen nicht minder großen Verwendungskontext. Wäre hier von Politikfeld die Rede, dann ließe sich eine gleichsinnige Begriffsverwendung, wenn überhaupt, nur sehr aufwendig gewährleisten. Deshalb wird besser vom Steuerungsfeld gesprochen. Wer will, kann in diesem Begriff sicher Dimensionen des Politikfeldbegriffs wiederfinden. Gemeint ist damit nämlich der empirische Bezug eines politisch perzipierten Steuerungsbedarfs, also ein – im Verlauf der vorangegangenen Diskussion so bereits einmal etikettierter – problembelasteter Realitätsausschnitt. Problembelastet können Biotope, Innenstädte oder Industriezweige sein, und solche Realitätsauschnitte sind sozial wie politisch in Teilwirklichkeiten wie Umwelt, Verkehr oder Wirtschaft eingebettet. Der Steuerungsfeldbegriff knüpft also an Alltagserfahrung an, mithin an bekannte und somit voraussetzbare Zuordnungsregeln für Problemwahrnehmungen. Nach dem Motto, Problem erkannt, Gefahr gebannt, beispielsweise, Smogursache analysiert, Autoverkehr paralysiert, wird dicke Luft dem Individualverkehr angelastet. Wie Politik und Sozialwissenschaft mit solchen Wahrnehmungen umgehen, sind Fragen, um deren exemplarische Beantwortung es nunmehr geht. Als Anschauungsbeispiele sollen Verkehr und Umwelt dienen, wobei sozialwissenschaftliche Antworten vorzugsweise der Politikfeldanalyse zu verdanken sind.

1.6.1 Verkehr

Nach allgemeiner Auffassung überwindet Verkehr zum Transport von Personen oder Gütern Entfernungen zu Lande, zu Wasser oder in der Luft. Verkehrsprobleme entstehen, wenn es um die Lenkung von Verkehrsströmen, die Verteilung von Verkehrsaufkommen oder die Bereinigung von Verkehrsfolgen geht, also um Verkehrswege, Verkehrsmittel oder Verkehrsbelastungen. Nimmt sich die Politik solcher Probleme an, dann sieht sie sich selbst in einen kaum veränderbaren Rahmen aus intentionalen, normativen, institutionellen und instrumentellen Vorgaben eingespannt. Diesen Rahmen, der damit zugleich das Selbstbild der Verkehrspolitik einfasst, lohnt es sich also näher zu betrachten.

Die verkehrspolitischen Intentionen oder Ziele könnte man auf die kurze Formel bringen, daß der höchstmögliche Grad horizontaler Mobilität bei geringstmöglichem Aufwand gewährleistet werden soll. Zielvielfalt, -überschneidung oder gar -konkurrenz zeigen sich erst, wenn die Konkretisierung solcher abstrakter Zielsetzungen in Frage steht. So kann Mobilität beispielsweise voraussetzen: die Beseitigung von Mobilitätsbarrieren durch eine Verkehrsanbindung potentiell aller Räume, die Verbesserung des Mobilitätsvorgangs durch den Ausbau von Verkehrswegen oder die Erhöhung des Mobilitätsvolumens durch die Beschleunigung von Verkehrsströmen.[64] Verkehrsanbindung kann dann Straßennetzausbau für den Kraftverkehr oder Schienennetzausbau für den Bahnverkehr heißen, Verkehrswege können die Transrapidstrecke oder der Main-Donaukanal sein und Verkehrsströme können durch Großflughäfen oder begradigte Ortsdurchfahrten beschleunigt werden. Ebenso kann der Aufwand in vielerlei Gestalt erscheinen: als „Kosten" des Verkehrswegebaus, der Verkehrsunfälle, des Verkehrslärms usw. Die Europäische Union erhofft sich vom Verkehr gar die Erhöhung der Prosperität aller Mitgliedstaaten durch die freie Zirkulation von Waren, Personen und Dienstleistungen.[65]

Mobilität wegen Prosperität, Prosperität bei Umweltverträglichkeit, Umweltverträglichkeit trotz Mobilität – der Vielgestalt der Ziele entspricht eine Vielgesichtigkeit der Verkehrspolitik. Prosperität, also Wirtschaftsgedeihen, ist zuerst Sache von Wirtschaftspolitik. Gegenwärtig soll Verkehr beispielsweise einen Großteil der Umstrukturierung von industrieller Produktion ermöglichen; der erforderliche Bedarf an hochfrequenten Transportmustern resultiert vor allem aus dem Bedarf an Fertigungssynchronizitäten (Zulieferung zum Fertigungszeitpunkt) und Netzwerkverbindungen (Verknüpfung von Produktionsstandorten).[66] Prosperität ist aber auch das Anliegen von Strukturpolitik. Hier geht es darum, die grundgesetzlich geforderte Bundeseinheitlichkeit der Lebensverhältnisse durch die Verkehrs- und die damit verbundene Wirtschaftsstandorterschließung benachteiligter Regionen zu fördern. Prosperität ist schließlich, um ein letztes Beispiel zu nennen, zudem eine Angelegenheit für Forschungs- oder Technologiepolitik. Hochmoderne und -effiziente Verkehrssysteme wie die Magnetbahn oder das Solarfahrzeug versprechen Absatzchancen auf zukünftigen Märkten.[67] Nicht zuletzt betrifft Verkehr die Umweltpolitik. Das Umweltbundesamt[68] sieht in den vom Ver-

---

64 S. Franz, Soziologie, S. 99, S. 174 f
65 Reh, Verkehrspolitik, S. 36
66 Hesse, Verkehrswende, S. 25
67 Vgl. ebd., S. 240 ff
68 Umweltbundesamt, Umweltbelastungen, S. VII f

kehr ausgestoßenen Luftschadstoffen Mitverursacher für Waldschäden, Klimaveränderungen, Gesundheitsschäden usw.

Wirtschafts-, Struktur-, Forschungs-, Technologie- oder Umweltpolitik sind Politiken, die ein und denselben Verkehr anzielen und verkürzend als Verkehrspolitik firmieren. Allerdings ist Politik nicht gleich Politik, vielmehr macht der Verkehr verschiedenen Politiken unterschiedlich zu schaffen. Knüpft man zur Illustration dieser Behauptung einmal an die frühere Unterscheidung zwischen einer „distributiven" Struktur- und einer „redistributiven" Umweltpolitik an, dann wird klar, daß die Verteilung vorhandener Geldmittel auf Regionen in Randlagen zur Ansiedelung von Industrien oder Fremdenverkehrseinrichtungen anders abläuft als die Umverteilung von Schadstoffbelastungen durch Innenstadtsperrungen oder Geschwindigkeitsbegrenzungen. Eben deshalb tut sich die Politik so schwer, jedermann einleuchtende abstrakte Ziele jederfrau einleuchtend konkret umzusetzen. Folglich hilft der normative Rahmen,[69] der doch Konkretisierungshilfe leisten sollte, nicht viel weiter.

So überträgt beispielsweise das Grundgesetz dem Bund ausschließliche Gesetzgebungskompetenz für den Luftverkehr und konkurrierende Gesetzgebungskompetenz für den Straßenverkehr. Weiter gibt es Verkehrsträgergesetze wie das Personenbeförderungsgesetz, die den Zugang zum Verkehrsmarkt, die Tarifgestaltung und die Beförderungsbedingungen regeln. Als weiteres Beispiel für gesetzliche Rahmenbedingungen sollen die Verkehrswegegesetze wie das Bundesfernstraßengesetz Erwähnung finden, die den Bau und den Unterhalt der Verkehrswege regeln. Neuerdings setzen Gesetze die Strukturreform des Eisenbahnverkehrs um, der privatwirtschaftlich organisiert wird, oder beschleunigen, wie in den neuen Bundesländern, die Verkehrswegeplanung. Der EWG-Gründungsvertrag und der Maastrichter Vertrag fordern den Ausbau einer Marktzugang gewährleistenden und umweltverträglichen Verkehrsinfrastruktur.[70] Insoweit ist in Zukunft mit einer wachsenden Zahl verkehrsrelevanter EU-Normen wie Richtlinien oder Erlassen zu rechnen. Die Verkehrswegepläne des Bundes, der Länder und der Kommunen stehen in der Normenhierarchie – es handelt sich um bloße Entscheidungshilfen aufgrund des Finanzhilfegesetzes – zwar ganz unten, setzen aber am konsequentesten die vagen Vorgaben der höher angesiedelten Normen um: hier werden Zielvorgaben konkretisiert und koordiniert, Verkehrsentwicklungen analysiert und prognostiziert, Maßnahmenbündel angemessen und geschnürt usw.

---

69 Vgl. zum Folgenden Bürgel, Verkehrspolitik, S. 25 ff

70 Reh, Verkehrspolitik, S. 40 f

Verkehrspolitisch bedeutsame Normen müssen umgesetzt werden, und die zuständigen Umsetzungsagenturen sind auf allen Ebenen des föderalen Systems zu finden.[71] Von der Normsetzungskompetenz des Bundes, die sich auch auf Rechtsverordnungen und Verwaltungsvorschriften bezieht, war bereits die Rede; Agenturen sind hier vor allem der dem Bundestag und Bundesrat dienende Verkehrsausschuß sowie das Bundesverkehrsministerium mit nachgeordneten Behörden wie der Schiffahrtsverwaltung, Ämtern wie dem Kraftfahrzeugbundesamt oder Anstalten wie der Anstalt für Flugsicherung. Die Länder unterhalten im Auftrag des Bundes Straßenbauverwaltungen oder haben eigene Verkehrsministerien mit Unterbehörden, zu deren Aufgabenbereichen etwa das Landesstraßennetz, der Personennahverkehr, der regionale Luftverkehr usw. gehören. In den Kommunen endlich ist der Individualverkehr Sache von Straßenämtern, die beispielsweise Verkehrsbündelungen oder Verkehrsberuhigungen anordnen können.

Die Instrumente, die sich zur Realisation normierter Ziele durch Agenturen anbieten, runden das Selbstbild der Verkehrspolitik ab.[72] Folgt man der gängigen Typologie, dann stehen vor allem Regulierungs-, Strukturierungs- und Finanzierungsinstrumente zur Verfügung. Regulierung dient in erster Linie zur Verwirklichung umweltpolitischer Ziele, so wenn Emissionsgrenzwerte für Fahrzeug- bzw. Flottenverbrauch oder Tempolimits verordnet werden. Daneben findet aber auch Marktregulierung statt, beispielsweise durch Konzessionierung oder Tarifgestaltung. Strukturierung kann neben umwelt- auch wirtschafts-, technologie- und strukturpolitische Ziele verfolgen. So sollen der Rückbau von Parkplätzen in Innenstädten, Straßenbenutzungsgebühren oder nach Schadstoffausstoß gestaffelte Kraftfahrzeugsteuern Verkehrsverhaltensroutinen aufbrechen oder verkehrsspezifische Innovationen anregen. Weiter wollen Investitionen Verkehrsströme steuern, je nachdem, ob in Straßen-, Schienen- oder Wasserverkehrsnetze investiert wird, oder Wirtschaftsräume erschließen, wenn Randregionen angebunden werden. Finanzierung schließlich peilt zumeist nur wirtschaftspolitische Ziele an, etwa durch die Vergabe von Frachthilfen an Transportunternehmen in Randgebieten, von Subventionen an Reedereien oder von Steuernachlässen für deutsche Transportunternehmer zur Kompensation der Autobahnbenutzungsgebühren.

Die Auflistung solcher Ziele, Normen, Träger und Instrumente verschafft einen Eindruck von den institutionellen Determinanten verkehrspolitischer Inhalte, beleuchtet also gleichsam die Bühne, auf der sich Verkehrspolitik

---

71 S. hierzu Bürgel, Verkehrspolitik, S. 13 ff

72 Vgl. zum Folgenden ebd., S. 25 ff; van Suntum, Verkehrspolitik, S. 9

hierzulande abspielt. Was dort jeweils inszeniert wird, weiß man damit noch lange nicht, etwa was die Aufführung bewirken will, welche Regieanweisungen gelten, wer die Darsteller sind und wie etwas über die Rampe gebracht werden soll. Das Drama, das auf der verkehrspolitischen Bühne immer neu und anders aufgeführt wird, fordert den professionellen Kritiker heraus. Um es weniger bildhaft auszudrücken: die Polity-Dimension von Verehrspolitik mag auch Alltagswissen, die Politics-Dimension kann nur politikwissenschaftliches Wissen hinreichend bestimmt zutage bringen. Dabei versteht es sich von selbst, daß sich jede folgende auf ihre vorangehende Dimension gründet; Politikinhalte sind Resultate von Politikprozessen, und Prozesse werden von Politikformen geprägt.

Verkehrspolitik hat also ein alltägliches und ein wissenschaftliches Gesicht. Das Alltagsgesicht zeigt sich vornehmlich dann, wenn sich Betroffenheit konstatieren läßt. Flugreisende, deren Geduld in Warteschleifen strapaziert wird, Anwohner, die an Abgasen zu ersticken meinen, Naturfreunde, die eine Auenlandschaft nicht einem Kanal geopfert sehen wollen oder Bauern, deren Felder eine Schnellbahntrasse zerschneidet, sind von Flug-, Straßen-, Schiffs- oder Bahnverkehrspolitik Betroffene. Solche Politiken werden dann beispielsweise als Startbahnprojekt, Straßenrückbau, Flußbegradigung oder Landschaftszerstückelung wahrgenommen und bewertet. Das Wissenschaftsgesicht zeigt sich erst, wenn eine abgesicherte Analyse und Erklärung von potentiellen oder aktuellen Politikinhalten gefragt ist, etwa weil Betroffene mit Erfolgsaussicht intervenieren oder weil Politiker mit Erfolgsaussicht steuern wollen. Welche Politik warum und wie gemacht wird, gemacht werden kann und – bei aller wissenschaftlichen Zurückhaltung – gemacht werden soll, sind Fragen, die mit einiger Richtigkeitsgewähr von der Wissenschaft zu beantworten sind. Am Anfang der Verwissenschaftlichung von Alltagsproblemen steht demnach eine Frage, die zur Forschungsfrage konkretisiert und präzisiert wird, etwa derart, welche Akteure ein bestimmtes Startbahnprojekt durchsetzen oder welche Ressourcen zur Verhinderung einer Flußbegradigung zur Verfügung stehen könnten.

Die Prozeß- und die Inhaltsdimension von Verkehrspolitik lassen sich also, im Gegensatz zur Politydimension, nicht im Überblick skizzieren. Fragen danach, was verkehrspolitisch bezweckt wird, wer etwas ins Werk setzt, welche Rahmenbedingungen wirken oder wie vorgegangen wird, stellen sich nur konkret in Hinsicht auf potentielle oder aktuelle Ereignisse. Diese Einsicht versteht sich von selbst, weil Politik im Hinblick auf ein Feld betrieben und ein Steuerungsfeld als problembelasteter Realitätsausschnitt verstanden wird. Folglich kann man die Prozeß- und die Policydimension von Verkehrspolitik auch nur an ausdifferenzierten Ereigniszusammenhängen demonstrieren. Dagegen orientiert sich die Demonstrationsweise an abstrakten Modellen, die beanspruchen, jedes Politikverfertigungsgeschehen weitgehend unabhängig von seiner jeweiligen Realisierung wissenschaftlich in den Griff zu bringen; von solchen Modellen war bereits ausführlich die Rede. Es geht also darum, mit Hilfe eines abstrakten Modells einen konkreten Wirklichkeitsausschnitt zu interpretieren. Mehr noch, die modellgemäße Zugriffsart soll an einem verkehrspolitischen Steuerungsfeld exemplarisch – und damit repräsentativ für bestimmte Zugriffsarten – demonstriert werden.

Wie gesagt, steht am Anfang der Verwissenschaftlichung und damit modellgemäßen Interpretation eines verkehrspolitischen Ereigniszusammenhangs eine Forschungsfrage. Eine derartige Frage könnte lauten: Wer betreibt warum, wie und mit welchen Konsequenzen Stadtverkehrspolitik in Stuttgart und Zürich?[73] Da Forschungsfragen nicht vom Himmel fallen, ist die Wahl dieser Frage zu begründen; sie stellt sich vorzugsweise dann, wenn die Stadtverkehrspolitik beider Städte auffällige Unterschiede, die Stadtverkehrs(ausgangs)situation auffällige Ähnlichkeiten aufweist und eine der Politiken als – weil den problembelasteten Realitätsausschnitt effektiver bewältigende – bessere Politik erscheint. Wüßte man, warum ähnlich gelagerte situative Voraussetzungen zu unterschiedlichen verkehrspolitischen Konsequenzen führen, dann wüßte man wohl auch, warum die favorisierte Konsequenz ausblieb – und unter welchen Bedingungen sie sich möglicherweise einstellen könnte. Die favorisierte ist dabei die politische Konsequenz, also das Steuerungsziel, das der Staat mit der jeweiligen Lenkungsmaßnahme erreichen will. War es bei vergleichbaren Umständen dort erreichbar, hier jedoch – wenigstens bisher – nicht, dann stellt sich die Frage, ob die Schweine in der Farm der Tiere doch recht haben, daß beide Städte zwar gleich sind, die eine aber gleicher als die andere sein kann, anders ausgedrückt, daß beide Städte zwar steuerbar sind, die eine aber steuerbarer als die andere ist.

Die Forschungsfrage zieht also etwa diese Antwortsuche nach sich: auf die Ausdifferenzierung des Forschungsgegenstandes, also der die jeweilige Verkehrssituation steuernden Verkehrspolitik, folgen Auswahl und Anwendung derjenigen Forschungsstrategie bzw. Modellvariante, die eine Antwort auf die Forschungsfrage erwarten läßt, daran schließt sich die empirische Auffüllung der Modellterme, mithin die Konstruktion eines empirischen Relativs der jeweiligen Verkehrspolitiken zur Fokussierung der unterschiedlichen verkehrspolitischen Verläufe an, und am Ende steht eine Antwort auf die Forschungsfrage.

---

73 Vgl. zum Folgenden Katz/Köhler/Dreher, Stadtverkehrspolitik, m. w. N.

Stuttgart und Zürich sind Industrie- und Dienstleistungszentren mit vergleichsweise ähnlichen Struktur- und Verkehrsdaten: die Städte sind dichtbevölkert und weisen einen hohen Motorisierungsgrad aus, sind Einzugsgebiete für umliegende Regionen mit ebenfalls hohem Motorisierungsgrad und entsprechenden Pendlerströmen und haben beide gut ausgebaute öffentliche Nahverkehrsnetze. Probleme gab und gibt es in beiden Städten vor allem mit individual-verkehrsbedingten Luft-, Lärm-, Park- und Staubelastungen. Dagegen differieren die verkehrspolitischen Daten erheblich: In Zürich wurde der öffentlichen Nahverkehr durch konsequente Bevorrechtigung, beispielsweise an Kreuzungen oder auf eigenen Busspuren, vor allem aber durch eine äußerst preisgünstige Tarifgestaltung begünstigt, während zugleich der motorisierte individuelle Nahverkehr benachteiligt wurde, etwa durch Verkehrsstrombegrenzungen auf den Hauptverkehrsachsen oder eine konsequente Parkraumbewirtschaftung; in Stuttgart gibt es derartiges bestenfalls ansatzweise. Dementsprechend differiert auch die Verkehrsmittelwahl: 1992 wählten in Zürich 28% der Verkehrsteilnehmer ein individuelles Kraftfahrzeug und 37% ein öffentliches Verkehrsmittel, während sich in Stuttgart 43% für den Individualkraftverkehr und 23% für den öffentlichen Nahverkehr entschieden. Wie es aussieht, resultiert das unterschiedliche Wahlverhalten der Verkehrsteilnehmer beider Städte aus verschiedenartigen Verkehrspolitiken. Dabei liegt die Vermutung nahe, daß Steuerung des Stadtverkehrs durch Ausbau der Verkehrsinfrastruktur in Stuttgart zur Anpassung an das vorfindliche Verhalten der Verkehrsteilnehmer und in Zürich zur Veränderung derartigen Verhaltens stattfand.

Um diese Verkehrspolitiken modelltheoretisch und -empirisch einfangen zu können, muß eine Modellvariante in Dienst genommen werden. Die skizzierten verkehrspolitischen Daten legen den Verdacht nahe, daß man in Stuttgart wegen und in Zürich trotz politisch gewichtiger Gegeninteressen die jeweilige Verkehrspolitik betrieben hat. Dieser Verdacht wird bestärkt, wenn man sich daran erinnert, daß eine Verkehrsströme umlenkende und damit umweltfreundliche Verkehrspolitik redistributiv, also vorhandene Besitzstände umverteilend ist. Ein erzwungener Umstieg auf den öffentlichen Nahverkehr verändert Einkaufs-, Bewegungs- oder Selbstdarstellungsgewohnheiten und eröffnet zahlreiche Kriegsschauplätze, etwa beim innerstädtischen Einzelhandel, bei Pendlern oder bei der Autolobby. Im Falle vieler Austragungsarenen und Konfliktkonfigurationen bietet sich der Advocacy-Coalition-Ansatz an,[74] nicht zuletzt wenn zudem eine Art Glaubenskrieg um eine autogerechtere versus eine autofreiere Stadt geführt wird.

74 Sabatier, Advocacy, S. 119 ff; s. auch Kap. 2.4.2, S. 163 ff

Zum Ansatz der ersten Wahl wird er für den Fall, daß obendrein ein Policy-Wandel in Frage steht. Genau darauf zielt die anfangs gestellte Forschungsfrage, eben auf die Bedingungen für eine aktuelle Veränderung des verkehrspolitischen Steuerungsarrangements in Zürich oder eine potentielle Veränderung in Stuttgart.

Bei diesem Ansatz handelt es sich um ein analytisches Modell des Policy-Wandels, das in ein empirisches Modell übergeführt werden muß, um erfahrungswissenschaftlich gehaltvolle Beobachtungen machen zu können. Erst ein reales Modell könnte die Suche nach belegbaren Hypothesen zur Erklärung der unterschiedlichen Politikinhalte beider Städte anleiten. In einem ersten Schritt müssen demnach die Akteure der jeweiligen Stadtpolitik identifiziert werden. Eine derartige Identifikation ist keine logische, sondern eine pragmatische Vorgehensweise; wer als Akteur in Frage kommt, beantworten Plausibilitätsgesichtspunkte. So kommen als Akteure politische Positionsinhaber, Parteien, Verbände, Bürgerinitiativen, Publizisten, Experten und andere Individuen, Gruppen oder Organisationen in Betracht,[75] die direkt oder indirekt in den jeweiligen verkehrspolitischen Prozeß eingebunden waren und sind; dazu gehören also Ämterchefs, Rathausparteien, Wirtschafts- und Automobilverbände, Verkehrswissenschaftler usw.

Koalitionen sind dann Bündelungen von Akteuren mit gemeinsamen verkehrspolitischen Problem-, Ziel-, Wirkungs- und Maßnahmevorstellungen, die über längere Zeit koordiniert handeln. Dabei steht die Identifikation von Koalitionen sowohl am Ende eines pragmatischen als auch eines operationalen Suchverfahrens, weil Koalitionen durch gemeinsame Belief Systems konstituiert werden, d. h. durch werthafte, kognitive und soziale Orientierungen,[76] die sich beispielsweise als Sinn-, Rationalitäts- oder Interaktionsmuster kennzeichnen lassen. Verkehrspolitische Sinnmuster könnten etwa individuelle versus kollektive Mobilität, Rationalitätsmuster Straßennetz- versus Schienennetzausbau oder Interaktionsmuster Kooperation versus Konfrontation sein, die sich an Slogans wie „Freie Fahrt für freie Bürger", Projekten wie „Verkehrsleitsystem STORM" oder Namensgebungen wie „Auomobilpartei" festmachen lassen. Geht man davon aus, daß redistributive Politiken zumindest zwei Belief Systems provozieren, nämlich eins, das den status quo so weit wie möglich wahren, und ein anderes, das den status quo so weit wie möglich verändern möchte, dann lassen sich in den beiden Städten jedenfalls zwei Koalitionen aufspüren, nämlich eine „Koalition Wachstum" versus eine „Koalition Wende".

---

75 Prittwitz, Politikanalyse, S. 14 f

76 Ebd., S. 17 ff

Diese Benennungen demonstrieren verkehrspolitische Programmatiken. Die – um einen weiteren Modellbegriff empirisch aufzufüllen – Hauptkerne der jeweiligen Belief Systems, also politikfeldübergreifende Grundübereinstimmungen, sind im ersten Fall eher materialistische (so Wirtschaftswachstum) und im zweiten Fall eher postmaterialistische (z. B. Lebensqualität) Werte. Von größerer Bedeutung sind die Policy-Kerne, also die verkehrspolitischen Leitvorstellungen, die Problemwahrnehmung, -relevanzeinschätzung oder -bewältigungsstrategie lenken. So setzt die Koalition Wachstum auf den Wirtschaftsfaktor Individualverkehr, während die Koalition Wende auf Umweltentlastung durch öffentlichen Nahverkehr setzt, will Wachstum den Individualverkehr verflüssigen und Wende eher auf den öffentlichen Nahverkehr umsteigen oder favorisiert Wachstum mehr Verkehrsinfrastruktur- und Wende mehr Ordnungspolitik. Sind auf diese Weise die Kerne spezifiziert und die Akteure identifiziert, dann lassen sich nunmehr auch die Koalitionen empirisch fixieren. So gehören zur Koalition Wachstum in Stuttgart Positionsinhaber wie der Oberbürgermeister, Rathausparteien wie CDU, FDP oder FWV und Interessengruppen wie Unternehmerverbände, Automobilclubs oder die Stuttgarter Verkehrsbetriebe. In Zürich gehören dazu Schweizerische Volkspartei, Freisinnig Demokratische Partei, Christlich-Demokratische Volkspartei oder Autopartei, Automobil Club der Schweiz oder der Touring Club der Schweiz. Zur Koalition Wende gehören hierzulande SPD, Grüne, BUND, Umkehr e.V. (ein Zusammenschluß von Umweltgruppen, „alternativen“ Verkehrsclubs und Naturschützern) oder zahlreiche Bürgerinitiativen. Dort zählen dazu der langjährige Leiter des Bauamts, die Verkehrsbetriebe der Stadt Zürich, die Sozialdemokratische Partei der Stadt Zürich, die Grüne Partei Kanton Zürich, „alternative“ Verkehrsclubs, Umweltschutzorganisationen oder Interessengruppen wie die IG Velo.

Offenbar gibt es in beiden Städten jeweils starke Wachstums- und Wendekoalitionen, nur daß in der Stuttgarter Stadtverkehrspolitik die Koalition Wachstum mit ihren Belief Systems überdauerte, während in der Züricher Stadtverkehrspolitik deren Verdrängung durch die Koalition Wende mit ihren Belief Systems stattfand. Konstanz und Wandel der Koalitionsdominanz spiegelt sich augenfällig in der jeweiligen verkehrspolitischen Entwicklung. In beiden Städten relativierte der massive Ausbau des öffentlichen Nahverkehrs seit der zweiten Hälfte der siebziger Jahre das bis dahin unangefochtene verkehrspolitische Leitbild von der autogerechten Stadt. Hier wie dort wurde das Schienennetz ausgebaut, der öffentliche Nahverkehrsfluß beschleunigt, ein Verkehrsverbund eingerichtet, der öffentliche Nahverkehr vernetzt usw. und damit dem Belief System der Wendekoalition zum Durchbruch verholfen – in Stuttgart allerdings nur kompensatorisch, in Zürich dagegen reformatorisch. Damit ist gemeint, daß in Stuttgart nicht auf Umlenkung, sondern auf Management von Verkehrsströmen gesetzt wurde. So verbesserte man zugleich mit der Verkehrsinfrastruktur des öffentlichen auch die Verkehrsinfrastruktur des individuellen Nahverkehrs und verbreiterte Hauptverkehrsachsen, baute Verkehrs- oder Parkleitsysteme, richtete Park & Ride-Stationen ein usw. Dagegen setzte man in Zürich auf Umlenkung und drängte den Individualverkehr durch Straßenrückbau, Verkehrsflußdrosselung, Parkraumbewirtschaftung usw. zurück.

Nun will das Advocacy-Coalition-Modell nicht nur eine Beschreibung, sondern darüber hinaus vor allem eine Erklärung für eine von einem spezifischen Belief System dominierte Politik ermöglichen, also eine Antwort auf die Frage liefern, warum eine Koalition mit ihrem spezifischen Belief System die beschriebene Politik dominieren konnte. Zunächst ist einmal festzuhalten, daß sich die Belief Systems beider Koalitionen in den achtziger Jahren insoweit verändert haben, als Elemente des einen Policy-Kerns in die sekundären Aspekte des jeweils anderen Kerns eingingen. Diesen Wandel durch policy-orientiertes Lernen dokumentiert die Anreicherung des Argumentationsmusters der jeweiligen Wachstumskoalition durch Umweltaspekte und der jeweiligen Wendekoalition durch Wirtschaftlichkeitsaspekte. So argumentieren seitdem die einen, daß die Verflüssigung des Verkehrs durch Umgehungsstraßen oder Verkehrsleitsysteme Umweltbelastungen wie Schadstoff- oder Lärmemissionen verringere, während die anderen mit der Unwirtschaftlichkeit individueller Transportsysteme in Ballungsräumen argumentieren. Ein Nebeneffekt solcher – zur Verbesserung der Realisationschancen der jeweils eigenen Policy vorgenommenen – Argumentationsanreicherungen ist ihr Beitrag zur Zielfindung der letztlich realisierten Verkehrspolitik: in deren Zielkatalog finden sich gleichermaßen Umweltverträglichkeit wie Wirtschaftlichkeit wieder.

Diesem Minimalkonsens zwischen den Koalitionen verdankt sich beispielsweise der zügige Ausbau des öffentlichen Nahverkehrs in beiden Städten. Der andauernde Dissens über die Lenkung der Verkehrsströme – hier via mehr Markt, dort via mehr Macht – spiegelt sich dagegen in der Rolle, die dem individuellen Nahverkehr von der jeweils herrschenden Koalition zugesprochen wird. In Stuttgart beispielsweise ist die (an der Spitze der Wachstumskoalition stehende) CDU seit 1974 stärkste Rathausfraktion und stellt seit 1975 den Oberbürgermeister, kann sich das Tiefbau- in der Regel gegen das Stadtplanungsamt durchsetzen oder gehört der Landesverkehrsminister der CDU an. Anders gesagt, der Konstanz der Wachstumskoalition entspricht die Konstanz des entsprechenden Policy-Kerns, um so mehr auch von außen kein Wandel aufgezwungen wurde. Im Gegenteil, externe Faktoren haben die Konstanz der Stuttgarter Verkehrspolitik eher begünstigt. Dazu gehören etwa die hiesigen Finanzierungsmodalitäten, die der Stadt Stuttgart nachgerade gratis die Verlagerung des Schienenverkehrs in den Untergrund bescherten – und eine Umwidmung oberirdischer Gleise in Autofahrspuren ermöglichte.

Die verkehrspolitische Wende in Zürich leitete spiegelbildlich die Ablehnung der Verlagerung des Schienenverkehrs in den Untergrund durch eine Volksabstimmung im Jahre 1973 ein. Dieser ebenfalls externe Faktor erzwang ein verkehrspolitisches Maßnahmenbündel auf der Basis und zur Verbesserung des Status quo, d. h. den Ausbau von Straßenbahn, Trolley- und Autobus zu einem zeitgemäßen Verkehrssystem. 1974 findet sich in den verkehrspolitischen Leitlinien erstmals ein Hinweis auf die Notwendigkeit zur Einschränkung des Individualverkehrs, 1975 erließ der Stadtrat eine Grundsatzanweisung zur Bevorzugung oder konstituierte sich 1978 eine verwaltungsinterne, ämterübergreifende Arbeitsgruppe zur Förderung des öffentlichen Nahverkehrs. Im gleichen Jahr wurde ein engagierter Verfechter einer redistributiven Verkehrspolitik zum Vorstand des Bauamtes I gewählt, der durch Öffentlichkeitsarbeit viel zum Wandel der öffentlichen Meinung beitrug. Seit Mitte der achtziger Jahre rangierte der Umweltschutz, wie zahlreiche verkehrspolitische Volksinitiativen (z. B. zur Förderung des Nahverkehrs oder des Veloverkehrs) demonstrieren, auf der öffentlichen Prioritätenliste ganz oben. Etwa zur gleichen Zeit startete der Züricher Verkehrsverbund mit neuen Marketing- („Regenbogenkarte“) und Imagepflegestrategien („Züri-Linie“). Das Belief System der Wendekoalition, die für sie bedeutsame Entwicklungslinien rasch identifiziert, weitergetrieben und gebündelt hatte, war etabliert und bestimmte die Richtlinien der Züricher Verkehrspolitik. Eckdaten sind beispielsweise 1987 das Lärmsanierungsprogramm, 1988 das Programm zur Verbesserung der Fußgängersituation, 1990 der kommunale Verkehrsplan usw. Nicht unerwähnt bleiben soll, daß sich seit Mitte der 90er Jahre eine Art „Roll-back“ abzeichnete: der erwähnte Bauamtsvorstand wurde 1994 abgewählt, das öffentliche Interesse an einer immer umweltgerechteren Verkehrspolitik nahm kontinuierlich ab oder der Kanton hinderte die Stadt an individual-verkehrsreduzierenden Maßnahmen auf Hauptstraßen.

Modellgemäß müßte zuvörderst Policy-Learning der Grund für den Wandel der Züricher Stadtverkehrspolitik gewesen sein. Dabei könnten systeminterne Faktoren wie die Neubesetzung von Führungspositionen, die Gruppendynamik in der ressortübergreifenden Kommission oder die Diffusion ökologischen Wissens in den Stadtrat lernförderlich gewesen sein, aber auch systemexterne Faktoren wie die Abwahl einer Trassenführungsvariante, der Umschwung der öffentlichen Meinung oder die Eigendynamik einer verkehrspolitischen Vorreiterrolle. In vielfältigen, ineinander verschränkten oder miteinander agierenden sozio-politischen Netzwerken aus Öffentlichkeit, Administration oder Vertretungskörperschaft könnten sich kollektive Lernprozesse verstärkt und den Policy-Wandel forciert haben.. Allerdings dürfte der „Roll-back" signalisieren, daß sich die Belief-Systems der Advocacy-Koalitionen im Hauptkern wohl nicht verändert haben, sondern Lernprozesse anderenorts, vorzugsweise bei der Öffentlichkeit zu verorten sind. Policy-Wandel erklärt sich modellgemäß aber durch das Policy-Lernen der Koalitionen. Blieben die Hauptkerne der jeweiligen Belief-Systems weitestgehend unverändert, dann bietet das Modell andere, exogene Faktoren zur Erklärung des Wandels an, im Beispiel etwa Abstimmung, Wahl, Postenübernahme, Umschwung der öffentlichen Meinung usw.

Geht man einmal davon aus, daß die Züricher Verkehrspolitik nicht nur die ökologische Situation der Stadt (gemessen etwa an Luftqualität, Lärmaufkommen, Landschaftsverbrauch usw.) ohne gleichzeitige Verschlechterung der ökonomischen Situation (Wirtschaftsstandorteigenschaft) relativ verbessert, sondern zudem die horizontale Mobilität gesteigert hat (gemessen etwa an Transportpotentialen), dann ist ihr größere Effektivität als der Stuttgarter Verkehrspolitik zu bescheinigen. Wer in Stuttgart wissen wollte, wie sich ein Policy-Wandel vom Wachstums- zum Wendebeliefsystem bewerkstelligen ließe, könnte von Zürich lernen, daß öffentliche Meinung, Bürgerinitiativen oder engagierte Inhaber politischer Positionen Motoren dieses Wandels sind. Man müßte also auf Persuasivstrategien, Bürgermobilisierung oder Postenübernahme setzen. Der Einwand, die Politiken beider Städte seien unvergleichbar, nicht zuletzt weil in Stuttgart zwei Automobilhersteller residieren, zieht nur bedingt: eine der bekanntesten Studien[77], die der Automobilindustrie im Hinblick auf den ungebremst wachsenden Individualverkehr dringend Umdenken anriet, war, wenn auch von keinem Stuttgarter, so doch von einem großen deutschen Automobilhersteller in Auftrag gegeben.

Abschließend läßt sich feststellen, daß man mit dem Advocacy-Coalition-Modell die Ablösung eines dominierenden Belief-Systems durch ein opponierendes System anschaulich beschreiben kann. Demgegenüber bleibt die steuerungstheoretische Implikation seltsam blaß. Wie erinnerlich, wird diese Ablösung primär auf Policy-Lernen zurückgeführt, das Policy-Wandel bewirkt, wenn das bisher opponierende Belief-System die aktuelle Politik zu

77 Vgl. Vester, Strategien

dominieren beginnt. Policy-Learning erscheint folglich als plausible Variable zur Erhellung verhältnismäßig leicht beschreibbarer Veränderungen von Politikstilen und -verläufen. Aber gerade diese plausible Variable macht das Modell selbst unplausibel, weil zugleich behauptet wird, daß die Hauptkerne von Belief-Systems nachgerade unüberwindbare Lernbarrieren sind. Zur Erklärung von Policy-Wandel bleibt dann nur die strenggenommen bloß hilfsweise eingeführte Variable exogener Verursachung. Kurz, Politikwandel beruht modellgemäß fast stets auf exogenen Faktoren, die aber modelltheoretisch nicht näher präzisiert werden. Damit gerät potentiell jedes Ereignis in den Verdacht, ein exogener Faktor sein zu können, so daß sich die Klasse untersuchungsrelevanter Gegenstände nicht und schon gar nicht mit wissenschaftlich geforderter Exaktheit eingrenzen läßt. Der Informationsgehalt der Behauptung, exogene Faktoren bewirkten Policy-Wandel, tendiert damit gegen Null, eben weil sich damit zahllose Ereignisse und Zustände vereinbaren lassen.

1.6.2 Umwelt

Das Selbstbild von Umweltpolitik, also jenes Bild, das sich das politische System von diesem Steuerungsfeld macht, soll zunächst durch die Auflistung von umweltpolitischen Zielen, Akteuren sowie Instrumenten skizziert werden.

Die oberste Zielsetzung der Umweltpolitik findet sich im Umweltbericht der Bundesregierung von 1976: „Erstes Ziel der Umweltpolitik ist die Sicherung elementarer Lebensgrundlagen. Im weiteren Sinne gilt es für den Menschen eine Umwelt zu erhalten und auszugestalten, die als Standort von Wohnsiedlungen und Arbeitsstätten, Lieferant von Grundstoffen, Produzent von Nahrungsmitteln und zur Erholung geeignet ist.“[78]

Diese reichlich vage Formulierung wird durch inhaltliche Ziele konkretisiert.[79] So definieren umweltqualitätsbezogene Zielsetzungen Gütekriterien für die einzelnen Umweltmedien (z. B. Güteklassen für Gewässer oder Immissionswerte für die Luft) und bestimmen emissionsbezogene Zielsetzungen Emissionsgrenzwerte für Abgase, Abwässer, Lärm oder ionisierende Strahlung, die für die Betreiber der jeweiligen Anlagen bindend sind. Andere spezifizierende Zielsetzungen sind ressourcenbezogene Ziele wie Auf-

78 Bundesregierung, Umweltbericht 1976, Rdnr. 513
79 Vgl. Hartkopf/Bohne, Umweltpolitik, S. 86 f

forderungen zum Energiesparen oder zur Müllvermeidung, produktionsbezogene Ziele, die bestimmte Anforderungen an Produktionsverfahren und Produktbeschaffenheit stellen, sowie konsumbezogene Ziele.

Neben solchen inhaltlichen Zielsetzungen wird die Umweltpolitik der Bundesregierung durch drei instrumentelle Zielsetzungen bestimmt. Beim Vorsorge-, beim Verursacher- und beim Kooperationsprinzip handelt es sich um „allgemeine Handlungsprinzipien, die Gestaltungsmaßstäbe für Gesetze, Programme und Einzelmaßnahmen liefern und die Art und Weise der Verwirklichung von inhaltlichen Zielen leiten.“[80]

Das Vorsorgeprinzip lautet: „Umweltpolitik erschöpft sich nicht in der Abwehr drohender Gefahren und der Beseitigung eingetretener Schäden. Umweltpolitik verlangt darüber hinaus, daß die Naturgrundlagen geschützt und schonend in Anspruch genommen werden.“[81] Interpretation und Reichweite des Vorsorgeprinzips als Maßstab zur Beurteilung bestehender Umweltgesetze und politischer Aktionen ist umstritten.[82] Hartkopf/Bohne schlagen z. B. vor, das Vorsorgeprinzip als Aufforderung zur Minimierung von Umweltbelastungen sowie der Eingriffsintensität zu interpretieren. Demnach fordert das Prinzip u. a. die Formulierung systembezogener und medienübergreifender Umweltschutzziele sowie die prophylaktische Überprüfung von Umweltnutzungen auf Umweltbelastungen durch Umweltverträglichkeitsprüfungen, um die Entstehung von Umweltbelastungen so weit wie möglich zu verhindern.[83]

Gemäß dem Verursacherprinzip hat „die Kosten der Umweltbelastungen grundsätzlich der Verursacher zu tragen“[84]. Das Verursacherprinzip sieht vor, „die Umweltbelastungen als Kosten den Nutzern von Umweltgütern zuzurechnen und durch geeignete Instrumente sicherzustellen, daß die Kosten in die individuellen Kostenkalkulationen der Wirtschaftssubjekte eingehen ... Durch diese Kostenzurechnung entsteht für die Wirtschaftssubjekte ein ökonomischer Zwang, schonend mit den Umweltgütern umzugehen.“[85] Die so angestrebte Internalisierung externer Effekte, d. h. die Inrechnungstellung der bei Beseitigung von Umweltschäden anfallenden Kosten,[86] setzt allerdings voraus, daß der Verursacher der Umweltschäden bekannt ist.

---

80 Ebd., S. 86
81 Bundesregierung, Umweltbericht 1976, Rdnr. 4
82 Hartkopf/Bohne, Umweltpolitik, S. 93
83 Ebd., S. 108
84 Bundesregierung, Umweltprogramm 1971, S. 6
85 Hartkopf/Bohne, Umweltpolitik, S. 110
86 Glaeser, Umweltpolitik, S. 35

Ist das, wie zumeist, nicht der Fall oder besteht eine akute Notlage, so daß die Anwendung verursacherorientierter Instrumente ausscheidet, kommt das Gemeinlastprinzip zum Tragen. In diesem Fall werden die Beseitigungskosten durch den Staatshaushalt und damit durch den Steuerzahler beglichen.[87] Obwohl das Gemeinlastprinzip lediglich als Ausnahmeregelung vorgesehen ist,[88] wird es in der Regel angewandt, weil eine Abwälzung der Kosten auf die Allgemeinheit angesichts des Widerstands der vom Verursacherprinzip betroffenen Interessengruppen politisch leichter durchzusetzen ist.[89]

Das Kooperationsprinzip sieht „eine frühzeitige Beteiligung der gesellschaftlichen Kräfte am umweltpolitischen Willensbildungs- und Entscheidungsprozeß“ vor, „ohne jedoch den Grundsatz der Regierungsverantwortlichkeit in Frage zu stellen“.[90] Das Kooperationsprinzip kann als Ausprägung des Demokratieprinzips im umweltpolitischen Bereich verstanden werden[91] und verlangt eine rechtzeitige Verfahrensbeteiligung aller betroffenen Bürger und Gruppen (und nicht etwa nur der einflußreichen Interessengruppen). Gleichzeitig fordert es auch die gesellschaftlichen Akteure zur Kooperation in umweltpolitischen Entscheidungsprozessen und zur Respektierung der dort getroffenen Entscheidungen auf.

Umweltpolitik resultiert aus den verflochtenen Aktivitäten staatlicher und gesellschaftlicher Akteure, so daß man mit Hartkopf/Bohne von einem umweltpolitischen Handlungssystem sprechen kann, in dem der Bundesregierung als Initiator staatlicher Umweltpolitik eine prominente Position zukommt.[92] Zuständiges Ministerium ist das Ministerium für Umwelt, Naturschutz und Reaktorsicherheit, das damit für die Gesetzgebungsbereiche Wasserwirtschaft, Abfallwirtschaft, Luftreinhaltung, Lärmbekämpfung, Reaktorsicherheit und Strahlenschutz zuständig ist. Gleichzeitig ist Umweltschutz eine Querschnittsaufgabe,[93] d. h. umweltpolitische Aufgaben sind auch auf andere Ministerien verteilt (z. B. Landwirtschaftsministerium, Verkehrsministerium oder Ministerium für Wissenschaft, Forschung und Technik). Dabei werden die an der Umweltpoltik beteiligten Ministerien durch nachgeordnete oberste Bundesbehörden wie das Umweltbundesamt oder die Bundesforschungsanstalt für Naturschutz und Landschaftsökologie unter-

---

87 Hartkopf/Bohne, Umweltpolitik, S. 112 ff

88 Bundesregierung, Umweltbericht 1976, Rdnr. 7

89 Vgl. auch Glaeser, Umweltpolitik, S. 35 f

90 Bundesregierung, Umweltbericht 1976, Rdnr. 8

91 Hartkopf/Bohne, Umweltpolitik, S. 115

92 Ebd., S. 129

93 Ebd., S. 145

stützt. Der Sachverständigenrat für Umweltfragen erstellt Gutachten zur Situation des Umweltschutzes in der Bundesrepublik.[94]

Umweltgesetze werden zwar vom Bundestag beschlossen, aber die Länder wirken über den Bundesrat an der Bundesgesetzgebung mit und spielen deshalb in der Umweltpolitik eine wichtige Rolle. Hinzu kommt, daß die Gesetzgebungskompetenz für Umweltgesetze beim Bund, die Ausführung der Gesetze jedoch bei den Ländern liegt.[95] Für eine erfolgreiche Realisierung der Umweltpolitik ist die Bundesregierung daher auf die Kooperation der Länder angewiesen. Die unterste Ausführungsebene bilden die Kommunen, die auch für den Vollzug von Umweltgesetzen zuständig sind und zudem im Rahmen der kommunalen Selbstverwaltung umweltpolitische Problembereiche wie Gewässerschutz, Luftreinhaltung, Abfallbewirtschaftung etc. in eigener Verantwortung bearbeiten.[96]

Weitere umweltpolitische Akteure sind die Gerichte, denen neben der Kontrollfunktion gegenüber Exekutive und Legislative auch die Weiterentwicklung des Umweltschutzes im Rahmen der Gesetzesauslegung zukommt.[97] Hinzukommen die politischen Parteien sowie verschiedene gesellschaftliche Akteure, wie wirtschaftliche Interessengruppen (Arbeitgeber- und Industrieverbände, Gewerkschaften usw.), Bürgerinitiativen (BBU usw.) und Umweltschutzorganisationen (BUND, Greenpeace etc.).

Neben internationalen Organisationen wie z. B. der OECD hat vor allem die Europäische Union als supranationale Organisation große Bedeutung für die deutsche Umweltschutzpolitik. Die umweltpolitischen Richtlinien der EU haben Vorrang gegenüber nationalem Recht und müssen binnen zwei Jahren von den nationalen Regierungen umgesetzt werden (was allerdings trotz der drohenden Verurteilung durch den Europäischen Gerichtshof häufig nicht der Fall ist).[98]

Die in der Umweltpolitik eingesetzten Steuerungsinstrumente können zum einen nach ihrer öffentlich-rechtlichen Form und zum anderen nach ihrer spezifischen Wirkungsweise unterschieden werden. In der Umweltpolitik kommen folgende Handlungsformen zur Anwendung: Gesetze, Rechtsverordnungen, Verwaltungsvorschriften, Weisungen, Verträge sowie rechtlich unverbindliche Absprachen zwischen Staat und gesellschaftlichen Akteuren.[99] Gesetze normieren die umweltpolitischen Grundentscheidungen, ent-

---

94 Glaeser, Umweltpolitik, S. 39 f
95 Hartkopf/Bohne, Umweltpolitik, S. 158
96 Ebd., S. 135
97 Glaeser, Umweltpolitik, S. 41
98 Vgl. Spiegel-Spezial, Europa, S. 10 f
99 Hartkopf/Bohne, Umweltpolitik, S. 183

halten allerdings, vor allem wegen der sozioökonomischen und technischen Komplexität umweltpolitischer Sachverhalte, nur abstrakte Grundsatzregelungen, die dann von der Exekutive mit Hilfe von Rechtsverordnungen und Satzungen konkretisiert werden.[100] Der verwaltungsinternen Handlungskoordination dienen „gesetzesinterpretierende und ermessensleitende Verwaltungsvorschriften, die einen einheitlichen und kalkulierbaren Gesetzesvollzug durch nachgeordnete Behörden sicherstellen sollen."[101] Genehmigungen und Absprachen hingegen sind umweltrechtliches Verwaltungshandeln gegenüber Bürgern.

Hinsichtlich ihrer Wirkungsweise können umweltpolitische Steuerungsinstrumente in Verpflichtungen auf freiwilliger Basis, wirtschaftliche Anreize und Belastungen sowie rechtlich-administrative Gebote und Verbote unterteilt werden.[102] An Freiwilligkeit appellieren etwa Informationskampagnen, mit denen zum Beispiel Adressaten (wie Produzenten oder Konsumenten) zu umweltfreundlichem Verhalten motiviert werden sollen. Zu den wirtschaftlichen Anreizen und Belastungen sind Subventionen und Steuererleichterungen für umweltfreundliches Verhalten sowie Schadstoffabgaben zu rechnen, die auf der Logik des Verursacherprinzips beruhen und die Produzenten von Umweltschädigungen belasten. Rechtliche Ge- und Verbote hingegen zielen auf eine direkte Verhaltensbeeinflussung der Adressaten, indem unter Androhung von Zwangsmaßnahmen und Sanktionen „eine bestimmte potentiell umweltgefährdende Betätigung generell und abstrakt verboten und ihre Ausübung von einer vorherigen staatlichen Überprüfung und Erlaubnis im Einzelfall abhängig gemacht wird."[103] Auf diese Weise können z. B. Emissionstandards gesenkt oder die Einführung technischer Neuerungen für Produktionsanlagen veranlaßt werden.[104] Ergänzend zu dieser Charakterisierung nach Rechtsform oder beabsichtigter Wirkungsweise können umweltpolitische Maßnahmen auch inhaltlich, d. h. hinsichtlich der zu bearbeitenden Umweltprobleme, unterschieden werden. Auf diese Weise gliedert sich Umweltpolitik in einzelne Teilpolitiken wie Luftreinhalte-, Was-

100 Die wichtigsten deutschen Umweltgesetze sind: Das Chemikaliengesetz sowie das Pflanzenschutz-, Düngemittel-, Futtermittel-, Arzneimittel- und Lebensmittelgesetz für die Behandlung von Agrarchemikalien, das Abfallbeseitigungsgesetz, das Wasserhaushaltsgesetz, das Abwasserabgabengesetz, das Bundesimmissionsschutzgesetz (Gewerbelärm) und das Fluglärmgesetz, das Atomgesetz, das Bundesnatur- und Bundeswaldgesetz. (Glaeser, Umweltpolitik, S. 38)

101 Hartkopf/Bohne, Umweltpolitik, S. 184

102 Glaeser, Umweltpolitik, S. 44 ff

103 Hartkopf/Bohne, Umweltpolitik, S. 190

104 Glaeser, Umweltpolitik, S. 46

sergüte-, Bodenschutz-, Abfallbeseitigungs- sowie Umweltchemikalienpolitik.[105]

Dieses hier grob skizzierte institutionelle Selbstbild der Umweltpolitik, das sich weitgehend auf politisches Alltagswissen stützt und in der Polity-Dimension bleibt, soll nun unter dem Politics- bzw. Policy-Aspekt politikwissenschaftlich, insbesondere steuerungstheoretisch problematisiert werden. So zielt die Politics-Perspektive auf die Beschreibung umweltpolitischer Prozesse und deren Erklärung auf der Grundlage sozioökonomischer und ökologischer Faktoren. Hier stellen sich Fragen nach den Verlaufsformen umweltpolitischer Prozesse, dem Zusammenhang von Umweltpolitik und Umweltbelastung, dem Interessenprofil der beteiligten Akteure, den Konfliktlinien zwischen ihnen etc.[106]

Unter dem Policy-Aspekt wird die inhaltliche Seite von Umweltpolitik analysiert und problematisiert: man fragt zum einen nach den Faktoren, welche die soziopolitische und ökologische Wirksamkeit der einzelnen umweltpolitischen Steuerungsstrategien bestimmen, und analysiert zum anderen die Akteursverflechtungen, die den jeweiligen politischen Problemverarbeitungs- bzw. Steuerungsprozeß konstituieren, an dessen Ende dann die einzelne Steuerungsmaßnahme steht.

So geht etwa Volker Schneider am Beispiel des Umweltchemikaliengesetzes der Frage nach, warum und in welchem Ausmaß Chemikalien als regelungsbedürftiges Umweltproblem angesehen werden, welche Akteure an der Formulierung und Implementation des Gesetzes beteiligt sind, wie diese Akteure dabei ihre Interessen wahrnehmen und welche Auswirkungen dies auf das Chemikaliengesetz als Resultat des politischen Problemverarbeitungsprozesses hat. Ziel von Schneiders Studie ist „... die Herausbildung und Umsetzung des im Chemikaliengesetz niedergelegten Programms und Instrumentariums zur Kontrolle gefährlicher Substanzen als Ergebnis der Interaktionen betroffener und interessierter Akteure zu erklären.“[107] Dabei soll gezeigt werden, „wie sich dieses technische und soziale Problem herausbildete, welche Mechanismen und Dynamiken es generierte, unter welchen Umständen es perzipiert wurde und auf die gesellschaftliche und politische Tagesordnung gelangte und schließlich von der ‘politischen Maschinerie’ bearbeitet wurde.“[108]

Bei der Untersuchung handelt es sich um eine empirische Fallstudie. Ihre Bedeutung sieht Schneider darin, daß damit der Erklärungsgehalt beste-

105 Vgl. ebd., S. 49 f
106 Vgl. z. B. Prittwitz, Katastrophenparadox, S. 103 ff
107 Schneider, Politiknetzwerke, S. 233
108 Ebd., S. 12

hender theoretischer Ansätze empirisch überprüft werden kann. Folglich handelt es sich hierbei um keinen theoriefreien Blick auf die Genese des Chemikaliengesetzes, vielmehr erfordert der empirische Zugriff einen theoretisch-analytischen Rahmen, auf dessen Grundlage bestimmte Fakten erst als relevant hervorgehoben werden können.

Als analytischen Bezugsrahmen der Studie verwendet Schneider einen strukturalistisch-orientierten Ansatz, der auf der gesellschaftlichen Meso-Ebene angesiedelt ist.[109] Die untersuchungsrelevanten Einheiten sind staatliche und gesellschaftliche Organisationen, die als korporative Akteure begriffen werden. Der gewählte handlungstheoretische Ansatz vereinigt weiterhin die Prinzipien des methodologischen Individualismus mit strukturalistischen Überlegungen. So wird individuelles Handeln als rational und zielorientiert begriffen, d. h. Individuen bzw. kollektive Akteure „optimieren ihren Nutzen entsprechend ihren Werten und Präferenzen unter Bedingungen der Ressourcenknappheit.“[110] Gleichzeitig sind die Interessen der Akteure jedoch „sowohl auf der Ebene ihrer Genesis, ihrer Perzeption durch die Akteure, als auch in ihrer Politisierung und Durchsetzung strukturell bedingt“[111], d. h. die Strukturierung der Handlungsoptionen hängt von „inter- und überindividuelle(n) strukturelle(n) Arrangements“ ab, die sich aus den Interaktionsbeziehungen der Akteure ergeben. Hierbei kann es sich um Normen, Freundschafts- oder Verwandtschaftsbeziehungen handeln oder, wie im gegebenen Fall, um ein Policy-Netzwerk, das von den an der Formulierung des Gesetzes beteiligten Akteuren gebildet wird. Der theoretische Ansatz steht somit in einer Mittelposition; er geht weder von der schrankenlosen Nutzenmaximierung isolierter Akteure noch von der völligen Determination individuellen Handelns durch strukturelle Zwänge aus. Im Rahmen der gegebenen strukturellen Restriktionen haben die Akteure stets die Wahl zwischen unterschiedlichen Handlungsalternativen.[112]

Mit diesem Analyserahmen soll die Entstehung des Chemikaliengesetzes als „Resultat eines Interaktionsprozesses interessierter Akteure begriffen werden.“[113] Im Rahmen einer synchronen Strukturanalyse „konzentriert sich das Augenmerk auf die verschiedenen relevanten Akteure, deren Ressourcen und Handlungsbedingungen, deren Positionen in institutionellen und kulturell-normativen Arrangements, und schließlich deren hiervon abhän-

109 Vgl. ebd., S. 24
110 Ebd., S. 25
111 Ebd., S. 26
112 Vgl. ebd., S. 25 f
113 Ebd., S.29

gigen Machtpotentiale."[114] Das Policy-Akteur-System, das den strukturellen Rahmen für die Handlungen der am Formulierungs- und Implementationsprozeß beteiligten Akteure bildet, konstituiert sich aus folgenden Elementen: dem zu lösenden Policy-Problem, den Policy-Akteuren und dem System ihrer Beziehungen untereinander sowie den daraus resultierenden Machtverhältnissen.[115]

Ein Policy-Problem hat stets eine materielle Seite, die bestimmt, welche Akteure von dem Problem betroffen und welche Kapazitäten (Zeit, Geld etc.) zur Lösung des Problems erforderlich sind.[116] Die soziale Wahrnehmung des Problems als lösungsbedürftigem Sachverhalt hängt hingegen von den kognitiven Mustern und Interessen der relevanten Akteure ab.

Bei den beteiligten Policy-Akteuren unterscheidet Schneider zwischen vier Gruppen von korporativen Akteuren (Organisationen): dem Regierungs- und Verwaltungssektor, dem Parlamentarischen Sektor (inklusive Parteien), privaten Interessenverbänden und wissenschaftlich-technischen Organisationen. Wegen des transnationalen Charakters des Policy-Netzwerks kommen internationale Akteure hinzu. Allerdings sind nicht alle Akteure an einer Policy beteiligt; es werden nur diejenigen Akteure hinzugezogen, deren Mitwirkung von anderen Akteuren für die Lösung des Policy-Problems als notwendig erachtet wird. Kriterium ist hierbei das „policy-relevante Tauschpotential" der Akteure (Ressourcen, Machtpositionen usw.).[117]

Das durch die jeweiligen Akteure gebildete Policy-Akteur-System wird von Schneider als Policy-Arena oder auch – in Anlehnung an die Terminologie der Teildisziplin „Internationale Beziehungen" – als „Regime" präzisiert.[118] Politikarenen leisten Konfliktregulierung dadurch, daß politische Interessenkonflikte in institutionelle Bahnen gelenkt werden, die formalrechtlich fixiert sein oder auch nur auf Gewohnheiten oder eingebürgerten Umgangsformen beruhen können. Derartige Regime legen den Grundstein für Interessenkoordination und Kooperation, indem sie „Restriktionen für Handlungsoptionen [setzen] und die Kosten- und Nutzenstruktur von Handlungsstrategien [modifizieren]".[119] Damit wird die ungehemmte Verfolgung individueller Interessen zugunsten kollektiv erwünschter Handlungsweisen eingeschränkt und ein Rahmen für die Regelung von Konflikten bereitgestellt.

---

114 Ebd., S. 29

115 Vgl. ebd., S. 31

116 Vgl. ebd., S. 31 f

117 Ebd., S. 36 f; zur Struktur kollektiver Akteure siehe ebd., S. 33 ff

118 Vgl. ebd., S. 39 ff

119 Ebd., S. 41

Was das Verhältnis zwischen staatlichen und gesellschaftlichen Akteuren angeht, so handelt es sich bei derartigen Politikarenen häufig um „korporatistische Arrangements".[120] Diese kommen dadurch zustande, daß Regierungsstellen bewußt private Akteure in die Formulierung und Implementation einer Policy mit einbeziehen, weil sie sich von den Ressourcen (meist Expertenwissen, aber auch politische Unterstützung durch Mitgliedermobilisierung), über die private Akteure verfügen, Vorteile für die Gestaltung einer Policy erhoffen. Es findet also ein politischer Tausch statt, und zwar tauschen private mit administrativen Akteuren Unterstützung gegen Einfluß auf die Programmgestaltung.[121]

Derartige Politikarenen sind durch Machtstrukturen gekennzeichnet, d. h. die beteiligten Akteure versuchen, „entsprechend ihren Möglichkeiten ... auf Entscheidungen Einfluß zu nehmen, d. h. Policy-Ereignisse zu verhindern oder zu ermöglichen, sie letztlich also zu 'kontrollieren'."[122] Dabei definiert Schneider Macht im Sinn von Coleman[123] als „Kontrolle von Ereignissen". Wechselseitige Abhängigkeiten und Interessenverflechtungen ergeben sich daraus, daß kein Akteur Ereignisse allein kontrollieren kann, sondern auf die Mitwirkung anderer Akteure angewiesen ist. Zu den Machtmitteln rechnet Schneider in diesem Zusammenhang Ressourcen, also alle Mittel, die zur Kontrolle von policy-relevanten Ereignissen oder Entscheidungen dienen können.[124]

Methodisch erfolgt die Identifikation der Akteure zunächst unter Verwendung von Handbüchern, Lobbylisten, Zeitungsartikeln.[125] Die so ermittelten Akteure werden dann nach den aus ihrer Sicht für den Gesetzgebungsprozeß relevanten Akteuren befragt. Dieses Policy-Akteur-System wird anschließend mit Hilfe der Netzwerkanalyse einer quantitativen empirischen Strukturanalyse unterzogen. Auf diese Weise können Partizipations-, Kommunikations- und Tauschnetzwerke identifiziert und die Positionen der Akteure in diesen Netzwerken bestimmt werden. So gelangt man zu Ähnlichkeits-, Verflechtungs-, Zentralitäts- und Einflußprofilen, welche die Beziehung der Akteure kennzeichnen.

Ergänzend zu dieser synchronen Strukturanalyse soll der Prozeß der Politikentwicklung des Chemikaliengesetzes in seiner zeitlichen Dynamik dargestellt werden. Dabei wird „der typische Verlauf einer Policy aus einer

120 Vgl. ebd., S. 42 ff

121 Zum Konzept des politischen Tausches siehe Marin, Generalized Political Exchange

122 Schneider, Politiknetzwerke, S. 45

123 Vgl. Coleman, Collective Action

124 Vgl. Schneider, Politiknetzwerke, S. 45

125 Vgl. ebd., S. 85 f, S. 138 ff

'diachronischen' Perspektive betrachtet ... unter einem Gesichtspunkt also, welcher die typischen Sequenzen, Phasen und Verlaufsmuster, die eine Policy entlang der Zeitachse durchläuft, in Rechnung stellt. Dabei soll im einzelnen herausgearbeitet werden, wie sich ein Problem technischer oder gesellschaftlicher Natur herausbildet, sich in ein 'politisches Problem' verwandelt, wie soziale Akteure davon betroffen werden, wie Lösungsstrategien entworfen und Programme formuliert und diese schließlich in die Praxis umgesetzt werden."[126] Der Politikprozeß wird als „Entscheidungsprozeß und Interessenkampf" verstanden, in dem die beteiligten Akteure gemäß ihrem Machtpotential versuchen, „auf die Gestaltung einer Politik Einfluß zu nehmen, um entweder 'schädigende' Politikoptionen zu verhindern oder 'günstige' Politikoptionen zu unterstützen."[127]

Zur Analyse des sequentiellen Politikentwicklungsprozesses verwendet Schneider eine Variante des Policy-Making- bzw. Zyklus-Modells mit folgender Phaseneinteilung: Problemgenese, Thematisierungsprozeß, Programmformulierung, Implementation.[128] Als Methode findet die Netzplananalyse Anwendung, die prinzipiell eine statistische und quantitative Analyse von Ereigniszusammenhängen ermöglicht, hier aber nur qualitativ angewendet wird. Auf diese Weise werden die wichtigsten Ereignisse in der nationalen und internationalen Politikentwicklung des Chemikaliengesetzes identifiziert und in ihrer zeitlichen Verflechtung dargestellt.[129]

Die Frage bleibt, welche empirischen Erkenntnisse die Fallstudie von Schneider liefert. Zunächst sollen die Ergebnisse der synchronen Analyseperspektive skizziert werden.

Das Chemikalienproblem hat unterschiedliche Dimensionen, die der politischen Bearbeitung und Lösung des Problems bestimmte Grenzen setzen. So besteht der materielle Kern des Chemikalienproblems in der meist unerwünschten toxischen Wirkung, die von chemischen Substanzen auf lebende Organismen ausgeht. Die sozioökonomische Dimension besteht in der marktwirtschaftlich-kapitalistischen Produktionslogik; der Konkurrenzmechanismus läßt den Produzenten von Chemikalien keinen Raum, nicht-intendierte toxische Nebenwirkungen der Produkte durch eine kostenintensive Selbstkontrolle zu verhindern oder zu beseitigen. Hinzu kommt die – auf die „superindustrielle" Produktion von Chemikalien zurückzuführende – Größe des Problems; die Zahl der identifizierten chemischen Verbindungen wird

126 Ebd., S. 47
127 Ebd., S. 47
128 Vgl. ebd., S. 47 ff
129 Vgl. ebd., S. 179 f

heute auf 5 Millionen geschätzt.[130] Wegen der Wahrnehmung durch unterschiedliche Akteursgruppen wird das Chemikalienproblem zum soziopolitischen Problem; es entsteht eine „Betroffenheitsstruktur", die bestimmte Akteure auf jeweils unterschiedliche Weise mit dem Problem verbindet. So werden z. B. in der Produktions-, der Transport- oder der Konsumptionsphase jeweils verschiedene Gruppen von Akteuren wie Arbeiter, Bevölkerung oder Konsumenten mit dem Problem konfrontiert.[131]

Die spezifische Eigenart des Chemikalienproblems bestimmt auch die zur Lösung geeigneten Strategien: Man kann entweder versuchen, im Rahmen einer Vorsorgestrategie bereits die Entstehung toxischer Nebenwirkungen zu vermeiden (Vorsorgeprinzip) oder unerwünschte toxische Effekte durch eine Entsorgungsstrategie nachträglich einzudämmen (Verursacherprinzip). Eine präventive Strategie zielt darauf ab, „das Verhalten der Wirtschaftssubjekte so zu verändern, daß diese auf Herstellung und Inverkehrbringen von Stoffen verzichten, wenn sich erweist, daß diese schädlich für Mensch und Umwelt sind."[132] Zur Erreichung dieses Ziels stehen laut Schneider vier Steuerungsinstrumente zur Verfügung, nämlich Recht, finanzielle Anreizsysteme, normative Appelle und prozedurale Programmierung (Aufbau selbstregulativer Arrangements).

Ein Vergleich der Chemikalienkontrolle in verschiedenen Ländern (USA, Schweden, Japan, Schweiz) zeigt, daß die Regulierung durch Recht eindeutig dominiert. Auch bei dieser Steuerungsstrategie können wiederum verschiedene Optionen unterschieden werden, die von grundsätzlicher Produktionsfreiheit und Eigenverantwortung der Hersteller mit bloßer Meldepflicht über stärkere Eingriffsermächtigungen des Staates bis hin zu einem grundsätzlichen Produktionsverbot bzw. Erlaubnisvorbehalt reicht. Diese unterschiedlichen Kontrollstrategien sind nicht mehr allein durch die „sachlogischen Anforderungen des Problems" bestimmt, vielmehr „implizieren [sie] unterschiedliche Belastungsverhältnisse für die verschiedenen sozialen Gruppen und produzieren damit Interessenkonflikte."[133] Während die chemische Industrie prinzipiell an einer möglichst schwachen Regulierung interessiert ist, erscheint von Staats wegen eher eine umfassende Präventivlösung wünschenswert.[134] Gleichzeitig werden die Akteursinteressen auch

130 Ebd., S. 70
131 Vgl. ebd., S. 73
132 Ebd., S. 74
133 Ebd., S. 79
134 Eine solche umfassende Kontrollstrategie stößt jedoch angesichts der hohen Kosten und der durch sie möglicherweise ausgelösten Standortflucht der Chemieproduzenten rasch an ihre Grenzen. Somit kann eine derart rigide Regulierung nicht im Interesse des Staates sein. (Vgl. Schneider, Politiknetzwerke, S. 81 f).

durch kognitive Faktoren wie Perzeptionsmuster und Ideologien (Belief Systems) bestimmt. Schneider identifiziert in diesem Zusammenhang zwar vier verschiedene Sichtweisen des Chemikalienproblems[135], aber die Ausformulierung des bundesdeutschen Chemikaliengesetzes wurde dadurch begünstigt, daß die Mehrheit der beteiligten Akteure dieselbe „technisch-kooperative" Sicht des Problems teilten, wonach die Lösung des Chemikalienproblems die Kooperation staatlicher und industrieller Akteure im Rahmen technisch-wissenschaftlicher Anstrengungen erfordert.

Was die beteiligten Akteure betrifft, besteht das analysierte Politikfeld aus 47 Politikfeldorganisationen aus den Bereichen Regierung und Verwaltung, Parteien, Organisierte Interessen, Wissenschaft u. Technik sowie Internationale Organisationen. Davon werden 26 durch Befragung als Policy-Akteure mit maßgeblichem Einfluß auf den Entstehungsprozeß des Gesetzes identifiziert. Diese Akteure machen das Policy-Akteur-System aus.[136]

Dabei ergibt die Analyse des institutionellen Gremiennetzes, daß sich die beteiligten Policy-Akteure sehr gut kennen und damit eine wichtige Voraussetzung für Vertrauensbeziehungen erfüllen, auf denen korporatistische Strukturen beruhen.[137] Die Strukturanalyse des Policy-Akteur-Systems zeigt, daß als „relativ gut positionierte und relativ einflußreiche Akteure ... einerseits die zentralen staatlichen Akteure (BMJFG; BMI; BMA; UBA)[138] identifiziert werden konnten, andererseits aber auch der Verband Chemischer Industrie (VCI) und die Chemiegewerkschaft (IGCPK)." Dies gilt für alle drei analysierten Netzwerke, also für das Netz des Informationsaustauschs, der Gremienpartizipation sowie des Ressourcentauschs. Dabei besteht eine enge Allianz zwischen dem BMJFG, BMA und dem VCI, worauf auch die enge Kommunikationsverflechtung zwischen diesen Organisationen hinweist.[139] Das BMI hingegen „verbündete" sich mit der IGCPK und den Umweltverbänden (BBU, BUND) und versuchte vergeblich, den Formulierungsprozeß in die Richtung eines weitreichenderen Umweltchemikaliengesetzes zu lenken.

Die Rolle, die der parlamentarische Sektor (SPD, CDU/CSU, FDP) spielte, war ebenso schwach wie der Einfluß der wissenschaftlichen Organisationen (Berufsgenossenschaft Chemische Industrie, DFG).[140] Einen größeren Einfluß als der parlamentarische Sektor übten hingegen internationale

---

135 S. Schneider, Politiknetzwerke, S. 82 f

136 Vgl. ebd., S. 233

137 Ebd., S. 157

138 Ebd., S. 157

139 Vgl. ebd., S. 147

140 Vgl. ebd., S. 233 f

Organisationen wie die OECD und die EG aus. Grund dafür ist die bundesdeutsche Mitgliedschaft in transnationalen Organisationen wie UNO und OECD, die sich schon frühzeitig mit dem Chemikalienproblem beschäftigten. Als supranationale Organisation kommt der EU hier eine Sonderrolle zu, kann sie doch Richtlinien erlassen, die für die Regierungen der Mitgliedstaaten bindend sind. So erklären sich auch die Rolle der EG-Gremien als wichtige Neben-Arenen im Policy-Prozeß und der transnationale Charakter des Formulierungsprozesses.

Die Entwicklungsanalyse des Politikentstehungsprozesses brachte folgende Erkenntnisse: Die deutsche Initiative zur Chemikalienkontrolle wurde durch Regelungen in anderen Ländern angeregt. Dies gilt insbesondere für das französische Vorhaben zum Erlaß eines Chemikaliengesetzes, das den größten Exportmarkt der deutschen chemischen Industrie mit regulativen Auflagen belastet hätte.[141] Um einen französischen Alleingang zu verhindern, hatte die deutsche chemische Industrie Interesse an einer europäischen Harmonisierung der Chemikalienkontrolle. Dabei erreichten die deutschen Regierungsvertreter (unter beratender Beteiligung des VCI), daß sich die EG-Kommission für das Anmeldungs- anstatt für das strengere Zulassungsverfahren aussprach. Dennoch war der EG-Entwurf den Deutschen noch zu restriktiv, so daß die deutschen Ministerien einen kompletten Gegenentwurf einbrachten, der im Interesse des VCI den Umfang der zu prüfenden Stoffe von bestimmten Mengenschwellen abhängig machte.[142]

Die Öffentlichkeit wurde erst spät in den Formulierungsprozeß einbezogen. Deshalb reagierte die IG Chemie auf die ihrer Ansicht nach unzureichende Beteiligung am Policy-Prozeß mit einer Öffentlichkeitskampagne.[143] Auch das BMI, das anstelle eines ressortübergreifenden Gesetzes mit Umweltschutz-, Arbeitsschutz- und Gesundheitsschutzregelungen ein reines Umweltchemikaliengesetz befürwortete und für eine Überprüfung toxischer Langzeitwirkungen plädierte, wandte sich angesichts des Widerstands der Allianz aus BMJFG, BMA und VCI gegen eine solche Gesetzesvariante an die Öffentlichkeit (Umweltverbände BBU, BUND, Bürgerinitiativen etc.).[144]

Dennoch gelang es den zentralen Policy-Akteuren sowohl auf EG-Ebene als auch in der nationalen Policy-Arena, die bereits getroffenen Absprachen ohne große Änderungen durch diese kritische Phase zu schleusen, so daß das Chemikaliengesetz (abgesehen von geringfügigen Änderungen) in der vom BMI und VCI geplanten Fassung vom Parlament beschlossen wurde.

141 Vgl. ebd., S. 197 f
142 Vgl. ebd., S. 203 f
143 Vgl. ebd., S. 204
144 Vgl. ebd., S. 205, S. 211

Dabei war die Strategie erfolgreich, sich im Rahmen der EG-Beratungen für den Erlaß einer „industriefreundlichen" Richtlinie einzusetzen, um so den Spielraum für das nationale Policy-Making einzuschränken. Die nationale Kritik an den unzureichenden Regelungen des Chemikaliengesetzes konnte auf die EG-Gremien abgewälzt werden.[145]

Resultat des Politikformulierungsprozesses waren also „sehr kooperative Regulierungsarrangements", die „einerseits die Chemische Industrie vor zu starker regulativer Belastung bewahrten, andererseits der Regierung die Implementation eines relativ verwaltungsökonomischen Chemikalienkontrollprogramms ermöglichten."[146] Die Entstehung des Chemikaliengesetzes zeigt somit, wie eingespielte Netzwerkkontakte zwischen einer kleinen Gruppe staatlicher und gesellschaftlicher Policy-Akteure auf der nationalen und internationalen Ebene es ermöglichen, eine beiden Interessen dienende Policy durchzusetzen.

Für die weitere Theoriebildung kann festgehalten werden, daß Policy-Netzwerke als korporatistische Arrangements Interessenkonflikte nicht etwa unterdrücken oder auflösen, sondern den involvierten Akteuren einen mehr oder weniger stark ausgeprägten institutionellen Handlungsrahmen zur Bearbeitung der weiterhin bestehenden Interessengegensätze bereitstellen.[147] Folglich müssen auch steuerungstheoretische Modellierungen des politischen Problemverarbeitungsprozesses derartigen Interessenkonflikten und den daraus resultierenden Machtverhältnissen Rechnung tragen.

145 Vgl. ebd., S. 213 f

146 Ebd., S. 235

147 Ebd., S. 235

Memo Steuerungsfelder

Forschungsgegenstand / Forschungsverlauf	Abhängige Variable: Policy	Unabhängige Variable: Polity und Politics
1. Rezeption des politischen Steuerungsproblems, z. B. Verkehrsstau, Gesundheitsgefährdung durch Chemikalien		
2. Präzisierung als politikwissenschaftliches Problem, z. B. Verkehrsumverteilung, Chemikalienkontrolle	Verkehrs- bzw. gesundheitspolitische Funktionen	Verkehrs- bzw. gesundheitspolitische Strukturen und Prozesse
3. Ausweisung des Forschungsinteresses, z. B. Erhöhung der verkehrspolitischen Steuerungseffektivität, Auslotung der gesundheitspolitischen Kontrollkapazität	Verkehrs- bzw. gesundheitspolitische Entscheidungen, Akte, Unterlassungen usw.	Verkehrs- bzw. gesundheitspolitische Ziele, Normen, Träger, Instrumente, Konflikt- und Konsenslinien usw.
4. Alltagsperspektivische Abgrenzung des Steuerungsfeldes, z. B. Stadtverkehr, chemieindustrieller Komplex	Stadtverkehrspolitik in X bzw. Gesundheitspolitik im Hinblick auf Y	Rahmenbedingungen und Verlaufsmuster der jeweiligen Politikverflechtung
5. Wissenschaftsperspektivische Rekonstruktion des Steuerungsprozesses a) Analyserasterwahl, z. B. Advocacy-Coalition-Ansatz, Planungsmodell, Policy-Making-Modell u. a. m. b) Problembezogener Argumentationszusammenhang, z. B. Advocacy-Coalition-Ansatz, Netzwerk-Ansatz c) Empirisches Relativ, z. B. stadtverkehrspolitische Koalitionen, gesundheitspolitische Netzwerke	Stadt- bzw. gesundheitspolitische Ursachen-/Wirkungszusammenhänge Nahverkehrsbegünstigende Akte, Beschlüsse über Verkehrsleitsysteme usw., Produktauflagen, Überprüfungsregeln usw.	Belief Systems, Koalitionen und Problemlösungsphilosophien, Akteure, Ressourcentausch usw. Konfligierende Leitbilder, Wachstums- und Wendekoalitionen, Leitbildwandel usw., Überwachungslösung, Industrie oder Verbandsrepräsentanten, Informations- oder Einflußtausch usw.
6. Problemlösung, z. B. Verkehrsumverteilung durch Leitbildwandel, Chemikalienkontrolle in den Grenzen industrieller Gegenmacht		

In Kapitel 2.1 und 2.2 geht es um folgende Fragen:

2.1	Gibt es ein wissenschaftlich verbindliches Steuerungsverständnis?
2.2	Ist Politische Planung dasselbe wie Steuerung?
2.2.1	Wie politisch ist Politische Planung?
2.2.2	Welche Planungskonzepte gibt es?
2.2.3	Was leisten entscheidungstheoretische Ansätze?
2.2.4	Was leisten kybernetisch-systemtheoretische Ansätze?
2.2.5	Was leisten gesellschaftspolitische Ansätze?

2. Konventionelle Steuerungskonzepte

2.1 Steuerungsbegrifflichkeit

In der politikwissenschaftlichen Steuerungsdiskussion wird der Begriff „Steuerung“ mit verschiedenen Bedeutungen verknüpft. Dies liegt daran, daß „Politische Steuerung“ Gegenstand einer ganzen Reihe unterschiedlicher politik- und sozialwissenschaftlicher Ansätze ist. Bußhoff nennt in diesem Zusammenhang: politische Planungstheorie, politische Kybernetik, sozialwissenschaftliche Systemtheorie, Pluralismus- und Korporatismustheorie, Theorien der politischen Kultur und des Wertewandels, Policy-Ansätze sowie staatstheoretische Ansätze.[148] Folgerichtig stellt Renate Mayntz die Entwicklung der „Theorie politischer Steuerung“ als „Abfolge von Thematisierungen verschiedener Aspekte eines komplexen Phänomens“ dar: „So entstand eher additiv als aus einem einheitlichen Konzept systematisch abgeleitet eine Theorie, die die Voraussetzungen wirksamer politischer Steuerung thematisierte.“[149]

Trotz dieser Vielfalt steuerungstheoretischer Ansätze besteht in der Politikwissenschaft weitgehend Einigkeit darüber, was den *Gegenstand* politikwissenschaftlicher Steuerungstheorie betrifft. So meint „Politische Steuerung“ im politikwissenschaftlichen Sprachgebrauch heute „... allgemein den

148 S. Bußhoff (Hrsg.), Vorbemerkung, S. 7
149 Mayntz, Politische Steuerung: Aufstieg, S. 148

säkularisierten, auf sachlich-technische Dimensionen reduzierten Prozeß politischer Herrschaftsausübung und tritt damit in Konkurrenz zu dem üblicherweise umfassender verwandten Begriff 'Regieren'. In einem spezifischeren Sinne bezieht ... sich [der Begriff] auf die positive, (Daseins-)Risiken vermeidende oder kompensierende und Wohlstand mehrende Gestaltungsaufgabe in modernen Demokratien ....“[150], sowohl hinsichtlich sozialer und ökonomischer[151] als auch – wie wohl ergänzt werden muß – ökologischer Probleme. Unter Einbeziehung normativer Gesichtspunkte meint politische Steuerung „die intentionale Handlungskoordination zur gemeinwohlorientierten Gestaltung der gesellschaftlichen Verhältnisse.“[152]

Versteht man politische Steuerung somit als „konzeptionell orientierte Gestaltung der gesellschaftlichen Umwelt durch politische Instanzen“,[153] erweist sich der Begriff als synonym mit „regulativer Politik“[154] und dem amerikanischen Begriff „Governance“. „Politische Steuerung“ deckt sich folglich mit der „Policy-Dimension“ von Politik.[155]

Aus diesem Verständnis von politischer Steuerung leitet sich die *zentrale Fragestellung* politikwissenschaftlicher Steuerungsanalyse ab: Sie untersucht, „in welchem Umfang und in welcher Tiefe die Politik gesellschaftliche Abläufe beeinflussen kann, welche politischen und gesellschaftlichen Voraussetzungen für erfolgreiche politische Steuerung gegeben sein müssen und welche Rolle den Steuerungsobjekten im Steuerungsprozeß zukommt.“[156] Dies beinhaltet weiterhin die Frage nach der materiellen, problemadäquaten Gestaltung von Policies und die Analyse der „Konsens- und Konfliktprozesse zwischen dem politisch-administrativen System (und seiner Akteure aus Politik und Bürokratie) und den sozioökonomischen Interessen (und ihren organisierten Handlungsträgern), einschließlich der Rückkopplungseffekte, die aufgrund politischer Interventionen entstehen, etwa in Form von Reaktionen wirtschaftlicher Interessen über Verbandspolitik oder Reaktionen der Bevölkerung über Wahlentscheidungen“.[157]

Neben der Bedeutung von politischer Steuerung im Sinne von „Policy“, mit der das empirische „Phänomen“ und damit gleichzeitig auch der For-

---

150 Schubert, Artikel „Steuerungstheoretische Ansätze“, S. 454

151 S. ebd., S. 452

152 Scharpf, Verhandlungssysteme, S. 64

153 Mayntz, Steuerung, S. 92

154 Vgl. Druwe/Görlitz, Politikfeldanalyse, S. 143; Mayntz, Politische Steuerung: Aufstieg, S. 148

155 Zum Policy-Begriff vgl. u. a. Druwe, Artikel „Politik“, S. 394 f, Jann, Artikel „Policy“, S. 702 ; Jann, Artikel „Politikfeldanalyse“, S. 309 f

156 Braun, Artikel „Steuerungstheorien“, S. 611

157 Schubert, Artikel „Steuerungstheoretische Ansätze“, S. 453

schungsgegenstand bestimmt wird, lassen sich in der politikwissenschaftlichen Steuerungstheorie noch eine Reihe anderer Bedeutungsvarianten feststellen, die auf die oben genannten theoretischen Kontexte verweisen:

Akteurstheoretisch formuliert meint Steuerung „erfolgreiche Handlungskoordination".[158] So sollen „über Steuerung ... die Präferenzordnungen frei entscheidender Akteure oder Akteursgruppen so beeinflußt werden, daß das Resultat des kollektiven Handelns dem zugrunde liegenden Steuerungskonzept entspricht."[159] Im soziologischen Kontext versteht man unter sozialer Steuerung „die Herstellung und die Gewährleistung von Handlungs- und Wirkungsketten, in deren Rahmen handlungsfähige und an Programmen orientierte Akteure ... versuchen, die Anwendung von Programmen durch den Einsatz von 'Instrumenten' oder 'Verfahrensweisen' sicherzustellen."[160] Funktionalistisch „kann man politische Steuerung (Steuerungsfähigkeit und Steuerbarkeit) als Konditionierung der Selbststeuerung eines Funktionssystems in Rücksicht auf seine Fähigkeit und seinen Beitrag zur gesellschaftlichen Integration begreifen."[161]

Kybernetisch verstanden ist Steuerung „der Vorgang in einem abgegrenzten System, bei dem eine oder mehrere Größen als Eingangsgrößen andere Größen als Ausgangsgrößen auf Grund der dem abgegrenzten System eigentümlichen Gesetzmäßigkeiten beeinflussen ..."[162] Und „etatistische Gesellschaftssteuerung" meint im staatstheoretischen Sinn, „daß der Staat ... als alleiniges politisches Steuerungszentrum fungiert ... Etatistische Gesellschaftssteuerung unterscheidet sich dadurch von nicht-etatistischen Formen der Gesellschaftssteuerung, daß die generellen Zweck-Mittel-Orientierungen von staatlichen Entscheidungsinstanzen auf der einen, Verbänden auf der anderen Seite, einander polar entgegengesetzt sind."[163]

In der politikwissenschaftlichen Steuerungsforschung besteht bislang keine Einigkeit darüber, welcher dieser theoretischen Verwendungskontexte der Analyse politischer Steuerung zugrunde gelegt werden soll. Deshalb macht es strenggenommen keinen Sinn, von *der* politikwissenschaftlichen Steuerungstheorie zu sprechen, sondern besser von einzelnen steuerungstheoretischen Forschungssträngen.

Die folgende Darstellung politikwissenschaftlicher Steuerungstheorie beginnt mit Konzepten Politischer Planung. Diese Ansätze sind Vorläufer und

158 Mayntz, Steuerung, S. 82
159 Braun, Artikel „Steuerungstheorien", S. 611
160 Gotsch, Soziale Steuerung, S. 35
161 S. Bußhoff, Demokratietheorie, S. 261 ff
162 Görlitz, Umweltpolitische Steuerung, S. 57
163 Schimank/Glagow, Formen politischer Steuerung, S. 6

Ausgangspunkt der politikwissenschaftlichen Steuerungsdiskussion, die im folgenden in drei verschiedene Forschungsstränge untergliedert wird:

Die staats- und gesellschaftstheoretische Steuerungstheorie zum einen nimmt ihren Ausgangspunkt im normativen Konzept „etatistischer Gesellschaftssteuerung".[164] Ihr können im weiteren Sinn die ökonomische Ordnungstheorie, die soziologische Steuerungstheorie sowie die politikwissenschaftliche Neokorporatismus- und Verbändetheorie zugerechnet werden. Die policy-analytische Steuerungstheorie zum anderen umfaßt die Implementationsforschung, die Netzwerkanalyse und die Politikfeldanalyse. Politikwissenschaftliche Steuerungstheorie als Theorie gekoppelter Systeme schließlich besteht zum einen aus der „Theorie selbstreferentieller Systeme", wie sie von Helmut Willke, Gunther Teubner und (mit Positionsunterschieden) von Niklas Luhmann vertreten wird.

Eine weitere Variante stellt die hier vertretene steuerungstheoretische Heuristik „Strukturelle Kopplung" dar, die sich in Autopoieseverständnis, Steuerungsbegriff und Forschungsmethodik vom zuvor genannten Ansatz abgrenzt. Sie nimmt insofern eine Mittelstellung zwischen policy-analytischer und systemtheoretischer Steuerungstheorie ein, als sie ein autopoietisch fundiertes Steuerungsverständnis mit politikfeldanalytischen Fragestellungen und Untersuchungen verbindet.

2.2 Planungskonzepte

Die ältesten politikwissenschaftlichen Steuerungstheorien sind Konzepte, die seit Mitte der sechziger Jahre unter dem Stichwort „Politische Planung" entwickelt wurden. Diese Diskussion endete Mitte der siebziger Jahre. „Politische Planung" wird heute nicht mehr als Gegenstand politikwissenschaftlicher Steuerungstheorie betrachtet.[165] Dennoch sind die in dieser Diskussion angesprochenen theoretischen Prämissen und Probleme bis heute für die steuerungstheoretische Fragestellung relevant. In diesem Abschnitt werden die zentralen Fragestellungen „Politischer Planung" anhand wichtiger Konzepte der damaligen Diskussion dargestellt.

---

164 Ebd., S. 6

165 In diesem Sinn Ulrich, Steuerung, S. 107 mit Verweis auf Fürst, Planung heute, S. 107

2.2.1 *Policy-Making-Ansätze*

Allgemein versteht man unter Politischer Planung alle Aktivitäten des politischen Systems, die darauf abzielen „ ... den Handlungsspielraum von Regierung und Verwaltung gegenüber einer komplexer gewordenen Umwelt mit ihren oftmals widersprüchlichen Funktionsanforderungen an den Staat zu sichern und zu erweitern sowie ... die Rationalität des politisch-administrativen Entscheidungsprozesses mit Hilfe des Aufbaus von verwaltungsinternen Aufgaben-, Ziel- und Programmplanungssystemen nachhaltig zu steigern.“[166]

Die wissenschaftliche Diskussion über Politische Planung findet weitgehend im Kontext der Policyanalyse statt, die in Deutschland in den sechziger Jahren nach dem Vorbild der amerikanischen Policy Sciences entsteht. Die Policy Sciences weisen zwei Forschungsrichtungen auf: in ihrer beschreibend-erklärenden Variante zielen sie auf die „Untersuchung von politischen, ökonomischen und sozialen Bedingungsfaktoren von Politikinhalten“.[167] Hierbei fragt diese Variante zum einen nach dem Einfluß politischer und sozioökonomischer Strukturen auf die Entstehung von Politikinhalten (Policy-Output-Forschung) und analysiert zum anderen die Wirkungen und den Erfolg von Policies hinsichtlich einer Veränderung der als regulierungsbedürftig angesehenen sozioökonomischen Lebensbedingungen (Policy-Impact-Forschung, Evaluationsforschung).[168] Die auf praktische Politikberatung ausgerichtete andere Variante der Policy Sciences, nämlich die Policy Analysis, zielt auf die Verbesserung politischer Entscheidungsprozesse durch wissenschaftliche Beratung bei der normativ-rationalen Festlegung von Politikzielen, der Formulierung konsistenter Zielsysteme sowie der Erforschung der Zielkonsequenzen.[169] Die Ansätze Politischer Planung sind dieser Variante zuzuordnen.[170]

Das zugrunde liegende Politikverständnis der Policy Sciences wird im Modell des Policy-Making-Systems formuliert. Bei dieser systemtheoretischen Konzeption von politischer Steuerung bzw. Policy handelt es sich um eine erweiterte Variante von Eastons Konversionsmodell: Steuerung wird im Policy-Making-Modell als Problemverarbeitungsprozeß begriffen, in dessen Verlauf gesellschaftlich artikulierte Probleme vom politischen System aufgenommen (*input*), in politische Handlungsprogramme bzw. Policies trans-

166 Bruder, Artikel „Politische Planung“, S. 770
167 Windhoff-Héritier, Policy-Sciences, S. 267
168 Ebd., S. 270 ff
169 S. ebd., S. 269
170 S. Ulrich, Steuerung, S. 41

formiert (*conversion*) und schließlich in der gesellschaftlichen Umwelt umgesetzt werden (*output*). Der Policy-Making-Prozeß läuft demnach wie folgt ab:[171]

Die von gesellschaftlichen Akteuren wie Parteien, Wählern und Verbänden artikulierten Probleme und Forderungen stellen den Input des Policy-Making-Systems dar. Dabei kann die Input-Komponente zur weiteren Untersuchung in folgende Kategorien untergliedert werden: Systemcharakteristika (gesamtgesellschaftliche Aspekte wie z. B. Industrialisierungsgrad, Bildungsgrad, Einkommensverteilung etc.), Problemcharakteristika (die spezifischen Merkmale des jeweiligen Problems bzw. policy Issue) und Politikcharakteristika (Merkmale des Policy-Making-Systems wie z. B. Institutionen, Einstellungen und Normen, Partizipationsinstrumente). Von allen drei Merkmalstypen wird angenommen, daß sie die Reaktion des politischen Systems auf den Input (in Form von Problemverarbeitung und Output) beeinflussen können.

Der Input aus gesellschaftlich artikulierten Problemen und Forderungen wird vom Policy-Making-System (bestehend aus Regierung und Verwaltung) aufgenommen und unter Mitwirkung gesellschaftlicher Akteure (Verbände, Interessengruppen) im Rahmen der Politikformulierung, die aus Informationsverarbeitungs- und Konsensbildungsprozessen besteht, zu verbindlichen Programmen bzw. Policies wie Gesetzen, Plänen, Verordnungen und Erlassen verarbeitet. Programme können dabei hinsichtlich ihrer Wirkungsweise, dem erforderlichen Aufwand und den resultierenden Vollzugsproblemen in Regulative Programme (Ver-/Gebote), Anreiz- und Leistungsprogramme gegliedert werden.[172]

An die Politikformulierung schließt sich die Politikdurchsetzung bzw. Implementation an, also die konkrete Durchführung der beschlossenen Programme. Dieser Abschnitt des Policy-Making-Prozesses wird bei Jann wiederum analytisch in die Aspekte Programmkonkretisierung (Formulierung von Ausführungsverordnungen, Erstellung von Plänen, Gesetzesinterpretation), Ressourcenbereitstellung (Finanzen, Personal, Organisation) und die eigentliche Ausführung unterteilt.

Politikformulierung und Politikdurchsetzung können Gegenstand einer sowohl strukturell als auch prozessual ausgerichteten Untersuchungsperspektive sein. Während erstere das Policy-Making-System hinsichtlich seiner tragenden Strukturen wie z. B. Personal-, Organisations- und Verfah-

---

171 Vgl. zum Folgenden: Jann, Kategorien, S. 14 ff

172 Vgl. Schubert, Politikfeldanalyse, S. 164 f

rensstrukturen in den Blick nimmt,[173] stehen bei letzterer die in den Systemstrukturen ablaufenden Prozesse im Mittelpunkt.

Der Output des Policy-Making-Systems kann folgendermaßen differenziert werden:

- Der eigentliche „Output“ beinhaltet das Resultat der Politikformulierung (also das verabschiedete Programm) und die, eventuell davon abweichende, implementierte Maßnahme (sog. Implementations-Output).
- Unter „Impact“ versteht man die Veränderungen, „die bei den Adressaten der jeweiligen Politik zu beobachten sind.“[174] Die Reaktion der Zielgruppe (etwa Akzeptanz oder Ablehnung) wird auch als „target reaction“ bezeichnet.
- „Outcome“ schließlich meint die (intendierten und nichtintendierten) Auswirkungen der implementierten Policy auf alle Betroffenen, also auf das gesamte Subsystem oder Politikfeld.

Die wissenschaftliche Diskussion über „Politische Planung“ ist in dieser Zeit durch eine enge Verzahnung mit der politischen Praxis gekennzeichnet. Diese ist bereits seit Mitte der sechziger Jahre um eine „Rationalisierung der Politik“ bemüht, wobei Politischer Planung und damit der entsprechenden verwaltungswissenschaftlichen und politikwissenschaftlichen Theorie eine zentrale Bedeutung zukommt.[175] Unter dem Einfluß der außerparlamentarischen Opposition und vor allem mit dem Übergang zur sozialliberalen Koalition 1969 wird der Gedanke der Rationalisierung der Politik mit dem Ziel einer weitreichenden Gesellschaftsreform verknüpft (sogenannte „Reformpolitik“).

---

173 Vgl. Jann, Kategorien, S. 21

174 Ebd., S. 26

175 Zum zeitgeschichtlichen Hintergrund und zur Entwicklung der bundesdeutschen Verwaltungspraxis in diesem Zeitraum siehe z. B. Scharpf, Politische Planung; Hesse, Artikel „Planung“; Ritter, Artikel „Staatliche Steuerung“; Voigt, Artikel „Staat“; Bruder, Artikel „Politische Planung“; Jürgens, Entwicklungslinien; Fürst, Planung heute; Ulrich, Steuerung, S. 13 f.

Memo Policy-Making-Modell

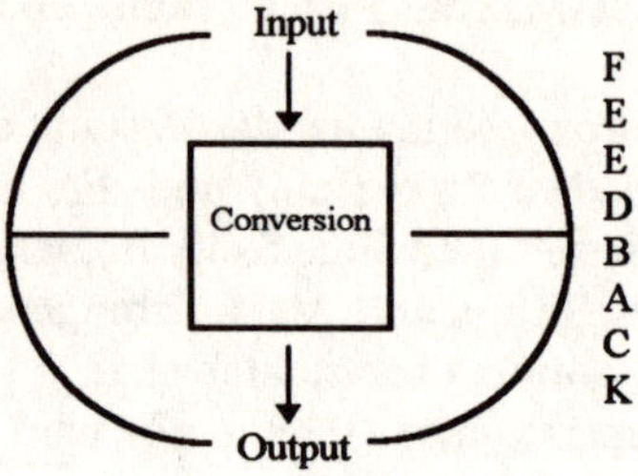

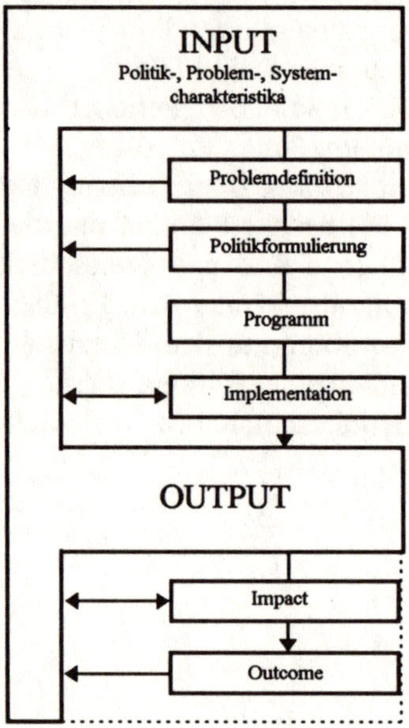

- Politische Steuerung versteht sich als politischer Verarbeitungsprozeß auf der Grundlage des Konversionsmodells.
- Der Policy-Making-Prozeß gliedert sich in Politikformulierung, Implementation und Output.
- Dem Policy-Making-Modell liegt ein linear-kausales und hierarchisches Steuerungsverständnis zugrunde.

So definieren Renate Mayntz und Fritz Scharpf, die an der Projektgruppe „Regierungs- und Verwaltungsreform“ beteiligt waren, unter dem Stichwort „Aktive Politik“ als Ziel Politischer Planung bzw. Steuerung die „ ... vorausschauende[n], aktive[n] Regelung und Steuerung jener gesellschaftlichen und wirtschaftlichen Prozesse, deren ungesteuerte Dynamik die für das Gesamtsystem relevanten Probleme und Krisen hervorbringt.“[176] Frieder Naschold konstatiert in einem Aufsatz aus demselben Jahr, daß politische Planungssysteme „als ein zentrales Instrument systematischer gesellschaftspolitischer Reformen“ und als „die am weitesten fortgeschrittene Problemlösungsstrategie des politischen Systems gegenüber den anstehenden Problemlagen angesehen”[177] werden. Diese Ausrichtung auf Gesellschaftssteuerung und Gesellschaftsreform führte in der damaligen Planungsforschung zur Verknüpfung rein planungstechnischer Fragestellungen mit Problemen der effektiven Steuerung gesellschaftlicher Teilsektoren sowie normativen Diskussionen über die inhaltlichen Zielsetzungen und die demokratische Legitimation einer derart weitreichenden Politischen Planung.

Die politische Planungs-Diskussion wird im folgenden am Beispiel der Planungstypen „Parametrische Planungssysteme“ und „Strategische Zielplanung“ sowie anhand von entscheidungstheoretischen, kybernetisch-systemtheoretischen und gesellschaftspolitischen Planungskonzepten charakterisiert.[178]

Gemeinsamer Ausgangspunkt dieser Verfahren und Konzepte ist die Annahme, daß eine notwendige Voraussetzung effektiver Politischer Planung darin besteht, das politisch-administrative System als zentralen Steuerungsakteur zu einem rationalen Planungssystem umzustrukturieren. Hierbei wird das politisch-administrative System in eine Ziel-, Ressourcen-, und Entscheidungsstruktur ausdifferenziert: „Die Zielstruktur ist definiert als die Gesamtheit der im Subsystem verfolgten Ziele ... Die Ressourcenstruktur umfaßt die im System dislozierten, aus der Umwelt bezogenen und zum Teil ‘weiterverarbeiteten’ materiellen und immateriellen Ressourcen, z. B. in Form von Informationen, Entscheidungsmodellen und -techniken, Problemlösungsmustern, Finanz- und Sachmitteln. Der Entscheidungsstruktur entspricht die formale Aufbau- und Ablauforganisation, daneben aber auch das Geflecht der informellen Wahrnehmungs-, Entscheidungs- und Kommuni-

176 Mayntz/Scharpf, Kriterien, S. 116

177 Naschold, Gesellschaftsreform, S. 59

178 S. hierzu Naschold/Väth, Politische Planungssysteme, S. 11 ff und Lau, Theorien gesellschaftlicher Planung, S. 96 ff; „Planungstyp“ meint Planungsverfahren und -systeme aus der Verwaltungspraxis, „Planungskonzept“ meint planungstheoretische Ansätze.

kationsregeln, deren Einhaltung durch ein vielschichtiges System ... von positiven und negativen Sanktionen gewährleistet wird."[179]

Neben dieser horizontalen Strukturierung wird das politische Planungssystem auch vertikal in verschiedene Ebenen gegliedert: „Bei der strategischen Planung (längerfristige Aufgabenplanung) wird eine antizipierte und/oder angestrebte Zustandskonstellation in ihren makroskopischen Interdependenzen und Engpässen abgesteckt; auf Basis dieser generellen Entscheidungsprämissen können taktische Planungen (mittelfristige Programmplanungen) entwickelt werden, die dann ihrerseits über operative Planungen (Projektplanungen) zu realisieren sind. Ein voll durchgebildetes Planungssystem kann somit als ein in zeitlicher, sachlicher und sozialer Hinsicht hierarchisch stukturiertes Entscheidungssystem konzipiert werden."[180] Mit den genannten Planungsebenen korrespondieren wiederum verschiedene Planungstechniken: „So sind der operativen Projektplanung vor allem Techniken des 'Operations Research' und der empirischen Sozialforschung zuzuordnen, der taktischen Programmplanung vor allem Systemanalyse, Morphologie, Relevanzbaumverfahren, Kosten-Nutzen-Analyse und der strategischen Zielplanung gesamtgesellschaftliche Problemanalysen, Dekompositionsverfahren und kausale Modellierung."[181] (S. Memo s. 87)

Zur Veranschaulichung werden nunmehr beispielhaft zwei Planungstypen vorgestellt, nämlich „Parametrische Planungssysteme" und „Strategische Zielplanung", die in der politischen Verwaltungspraxis der sechziger Jahre angewandt wurden.[182] Bei beiden Planungstypen wird das politische System als zentraler steuernder und planender Akteur betrachtet. Während „Parametrische Planung" jedoch primär auf die Rationalisierung der Binnenstruktur des politischen Systems zielt, strebt „Strategische Zielplanung" darüber hinaus eine weitreichende und intensive Intervention des politischen Systems in gesellschaftliche Teilbereiche an.

---

179 Schatz, Problemlösungsstrategien, S. 11 f

180 Naschold, Gesellschaftsreform, S. 64

181 Ebd., S. 64. Zu den einzelnen Planungstechniken siehe Freudenberg, Planen und Entscheiden

182 Naschold/Väth, Politische Planungssysteme, S. 11 ff

Memo Planungsebenen

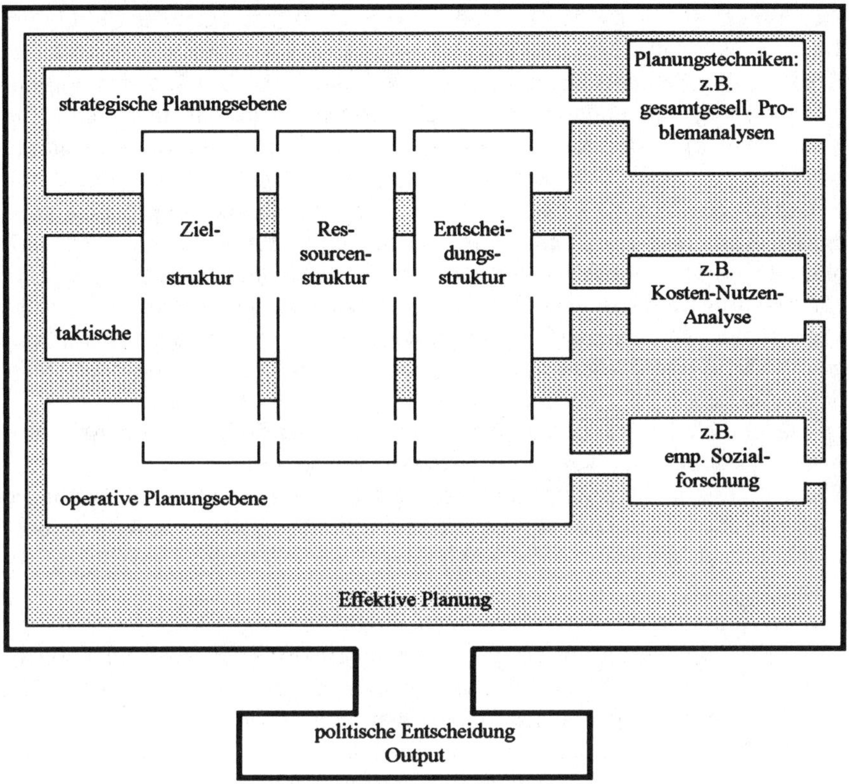

- Planung verlangt nach gesichertem Wissen über Handlungsvoraussetzungen, -möglichkeiten und -folgen.
- Planungsinstanzen werden deshalb zu rationalen Handlungs- und Entscheidungssystemen umorganisiert.
- Organisationsmerkmal derartiger Systeme ist die Ausdifferenzierung von Ziel-, Ressourcen- und Entscheidungsstrukturen.
- Ausdifferenzierte Strukturen sollen Zielfindung und -gewichtung, Ressourcenakkumulation und -verwendung oder Entscheidungsformung und -vollzug ermöglichen.

Parametrische Planungssysteme (wie z. B. die gesamtwirtschaftliche Globalsteuerung und die mehrjährige Finanzplanung als verwaltungsinternes Steuerungsinstrument) gehen von der „politischen Steuerungsfunktion in der Weise [aus], daß der Staat über verschiedene Mechanismen (Haushalte, Kreditpolitik, Steuern) Daten setzt, die über die Marktfunktion eine Verhaltenssteuerung der autonomen Wirtschaftssubjekte (primär Investoren und Konsumenten) in der von den politischen Instanzen langfristig für optimal erachteten Richtung bewirken."[183] Aufgrund des Verzichts auf direkte materiale Eingriffe in die Gesellschaft bedarf es bei Parametrischen Planungssystemen in erster Linie eines leistungsfähigen und brauchbaren Informationssystems des politisch-administrativen Systems, welches die Grundlage zur Beeinflussung der Parameter durch Ressourcenplanung und fiskalische Mittel liefert.[184] Leistungsfähige Analysekapazitäten sind dagegen in geringerem Maße erforderlich, da man davon ausgeht, daß sich die politikfelddeterminierende Wirkung der Parameter über den Markt ergibt.

Hinsichtlich der praktischen Anwendung Parametrischer Planungssysteme in der Bundesrepublik kann folgendes kritisiert werden:[185]

- Die politische Steuerung der ökonomischen Entwicklung war nicht im gewünschten Ausmaß möglich, wodurch die Einnahmen- und Ausgabenpolitik nach wie vor von der Konjunktur- und Wachstumsentwicklung abhängig blieb.
- Weiterhin sind die vorgenommenen Finanzplanungen nicht in der Lage gewesen, im Budget das strukturelle Mißverhältnis zwischen ungenügenden Einnahmen und ansteigender Ausgabenentwicklung zu verbessern und Festschreibungen in der Ausgabenstruktur aufzuheben.
- Die Programmplanungen der einzelnen Ressorts zeichneten sich durch sektorale Isolierung und mangelnde Abstimmung aus.
- Ressourcen- und Programmplanung blieben trotz faktischer Interdependenz der beiden Planungsstränge weitgehend isoliert voneinander. Dies führte zu einem Übergewicht der fiskalischen und makroökonomischen Entscheidungskriterien zu Lasten konzeptioneller und politischer Kriterien.

In der Planungspraxis der BRD zeigt sich also, daß die mit diesen Konzepten angestrebte Rationalisierung der herkömmlichen Verteilungspolitik nicht möglich war, „so daß sich gegenüber der anfänglichen Planungseuphorie entweder eine Planungsresignation ausbreitete oder umgekehrt der

183 Ebd., S. 12
184 Vgl. ebd., S. 12
185 Vgl. Naschold, Gesellschaftsreform, S. 67 f

Versuch unternommen wurde, das bestehende Planungssystem weiter auszubauen, um doch noch Gesellschaftsreform über staatliche Planung 'in den Griff zu bekommen'."[186]

Strategische Zielplanung als Planungstyp der „Planung der gesellschaftlichen Produktions- und Reproduktionsbedingungen" erfordert dagegen eine wesentlich höhere Regelungskapazität der politischen Planungsinstanz. Diese Planungskonzepte stellen insofern eine Weiterentwicklung der Parametrischen Konzepte dar, als sie auf deren Mängel mit der Einsicht reagieren, daß die politische Steuerung ökonomischer Makroparameter unzureichend ist und statt dessen die konkrete Entwicklungsplanung verschiedener gesellschaftlicher Sektoren (wie z. B. Arbeit, Kommunikation, Transport, Gesundheit) angestrebt wird.[187] Aus dieser Zielsetzung ergeben sich folgende Anforderungen an derartige Planungssysteme:[188]

- Die Tendenz mittelfristiger Planungen, bestehende Ausgaben fortzuschreiben, kann nur durch eine „relativ umfassende, längerfristige Aufgabenplanung und strategische Zielplanung" überwunden werden.[189]
- Der faktischen Interdependenz von materialen (inhaltlichen) und finanziellen Planungsaspekten muß durch ein integriertes System von Aufgaben- und Ressourcenplanung im Planungsprozeß Rechnung getragen werden.[190]
- Die bei der Umsetzung Politischer Planung auftretenden nichtintendierten Folgen und die damit verbundenen Reibungsverluste müssen durch „veränderte Implementationsstrategien" vermindert werden.

Folgerichtig erfordert eine solche Strategische Zielplanung „die Entwicklung eines relativ umfassenden, makroskopischen, regierungspolitischen Aufgabenrahmens, in den die einzelnen Ressortfachplanungen einzupassen sind"[191]. Gleichzeitig werden hohe Anforderungen an die Informationsverarbeitungs-, Analyse- und Prognosekapazität des politischen Planungssystems gestellt, um „in den jeweiligen politischen Aufgabenbereichen zentrale 'Strukturbrüche' und deren Folgeprobleme antizipativ zu erfassen und/oder als politisch anzustrebende Zustandskonstellation aufzuzeigen."[192] Aus dem gesellschaftsreformerischen Anspruch, der in dieser Zeit an Politi-

186 Ebd., S. 70
187 Naschold/Väth, Politische Planungssysteme, S. 15
188 S. Naschold, Gesellschaftsreform, S. 72
189 Ebd.
190 Als Vorbild eines integrierten Planungssystems diente dabei das amerikanische PPBS (=Planning-Programming-Budgeting-System). S. Naschold, ebd., S. 78 u. Böhret/Jann/Kronenwett, Innenpolitik, S. 342 f
191 Ebd.
192 Naschold, Gesellschaftsreform, S. 73

sche Planung gestellt wurde, resultiert erschwerend, daß man sich nicht nur mit der quantitativen Verbesserung von Strukturen im Sinn einer Befriedigung bestehender Bedürfnisse zufriedengeben kann, sondern auf eine qualitative Änderung der Bedürfnisstruktur durch die Artikulation und Förderung latenter Bedürfnisse abzielen will.[193] Eine mögliche Lösung für das Implementationsproblem sieht Naschold weniger im weiteren Ausbau staatlicher Agenturen, als in der Aktivierung und Ausnutzung der Leistungsenergien gesellschaftlicher Gruppierungen und deren stärkerer Einbeziehung in staatliche Planungssysteme.

2.2.2 Entscheidungstheoretische Ansätze

Hinsichtlich des zugrunde gelegten Planungsverständnisses beruhen diese Planungstypen auf entscheidungstheoretischen Planungskonzepten. Diese verbinden Planung mit Zweck-Mittel-Rationalität:[194] Planen wird als rationales Entscheidungshandeln verstanden, Planungstheorie ist die wissenschaftlich betriebene Reflexion über den Einsatz geeigneter Mittel (Instrumente) zur Realisierung als gegeben betrachteter Zwecke. Politische Planungstheorien zielen folglich darauf, das politisch-administrative System als zentralen Planungs- bzw. Steuerungsakteur zu einem in diesem Sinn rational handelnden Entscheidungssystem umzustrukturieren.

Die normativen Konzepte rationaler Entscheidung und Planung sind alle dem Handlungsmodell des Homo Oeconomicus zuzuordnen.[195] Dieses ist, in seiner klassischen Variante, durch drei analytische Prämissen gekennzeichnet: Hohes Rationalitätsniveau, hohes Informationsniveau, geringe Umweltkomplexität:[196]

- Geringe Umweltkomplexität meint, daß die Umwelt vom Planungsakteur/ -system prinzipiell ignoriert wird bzw. als irrelevant betrachtet werden kann, da sie durch den Akteur kontrolliert wird oder ihrerseits stark strukturiert ist.[197]

---

193 Vgl. ebd., S. 74 u. 76

194 Vgl. Lau, Theorien gesellschaftlicher Planung, S. 71 f

195 Als normativ bezeichnet man diese Konzepte deswegen, weil sie Verfahren und Regeln zur Formulierung rationaler Entscheidungen anbieten.

196 Vgl. Naschold, Systemsteuerung, S. 33

197 Die Gleichsetzung von Planungsakteur und Planungssystem im Kontext der entscheidungstheoretischen Planungstheorien spricht für die enge Beziehung zwischen den entscheidungslogischen und systemtheoretisch-kybernetischen Konzepten Politischer Planung.

- Hohes Rationalitätsniveau meint, daß der Akteur alle Werturteile (Präferenzen) konsistent und transitiv (d. h. eindeutig und widerspruchsfrei) ordnen und die Handlungsalternativen gemäß dieser Präferenzordnung auswählen kann.
- Hohes Informationsniveau meint, daß dem Akteur die Konsequenzen aller Handlungsalternativen bekannt sind.

Normative Entscheidungstheorien konzipieren den Prozeß Politischer Planung als lineares Ablaufschema. Der Konversionsprozeß im politischen System wird analytisch in folgende Phasen untergliedert:
- Erkennen und Definieren des Entscheidungsproblems
- Suchen nach relevanten Informationen
- Erarbeiten von Lösungsalternativen
- Bewerten von Lösungsalternativen
- Auswahl der besten Alternative
- Durchführung der gewählten Alternative[198] (siehe Memo S. 92)

Im Einzelnen können folgende entscheidungstheoretischen Planungskonzepte unterschieden werden:[199]

Fixzielmodelle konzipieren den Planungsprozeß als kybernetische Steuerungskette, „wobei ein Regler nach Maßgabe eines bestimmten Sollwerts bei vorausgesetzter vollständiger Information über Umwelteinflüsse die Stellgröße so beeinflußt, daß die Regelstrecke den Sollwert annimmt."[200] Zwischen Ziel- und Objektvariablen wird eine lineare Beziehung angenommen; Umweltdaten und Zielvariable werden als bekannt, die Instrumentenvariablen als unbekannt vorausgesetzt.

Die Aufgaben des Planers sind dabei im Einzelnen:
- Feststellung einer kollektiven Präferenzfunktion;
- Ableitung allgemeiner Ziele aus den Präferenzen;
- Wahl adäquater Instrumente, sowohl qualitativer als auch quantitativer Art;
- Bestimmung quantitativer Werte der Instrumentenvariablen;
- In-Beziehung-Setzen von empirisch vorgefundener Umweltstruktur und der Kausalverknüpfung von Instrumenten und Zielen.

198 Vgl. Lau, Theorien gesellschaftlicher Planung, S. 72 mit Hinweis auf Bleicher, Zur Organisation von Entscheidungsprozessen. Ein ähnliches Schema findet sich bei Heidemann/Ries, Raumordnung, S. 38

199 Vgl. Lau, Theorien gesellschaftlicher Planung, S. 73 ff
Naschold bezeichnet die normativen Entscheidungstheorien auch als „geschlossenes Modell" der Entscheidungstheorien (Systemsteuerung, S. 33); zu einer grundsätzlichen Charakterisierung dieses Ansatzes s. ebd., 33 ff

200 Lau, Theorien gesellschaftlicher Planung, S.73 ff mit Verweis auf Tinbergen, On the Theory

Memo Planung als linearer Entscheidungsprozeß

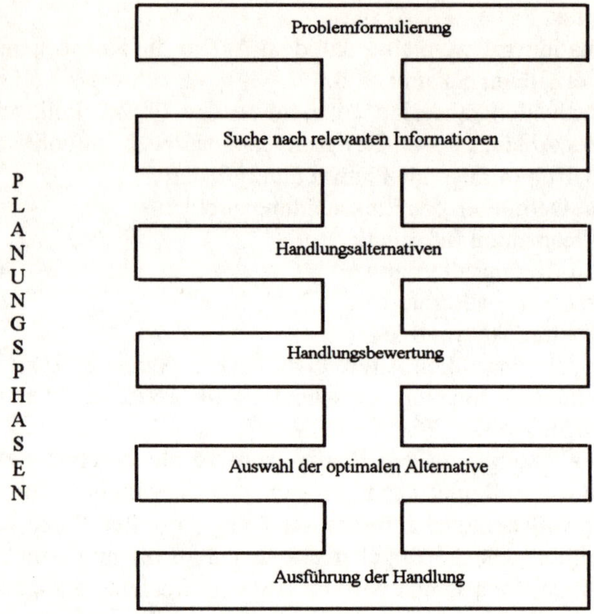

- Planung versteht sich als rationales Entscheidungshandeln der politischen Steuerungsinstanz.
- Rationales Entscheidungshandeln zeichnet sich durch den effektiven Einsatz von Mitteln zur Realisation von Zwecken aus.
- Zwecksetzung, Mittelwahl, Wirkungsabschätzung usw. sind Phasen des Planungsprozesses.
- Planungsprozesse werden als lineare, rückgekoppelte oder zyklische Abläufe modelliert.
- Kybernetisch gesehen liegt den Planungs-Modellen das Prinzip der Steuerungskette oder das Regelungsprinzip zugrunde.

Fixzielmodelle beruhen auf der Annahme kompatibler Ziele und konsistenter Mittel: Widersprüche zwischen den Zielen werden genauso ausgeblendet wie eine mögliche Abhängigkeit der Ziele von den Mitteln. Gerade die Annahme widerspruchsfreier Zielkataloge erweist sich jedoch bei Politischer Planung als nicht realisierbar. Insgesamt bietet das Modell nur „eine grob vereinfachende Vorstellung von Planungssituationen ... Da das Konzept im Hinblick auf individuelle Handlungsrationalisierung entwickelt wurde, läßt es sich auch bei der Übertragung auf gesamtgesellschaftliche Planungsvorgänge nur unter der Voraussetzung einer zentralen Planungsinstanz denken."[201]

Optimierungsmodelle setzen keine einheitliche Zielvorstellung des Planungsakteurs voraus, Ausgangspunkt ist eine soziale Nutzenfunktion, die durch Planung maximiert werden soll.[202] Der Fortschritt gegenüber dem Fixzielmodell besteht darin, daß es so möglich ist, „Zwecke bzw. Ziele auf Grund eines Wertesystems (Nutzenfunktion) zu bewerten und damit gegeneinander abzuwägen. Die Hinterfragung von Zwecken durch das Wertesystem macht eine bessere Ausnutzung der zur Verfügung stehenden Mittel möglich."[203] Dies setzt allerdings „die Einigkeit der Planer über gesellschaftliche Prioritäten voraus. Daß diese Bedingung eher von einem hierarchischen und zentralen Planungssystem erfüllt wird, ist evident."[204] Die Wertaggregation innerhalb der sozialen Nutzenfunktion erfolgt dabei nach ökonomischen Kriterien wie Steigerung des Pro-Kopf-Einkommens, Verteilung von Einkommen und Produktion über Zeit, Gruppen, Warentypen, aber auch unter Berücksichtigung von Werten wie individuelle Freiheit, Gerechtigkeit, Bildungsniveau etc. Die Auswahl der Mittel zur Realisierung der durch die Nutzenfunktion ausgezeichneten Zwecke erfolgt nach Entscheidungsregeln wie: „Verwende gegebene Mittel so, daß du damit den höchsten Ertrag erzielst" bzw. „Erreiche einen gegebenen Zweck mit dem geringsten Aufwand."[205]

Auch wenn das Optimierungsmodell eine größere Flexibilität aufweist als das Fixzielmodell, beinhaltet es dieselben unrealistischen Prämissen: Es wird nach wie vor vollständige Information über den Kausalzusammenhang zwischen Mitteleinsatz und Zielerreichung vorausgesetzt und die eindeutige Trennbarkeit von Zwecken und Mitteln postuliert.[206]

Beim *Alternativauswahlmodell* wird die problematische Bewertung von Zwecken auf der Basis einer (erst zu erstellenden) sozialen Nutzenfunktion aufgegeben; statt dessen werden die einzelnen Handlungsalternativen hin-

201 Lau, Theorien gesellschaftlicher Planung, S. 75
202 Ebd., S. 75 mit Verweis auf Tinbergen, Centralization and Decentralization
203 Ebd., S. 76
204 Ebd., S. 75
205 Ebd., S. 76
206 Ebd., S. 76

sichtlich ihrer Konsequenzen bewertet und in eine Wertrangordnung gebracht.[207] Auf den so ermittelten Präferenzen gegenüber bestimmten Handlungsalternativen beruht dann die Entscheidung: „Die Anforderungen an das Planungssubjekt sind wesentlich einfacher als bei den Optimierungsmodellen. Sie bestehen im wesentlichen in der Ermittlung aller Alternativen und der Ermittlung aller Folgen jeder Alternative."

Weiterhin werden drei Entscheidungssituationen unterschieden: Sicherheitssituationen (vollständige Kenntnis der Handlungsfolgen), Risikosituationen (Kenntnis der Wahrscheinlichkeit der Folgen), Situationen der Ungewißheit (keine Kenntnis der Wahrscheinlichkeit).[208] Während bei Entscheidungen unter Gewißheit die am höchsten bewertete Alternative und bei Entscheidungen unter Risiko diejenige mit dem höchsten Erwartungsnutzen realisiert werden soll,[209] existieren bei den für die entscheidungslogische Planung zentralen Situationen einer mehr oder weniger großen Unsicherheit verschiedene, konkurrierende Entscheidungsregeln. Die bekannteste ist das sogenannte Maximin-Prinzip, das empfiehlt, von den am schlechtesten bewerteten Handlungsalternativen die beste auszuwählen.[210]

Bei den Alternativauswahlkonzepten wird das „potentielle Informationsniveau des Entscheidungsmodells ... demnach sehr viel realistischer eingeschätzt als bei den nicht-statistischen Entscheidungsmodellen. Allerdings steigt, je weniger Information unterstellt wird, auch die Kompliziertheit der Entscheidungsmaximen und Verhaltensregeln ... Praktikabel sind die Alternativenbewertungsmodelle lediglich für relativ homogene Entscheidungssituationen mit eng begrenzter Umwelt ... Da diese Voraussetzungen für den größten Teil von Entscheidungssituationen allerdings nicht zutreffen, ist auch die praktische Einsatzfähigkeit dieser Verfahren begrenzt."[211]

Die normativen entscheidungstheoretischen Konzepte Politischer Planung werden in verschiedener Hinsicht heftig kritisiert. Zum einen implizieren diese Konzepte aufgrund der ihnen zugrunde liegenden Zweck-Mittel-Rationalität und der Gliederung des Planungsprozesses in ein lineares Phasenschema organisatorisch eine hierarchische Planungs- und Steuerungsstruktur. Aus diesem Grund stieß die Anwendung dieser aus dem betriebswirt-

---

207 Dieses ökonomische Handlungsmodell wird heute in der Rational-Choice-Theory allgemein als Erwartungsnutzenmodell (SEU-Modell) bezeichnet. S. z. B. Kunz, Empirische Ökonomik, S. 113 ff

208 Lau, Theorien gesellschaftlicher Planung, S. 77 mit Verweis auf Gäfgen, Theorie der wirtschaftlichen Entscheidung

209 Der Erwartungsnutzen einer Handlungsalternative ist das Produkt aus dem Nutzenwert und der Wahrscheinlichkeit ihres Eintretens.

210 Lau, Theorien gesellschaftlicher Planung, S. 78

211 Ebd., S. 78

schaftlichen Kontext stammenden Konzepte im Bereich Politischer Planung unter den Stichwörtern „technokratische Planung" bzw. „Sachzwangideologie" Ende der sechziger Jahre auf heftige Kritik: „Das kausale Denken, das hinter den Modellen zweckrationalen Entscheidens steht, läßt die Planungsbetroffenen für den Planer als Umwelt, als Störvariable erscheinen."[212]

Hinzu kommt, daß Werte, Ziele oder Zwecke bei normativen Entscheidungstheorien stets den Ausgangspunkt rationaler Entscheidungsempfehlungen darstellen und daher „... im logischen Entscheidungskalkül nicht als soziale Phänomene erklärt und untersucht werden [können]. Sie sind als gegeben zu betrachten und werden nicht mit in den Rationalisierungsprozeß einbezogen. Entscheidungstheorie ist insofern wertfrei, als sie dem Aktor ein formales Handlungskalkül zur Verfügung stellt, das instrumentalen Charakter besitzt."[213] Für die Verwendung normativer Entscheidungstheorien im Kontext Politischer Planung bedeutet dies, daß die Werte oder Prinzipien, die Politischer Planung zugrunde liegen, mit diesen Konzepten weder im Hinblick auf ihr Zustandekommen (Wer gibt diese Werte vor?) noch hinsichtlich ihrer Gewichtung (Warum gerade diese Präferenzordnung und keine andere?) reflektiert werden können. Der Versuch, diese Beschränkungen durch die Einführung einer Wertaggregation zu beheben (vgl. etwa die Fixzielmodelle), führt zu formalen Schwierigkeiten im entscheidungslogischen Modell[214] und wirft zugleich die demokratictheoretische Frage nach der normativen Gültigkeit derartig ermittelter Wertaggregationen auf: „Im Grunde handelt es sich bei dem Versuch, eine gesamtgesellschaftliche Wertaggregation vorzunehmen, um die rein formale Beilegung inhaltlicher Wert- und Interessenkonflikte durch die Konstruktion eines Ersatzkonsenses."[215]

Planungstechnisch gesehen schränken die geschilderten unrealistischen Prämissen der entscheidungstheoretischen Konzepte (volle Information, hohe Rationalität, transitive Wertordnung, stabile Umwelt, Trennung von Werten und Mitteln) die Anwendbarkeit dieser Konzepte auf relativ überschaubare Planungssituationen ein, wie sie gerade im Falle politischer Gesellschaftsplanung nicht gegeben sind. Hinzu kommt, daß „bei der zweckrationalen Planung immer Nebenfolgen auftreten, die vorher nicht berücksichtigt wurden und werden konnten, daß deshalb Ausgangs- und Endzustand nicht nach Quantitätskriterien vergleichbar im Sinne einer Nutzenfunktion sind und daß dysfunktionale Folgen wiederum Anpassungsplanung

---

212 Ebd., S. 93

213 ebd., S. 83

214 Ebd., S. 86. S. hierzu auch Arrow, Social Choice, und die daran anschließende Diskussion in der Sozialwahltheorie.

215 Lau, Theorien gesellschaftlicher Planung, S. 86

erforderlich machen ...“[216] Diese Schwierigkeiten können, genauso wie der mit dem Eintreten der Planungswirkung häufig stattfindende Präferenzwandel bei Adressaten und Planern, durch die auf ein lineares Ablaufschema ausgerichteten entscheidungstheoretischen Planungskonzepte nicht bewältigt werden.[217]

Eine Lösung dieser Probleme der entscheidungstheoretischen Planungskonzepte wurde sowohl im Rahmen kybernetischer Planungstechniken als auch in den gesellschaftspolitisch ausgerichteten Konzepten „Pluralistische Systempolitik“ und den „Theorien des Staatsinterventionismus“ angestrebt.

2.2.3 Kybernetisch-systemtheoretische Ansätze

Die kybernetisch-systemtheoretischen Konzepte Politischer Planung basieren zum einen auf den Steuerungs- und Regelungsmodellen der Biologie bzw. der Ingenieurwissenschaften und zum anderen auf dem Systembegriff der kybernetischen Systemtheorie. Diese entstand seit den vierziger Jahren im Umkreis der allgemeinen Systemtheorie von Ludwig v. Bertalanffy und analysiert das Verhalten rückgekoppelter informationsverarbeitender Systeme.[218]

Die Entwicklung und Verwendung kybernetischer Konzepte Politischer Planung stellt eine Reaktion auf die Mängel der entscheidungslogischen Planungskonzepte dar. Insbesondere die nicht einlösbaren Voraussetzungen eines hohen Informationsniveaus, einer starren oder vom Planungssystem dominierten Umwelt sowie die problematische Trennung der Zielbestimmung von der Mittelauswahl, stellen jene Defizite dar, die durch die Heranziehung kybernetischer Planungskonzepte behoben werden sollen. So meint „dynamische Planung im kybernetischen Verständnis, Zielgerichtetheit im Sinne möglicher Zielveränderung, Erfolgskontrolle über Rückkopplung, Verbindung von Identitätserhaltung und Flexibilität des Planungssystems entsprechend den Anforderungen von innen und außen, Lernfähigkeit hin-

---

216 Ebd., S. 88 mit Verweis auf Tenbruck, Zu einer Theorie der Planung u. Zur Kritik der planenden Vernunft

217 Genauer gesagt: Zumindest nicht ohne die Einführung leistungsfähigerer entscheidungstheoretischer Analyseverfahren. Die Frage der Bewältigung der Planungsfolgen wurde vor allem in kybernetischen Planungssystemen zu lösen versucht.

218 Vgl. Lau, Theorien gesellschaftlicher Planung, S. 96

sichtlich der Veränderungsbedürftigkeit von Systemstrukturen und ein durch Rückkopplungsmechanismen garantiertes politisches Handeln."[219]

Charakterisiert man die normativen entscheidungstheoretischen Konzepte Politischer Planung aus kybernetischer Perspektive, so wird deutlich, daß diesen Konzepten die Vorstellung einer linear-kausal interpretierbaren und hierarchisch strukturierten Steuerungskette zugrunde liegen, die auch als Konzept der „Maschinensteuerung" bezeichnet wird.[220] Die vom politischen System gesteuerten gesellschaftlichen Teilsysteme werden dabei – wie das politische Planungssystem selbst – als determinierte Systeme betrachtet. Das Verhalten determinierter Systeme ist frei von spontanen oder irreversiblen Veränderungen und somit, abgesehen von zufälligen Ereignissen, vollständig vorhersagbar. Diese Eigenschaften ermöglichen „eine präzise Außensteuerung des Systems, die auf dem Zweck-Mittel-Schema ... und dem Befehlsmodell ... beruht."[221]

In den kybernetischen Planungskonzepten wird das Prinzip der Steuerung durch das der Regelung ersetzt. An die Stelle der hierarchisch strukturierten Steuerungskette tritt der Regelkreis, der aus den Elementen Regler, Stellgröße, Regelstrecke und Regelgröße besteht. Der Grundgedanke der Regelung besteht darin, „daß die Stellgröße von den jeweiligen Werten der Regelgröße abhängig gemacht wird. Dies wird dadurch erreicht, daß zu dem System, der Regelstrecke, ein zweites System, der Regler, angebaut wird, dessen Eingangsgröße die jeweilige Regelgröße (also die Ausgangsgröße der Regelstrecke) und dessen Ausgangsgröße die jeweilige Stellgröße (also die Eingangsgröße der Regelstrecke) ist ... Der Regler mißt den Istwert der Regelgröße, vergleicht ihn mit dem Sollwert und verändert die Stellgröße an der gemessenen Regelabweichung. Dieser Regelungsprozeß läuft über seine positiven oder negativen Rückkopplungen so lange ab, bis die Regelgröße den Sollwert erreicht."[222] Das Regelungsprinzip ersetzt somit das lineare Kausalitätsverständnis des Maschinensteuerungsmodells durch das Konzept der Kreiskausalität.[223]

---

219 Haufe, Politische Kybernetik, S. 753 mit Verweis auf Aderhold, Kybernetische Regierungstechnik

220 Naschold, Systemsteuerung, S. 14 ff

221 Ebd., S. 14. Vgl. hierzu die obige Charakterisierung des Fixzielmodells.

222 Naschold, Systemsteuerung, S. 24

223 Vgl. Lau, Theorie gesellschaftlicher Planung, S. 96. Hierbei ist zu beachten, daß der Informationsbegriff des kybernetischen Regelungskonzepts rein syntaktischer Natur ist: Information ist hier ein Maß für den Neuigkeitswert eines Zeichens (ebd., S. 97). Der kybernetische Informationsbegriff enthält also keinen Bedeutungsaspekt. Die direkte Übertragung dieses Informationsbegriffs auf soziale Prozesse ist daher unsinnig (s. ebd., S. 110).

Regelungstheoretische Planungskonzepte zielen somit darauf, „während des Planungsprozesses durch Rückkopplung Informationen über Abweichungen vom Sollwert und über zielrelevante Umweltfaktoren in die Planung einfließen zu lassen und andererseits das überforderte Planungssubjekt durch Mehrfachregelung und Dezentralisierung der Entscheidungseinheit zu entlasten."[224] Dabei gehen die regelungstheoretischen Konzepte „nicht mehr von der Rationalisierung der Einzelhandlungen aus, sondern untersuchen den Entscheidungs- und Planungsprozeß als Systemverhalten, das nicht mehr Verhaltensstrategien über längere Zeiträume entwirft, sondern mit dem Ziel einer Verstetigung der Handlungskonsequenzen die Systemaktivitäten ständigen Anpassungsmodifizierungen gegenüber Umwelteinflüssen unterwirft, die sonst wegen begrenzter Informationskapazität schwer kalkulierbar sind."[225] Informationsaufnahme und -verarbeitung finden dabei unter Rückkopplung von Planungssystem und Umwelt statt.

Während entscheidungslogische Modelle durch die informationsaufwendige, einmalige Festlegung irreversibler Ziele und die Abstimmung der Mittel auf diese Ziele gekennzeichnet sind, werden bei den Regelungsmodellen sowohl die Planungsziele als auch die Mittel (Programme) als variable Größen in den Planungsprozeß miteinbezogen. Auch das Problem möglicher Zielkollisionen, das durch die Aktivität mehrerer Entscheidungs- bzw. Planungsträger entsteht, kann durch eine Vernetzung rückgekoppelter Planungsprozesse gelöst werden. Auf diese Weise wird das Informationsverarbeitungspotential des Planungssystems genauso erhöht wie dessen Reaktionsfähigkeit gegenüber Umweltveränderungen: „Die unrealistische entscheidungstheoretische Annahme einer weitgehend passiven statischen Umwelt braucht nicht getroffen zu werden."[226] Kybernetische Konzepte Politischer Planung ermöglichen so die Dynamisierung, Flexibilisierung, Inkrementalisierung und Dezentralisierung des Planungsprozesses.

Hierbei muß das Planungssystem nach dem von H. Ashby[227] formulierten Postulat der 'requisite variety' über eine dem jeweiligen Umweltausschnitt entsprechende Eigenkomplexität verfügen: Es muß variabel genug sein, um gegenüber wechselnden Umweltbedingungen den Systemerhalt zu sichern.[228] Hierzu werden Planungssysteme als ultrastabile bzw. multistabile Systeme konzipiert.

---

224 Ebd., S. 98
225 Ebd., S. 100
226 Ebd., S. 99
227 Vgl. Ashby, An Introduction, S. 206 ff
228 Vgl. Lau, Theorien gesellschaftlicher Planung, S. 100

Ultrastabile Systeme[229] sind in der Lage, Systemkrisen, die unter dem Einfluß störender Umweltparameter entstehen können, zu vermeiden, indem sie auf die Überschreitung bestimmter Grenzwerte mit einer Veränderung der Systemziele und -struktur reagieren, um sich so selbständig dynamisch zu stabilisieren.[230] Multistabile Systeme setzen sich aus gekoppelten und funktional differenzierten ultrastabilen Subsystemen zusammen.[231] Dabei trägt die bedingte Autonomie der ultrastabilen Subsysteme insofern zur Stabilisierung des Gesamtsystems bei, als der Einfluß störender Umwelteinflüsse zunächst von den einzelnen Subsystemen verarbeitet wird. Erst bei Überschreitung bestimmter Schwellenwerte werden Kommunikationsbeziehungen zwischen den autonomen ultrastabilen Subsystemen hergestellt und der Komplexitätsgrad des Gesamtsystems variiert. Multistabile Planungssysteme begreifen die Aktivität anderer Planungsträger nicht einfach als Störgröße, sondern ermöglichen es durch strukturelle und prozessuale Integration, „eine Vielzahl von Entscheidungssubjekten mit unterschiedlichen Präferenzen und Interessen in bezug auf den Zielfindungs- und Zielkorrekturprozeß zu koordinieren."[232] In multistabilen Planungssystemen richtet sich die Organisationsstruktur und damit die (De-) Zentralisierung von Entscheidungskompetenzen nach der Informationsverteilung bzw. Kommunikationsstruktur des Systems. Der Planungsprozeß wird mehrstufig organisiert („Mehrebenenplanung"), d. h. in Teilaufgaben aufgegliedert, die verschiedenen Planungsebenen bzw. Subsystemen zugewiesen werden. Hierbei gibt „die zentrale Planungsinstanz Richtwerte, die für die sektoralen Instanzen als Beschränkung der Optimierungsstrategie dienen. Die Ergebnisse werden an die Zentrale zurückgemeldet, die wiederum einen Ressourcenausgleich vornehmen kann."[233]

Trotz dieser planungstheoretischen Fortschritte wurde auch an den regelungstheoretischen Konzepten Kritik geübt. Zum einen ist das Planungsverständnis dieser Konzepte trotz der Einführung des Regelungsprinzips nicht frei von hierarchischen Elementen. Theoretisch besteht die gesteigerte Informationsverarbeitungskapazität regelungstheoretischer Planungskonzepte ja darin, daß zwischen Planungssystem und Umwelt ein rückgekoppelter Informationskreislauf hergestellt und damit Responsivität erzeugt wird. So wird zwar der „gegenseitige Informationsaustausch zwischen System und

229 Vgl. Ashby, Design for a Brain, S. 91

230 Vgl. Lau, Theorien gesellschaftlicher Planung, S. 101 und Kade u. a., Kybernetik und Wirtschaftsplanung, S. 217

231 Vgl. Lau, Theorien gesellschaftlicher Planung, S. 102

232 Ebd., S. 103

233 Ebd., S. 104

Umwelt ... immer in den Systemmodellen postuliert, [er] beschränkt sich aber im wesentlichen doch auf die Rezeption von Informationen über Umwelt durch das System. Diese einbahnige Kommunikationsbeziehung läßt das System mit Umwelt nur als möglicher Störvariable rechnen und den Aspekt der Informationsübertragung vom System auf die Umwelt, die ja nach der systemtheoretischen Konzeption auch aus Systemen besteht, außer acht. Insofern treffen, wenn auch mit anderer Gewichtung, viele der Einwände, die dem Steuerungsmodell von Planung galten, auch für das Regelungskonzept zu."[234]

Memo Entscheidungs- vs. kybernetisch-systemtheoretische Konzepte

	entscheidungs-theoretische Konzepte	**kybernetisch-system-theoretische Konzepte**
Planungsverständnis	Planung als Rationalisierung politischer Entscheidungsprozesse	Planung als Rationalisierung politischer Entscheidungsprozesse
Steuerungsverständnis	hierarchische Steuerungskette	Regelung (feedback)
Kausalität	lineare Kausalität	Kreiskausalität
Zentralisierungsgrad	hoch	Mehrfachregelung und Dezentralisation möglich
Berücksichtigung der Umwelt	Prämisse einer starren und stabilen Planungsumwelt	Rückkopplung zwischen Planungsprozeß und Umweltdynamik
Planungsgegenstand	Einzelhandlungen	Entscheidungsverhalten des Systems
Verhältnis Planungssystem und Umwelt	hierarchisches Steuerungsverständnis Linearität und Zweck-Mittel-Rationalität	Hierarchietendenzen einseitige Betonung der Systemperspektive

234 Ebd., S. 112

Zudem wird bei regelungstheoretisch organisierten Planungssystemen die Fähigkeit zur flexiblen, umweltadäquaten Zielanpassung dadurch vermindert, daß Zielkorrekturen erst dann vorgenommen werden, wenn sich eine Zielerreichung durch die vorgenommene Mittelauswahl als nicht mehr möglich erweist. Derartige Planungssysteme sind daher lediglich zu eher marginalen Struktur- und Zielveränderungen in der Lage.[235]

Weiterhin tritt das Problem auf, daß zur Festlegung der jeweiligen Subsystemgrenzen in multistabilen Planungssystemen ein hohes Maß an Informationsverarbeitungskapazität erforderlich ist. Somit muß die Einrichtung regelungstheoretisch organisierter Planungssysteme wiederum mit Hilfe entscheidungstheoretischer Prinzipien erfolgen; statt der angestrebten Informationsentlastung verschiebt sich das Problem der Informationsbewältigung auf die nächste Ebene.[236]

2.2.4 Gesellschaftspolitische Ansätze

Neben den entscheidungstheoretischen und kybernetischen Planungstechniken sind der Theorie Politischer Planung mit den Konzepten der „Pluralistischen Systempolitik“ und den „Staatsinterventionistischen Ansätzen“ sowie Niklas Luhmanns funktional-struktureller Konzeption Politischer Planung Ansätze zuzurechnen, die, über die bloße interne Rationalisierung des politischen Systems hinaus, die Interaktion zwischen dem politischen Planungssystem und seiner soziopolitischen Umwelt thematisieren. „Pluralistische Systempolitik“ und die Theorien des Staatsinterventionismus liefern politikwissenschaftliche Analysen der Restriktionen Politischer Planung auf konflikt- und differenzierungstheoretischer sowie politökonomischer Basis.[237] Sie betonen somit das „politische“ Element staatlicher Planung, das aus ihrer Perspektive bei den „technokratisch“ ausgerichteten, entscheidungstheoretischen Planungskonzepten zu kurz kommt.

Obwohl der Schwerpunkt auf der Analyse des einschränkenden Einflusses soziopolitischer Interessenkonstellationen auf Politische Planung liegt, erfolgen auch diese eher makropolitischen bzw. gesellschaftstheoretischen Restriktionsanalysen zum damaligen Zeitpunkt noch ausdrücklich in politikbe-

---

235 Ebd., S. 102

236 Ebd., S. 104; Lau verweist hier auf einen Vorschlag von Fester (Fester, F., Vorstudien zu einer Theorie kommunikativer Planung,), der dieses Problem durch die Einführung von variablen Systemgrenzen bzw. Grenzkorrekturprozessen zu lösen versucht.

237 S. Naschold/Väth, Politische Planungssysteme, S. 22 f

ratender Absicht, d. h. mit dem Ziel, die Praxis Politischer Planung zu verbessern und adäquate Strategien zu formulieren.[238]

Pluralistische Systempolitik. Politische Planungskonzepte des Typs „Pluralistische Systempolitik" gehen von der gesellschaftstheoretischen Annahme aus, daß das politische System ein autonomes Sozialsystem neben anderen ist und sich die Gesamtgesellschaft in einem stetigen Prozeß sozialer Differenzierung befindet, der mit der Zunahme von Komplexität verbunden ist.[239] Hierbei wird dem politischen System gegenüber anderen Sozialsystemen Autonomie und damit Steuerungsfähigkeit zugesprochen, die zur Aufrechterhaltung der eigenen und der gesamtgesellschaftlichen Systemintegration genutzt wird.[240] Dem politischen System kommt in den genannten gesellschaftstheoretischen Konzepten, pluralismustheoretisch gesprochen, die Funktion zu, als Moderator in einer gegebenen gesellschaftlichen Interessenkonstellation zu vermitteln, wobei der Einfluß der jeweils dominanten Interessengruppen den politischen Planungsbestrebungen Grenzen setzt.[241] Politische Planung erscheint als Instrument, den Prozeß gesellschaftlicher Ausdifferenzierung aufrechtzuerhalten und (mehr oder weniger konfliktfrei) zu stabilisieren.

Das bekannteste Modell des politischen Systems, das mit dieser Gesellschaftstheorie verbunden ist, ist von David Easton.[242] Easton versteht das politische System als Subsystem des Gesamtsystems Gesellschaft. Im Mittelpunkt aller Aktivitäten des politischen Systems steht die Sicherung seines Bestandes. Die Konstruktion der Verflechtung zwischen politischem System und seiner Umwelt schlägt sich bei Easton in einem Input-Output-Modell oder, in seinen Worten, in einem „Dynamic Response Model of a Political System"[243] nieder. Um seinen Bestand zu sichern, muß das politische System für die Gesellschaft bestimmte Funktionen erfüllen.

Die zentrale Funktion besteht in der autoritativen Wertezuteilung für eine Gesellschaft. Gemeint ist damit „the making and execution of decisions for a society" bzw. „those patterns of interaction through which values are allocated for a society"[244]. Easton sieht also die zentrale politische Aufgabe in der Herstellung (Führung) und Durchsetzung gesamtgesellschaftlich verbindlicher Entscheidungen. Um gesamtgesellschaftliche Entscheidungen fällen und zugleich die eigene

238 Ebd., S. 21

239 Vgl. Naschold, Politik und Ökonomie, S. 76

240 Ebd.

241 Naschold/Väth, Politische Planungssysteme, S. 24

242 zum Folgenden siehe auch Druwe, Politische Theorie, S. 251 ff

243 Easton, A Framework, S. 110

244 S. ebd., S. 96

Existenz sichern zu können, ist das politische System als offenes System konstruiert. Es ist in der Lage,

a) sein Verhalten anzupassen, zu lernen und sich zu verändern, d. h. auf die Umwelt zu reagieren, und
b) aktiv in seinem Sinne, d. h. steuernd auf seine Umwelt einzuwirken.[245]

Mit seiner Umwelt ist es durch Inputs und Outputs verbunden. Die Rückkopplung aller Inputs an das politische System bzw. aller Outputs, die vom politischen System ausgehend die Umwelt beeinflussen, interpretiert Easton als politischen Prozeß.

Zur Präzisierung seiner Analyse des politischen Prozesses definiert Easton mehrere Variablen. Die Input-Variablen, welche die Verbindung zwischen Umwelt und politischem System herstellen, heißen „Bedürfnisse" (wants), „Forderungen" („demands") und „Unterstützungen" („supports"). Innerhalb des politischen Systems findet die Verarbeitung der Inputs („conversion process") und die Allokationstätigkeit („authoritative allocation") statt. Dazu braucht das System „feedback" und „response". Die Beziehung zwischen politischem System und Umwelt gestaltet sich über den Output. Dafür nennt Easton die Variable „Akzeptanz" der politischen Entscheidungen durch die Gesellschaft („acception").

Im Einzelnen interpretiert Easton die Variablen des politisches Prozesses, d. h. der rückgekoppelten Interaktion zwischen Umwelt und politischem System, wie folgt:

a) Bedürfnisse bilden den „aggregate background of attitudes and ideals out of which demands arise", sie umfassen „such ideas and attitudes as expectations, opinions, motivations, ideologies, interests, and preferences."[246]
b) Forderungen „may be defined as an expression of opinion that an authoritative allocation with regard to a particular subject matter should or should not be made by those responsible for doing so"[247]. Anders formuliert: „demands are articulated statements, directed toward the authorities, proposing that some kind of authoritative allocation ought to be undertaken."[248]
c) Unterstützungen definiert Easton allgemein so: „Energy in the form of actions or orientations promoting and resisting a political system, the demands arising in it, and decisions issuing from it must also be put into the system to keep it running." Zur präziseren Erfassung unterscheidet Easton zwei Varianten der Unterstützung: unterstützendes Verhalten sowie

245 Vgl. Easton, A Systems Analysis, S. 18
246 S. ebd., S. 71
247 S. ebd., S. 38
248 Easton, A Framework, S. 120

unterstützende Einstellungen und Meinungen.[249] Unterstützung erfolgt des weiteren auf den drei Ebenen der Autoritäten, der Regeln und Normen sowie der politischen Gemeinschaft: „(1) Without support for some of the authoritatives ... demands could not be processed into outputs ... (2) Without support it would be impossible to assume some kind of stability in the rules and structures through the use of which demands are converted into outputs, an aspect that will be designated as the regime. And third (3), support is vital in order to maintain minimal cohesion within a membership, an aspect of system that I shall identify later as its political community ...“[250]

d) Der Verarbeitungsprozeß der Inputs findet innerhalb des politischen Systems statt. Entscheidend ist hierbei die Rolle der Autoritäten, denn sie müssen die Inputs ordnen und eine Auswahl aus konkurrierenden oder gar widersprüchlichen Inputs treffen. Durch gegensätzliche Demands und Supports gerät der Verarbeitungsprozeß unter Druck (*stress*). Überschreitet der Druck einen bestimmten Schwellenwert (*critical range*), sei es, daß keine Entscheidungen mehr getroffen werden können oder die Gesellschaft sie nicht mehr als bindend ansieht, besteht die Gefahr eines Systemzusammenbruchs.

e) Die Entscheidungen der Autoritäten stellen „authoritative allocation“ dar, also für die Gesellschaft verbindliche Wertezuteilungen ideeller und materieller Art. Um sinnvolle Entscheidungen treffen zu können, benötigen die Autoritäten Informationen. Diese werden in einem Feedback-Prozeß in das politische System eingespeist. Die Verwendung der Informationen für die Entscheidungsfindung bezeichnet Easton als Responsivität. „Responsiveness ... will be interpreted to mean first, that the authorities are willing to take the information into account and give it consideration in their outputs and second, that they do so positively in the sense that they seek to use it to help avert discontent or to satisfy grievences over the initial on some unfulfilled demand.“[251]

f) Die Umsetzung der Entscheidungen hängt davon ab, ob die Gesellschaftsmitglieder die Entscheidungen akzeptieren. Wieder sind hier vor allem die „Authorities“ gefragt, „they must ... manage to induce most members to accept these allocations as binding.“[252]

Vor diesem gesellschaftstheoretischen Hintergrund untersuchen die Konzepte vom Typ „Pluralistische Systempolitik“ den Einfluß dominanter gesellschaftlicher Gruppen auf den administrativen Planungsprozeß und stre-

249 Vgl. Easton, A Systems Analysis, S. 159 f
250 S. ebd., S. 15 f
251 S. ebd., S. 433 f
252 S. ebd., S. 22 f

ben die Formulierung einer gesamtgesellschaftliche Rationalität gewährleistenden, „pluralistische[n] Prozeß- und Verteilungspolitik“ an.[253] Hierzu verbinden sie die Optimierung der administrativen Informations-, Koordinations- und Analysekapazität (im Sinne der eher „technokratisch“ ausgerichteten Planungstechniken) mit der „Kalkulierung der politischen Prozeßvariablen.“[254] Zu den verschiedenen Varianten dieses Typs Politischer Planungskonzepte sind die von Renate Mayntz und Fritz Scharpf entwickelten Konzeptionen einer „Aktiven Politik“ bzw. der „Planung als politischer Prozeß“ zu rechnen. Ziel ist „die Umorientierung der Politik von der kurzfristigen Reaktion auf aktuelle Krisen zu einer ... Politik, die autonom, d. h. nicht unmittelbar interessenbestimmt sein sollte, die Politik langfristig und in umfassenden Problemzusammenhängen zu sehen habe und die zielorientiert auf Veränderung und Innovation gerichtet sein sollte.“[255]

Auf der theoretischen Ebene wird dabei eine Verknüpfung angestrebt von entscheidungslogischen, systemtheoretischen, informationstheoretischen und wohlfahrtsökonomischen Planungskonzepten auf der einen und machttheoretischen, konflikttheoretischen und Bargaining-Ansätzen auf der anderen Seite. Als politische Strategie für eine Gesellschaftsreform durch Politische Planung werden daher Konsensbildungsprozesse und die Ausweitung der Partizipation von Planungsadressaten empfohlen. Aus der Perspektive des Konzepts „Pluralistischer Systempolitik“ bleibt „die Vorstellung einer vom politischen Prozeß ablösbaren oder diesen steuernden Planung gesellschaftlicher Strukturänderungen ... eine technokratische Illusion.“[256]

Theorien des Staatsinterventionismus. Die staatsinterventionistischen bzw. politökonomischen Ansätze Politischer Planung hingegen bestimmen „die wesentliche Funktion des Staates in der Sicherstellung zentraler Kapitalverwertungsbedingungen, was eine Politik der allgemeinen Systemstabilisierung zu deren Abstützung mit einschließt. Als die wichtigsten Komponenten dieser Staatsfunktionen lassen sich seine repressive, ideologische und staatsregulierende Funktion ausmachen.“[257] Nach diesem Ansatz verfügt das politische System nicht über jenen Grad an Autonomie, der ihm von einer differenzierungstheoretischen Gesellschaftstheorie zugeschrieben wird. Hier wird vielmehr die starke Interdependenz zwischen politischem und ökonomischem System betont, wobei der Staat, je nach Variante des staatsinterventionistischen Ansatzes, mal nur als Agentur des kapitalistischen Sy-

---

253 Naschold/Väth, Politische Planungssysteme, S. 22

254 Ebd., S. 23

255 Voigt, Artikel „Staat“, S. 512

256 Ebd., S. 189; zum selben Ergebnis kommt auch Naschold, Gesellschaftsreform, S. 82 f.

257 Naschold, Politik und Ökonomie, S. 77

stems, mal als notwendige Voraussetzung des ökonomischen Systems mit relativ selbständigen Interessen charakterisiert wird.[258]

Abhängig vom gewählten Ausgangspunkt beurteilen die Theorien des Staatsinterventionismus somit die Wirkung ökonomischer Restriktionen auf den politischen Planungsprozeß unterschiedlich.[259] Zu deren Analyse muß zunächst „ ... von den Bedingungen des kapitalistischen Reproduktionsprozesses ausgehend das sich auch politisch ausdrückende Klassenverhältnis in der bürgerlichen Gesellschaft untersucht und darin die Funktion des Staates bestimmt werden."[260] Politische Planung stellt im politökonomischen Kontext „den exogen bedingten Versuch der politischen Zentralagenturen dar, die selbstzerstörerischen Wirkungen des Kapitalverwertungsprozesses und seiner Nebenfolgen im sozialen System aufzufangen und zu kompensieren."[261] Die grundsätzliche Beurteilung der Erfolgsaussichten Politischer Planung fällt im Vergleich zu den anderen planungstheoretischen Ansätzen wesentlich negativer aus: „Planung [wird] von denselben [ökonomischen] Faktoren erzwungen, die sie gleichzeitig aber auch schon wieder restringieren. Eine Analyse dieser Restriktionen resultiert in der Konsequenz einer fortbestehenden Unterordnung der Staatstätigkeit auch in ihrer ... planerischen Form unter ökonomische, d. h. mit der Produktionsweise gesetzte Gesetzmäßigkeiten und Zwänge, die Restriktionsanalyse wird somit Teil einer Krisentheorie."[262]

Folgerichtig gelangen die verschiedenen Ansätze je nach zugrunde gelegter staatstheoretischer Prämisse nicht nur zu einer unterschiedlichen Einschätzung der Planungs- und Steuerungsfähigkeit des politischen Systems (s.o.), sondern es bestehen auch normative Positionsdifferenzen darüber, was unter „Gesellschaftsreform durch Politische Planung" zu verstehen ist. So erscheint die von der Pluralistischen Systempolitik als Strategie Politischer Planung vorgeschlagene Ausweitung der Partizipation von Planungsadressaten aus Sicht der Politökonomischen Ansätze lediglich als Stabilisierung des etablierten liberal-ökonomischen Systems.[263] Diese fordern hingegen eine Ausweitung der Partizipation, wie sie ihrer Meinung nach nur durch eine Transformation des kapitalistischen Systems möglich wird. Die entschei-

258 Ebd.
259 Zu den einzelnen Ansätzen siehe Naschold/Väth, Politische Planungssysteme, S. 25 f
260 Naschold/Väth, Politische Planungssysteme, S. 32 f
261 Naschold, Politik und Ökonomie, S. 80
262 Naschold/Väth, Politische Planungssysteme, S. 33 mit Verweis auf Ronge, Politökonomischer Ansatz
263 Vgl. Naschold, Politische Planungssysteme, S. 22

dende Frage ist dann, inwieweit Politische Planung als systemimmanenter Funktionsprozeß zur Transformation des Systems beitragen kann.

Politische Planung als Komplexitätsreduktion. Niklas Luhmann kombiniert in seinen Überlegungen zur Politischen Planung gesellschaftspolitische mit kybernetischen Aspekten.[264] Auch Luhmann kritisiert die unrealistischen Annahmen der normativen Entscheidungstheorien und schlägt als Lösung eine systemische und dynamische Analyse vor: Politische Planung wird so zum reflexiv ablaufenden, systemischen Interaktionsprozeß. Ähnlich wie bei Easton wird das politische System als System konzipiert, das über Input- und Outputstrukturen mit einer komplexen sozialen Umwelt verbunden ist. In Anlehnung an Ashbys Prinzip der requisite variety besteht für Luhmann die Funktion von Systembildung in der Reduzierung von Weltkomplexität, weshalb der Funktionsbegriff dem Strukturbegriff vorzuordnen ist. Um diese Funktion erfüllen zu können, muß die Struktur des System eine gewisse Eigenkomplexität aufweisen. Dabei gilt: Je höher die Komplexität des Systems, desto größer die Komplexität der Welt, die vom System erfaßt werden kann.[265]

Die auf Bestandssicherung abzielende „Systemrationalität" des politischen Systems besteht (wie bei Easton) in der Formulierung gesamtgesellschaftlich bindender Entscheidungen. Hierin liegt auch seine komplexitätsreduzierende Leistung für die anderen Sozialsysteme bzw. die Gesamtgesellschaft. Innerhalb des politischen Systems impliziert diese Systemrationalität eine Binnendifferenzierung in die Teilsysteme „Politik" und „Verwaltung".

Während die normativen entscheidungstheoretischen Konzepte die interne Entscheidungs- und Planungsstruktur als hierarchische Befehlskette bestimmen – die Politik setzt die Zwecke und die Verwaltung sucht die Mittel zu ihrer Realisierung – gelangt Luhmann auf der Grundlage eines reflexiven Planungsbegriffs zu einer anderen Einschätzung der Beziehung beider Teilsysteme. Unter Planung versteht Luhmann dabei die „Entscheidung über Entscheidungen": „Eine Planung beschränkt sich ... auf die Festlegung von Entscheidungsprämissen für spätere Entscheidungen. Sie strukturiert spätere Entscheidungen mehr oder weniger stark, nimmt aber die konkreten Entscheidungen über die Handlung nicht vorweg."[266]

Angesichts der Effizienzprobleme hierarchischer Planungssysteme schlägt Luhmann vor, nach den „reflexiven Potentialen" in Planungsstrukturen zu suchen und diese bewußt zu verstärken. So wird es der Hierarchiespitze z. B.

---

264 S. Luhmann, Politische Planung

265 Ebd., S. 73

266 Ebd., S. 67f

durch den Einbau von Konditionalprogrammen („Wenn Situation A – dann Maßnahme B") möglich, Befehle so zu formulieren, daß die Entscheidung über die Anwendung der Regel jenen nachgeordneten Verwaltungsinstanzen überlassen werden kann, die über die relevanten Informationen verfügen.[267] Als „Entscheidungen über Entscheidungen" ermöglichen konditionale Programme eine reflexive Gestaltung des Planungsprozesses. Solche, am kybernetischen Prinzip der Ultrastabilität orientierten Mechanismen reflexiver Planung erhöhen die Komplexitätsverarbeitungskapazität des politischen Systems und implizieren eine Leistungssteigerung seiner Systemrationalität.

„Politische Planung" weist für Luhmann offensichtlich Prozeßcharakter auf. Sie ist keinem der beiden Teilsysteme eindeutig zuordenbar, sondern markiert die dynamische Grenze zwischen „Politik" und „Verwaltung". Der Verlauf dieser Grenze variiert mit der zum Systemerhalt notwendigen „Elastizität des Systems" in Abhängigkeit von den funktionalen Anforderungen der jeweiligen Problemlage.

Aufgaben einer derartigen systemischen Theorie reflexiver Politischer Planung sieht Luhmann in der wissenschaftlichen Steigerung der systemischen Planungsrationalität, z. B. unter Berücksichtigung der Interdependenz von Entscheidungsprämissen, Organisationsstruktur, Plänen und individuellen Persönlichkeiten sowie der Erforschung der Möglichkeiten ihrer Instrumentalisierung für den Planungsprozeß.[268] So empfiehlt Luhmann z. B. eine Arbeitsteilung zwischen „Politik" und „Verwaltung": Indem Politik die Funktionen der Interessenaggregation, der Konsensbildung und der Erarbeitung von Macht und Legitimation wahrnimmt, leistet sie für die Verwaltung notwendige Komplexitätsreduktion, die deren unpolitischer und instrumenteller Teilsystemrationalität (objektive und problembezogene Durchführung von Entscheidungsprogrammen) entspricht. Aus gleichem Grund funktional notwendig erscheint eine klare Abgrenzung zwischen Verwaltung und „Publikum" (Adressaten) durch „Rollentrennungen und Kommunikationsschranken".[269]

Luhmann sieht die Leistungsfähigkeit seines funktional-strukturellen Konzeptes darin, daß es nicht bei der Analyse einzelner Planungsakte (Zweck-Mittel-Rationalität) stehen bleibt, sondern die Reflexion Politischer Planung auf der Basis der (Gesamt-) Systemrationalität des politischen Systems ermöglicht.[270]

267 Ebd., S. 70
268 Ebd., S. 76
269 Ebd., S. 75, 77
270 S. ebd., S. 69, 74, 78

Memo: Gesellschaftspolitische Planungskonzepte

	Pluralistische Systempolitik	**Theorien des Staatsinterventionismus**	**Politische Planung als Komplexitätsreduktion**
Planungsverständnis	Planung (primär) als politischer Prozeß	Planung als politischer Prozeß	Planung (primär) als politischer Prozeß
gesellschaftstheoretische Prämisse	Pluralismus; autonome Sozialsysteme als Resultat sozialer Differenzierung	Interdependenz zwischen politischem und ökonomischem System (verschiedene Formen)	Autonome Sozialsysteme als Resultat sozialer Differenzierung
gesellschaftspolitische Charakterisierung Politischer Planung	P. P. als Versuch, den Prozeß der gesellschaftlichen Ausdifferenzierung aufrechtzuerhalten.	P. P. als Versuch, die selbstzerstörerische Wirkung des Kapitalverwertungsprozesses aufzufangen	P. P. als Komplexitätsreduktion im Dienst der Systemrationalität des politischen Systems
Restriktionen Politischer Planung	dominante Interessengruppen	Systemwidersprüche	Umweltkomplexität, Informationsverarbeitungskapazität, Legitimation
Erfolgsaussichten Politischer Planung	letztlich positiv	letztlich zum Scheitern verurteilt	durch geeignete Mechanismen optimierbar
Strategien Politischer Planung	Rationalisierungs-, Konsensbildungs- und Partizipationsprozesse	langfristige Transformation des sozioökonomischen Systems	reflexive Mechanismen (z. B. Konditionalprogramme), Entlastung von Legitimationsbeschaffung, flexible Strukturen

Demgegenüber muß festgestellt werden, daß auch das Konzept der Systemrationalität das planerische Problem der Wert- und Interessenaggregation nicht löst, sondern es lediglich in einer funktional-strukturellen Terminologie neu formuliert. Ohne empirische Operationalisierung erweist sich der Begriff „Systemrationalität" als zu vage, um die Formulierung konkreter, handlungsanleitender Entscheidungshilfen für politische Planungsprobleme ermöglichen zu können. Eine empirische Bestimmung der jeweiligen funktionalen Erfordernisse kann jedoch nicht ohne Lösung des Aggregationsproblems erfolgen.

2.2.5 Zwischenergebnis

Mitte der siebziger Jahre galt Politische Planung als politisch und theoretisch gescheitert. Aus heutiger Perspektive lassen Planungstheorie und Planungspraxis dieser Zeit ein „reformtechnokratisches Politikverständnis erkennen, welches von der prinzipiellen Machbarkeit und Steuerungsmöglichkeit politisch-gesellschaftlicher Entwicklungsprozesse dann ausging, wenn hierfür nur die notwendigen personalen, technisch-instrumentellen Voraussetzungen und finanziellen Ressourcen vorhanden wären ... ."[271] Die zentralen planungstheoretischen Defizite bestanden dabei in der

- unzureichend reflektierten Anwendung der eigentlich aus der Mikroökonomie stammenden entscheidungstheoretischen Planungskonzepte auf die Probleme politischer Gesellschaftsplanung,[272]
- auch bei den kybernetischen Konzepten noch implizit vorhandenen Vorstellung einer hierarchischen Steuerung der Planungsumwelt,
- generellen Vernachlässigung von Fragen des Planungsvollzugs und der Implementation.

Letztlich erwiesen sich die mit Politischer Planung verbundenen Zielsetzungen einer Rationalisierung der Politik, der zentralen politischen Steuerung aller relevanten gesellschaftlichen Bereiche sowie einer emanzipatorischen und demokratisierenden Gesellschaftsreform als politisch, ökonomisch und verwaltungstechnisch nicht realisierbar.[273]

In der deutschen Politikwissenschaft schlug sich diese Entwicklung darin nieder, daß „Politische Planung" als Begriff und Forschungsgegenstand aus der wissenschaftlichen Diskussion weitgehend verschwand: „Mit dem Scheitern der organisierten politischen [Planung] ebbte die sozialwissenschaftli-

271 Bruder, Artikel „Politische Planung", S. 771

272 S. Scharpf, Politische Planung

273 Im einzelnen s. hierzu Bruder, ebd.; Ritter, Staatliche Steuerung; Mayntz, Steuerung; Ulrich, Steuerung; Scharpf, Politische Planung

che Planungsdiskussion insgesamt stark ab. Der Wissenschaftsbereich verlagerte sein analytisches Interesse schwerpunktmäßig auf Steuerungsprobleme politisch-administrativer Systeme. Fragen der [Planung] wurden dabei der erweiterten Sichtweise untergeordnet."[274] Innerhalb dieser steuerungstheoretischen Fragestellung wird Politische Planung nicht mehr als Synonym für politische Steuerung betrachtet, sondern als Teilprozeß der Politikformulierungsphase und somit als ein Bestandteil des Steuerungsprozesses neben anderen. Gleichzeitig differenziert sich die politikwissenschaftliche Steuerungstheorie in die Stränge Staats- und Gesellschaftstheorie, Policyanalyse und die Theorie gekoppelter Systeme aus.

Ausgangspunkt der staats- und gesellschaftstheoretischen Steuerungstheorie ist eine primär normative Interpretation der Beziehung von Staat und Gesellschaft, wie sie unter der staatstheoretischen Kurzformel vom Staat als „Garanten des Gemeinwohls" formuliert wird.[275] Policyanalytische Steuerungstheorie findet ihren Ausgangspunkt in der kybernetischen Metapher vom politischen System als Steuerungsinstanz der Gesellschaft, die in Eastons Systemmodell (und dessen verschiedenen Varianten) ausformuliert wird. Steuerungstheorie als Theorie gekoppelter Systeme hingegen begreift den Staat (bzw. das politische System) und die Gesellschaft aus einem fortgeschrittenen kybernetischen Systemverständnis heraus als selbstorganisierte Systeme.

Die ersten beiden Varianten politikwissenschaftlicher Steuerungstheorie teilen ein spezifisches Verständnis von Steuerung, das im Folgenden als hierarchisch-kausal bezeichnet wird und im folgenden Abschnitt diskutiert wird. Sowohl die politische Planungstheorie als auch die steuerungstheoretischen Varianten Staats- bzw. Gesellschaftstheorie und Policyanalyse rekurrieren damit auf einen Steuerungsbegriff, der explizit erstmals von Renate Mayntz ausgeführt wurde.[276] Mayntz knüpft an das Alltagsverständnis von Steuerung an, welches von gezielter Beeinflussung bzw. der Verbringung eines Systems in einen neuen Zustand ausgeht; anders formuliert handelt es sich um eine kausale, deterministische und hierarchische Steuerungskonzeption.

Betrachtet man dieses Steuerungsverständnis etwas genauer, dann setzt Steuerung zunächst a) Steuerungssubjekte oder Steuerungsakteure voraus, die nach handlungstheoretischem Verständnis nur Personen oder kollektive Akteure sein können. Statt von Akteuren spricht Mayntz synonym von Systemen. Damit wird

274 Hesse, Artikel „Planung", S. 385
275 Vgl. Martinsen, Theorien politischer Steuerung, S. 53
276 S. zum Folgenden Mayntz, Steuerung, S. 93 ff

deutlich, daß der Systembegriff handlungstheoretisch interpretiert wird. Im Fall eines kollektiven Steuerungsakteurs verläuft die Steuerung zwar arbeitsteilig, dennoch muß die Aktivität des Steuerns einem bestimmten Subjekt zurechenbar sein. Das Subjekt verfolgt b) ein Steuerungsziel bzw. eine Steuerungsintention und es muß Vorstellungen über das Ziel-Mittel-Verhältnis haben. Daraus ergibt sich dann c) die Entscheidung des Steuerungsakteurs über den Einsatz bestimmter Steuerungsinstrumente. Im politikwissenschaftlichen Kontext richtet sich das Ziel der Steuerung eines Akteurs in aller Regel auf andere gesellschaftliche Akteure. Aus der Steuerungsperspektive von Mayntz handelt es sich d) um ein Steuerungsobjekt, dessen Handeln sich als Reaktion auf die Steuerung versteht. Bei ihren steuerungsdefinitorischen Betrachtungen verkennt Mayntz jedoch nicht, daß das Steuerungsobjekt „eine autonome Existenz besitzt, d. h. daß es sich in Abwesenheit des Steuerungseingriffs selbsttätig weiter entwickeln würde. Man könnte das auch so ausdrücken, daß das Steuerungsobjekt selbst ein System ist; durch die Steuerung soll seine autonome Dynamik gezielt verändert werden“[277]. Angesichts der Komplexität sozialer Steuerung – Steuerungshandeln läuft „in Form sich über Zeit erstreckender Handlungszusammenhänge ab ..., an denen zudem mehrere Akteure beteiligt sein können“[278] – verbindet Mayntz e) eine Menge von Steuerungshandlungen zum Steuerungsprozeß. Die Akteursperspektive bleibt jedoch auch in diesem Fall erhalten.

Übertragen auf den politikwissenschaftlichen Kontext ergibt sich die Möglichkeit politischer Steuerung dergestalt, daß das politische System Steuerungsobjekte mittels geeigneter Instrumente in seinem Sinne beeinflussen kann. Gesellschaftliche Veränderungen können folglich u. a. kausal-deterministisch auf Steuerung durch das politischen System zurückgeführt werden. Die steuerungstheoretische Grundsatzfrage nach der Steuerungsfähigkeit des politischen Systems oder politischer Akteure bzw. nach der Steuerbarkeit des sozialen Systems, einzelner gesellschaftlicher Subsysteme bis hin zu einzelnen Adressaten wird damit auf der Basis dieses Steuerungsverständnisses positiv beantwortet. Empirisch gesehen lassen sich jedoch eher Belege für Steuerungsversagen finden, als für politische Steuerungsfähigkeit und gesellschaftliche Steuerbarkeit.[279] In der Literatur werden zudem drei prinzipiell nicht lösbare Probleme für das vorgestellte Steuerungsverständnis diskutiert.

Ein erstes Problem firmiert unter dem Begriff „Varietät“; damit wird auf eine Steuerungsbedingung abgehoben, die von dem Kybernetiker Ashby eingeführt wurde: Umwelt und politisch-administratives System müssen kongruente Verhal-

---

277 Mayntz, Steuerung, S. 94

278 S. ebd., S. 93

279 S. Scharpf, Politische Steuerung, S. 18

tensmöglichkeiten besitzen. Gesellschaftliche Probleme und Erwartungen können nur dann adäquat vom politischen System wahrgenommen werden, wenn es ihm gelingt, seine interne Struktur korrespondierend zu der ausdifferenzierten und hochkomplexen Umwelt aufzubauen. Sogenannte Varietätsprobleme treten folglich immer dann auf, wenn das politische System unfähig ist, die notwendige Umweltsensibilität zu institutionalisieren, weil es dann den Umweltstrukturen gelingen kann, die Steuerungsvorgaben des politischen Systems zu ignorieren, zu umgehen oder zu transformieren.[280] In Umkehrung des Varietätsproblems identifiziert Mayntz ein Motivationsproblem[281], welches sich ergibt, wenn die Steuerungsobjekte die Befolgung des Programms verweigern. Hier gelingt es dem politischen System also nicht, die Verhaltensmöglichkeiten der Steuerungsobjekte seiner Intention gemäß einzuschränken.

Das zweite grundsätzliche Problem ist das sog. Komplexitätsproblem. Dies thematisiert vor allem Scharpf mit seiner These, „daß die Politik in ihrem Informations- und Entscheidungssystem zwar eine der Umwelt entsprechende Differenzierung der eigenen Binnenstruktur erreicht [hat], daß es jedoch bisher nur mit außerordentlichen Schwierigkeiten und in relativ geringem Maße möglich war, auch die realen Interdependenzen der Problemzusammenhänge in der sozioökonomischen Umwelt durch entsprechende Verknüpfungsmuster der politisch-administrativen Problemverarbeitung zu reproduzieren“[282]. Um die Komplexität des Steuerungsobjektes beherrschen zu können, muß das politische System offenbar über einen analog-komplex strukturierten Apparat verfügen. Dies hat Komplexitätsverdopplung zur Folge, die sich im Alltag beispielsweise als Überbürokratisierung zeigt.

Ein drittes Problem ergibt sich für das politische System bei der Gewinnung und Verarbeitung von Informationen. Dabei stellt sich nicht nur die Frage, welche Informationen überhaupt relevant sind, sondern auch, wie man die Informationsfülle bewältigen und zeitgerecht komprimieren kann.[283] Teil des Informationsproblems ist das Implementationsproblem: Die Entwicklung politischer Programme ist abhängig von Kenntnissen über Implementationsstrukturen, Implementationsträger, Verfahrensnormen und schließlich über Adressaten, um Vollzugsprobleme vorwegnehmend reflektieren zu können. Mit dem Informationsproblem des Steuerungsakteurs korrespondiert schließlich auch noch das Problem der sog. nichtintendierten Folgen eines Programms; solche Konsequenzen treten auf, weil nicht genug Wissen über Programme und ihre Folgen vorhanden

280 Vgl. Görlitz/Voigt, Rechtspolitologie, S. 28
281 Mayntz, Steuerung, S. 96
282 Scharpf, Planung, S. 77
283 Vgl. Böhret, Planungspraxis, S. 20

(Informationsbeschaffung) oder weil nicht alle Auswirkungsmöglichkeiten antizipierbar sind (Informationsverarbeitung).

Zusammenfassend kann man festhalten: Die traditionelle Steuerungsdefinition – wie sie von Renate Mayntz expliziert wurde – ist die Basis der staatstheoretischen und policy-analytischen Variante politikwissenschaftlicher Steuerungstheorie. Sie geht von der Möglichkeit einer absichtsvollen und im Sinne der eigenen Ziele erfolgreichen Intervention des politischen Systems mit den dem Staat verfügbaren Instrumenten in die Strukturen und Prozesse der Gesellschaft aus, auch wenn deren potentielle Steuerbarkeit erheblich variiert.[284]

In den folgenden Abschnitten werden der staatstheoretische und der policy-analytische Strang politikwissenschaftlicher Steuerungstheorie vorgestellt. Dabei sollen zum einen die jeweils spezifischen inhaltlichen Perspektiven auf das Problem politischer Steuerung herausgearbeitet werden. Weiterhin wird gezeigt, wie jede dieser Varianten zu einer Relativierung des erläuterten hierarchisch-kausalen Steuerungsverständnisses gelangt, ohne daß dieses jedoch vollständig aufgegeben wird. So versuchen z. B. die modernen policy-orientierten Steuerungsansätze die mit dieser Steuerungskonzeption verbundenen Schwierigkeiten dadurch zu meistern, daß sie verstärkt auf den bereits von Mayntz erwähnten Aspekt abstellen, wonach der Steuerungsakteur „politisches System" in einem interaktiven Prozeß mit gesellschaftlichen Akteuren kooperiert. Die Handlungs- und Kausalstruktur des Steuerungsprozesses selbst wird damit allerdings nicht aus dem Auge verloren. Vielmehr findet nur eine Ausdifferenzierung des Steuerungsakteurs sowie seiner Handlungsmotivation statt. Gleiches gilt für den Steuerungsprozeß. Auch hier wird die Hierarchie zwischen Steuerungssubjekt und -objekt lediglich relativiert, d. h. bei der Implementation von politischen Programmen sind die gesellschaftlichen Akteure eingebunden. Eine grundlegende Revision dieses Steuerungsverständnisses findet sich erst in der systemtheoretischen Steuerungstheorie gekoppelter Systeme. Dieser steuerungstheoretische Ansatz wird im dritten Kapitel des Buches erläutert.

284 Vgl. Scharpf, Politische Steuerung, S. 18

Memo Gängige Steuerungsverständnisse

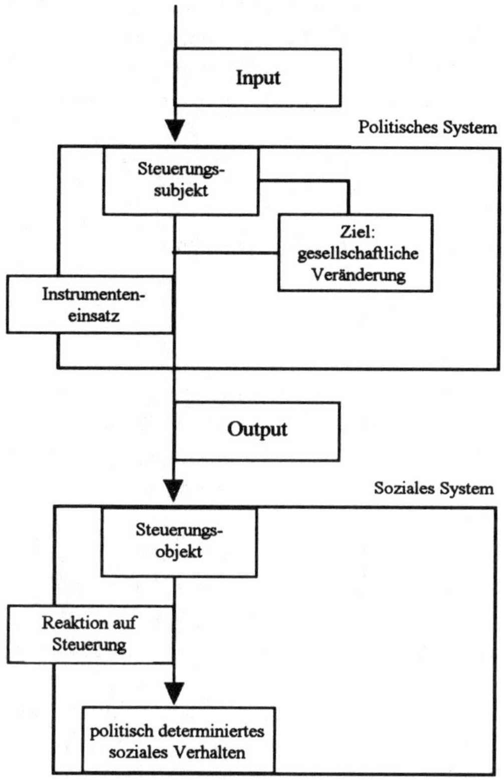

- Steuerung versteht sich als politische Intervention in soziale Systeme zur oktroyierten Veränderung gesellschaftlicher Zustände.
- Steuerungssubjekt ist das politische System, Steuerungsmittel ein Lenkungsinstrument und Steuerungsobjekt ein gesellschaftlicher Akteur.
- Steuerungserfolg dokumentiert eine durch den Instrumenteneinsatz determinierte und in der Steuerungsintention liegende Aktion oder Reaktion der Steuerungsobjekte.
- Steuerungsmißerfolg verweist auf Varietäts-, Komplexitäts- oder Informationsprobleme.

In Kapitel 2.3 und 2.4 geht es um folgende Fragen:

2.3.1 Welche Steuerungsmechanismen stehen dem Staat zur Verfügung?
2.3.2 Wie wirken Verbände an der staatlichen Steuerung mit?
2.3.3 Welche soziologischen Steuerungsmodelle gibt es?
2.4.1 Kennzeichnet den Steuerungsprozeß eine lineare Phasenfolge?
2.4.2 Kennzeichnen den Steuerungsprozeß interagierende Akteursnetzwerke?

2.3 Staats- und Gesellschaftskonzepte

2.3.1 Staatstheoretische Zugänge

Von zentraler Bedeutung für das Steuerungsverständnis der staats- und gesellschaftstheoretischen Steuerungstheorie ist der Staatsbegriff der modernen bürgerlichen Staatstheorie. Als deren Ausgangspunkt wird Hegels „Rechtsphilosophie" betrachtet, in der erstmals in der modernen Ideengeschichte explizit zwischen „Staat" und „Gesellschaft" getrennt wird.[285] Je nach Rezeptionsweise können diese einmal als funktional einander zugeordnete, gleichberechtigte Sphären betrachtet werden; eine Konzeption, wie sie auch von der Pluralismustheorie vertreten wird, die den Einfluß gesellschaftlicher Gruppen und Verbände auf den Staat für wünschenswert hält.[286] Gleichzeitig jedoch kann der Staat ebenfalls mit Hegel als „absoluter unbewegter Endzweck" und somit als „substantielle Einheit" der bürgerlichen Gesellschaft aufgefaßt werden.[287] In diesem Sinn etwa versteht die konservative Staatslehre den Staat als „der Gesellschaft übergeordnet und den in ihr stattfindenden Interessenauseinandersetzungen entzogen".[288] Seine zentrale Aufgabe ist somit die Gewährleistung gesellschaftlicher Ordnung, woraus gleichzeitig die staatliche Verpflichtung zur Gemeinwohlorientierung,

285 S. Ronge, Artikel „Staatstheorie", S. 973 u. Ulrich, Steuerung, S. 14
286 S. Ronge, ebd.; Czada, Regierung und Verwaltung, S. 152; Voigt, Artikel „Staat", S. 509
287 Hegel, Rechtsphilosophie, § 258, vgl. Martinsen, Theorien politischer Steuerung, S. 52 u. Ulrich, Steuerung, S. 15
288 Voigt, ebd., mit Verweis auf Forsthoff, Der Staat der Industriegesellschaft u. Krüger, Allgemeine Staatslehre

also zur gesamtgesellschaftlichen Rechtfertigung staatlichen Handelns, resultiert.[289]

Das normative Leitbild vom Staat als „Garanten des Gemeinwohls" wirkt implizit bis in die neuere steuerungstheoretische Diskussion fort, wie nicht nur die optimistischen Annahmen über die Steuerungsfähigkeit des politischen Systems während der Phase „Planungseuphorie" gezeigt haben.[290] Es läßt sich auch im bereits diskutierten deterministisch-kausalen Verständnis von Steuerung finden, wonach politische Steuerung als Teilaspekt der Beziehung zwischen Staat und Gesellschaft und als Instrument betrachtet wird, mit dem der Staat „die von ihm identifizierten ökonomischen und sozialen Probleme zu lösen ... und die gesellschaftliche Entwicklung in die gewünschte Richtung zu steuern" versucht.[291]

In der modernen Soziologie findet die ideengeschichtliche und mit der Herausbildung liberaler Demokratien auch politisch-praktische Kohärenz von Staat und Gesellschaft insofern ihren Niederschlag, als verschiedene Autoren eine makrotheoretisch orientierte Gesellschaftstheorie formulieren, die gleichzeitig auch die gesellschaftliche Position und Aufgabe des modernen Staates zu analysieren und zu bestimmen sucht.[292] Für die staatstheoretische Steuerungstheorie hat dies zur Folge, daß die traditionelle, eher staatsrechtlich ausgerichtete Bestimmung der Aufgaben des Staates und seiner Beziehung zur Gesellschaft durch eine systemtheoretisch-funktionalistische Argumentation ergänzt wird.[293] Diese zielt auf eine makrotheoretische Analyse der (Gesamt-) Gesellschaft und ihrer Entwicklungsgesetze. Als fundamental wird dabei die funktionale Differenzierung der Gesellschaft in verschiedene spezialisierte Subsysteme angesehen, was als Kennzeichen moderner Gesellschaften im allgemeinen und (häufig) als Folge moderner Arbeitsteilung und Spezialisierung im besonderen gesehen wird.[294] Angesichts der Prämisse einer konstatierten funktionalen Differenzierung moderner Gesellschaften in (mehr oder weniger) autonome Subsysteme wird staatliche Politik bzw. politische Steuerung gesellschaftstheoretisch als Integrati-

---

289 S. Schimank/Glagow, Formen politischer Steuerung, S. 6; Renate Mayntz nimmt eine weitere Differenzierung der Staatsaufgaben vor und spricht dabei von drei Staatsfunktionen: der Ordnungsfunktion, der Wohlfahrtssicherungsfunktion und der Gestaltungsfunktion (Mayntz, Steuerung, S. 89). Den Vorwurf staatlichen Steuerungsversagens verbindet sie dabei explizit mit der Gestaltungsfunktion des Staates.

290 S. Martinsen, Theorien politischer Steuerung, S. 53

291 Mayntz, Steuerung, S. 90

292 S. die Abschnitte zu Emil Durkheim, Max Weber, Talcott Parsons und Niklas Luhmann in Schimank, Theorien gesellschaftlicher Differenzierung

293 S. Czada, Regierung und Verwaltung, S. 153

294 Vgl. Schimank, Theorien gesellschaftlicher Differenzierung

onsleistung begriffen, die angesichts der Autonomietendenzen der einzelnen Subsysteme zum Erhalt der gesellschaftlichen Stabilität notwendig ist.[295] Auf diese Weise verknüpft sich die staatsrechtliche Formel vom Staat als souveränem „Garanten des Gemeinwohls“ mit einer funktionalistischen „Legitimierung“ staatlicher Politik.[296]

Ausgangspunkt der staatstheoretischen Steuerungsdiskussion ist das dem staatstheoretischen Ideal des souveränen Staates entsprechende Steuerungskonzept der „etatistischen Gesellschaftssteuerung“.[297] Dieses „unterscheidet sich dadurch von nicht-etatistischen Formen der Gesellschaftssteuerung, daß die generellen Zweck-Mittel-Orientierungen von staatlichen Entscheidungsinstanzen auf der einen, Verbänden auf der anderen Seite, einander polar entgegengesetzt sind.“[298] Der Staat wird als „alleiniges Steuerungszentrum“[299] begriffen, das sich der Setzung von Rechtsnormen, der Bereitstellung von Infrastruktur und finanzieller Transferleistungen als Steuerungsinstrumente bedient. Das Konzept der etatistischen Steuerung verbindet damit die staatstheoretische Forderung nach dem gemeinwohlorientierten Staatshandeln mit dem bereits erläuterten kausal-deterministischen Steuerungsverständnis, das von einer hierarchischen Beziehung zwischen Steuerungssubjekt und -objekt ausgeht.[300]

Die staatstheoretische Steuerungstheorie gelangt auf verschiedenen Wegen zu einer Problematisierung und Kritik dieses Konzepts der etatistischen Gesellschaftssteuerung. Zum einen entwickelt sie unter Einbeziehung der ökonomischen Ordnungstheorie und der soziologischen Steuerungstheorie[301] verschiedene Typologien alternativer „Steuerungsmechanismen“[302] und diskutiert deren Wirksamkeit. Aus dieser Perspektive erscheint das staatstheoretische Leitbild etatistischer Gesellschaftssteuerung als eine mögliche Steuerungsform unter anderen.

---

295 S. ebd., S. 185 ff

296 Eine solche Verbindung von Staatstheorie und Funktionalistischer Gesellschaftstheorie findet sich z. B. in Schimank/Glagow, Formen politischer Steuerung, S. 9 ff. Hierzu ist auch die differenzierungstheoretische Fundierung der steuerungstheoretischen Überlegungen von Niklas Luhmann sowie der dezentralen Kontextsteuerung von Helmut Willke und Gunther Teubner zu rechnen. S. den Abschnitt 3.3 „Konstrukte selbstreferentieller Systeme“

297 Schimank/Glagow, Formen politischer Steuerung, S. 5 ff

298 Ebd., S. 6

299 Ebd.

300 S. ebd., S. 4

301 Die soziologische Steuerungstheorie untersucht über den Bereich politischer Steuerung hinaus allgemein Formen sozialer Steuerung. Aus dieser Perspektive bildet politische Steuerung im Sinne „etatistischer Gesellschaftssteuerung“ einen Spezialfall des Steuerungstyps „Hierarchie“.

302 Ulrich, Steuerung, S. 26

Zum anderen untersucht sie empirisch die Voraussetzungen und Wirkungsweisen von Steuerungsmechanismen wie z. B. in der (vergleichenden) Neokorporatismus- und Verbändeforschung.[303] Resultat beider Vorgehensweisen ist die Abschwächung und partielle Revision der Vorstellung einer hierarchisch-kausalen, etatistischen Steuerung von Gesellschaft durch das politische System.

Im Kontext der sog. ökonomischen Ordnungstheorie sind hierbei die Konzepte von Walter Eucken und A. F. v. Hayek zu nennen, die jeweils verschiedene Positionen innerhalb der neoliberalen Wirtschaftstheorie vertreten.[304] Beide Theoretiker entwickeln eine duale Typologie von Steuerungsformen, die bei Eucken als Lenkungssysteme, bei Hayek als Ordnungsprinzipien bezeichnet werden. Generell kann man sagen, daß der Begriff „Steuerung" hier im Sinne von Handlungs- bzw. Prozeßkoordination verwandt wird.[305] Was die einzelnen Steuerungsformen angeht, so unterscheidet Eucken als ideale Formen Zentralverwaltungswirtschaft und Marktwirtschaft, Hayek Planwirtschaft und Wettbewerb. Anders als Eucken, der seine Typologie auf den makroökonomischen Kontext beschränken will und einen starken Staat zur Sicherung der marktwirtschaftlichen Wettbewerbsordnung für notwendig hält, zielt Hayek auf die generelle Anwendung seiner Typologie in verschiedenen Gesellschaftsbereichen. Dabei geht er von der generellen Überlegenheit der Steuerungsleistung wettbewerblich organisierter Marktordnungen gegenüber einer Planwirtschaft bzw. einer zentralhierarchischen Steuerung aus.

An der ordnungstheoretischen Steuerungsdiskussion kritisiert wurde insbesondere die „Kopplung von ordnungsbildenden Mechanismen (Wettbewerb und Plan) und institutionellen Anwendungskontexten (Markt und Staat)."[306] Damit ist gemeint, daß der Steuerungsmechanismus Wettbewerb ausschließlich mit der Institution des Marktes und der Mechanismus Plan mit dem Staat identifiziert wird. Angesichts staatlicher Verhandlungsnetzwerke und der hierarchischen Struktur am Markt operierender Unternehmen ist diese Zuordnung jedoch weder empirisch haltbar noch analytisch sinnvoll. Als Reaktion auf diese begrifflichen Verengungen verwendet man in der neueren Steuerungstheorie überwiegend die Bezeichnungen „Hierar-

---

303 Ebenfalls dem staatstheoretischen Strang zuzurechnen sind die im ersten Kapitel diskutierten Krisentheorien.

304 Zum folgenden s. Ulrich, Steuerung, S. 117 ff mit Verweis auf Eucken, Die Grundlagen der Nationalökonomie und auf Hayek, Recht, Gesetzgebung und Freiheit und ders., Der Weg zur Knechtschaft

305 Zur Kritik an der unspezifischen Verwendung des Steuerungsbegriffs s. auch Kaufmann, Solidarität, S. 159

306 Ulrich, Steuerung, S.119 mit Verweis auf Gotsch, Soziale Steuerung, S.42

chie“ (anstelle von Staat) und „Markt“ (was auch nicht-ökonomischen Wettbewerb beinhaltet).[307] Neben Hierarchie und Markt werden in der politikwissenschaftlichen und soziologischen Steuerungstheorie weitere Steuerungsmechanismen unterschieden. Stellvertretend für andere seien hier die Typologien von Wilfried Gotsch und Schimank/Glagow genannt.[308]

Angesichts der in der Literatur vorliegenden Typologien von Steuerungsmechanismen[309] kritisiert Gotsch u. a. die Uneinigkeit darüber, von welchen verschiedenen Varianten von Steuerungsmechanismen auszugehen ist und worin die „allgemeine Funktionslogik“ dieser Mechanismen besteht.[310] Neben den in der Literatur genannten Mechanismen Hierarchie, Markt und Solidarität betrachtet Gotsch zusätzlich Professionalität, Verhandlung und Polyarchie als idealtypische Steuerungsmechanismen. Zur Charakterisierung dieser Mechanismen entwickelt er die allgemeinen Prinzipien Strukturmuster, Interaktionsmuster und Institutionalisierungsform sowie funktionales Bezugsproblem.[311]

Das Strukturmuster des Steuerungsmechanismus Markt ist demnach u. a. durch die Rollen Anbieter-Nachfrager gekennzeichnet. Die Standardinteraktionssituation besteht in der Abstimmung über Angebot und Nachfrage; Institutionalisierungsformen sind Besitzrechte, Tauschregeln und Geld. Das funktionale Bezugsproblem, für dessen Lösung der Markt als besonders geeignet betrachtet wird, ist die Allokation und Distribution von knappen Gütern und Ressourcen.

Hierarchie beruht auf den Rollen des Über- und Untergeordneten. Standardsituation ist die Weisung, Institutionalisierungsform ist eine Rang- und Kompetenzordnung, das anvisierte Steuerungsproblem ist die Instrumentalisierung einer sozialen Einheit zur Akzeptanz von Entscheidungen.

Solidarität ist strukturell durch Solidarpartner gekennzeichnet, die über normative Inpflichtnahme interagieren, die institutionell auf einem lebensweltlich erzeugten kommunikativen Normenkonsens beruhen. Das entsprechende Bezugsproblem ist die Bereitstellung spontaner Hilfe.

Professionalität ist strukturell durch Klientelbeziehungen charakterisiert, die auf dem Rollenmuster Experte-Laie aufbauen. Institutionell ist Solidarität durch Berufsgemeinschaften gekennzeichnet, die über etablierte und an-

---

307 S. Ulrich, Steuerung, S. 120

308 S. die dortigen Verweise auf alternative Typologien von Steuerungsmechanismen.

309 In der Literatur werden u. a. folgende Steuerungsprinzipien genannt (vgl. Gotsch, Soziale Steuerung, S. 43 m. w. N.): Markt, Hierarchie, Polyarchie, Verhandlung, Autorität, Überredung, Solidarität, organisationale Konzertierung, Tausch, Zwang.

310 S. Gotsch, Soziale Steuerung, S. 36 u. ff

311 Neben diesen reinen Formen von Steuerungsmechanismen berücksichtigt Gotsch analytisch auch die Möglichkeit von Mischformen.

erkannte Wissensbestände („Expertenwissen") verfügen, die wiederum zur sachrationalen Problemlösung durch Belehrung an die Laien vermittelt werden. Verhandlung konstituiert sich durch das Rollenmuster der „kooperativen Spieler", die über strategische Kompromißbildung interagieren. Als institutionelle Grundlage dient eine Besitzstands- und Vertragsordnung. Verhandlungen werden bei hoher Interdependenz zwischen autonom handlungsfähigen Akteuren zur Erreichung pareto-optimaler Kompromisse eingesetzt, um mögliche Kooperationsgewinne sicherzustellen oder drohende Verteilungskonflikte zu bewältigen.

Polyarchie wiederum ist durch das Rollenmuster Publikum (Wähler) – Mandatsträger gekennzeichnet, wobei erstere über Machtstrategien zur Personal- und Programmselektion verfügen und letztere auf Machterhaltungs- und Selbstlegitimierungsstrategien gegenüber dem Publikum setzen. Typische Interaktionssituation ist die Partizipation, die entlang einer institutionalisierten Mitbestimmungsordnung und Freiheitsrechten verläuft. Polyarchie als Steuerungsmechanismus ist besonders in Problemkonstellationen geeignet, „in denen es um die Gewährleistung der Inklusion [Einbeziehung, d.V.] einer Vielzahl von Akteuren mit unterschiedlichen und sich wandelnden Präferenzen in eine dauerhafte Entscheidungsproduktion geht."[312] Kennzeichen polyarchischer Problemlösung ist die Übereinstimmung von Publikumspräferenzen mit den Entscheidungen der Mandatsträger (siehe Memo S. 122).

Vor dem Hintergrund einer funktionalistisch-differenzierungstheoretischen Argumentation gelangen Jochen Schimank und Manfred Glagow zu verschiedenen Varianten gesellschaftlicher Selbststeuerung, die sie dem Konzept der etatistischen Gesellschaftssteuerung gegenüberstellen.[313] Als Grundlage dienen die jeweiligen staatsrechtlichen Prinzipien und institutionellen Muster, die diese Steuerungsformen charakterisieren. Demnach werden als Formen gesellschaftlicher Selbststeuerung die Typen Subsidiarität, Delegation und Neokorporatismus unterschieden.

312 Gotsch, Soziale Steuerung, S. 39

313 S. Schimank/Glagow, Formen politischer Steuerung, S. 9 ff. Vgl. hierzu auch den Abschnitt 3.3 „Konstrukte selbstreferentieller Systeme"

Memo Steuerungsmechanismen nach Gotsch

Steuerungsmechanismen / Prinzipien	**Markt**	**Hierarchie**	**Solidarität**	**Professionalität**	**Verhandlung**	**Polyarchie**
Strukturmuster	Anbieter / Nachfrager	Über- / Untergeordneter	Solidarpartner	Experte / Laie	kooperative Spieler	Wähler / Mandatsträger
Interaktionsmuster	Abstimmung: Angebot u. Nachfrage	Weisung	Inpflichtnahme	Belehrung	Kompromiß	Partizipation
Institutionalisierung	Besitzrechte, Tauschregeln, Geld	Rangordnung	Normenkonsens	Berufsgemeinschaft	Vertragsordnung	Mitbestimmungsordnung, Freiheitsrechte
funktionales Bezugsproblem	Allokation und Distribution knapper Güter	Steuerung eines Sozialsystems	Bereitstellung spontaner Hilfe	sachrationale Problemlösung	Herstellung eines paretooptimalen Kompromisses	Einbeziehung von Akteuren mit unterschiedlichen Präferenzen in einen dauerhaften Entscheidungsprozeß

Subsidiarität als Steuerungsform meint „die gewollte Überlassung gesellschaftlicher Steuerungsprobleme an gesellschaftliche Organisationen zur autonomen Bearbeitung“[314] und kann somit als staatlich gewährte Selbst-

314 Schimank/Glagow, Formen politischer Steuerung, S. 16

steuerung betrachtet werden. Typisches Beispiel für diese Steuerungsform sind die Wohlfahrtsverbände, die in der rechtlichen Form eingetragener Vereine als „... freie ... Träger staatlicher Sozialpolitik“ fungieren.[315] Subsidiarität mildert das bei hierarchischer Steuerung auftretende Legitimationsproblem, indem die Verbände als Puffer zwischen Staat und sozialpolitischen Problemgruppen treten und so deren Ansprüche, Unzufriedenheit und Kritik aufnehmen und verarbeiten. Gleichzeitig reduziert Subsidiarität auch das Informationsproblem etatistischer Steuerung, da die Wohlfahrtsverbände durch ihre größere Nähe zu den sozialpolitischen Problemfeldern über eine höhere Problemsensibilität verfügen und flexibler reagieren können als die staatliche Verwaltung.[316]

Als Beispiel für die Selbststeuerungsform „Delegation“ verweisen die Autoren u. a. auf die Tätigkeit von Industrie- und Handelskammern sowie von Handwerks-, Ärzte- und Rechtsanwaltskammern innerhalb der „wirtschaftlichen und berufsständischen ‘Selbstverwaltung’.“[317] Anders als bei den Wohlfahrtsverbänden handelt es sich hier um Körperschaften des öffentlichen Rechts. Somit stellen die Kammern „aufgrund eines staatlichen Gründungsaktes ins Leben gerufene Zwangsvereinigungen gesellschaftlicher Akteure dar.“[318] Hier liegt verordnete Selbststeuerung vor, womit gemeint ist, daß die Entscheidung über die Gründung der Körperschaften dem Staat vorbehalten ist und deren generelle Aufgabenstellungen in Form von Gesetzesformulierungen festgelegt werden. Die Formulierung detaillierter Entscheidungskriterien, die Entscheidungsfindung sowie die Implementation bleiben jedoch als Teil gesellschaftlicher Selbststeuerung den jeweiligen Organisationen bzw. ihren Mitgliedern überlassen. Für letztere besteht zwar der Zwang zur Mitgliedschaft; die internen Entscheidungsprozesse erfolgen jedoch durch Selbstbestimmung bei staatlicher Aufsicht.

Hinsichtlich des Legitimationsaspekts besitzen öffentlich-rechtliche Körperschaften durch die Möglichkeit zur Zwangsmitgliedschaft und zur internen demokratischen Mitbestimmung eine höhere Verpflichtungsfähigkeit gegenüber den Steuerungsadressaten als die staatliche Verwaltung. Auf diese Weise werden gesellschaftliche Akteure als Träger spezifischer Interessen in die gesamtgesellschaftliche Verantwortung eingebunden. Informationell gesehen profitieren Körperschaften von dem speziellen Wissen ihrer Mitglieder in dem Maße, wie diese die Organisation als legitimen Repräsentanten ihrer Interessen ansehen. Körperschaften stehen dabei vor der

315 Ebd., S. 14
316 S. ebd., S. 18
317 Ebd., S. 17
318 Ebd.; zum Folgenden siehe S. 17 ff

Schwierigkeit, sich einerseits nicht von den Sonderinteressen ihrer Mitglieder vereinnahmen zu lassen und andererseits nicht zugunsten staatlicher Steuerungsziele die Interessen ihrer Mitglieder zu vernachlässigen, was ihre Legitimation und ihre Mobilisierungsfähigkeit beeinträchtigt.

Beim Neokorporatismus handelt es sich für Schimank und Glagow um ausgehandelte gesellschaftliche Selbststeuerung in Form von staatlich initiierten Verhandlungssystemen. Diese zielen darauf ab, die Repräsentanten entgegengesetzter gesellschaftlicher Interessen wie z. B. die Unternehmerverbände und die Gewerkschaften dazu zu motivieren, die Problemperspektive der jeweils anderen Konfliktpartei einzunehmen, um so eine Überwindung partikularer Interessen zugunsten gesellschaftlicher Funktionserfordernisse zu ermöglichen. Als Druckmittel dient der Verweis auf die, im Falle einer Nichteinigung mögliche, einseitig staatliche Regelung, die für beide Parteien eher unvorteilhaft wäre. Neokorporatistische Verhandlungssysteme erscheinen insofern als fortgeschrittenste Selbststeuerungsform, als hier die Abstimmung kompletter gesellschaftlicher Funktionserfordernisse (z. B. die der Interessenkoordination von „Arbeit" und „Kapital") gesellschaftlichen Akteuren überlassen wird. In informationeller Hinsicht erhofft man sich einen mit der wechselseitigen Übernahme der Problemperspektiven einhergehenden Informationsaustausch, der eine sachgerechte Problembearbeitung ermöglichen soll. Legitimatorisch gesehen wird auch hier die Verantwortung für die ausgehandelte Problemlösung vom Staat auf die beteiligten Verbände verlagert, was zu den erwähnten Legitimationsproblemen für die Verbandsführung führen kann.

Als Zwischenergebnis läßt sich festhalten, daß staatstheoretische Konzepte politische Steuerung als staatlichen Ordnungsanspruch in einem funktionalen Beziehungsgeflecht zwischen Staat und Gesellschaft thematisieren. Zur Einlösung dieses Anspruchs bediene sich der Staat vorfindlicher Beziehungsstrukturen, der sogenannten Steuerungsmechanismen, die Handlungs- und Prozeßkoordination leisteten. Auf diese Weise wird konzeptgemäß die Suche nach Steuerungsarrangements angestoßen, die ordnungsschaffende Operationen erklärbar und damit korrigierbar machen. Allerdings ist die Suche bisher noch nicht fündig geworden. Bei den aufgelisteten Mechanismen handelt es sich bestenfalls um beschreibende Idealtypen augenfälliger Steuerungsarrangements, keinesfalls aber um erklärende Konzepte. Auch die Anbindung an andere, etwa ökonomische Theorien setzt nicht zur Erklärung und Prognose von Steuerungseffekten in die Lage; hier ist Steuerungstheorie gefragt. Nicht zuletzt lassen sich mit Hilfe von Idealtypen nicht präzise untersuchbare Realitätsausschnitte ausgrenzen. Gedankenkonstrukte wie Markt, Solidarität oder Polyarchie generalisieren vom Forscher für relevant gehaltene Merkmale und sind damit das Ergebnis intuitiver Verfahrensweisen. Intuition ist aber analytisch defizitär, weil sich die Merkmalsfindung logisch nicht nachvollziehen läßt. Beispielsweise fehlen rational überprüfbare Zuordnungskriterien für Anbieter, Untergeordnete oder Experten, so daß die Ausgrenzung derartiger Akteure unter den Verdacht der Zufälligkeit oder gar Beliebigkeit gerät.

Memo Selbststeuerungsformen nach Schimank / Glagow

Steuerungsformen	**Subsidiarität**	**Delegation**	**Neokorporatismus**
Staatsrechtliche Prinzipien	staatlich gewährte Selbststeuerung	staatlich verordnete Selbststeuerung	staatlich initiierte Selbststeuerung
Institutionalisierung	Wohlfahrtsverbände	Kammern	z. B. Tarifautonomie
Problemlösung in Bezug auf das: • **Legitimationsproblem**	Verbände als Vermittler zwischen staatlichen und sozialpolitischen Problemgruppen	höhere Verpflichtungsfähigkeit durch Zwangsmitgliedschaft und interne Mitbestimmung	Verbände als Vermittler zwischen staatlichen und sozialpolitischen Problemgruppen
• **Informationsproblem**	größere Nähe der Verbände zu den sozialpolitischen Problemfeldern	Integration von Mitgliederwissen	Informationsaustausch zwischen Repräsentanten unterschiedlicher Gruppen

2.3.2 Neokorporatistische Zugänge

Neben diesen Versuchen, eine homogene und adäquate Typologie gesellschaftlicher Steuerungsmechanismen zu erarbeiten, stellt die empirisch und vergleichend orientierte Neokorporatismus- und Verbändetheorie eine weitere wichtige Variante staatstheoretischer Steuerungstheorie dar. Die Neokorporatismusdiskussion kam Mitte der siebziger Jahre auf, wobei der Begriff in verschiedenen Varianten verwandt wurde. Philippe C. Schmitter[319] versteht unter Neokorporatismus ein bestimmtes Muster der Repräsentation von Verbändeinteressen, bei dem auf Seiten der beteiligten Interessenverbände ein hoher Zentralisierungsgrad, hierarchische Koordination und ein Repräsentationsmonopol als notwendige Bedingungen angesehen werden.[320] Hinzu kommen Entscheidungsstrukturen, die durch Konzertierung gekennzeichnet sind, d. h. durch eine exklusive Entscheidungsarena, die neben staatlichen Akteuren von privilegierten Interessengruppen in paritätischer Repräsentation gebildet wird und deren Konsultationen vor den Beratungen des Parlaments stattfinden.[321]

Die Verknüpfung mit dem steuerungstheoretischen Kontext ermöglichte Gerhard Lehmbruch mit seiner Definition von Korporatismus als „institutionalized pattern of policy-formation in which large interest organizations cooperate with each other and with public authorities ... in the authoritative allocation of values and in the implementation of such policies."[322] Neokorporatistische Strukturen galten in dieser Zeit als erfolgreiche Form staatlicher Steuerung im Rahmen einer keynesianischen Wirtschaftspolitik wie z. B. der bundesdeutschen „Globalsteuerung". In dieser makrotheoretischen Betrachtungsweise sprach man vom Makrokorporatismus bzw. der sogenannten „korporatistischen Konzertierung"[323], womit in der BRD die konzertierte Aktion gemeint war. Diese trug durch die tripartistische Abstimmung der Einkommenspolitik zwischen Staat, Arbeitgeberverbänden und Gewerkschaften zum Gelingen der keynesianischen Globalsteuerung bei.[324]

Darüber hinaus wurden korporatistische Strukturen auch als Indikator „für eine fortgeschrittene Entwicklungsstufe kapitalistisch verfaßter Industriegesellschaften"[325] angesehen. So gelangte man in den siebziger Jahren auf Grund spezifischer empirischer Gegebenheiten zu dem Schluß, daß sich das neokorporatistische Konzertierungsmuster in den folgenden Jahren weiter

---

319 S. Schmitter, Still the Century of Corporatism?

320 S. Lehmbruch, Der Beitrag, S. 736 f. Dies gilt besonders für die Gewerkschaften, deren Führungsgremien in der Lage sein müssen, die Mitglieder – über die reine Interessenvertretung hinaus – zu „Zugeständnissen" im Prozeß der Konzertierung zu mobilisieren. (S. Regini, Still engaging in corporatism?, S. 312 mit Verweis auf Schmitter, Interest Intermediation, S. 295)

321 S. Schmitter/Grote, Sisyphus, S. 532

322 Lehmbruch, Der Beitrag, S. 736

323 Ebd., S. 740 mit Verweis auf ders., Concertation and the structure of corporatist networks

324 S. Traxler, Regieren die Verbände?, S. 134

325 Lehmbruch, Der Beitrag, S. 737

ausbreiten würde.[326] Zu diesem Zeitpunkt schienen die Regierungen bereit und fähig, zur Herstellung öffentlicher Güter materielle Ressourcen gegen die Kooperation organisierter Interessen zu tauschen. Weiterhin wiesen die Interessenorganisationen in mehreren europäischen Ländern jene Merkmale auf, die als die grundlegenden Eigenschaften neokorporatistischer Interessenvermittlung betrachtet wurden. Außerdem schien es wahrscheinlich, daß sich als Folge der gemeinsamen Interessen arbeitnehmerfreundlicher Regierungen und starker Gewerkschaften zwischen diesen eine Einigung im Bereich der für die korporatistische Konzertierung zentralen Lohnpolitik einstellen würde.[327] Als Ende der siebziger Jahre mit dem Scheitern neokorporatistischer Arrangements und dem Aufkommen neoliberaler Deregulierungsstrategien deutlich wurde, daß sich diese Erwartungen nicht erfüllten, ging man davon aus, daß die in Folge der Ölkrisen rückläufige Entwicklung der europäischen Volkswirtschaften eine ausreichende Erfüllung dieser Bedingungen verhindert hätte.[328]

Angesichts der in den letzten Jahren überraschend erfolgreichen Etablierung neokorporatistischer Strukturen in Italien und anderen europäischen Ländern kommt Marino Regini zu dem Schluß, daß von der damaligen Korporatismustheorie der Fehler begangen worden sei, die spezifischen historischen Merkmale der etablierten neokorporatistischen Strukturen zu verallgemeinern und als scheinbar notwendige Grundbedingungen neokorporatistischer Steuerung aufzufassen.[329] So zeigt z. B. das Fallbeispiel Italien, daß hier neokorporatistische Strukturen nicht wie im „klassischen“ Neokorporatismus im Kontext tripartistischer Ressourcenverteilung, sondern auf der Grundlage der Übertragung staatlicher Funktionen an die Interessenverbände im Rahmen regulativer Politik beruhen. Die beteiligten Interessenorganisationen sind weit weniger zentralisiert als bislang angenommen und die Gewerkschaften eher von mittlerer Stärke, wobei die Betriebsvertretungen eine starke Position gegenüber der Gewerkschaftsführung aufweisen. Weiterhin nehmen die Arbeitgeberverbände, die in den siebziger Jahren als eher passiver Partner der Konzertierung galten, angesichts der mit der Globalisierung zunehmenden Relevanz der Lohnpolitik eine wesentlich aktivere Rolle ein. Inwieweit die Konstellation in Italien einen Sonderfall darstellt

---

326 S. Regini, Still engaging in corporatism?, S. 307 f

327 S. ebd.
Der Kompromiß der Arbeitgeberverbände und der Gewerkschaften im Bereich der Einkommenspolitik bestand im Tausch von Lohnzurückhaltung gegen Vollbeschäftigung, ermöglicht durch staatliche „side-payments“ in Form höherer Sozialleistungen (s. Schmitter/Grote, Sisyphus, S. 549).

328 S. ebd., S. 308. So auch Schmitter/Grote, Sisyphus, S. 546 f

329 Zum folgenden s. Regini, Still engaging in corporatism?, S. 308 ff

oder auf ähnliche Entwicklungen in anderen Ländern schließen läßt, muß sich jedoch erst noch zeigen.

Auch Philippe Schmitter und Jürgen Grote konstatieren anhand zahlreicher Fallbeispiele eine europaweite Renaissance makrokorporatistischer Arrangements.[330] Ursachen hierfür sehen sie zum einen in dem mit dem Ende des Ost-West-Konflikts einhergehenden Bedeutungsverlust ideologischer Trennungslinien, die besonders in Süd- und Westeuropa den Kompromiß zwischen den organisierten Interessen bislang erschwerten. Als weiteren zentralen Faktor sehen die Autoren den europäischen Integrationsprozeß bzw. die Währungsunion.[331] In Folge der notwendigen Anpassung der öffentlichen Haushalte an die Maastrichter Konvergenzkriterien hat – so ihre These – eine Verlagerung makrokorporatistischer Arrangements weg von der Einkommenspolitik hin zur Finanz- und Währungspolitik stattgefunden. Weiterhin prognostizieren Schmitter und Grote, daß die Anpassungsanforderungen des europäischen Einigungsprozesses an die Einzelstaaten auch zukünftig zur Stärkung korporatistischer Arrangements führen werden. Dies erfolge primär durch den Ausbau vorhandener Strukturen auf der nationalen Makroebene und durch die Herausbildung neuartiger Konzertierungsmuster auf der subnationalen bzw. regionalen Ebene der Mitgliedstaaten.

Neben der neokorporatistischen Konzertierung auf der Makroebene geraten in den letzten Jahren auch zunehmend mesokorporatistische Strukturen auf der sektoralen Ebene wie z. B. Krisenkartelle von Staat, Unternehmerverbänden und Gewerkschaften in vom Strukturwandel bedrohten Industriesektoren in den Blick.[332] Anders als in den tripartistischen Strukturen der makrokorporatistischen Konzertierung nimmt der Staat in diesen mesokorporatistischen Krisenkartellen eine eher flankierende und garantierende Rolle ein, um so Tauschprozesse zwischen Unternehmern und Gewerkschaften zu stabilisieren und gleichzeitig die Verhandlungen zwischen den gesellschaftlichen Akteuren auf das öffentliche Interesse hin zu orientieren. Lehmbruch spricht in diesem Zusammenhang von gesellschaftlicher „Selbstregelung“, die zum Instrument staatlicher Steuerung wird: „Bei dieser Instrumentalisierung der verbandlichen Selbstregelung ... beschränkt sich der Staat im Regelfall auf die Rolle dessen, der durch ‘political-organizational design’ die Weichen für die Internalisierung der Steuerungsvorgaben durch

---

330 Schmitter/Grote, Sisyphus, S. 535 ff

331 S. ebd., S. 549 ff

332 S. Lehmbruch, Der Beitrag, S. 740 m. w. N. und Schmitter/Grote, Sisyphus, S. 548. Die Verlagerung korporatistischer Steuerung hin zur Mesoebene ist auch das Ergebnis einer international vergleichenden Analyse sektoraler Regulierungen im Bereich der Wirtschaftspolitik von Franz Traxler (Regieren die Verbände?, S. 133 ff).

die ‘Selbstverwaltung’ zu stellen sucht.“[333] Gleiches gilt für die besonders in der Bundesrepublik auftretenden Formen institutionell-korporatistischer Regelungen in „staatsnahen Sektoren“ wie den Politikfeldern Gesundheits- und Wohlfahrtspolitik.[334]

Auf eine weitere – eher interessenpolitische – Variante staatlich ermöglichter gesellschaftlicher Selbstregelung verweist Roland Czada.[335] Anders als im Fall korporatistischer Konzertierung, wo der Staat versucht, die Repräsentanten bereits etablierter gesellschaftlicher Interessen in Aushandlungsprozessen auf gemeinsame Ziele zu verpflichten, bezieht sich Czada auf Fälle, in denen vom Staat Initiativen ausgehen, bestimmten gesellschaftlichen Interessenpositionen zunächst einmal zur Artikulation zu verhelfen und deren Repräsentation organisatorisch zu fördern. Hierbei kann die staatliche Initiative darauf abzielen, durch die Öffnung bestehender Repräsentationsstrukturen bislang nur schwach vertretenen Interessen den Zugang zu politikfeldrelevanten Arenen zu verschaffen oder durch die organisationelle Festigung bestehender Repräsentationsstrukturen zu einer „Schließung“ solcher Arenen gegenüber gesellschaftlichen Gegeninteressen beizutragen. Die Motivation der staatlichen Seite für eine derartige Förderung gesellschaftlicher Interessen besteht darin, die zur Politikformulierung erforderlichen gesellschaftlichen Ansprechpartner zu schaffen und „sich gewollt ihrem Einfluß zum Zwecke der konsensuellen Präferenzbildung auszusetzen.“[336] Derartige Strategien „propagandistischer Öffnung“ oder „protektionistischer Schließung“ werden von Czada als strategisches Wahlhandeln begriffen, das jeweils von institutionellen Rahmenbedingungen bestimmt wird. Zu welcher der beiden Strategien das politische System greift, hängt dabei von den jeweils gegebenen institutionellen Rahmenbedingungen ab.[337]

Zur Analyse dieser Formen staatlicher Interessenpolitik greift Czada auf die Ökonomische Theorie der Politik zurück und verweist auf die in Mancur Olsons Logik des kollektiven Handelns analysierten Probleme der Organisation kollektiver Interessen, die sich aus dem Kollektivgutcharakter konsensueller Lösungen und der Tendenz egoistisch-rationaler Akteure zum Trittbrettfahrerverhalten ableiten.[338] Dies wiederum behindert, insbesondere bei gleichstarken Akteuren, die sich in ökonomischer Konkurrenz befinden,

---

333 Lehmbruch, Der Beitrag, S. 744

334 S. hierzu Mayntz/Scharpf (Hrsg.), Gesellschaftliche Selbstregelung, sowie die dort enthaltenen Fallstudien.

335 S. Czada, Regierung und Verwaltung, S. 151 ff

336 Ebd., S. 162

337 S. ebd., S. 154, 167

338 S. ebd., S. 160, 169

die Gründung von Verbänden und Verbändenetzwerken bzw. macht die Mitgliedschaft in ihnen unattraktiv. Die von staatlicher Seite initiierte Organisation gesellschaftlicher Interessen wird daher vor allem durch die legitime Position staatlicher Akteure außerhalb der Konkurrenz der repräsentierten Interessen und das zur Verfügung stehende Zwangspotential (z. B. Zwangsmitgliedschaft) ermöglicht. Diese Hinwendung zur Theorie rationalen Handelns kann als Reaktion auf die mangelnde Aussage- und Erklärungskraft der verschiedenen makrotheoretischen Ansätze (Systemtheorie, Pluralismustheorie, Politische Ökonomie) innerhalb der staatstheoretischen Steuerungstheorie für die Analyse gesellschaftlicher Selbstregelungsstrukturen auf der Mesoebene interpretiert werden.[339] Insgesamt wird deutlich, daß sich diese mesotheoretisch orientierte Variante der empirischen Neokorporatismustheorie stark der policy-analytischen, netzwerkorientierten Steuerungstheorie annähert, die im übernächsten Abschnitt vorgestellt wird.

Abschließend kann man festhalten, daß der staatstheoretische Strang der Steuerungstheorie in seiner theoretischen wie auch seiner empirischen Variante insofern zu einer Relativierung des hierarchisch-kausalen Steuerungsverständnisses gelangt, als zunehmend alternative Formen politischer Steuerung modelliert und analysiert werden. Begrifflich führt diese Relativierung im staatstheoretischen Kontext jedoch nicht zu einer vollständigen Revision des hierarchisch-kausalen Steuerungsverständnisses, wie das folgende Zitat von Fritz W. Scharpf zeigt: „Es gibt keinen theoretischen Grund, die Möglichkeit einer absichtsvollen und im Sinne der eigenen Ziele erfolgreichen Intervention (oder wie sonst soll man 'Steuerung' definieren?)[340] der Politik in die Strukturen und Prozesse der Wirtschaft und anderer Funktionssysteme von vornherein auszuschließen, auch wenn deren potentielle Steuerbarkeit durch die dem Staat verfügbaren Instrumente erheblich variiert. ... Empirisch finden wir gewiß mehr Beispiele für Steuerungsverzichte und Steuerungsversagen als für den Erfolg von Steuerungsversuchen. Aber wenn es überhaupt Gegenbeispiele gibt, dann haben wir angesichts steigender Gefahren für den Bestand der Menschheit jedes Interesse, die Aufklärung der Bedingungen ihrer Möglichkeit nicht durch einen pauschalen und theoretisch unbegründeten Steuerungspessimismus vereiteln zu lassen."[341] Das Zitat zeigt einerseits, daß hier Steuerungsfähigkeit und Steuerbarkeit aus normativen Gründen postuliert werden und zum anderen, daß Steuerung als theoretischer Begriff eng mit dem Gemeinwohlauftrag des Staates

339 S. die Kritik von Czada, Regierung und Verwaltung, S. 169, Lehmbruch, Der Beitrag, S. 744 und Traxler, Regieren die Verbände?, S. 148

340 Scharpf übernimmt also explizit die Steuerungsdefinition von Mayntz.

341 Scharpf, Politische Steuerung, S. 18

verbunden und dabei nach wie vor mit hierarchischen Konnotationen („Intervention“) belegt wird.

Als weiteres Zwischenergebnis ist festzustellen, daß gesellschaftstheoretische Konzepte unter politischer Steuerung die verbandspolitische Abarbeitung etablierter Interessen innerhalb staatlich abgesteckter Rahmen verstehen. Dieser Ansatz etikettiert also vorrangig gesellschaftliche Interessenorganisationen als Steuerungssubjekte und verortet den Steuerungsprozeß in einem politisch institutionalisierten Entscheidungsarrangement. Damit wird zugleich die Bedeutung des – nur noch Rahmen setzenden oder Ziele artikulierenden – Staates in diesem Prozeß heruntergespielt. Das Konzept eines vornehmlich in der gesellschaftlichen Sphäre sich selbst regulierenden Politikverfertigungsprozesses ist eine Weiterführung des Pluralismus-Modells, das mit seinen Postulaten nach sozio-politischer Interessenorganisation, -artikulation oder -austragung das normative Leitbild für eine Verlagerung des Steuerungszentrums vom Staat auf die Gesellschaft geliefert hat. Was für das Leitbild das Gemeinwohl ist, nämlich das nachherige Ergebnis des Interessenausgleichs, ist für das Folgebild der spätere Steuerungserfolg. Steuerungsergebnis und -erfolg werden damit identisch, so daß derart selbstregulierte Steuerung stets als erfolgreich gelten muß. Die weniger puristische Variante, die staatliche Zielvorstellungen zur Meßlatte des Steuerungserfolgs macht, beharrt ebenfalls auf dem Leitbild; offen bleibt beispielsweise, warum und auf welche Weise staatliche Steuerungsziele vergesellschaftet werden.

2.3.3 Steuerungssoziologische Zugänge

Im folgenden werden mit den Ansätzen von W. Gotsch und J. Schimank zwei steuerungstheoretische Heuristiken vorgestellt, die zur begrifflichen und theoretischen Grundstruktur einer allgemeinen Theorie sozialer Steuerung beitragen können und damit über die engere Fragestellung politischer Steuerung hinausgehen.[342] Beide formulieren auf jeweils unterschiedliche

342 Der Begriff der „Heuristik“ läßt sich mit den Worten von Renate Mayntz und Fritz W. Scharpf näher bestimmen. Sie bezeichnen ihren Ansatz des „akteurszentrierten Institutionalismus“ explizit als Forschungsheuristik (Mayntz/Scharpf, Der Ansatz, S. 39) und verstehen darunter „ein der Erfassung und Ordnung empirischer Tatbestände dienendes Gerüst relativ allgemeiner Kategorien, die in der Regel auf einen bestimmten Typ von Erklärungsgegenständen zugeschnitten sind ... Dabei ist zu bedenken, daß Ansätze [im Sinn von Heuristik]

Weise einen soziologischen Steuerungsbegriff, der ohne staatstheoretisch-normative Verengungen der Vielfalt gesellschaftlicher und staatlicher Steuerungsformen gerecht zu werden sucht. Zudem handelt es sich um begrifflich konsistente Ansätze, die nicht unter der heterogenen Terminologie der dargestellten Typologien leiden.

Wilfried Gotschs modelltheoretisches Konstrukt „soziale Steuerung" zielt auf die Bestimmung allgemeiner soziologischer Merkmale von Steuerung, wie Gegenständen, Verlaufsmustern und Mechanismen der Interaktion der am Steuerungsprozeß beteiligten Akteure ab. Angesichts der erwähnten Defizite der ordnungstheoretischen und soziologischen Steuerungsdiskussion hinsichtlich der allgemeinen soziologischen Merkmale von Steuerung entwickelt Wilfried Gotsch ein modelltheoretisches Konstrukt „sozialer Steuerung".[343]

„Soziale Steuerung" liegt für Gotsch dann vor, „wenn Akteure in einer Weise miteinander integriert werden, daß Handlungs- und Wirkungsketten entstehen, die eine aktive Gestaltung von Adressatensystemen ermöglichen."[344] „Soziale Steuerung" wird dabei durch die drei Komponenten „formation", „control" und „impact" näher bestimmt, die den Steuerungsprozeß aus der Perspektive des Steuerungsakteurs beschreiben und jeweils eine soziale, zeitliche und sachliche Dimension aufweisen.

„Formation" meint die Konstituierung eines Steuerungsakteurs, was in der sozialen Dimension des Begriffs dessen Handlungsfähigkeit erfordert. Steuerungsakteure können demnach für Gotsch nur solche sozialen Systeme sein, die kollektiv entscheidungs- und bindungsfähig sind – also korporative Akteure wie Organisationen, Organisationsverbände, soziale Bewegungen und Gruppen, nicht aber individuelle Akteure oder soziale Teilsysteme wie z. B. das ökonomische System. In sachlicher Hinsicht erfordert die Formierung eines Steuerungsakteurs eine Programmfestlegung, d. h. das Vorliegen einer Gestaltungsintention sowie entsprechend verbindlicher Handlungskriterien. Idealtypisch gesehen umfassen Programme eine Problemdefinition, ein Zielsystem, Kausalannahmen über die Instrumentenwirkung, die Beschreibung von Implementationsträgern und -verfahrensweisen sowie die Festlegung des Adressatenkreises. In zeitlicher Hinsicht läßt sich die Formationskomponente (im Sinn eines zeitlichen Ablaufschemas) als Initiierungsphase sozialer Steuerung kennzeichnen.

---

zwar orientieren und auch theoretische Prämissen enthalten, aber selbst keine gegenstandsbezogene inhaltliche Theorie darstellen."

343 S. Gotsch, Soziale Steuerung, S. 27 ff

344 Ebd., S. 27

„Control“ bezeichnet in der Sozialdimension die Gewährleistung, daß die Steuerungsadressaten ihr Verhalten an den intendierten Sollwerten der vom Steuerungsakteur eingesetzten Programme ausrichten. Hierbei möchte Gotsch den Control-Begriff nicht auf einen bestimmten Instrumententyp beschränkt wissen; vielmehr kann Anschlußselektivität durch Macht, monetäre Anreize, Verhandlung etc. erzielt werden. Damit kann dieser Steuerungsbegriff in sozialer Hinsicht auch auf alle „Elementarformen sozialer Relationierung“, das sind Kommunikation, Koordination und Penetration, angewandt werden.[345] Gotsch begreift diese Elementarformen als analytische Konstrukte, die jeweils durch einen besonderen Selektionsstil gekennzeichnet sind. Kommunikationsbeziehungen basieren demnach auf der Auswahl, der Mitteilung und dem Verstehen von Information. Korrespondierende Steuerungsstrategien sind z. B. umweltpolitische Aufklärungsprogramme, die auf eine Verhaltensänderung der Adressaten durch die Veränderung von Wissensbeständen abzielen. Koordination hingegen beinhaltet die Auswahl einer Handlungsofferte, eine zugehörige Motivationsstrategie sowie die Akzeptanz der Offerte durch die Adressaten. Entsprechende Steuerungsstrategien bedienen sich rechtlicher Programme und monetärer Anreize. Penetration als Relationierungsform meint Aufbau und Entwicklung eines personalen oder sozialen Systems als Steuerungsziel und impliziert die Festlegung von Entwicklungszielen, die Anwendung von Entwicklungstechnologien sowie die Erweiterung der Problemlösungskapazitäten des Adressatensystems. Eine entsprechende Steuerungsstrategie ist etwa die Dienstleistungstätigkeit einer psycho-sozialen Beratungsstelle.

Die Sicherstellung von Anschlußselektivität kann sowohl durch operative als auch durch institutionelle Steuerung erreicht werden.[346] Operative Steuerung meint einen unmittelbaren Interaktionsprozeß zwischen Steuerungsakteur und Adressat. Sie kann einerseits über Sprache erfolgen, d. h. durch Konsens- oder Kompromißbildung. Operative Steuerung über Sprache eignet sich besonders für stark situationsgeprägte und komplexe Steuerungsprobleme, weist andererseits jedoch ein hohes Dissensrisiko auf. Die zweite Variante operativer Steuerung beruht auf der Verwendung generalisierter Kommunikationsmedien (z. B. Macht, Geld), durch die in Standardsituationen eine interaktive Handlungsabstimmung relativ zuverlässig gewährleistet werden kann. Ihre Grenzen findet operative Steuerung über Kommunikationsmedien in Steuerungssituationen, die durch die Relevanz spezifischer (lebensweltlicher) Symbolmuster komplexer sind.

345 S. ebd., S. 29

346 Zum folgenden ebd., S. 29 f

Institutionelle Steuerung „vollzieht sich über die präjudizierende Wirkung struktureller Rahmenbedingungen auf sich anschließende Handlungsprozesse".[347] Damit ist die Situationsdeutung ermöglichende und Verbindlichkeiten herstellende Wirkung struktureller Kontexte gemeint. Diese ermöglicht den Adressaten gerade durch die Einschränkung von Handlungsoptionen Orientierung und hilft auf diese Weise, Steuerungsprozesse dauerhaft zu implementieren. Auch hier unterscheidet Gotsch mit der lebensweltorientierten und der mediengestützten Variante zwei Formen institutioneller Steuerung. In der lebensweltorientierten Variante wirkt institutionelle Steuerung mittelbar über kulturell überlieferte Wissensbestände, soziale Zugehörigkeit und Integration sowie über personale Identitäten und Kompetenzen. So bilden im Fall psycho-sozialer Beratungsgruppen spezifische Wissensbestände, solidarische Bindungen und personale Kompetenzen die Grundlage der Steuerungsstrategie eines Beraters und gleichzeitig mögliche Ansatzpunkte institutioneller Steuerung bei den Adressaten. In ihrer mediengestützten Variante zielt institutionelle Steuerung auf die „Etablierung von verbindlichen Verfahrens- und Organisationsprinzipien für Entscheidungsprozesse."[348] Als „prozedurale Steuerung" versucht sie, Verlauf und Ergebnis von Entscheidungsprozessen „durch die Festlegung von Thematiken, Aufgabenstellungen, Akteurzusammensetzungen, Partizipationsrechten und -pflichten sowie durch zeitliche Vorgaben"[349] im voraus festzulegen. Prozedurale Steuerung (z. B. in Form der Gestaltung von Organisationsstrukturen) bildet dabei auch eine Vorbedingung für die kontinuierliche Wirkung bestimmter Steuerungsmedien wie z. B. des Machtmediums.

In der Sachdimension sozialer Steuerung meint Control die Anwendung von Programminhalten „im Sinne einer situativ angemessenen Anwendung von Regeln, einer Operationalisierung von Zwecken und einer Einhaltung von Verfahrensprinzipien in der Maßnahmengestaltung."[350] Den Implementeuren eines Programms bzw. deren Deutungsmustern und Einstellungen kommt dabei genauso eine aktive Gestaltungsfunktion zu wie den programmatischen Orientierungen der Steuerungsadressaten. In zeitlicher Perspektive erscheint die Control-Komponente als Implementationsphase eines Steuerungsprozesses.

Die Steuerungskomponente Impact bezeichnet den „Objektbereich von Steuerungsmaßnahmen"[351], der nach Gotsch von der Steuerungstheorie ex-

347 Ebd.
348 Ebd., S. 31
349 Ebd.
350 Ebd., S. 32
351 Ebd.

plizit als System begriffen wird. Ein Steuerungserfolg liegt dann vor, wenn im Adressatensystem, über die Veränderung einzelner Interaktionen hinaus, systembezogene Ordnungsleistungen erfolgen. Die Wirksamkeit sozialer Steuerung hängt dabei stets auch von der „Eigenreaktivität" des Systems ab.[352] Teil der Impact-Komponente ist die Evaluation der Steuerungsmaßnahme. Diese erfolgt durch einen über Rückkopplung vermittelten Lernprozess des Steuerungsakteurs bezüglich der Programmresultate und Implementationsverläufe. In zeitlicher Hinsicht bezeichnet die Impact-Komponente die Wirkungsphase sozialer Steuerung.

Memo W. Gotsch: Komponenten und Dimensionen sozialer Steuerung

Komponenten / Dimensionen	**Formation**	**Control**	**Impact**
sozial	Handlungsfähigkeit	Sicherstellen von Anschlußselektivität durch geeignete Instrumente und Verfahren sozialer Steuerung	systembezogene Ordnungsleistung
sachlich	Gestaltungsintention und Handlungskriterien → Programm	Anwendung von Programminhalten	Evaluation des Programms
zeitlich	Initiierungsphase	Implementationsphase	Wirkungsphase

Die im Rahmen dieser steuerungstheoretischen Heuristik entwickelten Kategorien können nun zur theoretischen und empirischen Analyse der sechs be-

352 Gotsch verweist in diesem Zusammenhang darauf, daß Steuerung im Fall selbstreferentieller bzw. autopoietischer Systeme stets die Beeinflussung von Selbstregulationsprozessen durch eine Variation der Systemumwelt meint (ebd., S. 32 f). Das hier angesprochene Steuerungsverständnis wird im Kapitel „Unkonventionelle Steuerungskonzepte" ausführlich diskutiert.

reits vorgestellten idealtypischen Steuerungsmechanismen bzw. ihrer realen Mischformen verwandt werden.

Uwe Schimanks Ansatz gehört in eine – am Kölner Max Planck Institut für Gesellschaftsforschung und in dessen Umkreis entwickelte – Reihe gesellschaftstheoretischer Arbeiten, in denen eine akteurstheoretische Reformulierung systemtheoretisch-makrotheoretischer Konzepte wie Funktionale Differenzierung und Autopoietische Geschlossenheit sozialer Teilsysteme vorgenommen wurde. Gleichzeitig wurde diese akteurstheoretische Perspektive auch für eine steuerungstheoretische Analyse nutzbar gemacht.[353] Hier wird der „Themenkatalog" des Soziologen und Politikwissenschaftlers U. Schimank vorgestellt, der auf akteurstheoretischer Grundlage Grundbegriffe und zentrale Fragestellungen einer möglichen Theorie soziopolitischer Steuerung formuliert.

Ausgangspunkt von Schimanks akteurstheoretischem Katalog möglicher Determinanten sozialer Steuerung[354] ist eine soziologische Definition von Steuerungshandeln als spezifischem Typ sozialen Handelns: „Soziale Steuerung ist ein doppelt indirektes zielorientiertes Handeln. Ein Steuerungsakteur führt den von ihm angestrebten Weltzustand dadurch herbei, daß er den strukturellen Kontext anderer Akteure so gestaltet, daß sie diesen Zustand herbeiführen."[355]

Soziale – und man kann ergänzen: auch politische – Steuerung erscheint demnach als komplexes Kausalgefüge: „ ... ein Steuerungsakteur [muß] zunächst einmal Akteure identifizieren, die als vermittelnde Akteure in Frage kommen, also den angestrebten Zustand erzeugen können. Sodann muß geklärt werden, in welche Richtung die relevanten Handlungsintentionen dieser Akteure gehen, um ermessen zu können, welche Richtungsänderung zur Erreichung des Steuerungsziels bewirkt werden muß. Schließlich müssen mögliche Ansatzpunkte dafür gefunden werden, die vermittelnden Akteure so zu beeinflussen, daß sie dem Steuerungsziel entsprechend handeln. Da die Beeinflussung über die Gestaltung des strukturellen Kontextes der vermittelnden Akteure geschieht, müssen dessen Wirkungen auf diese herausgefunden werden."[356]

Schimank konzipiert den Einfluß struktureller Kontexte auf das Akteurshandeln als Stufenmodell. Es werden drei Dimensionen sozialer Kontexte unterschieden, wobei jede Strukturebene den Akteuren spezifische Hand-

353 S. Mayntz, Funktionelle Teilsysteme u. Rosewitz/Schimank, Politische Steuerbarkeit sowie Schimank, Gesellschaftliche Teilsysteme u. Braun, Zur Steuerbarkeit

354 Schimank, Determinanten, S. 165 ff

355 Ebd., S. 167

356 Ebd.

lungsorientierungen vermittelt: So vermitteln soziale Teilsysteme evaluative („Wollens"-Vorstellungen), Institutionen normative („Sollens"-Vorstellungen) und Akteurskonstellationen wie z. B. Verhandlungsnetzwerke kognitive Handlungsorientierungen („Könnens"-Vorstellungen). Erst aufgrund dieser Handlungsorientierungen kann der Akteur eine adäquate Deutung der jeweiligen sozialen Situation vornehmen.[357] Jede Ebene der Handlungsorientierung spezifiziert und integriert dabei die nächstfolgende: „So geht das teilsystemisch geprägte 'Wollen' in das institutionell geprägte 'Sollen' und dieses schließlich in das durch die Akteurskonstellationen geprägte 'Können der Akteure' ein."[358] Alle drei Handlungsorientierungen zusammen ergeben die vollständige Handlungsprägung des Akteurs und damit die Voraussetzung für dessen Handeln.

Letzteres impliziert die Operationalisierung des Stufenmodells handlungsprägender Interaktionsbeziehungen. Dabei können sich auf jeder Stufe des Strukturmodells spezifische Steuerungsprobleme ergeben. So können auf der Ebene der teilsystemischen Orientierungen Steuerungssubjekt und -objekt nicht derselben teilsystemischen Logik folgen bzw. verschiedenen Teilsystemen angehören oder es kann eine Steuerung über die Grenzen der Teilsysteme hinweg erforderlich sein.[359] Solche Probleme versucht man dadurch zu lösen, daß der Steuerungsakteur gerade die teilsystemunspezifischen, „reflexiven" Interessen der Steuerungsadressaten anspricht.[360] Reflexive Interessen – wie Ausdehnung der eigenen Interessenrealisierung (finanziell, kompetenzbezogen), Dominanz in einer gegebenen Interessensphäre, Monopolisierung von Befugnissen in einer Interessensphäre – sind generalisierte und generalisierbare Akteurfiktionen[361]; sie ermöglichen es den beteiligten korporativen Akteuren, „eine gemeinsame Sprache" zu sprechen. Das Ansprechen reflexiver Interessen ist jedoch keine Garantie für den Steuerungserfolg: es kann durchaus der Fall sein, daß sich die reflexiven Interessen von Steuerungsakteur und -adressat nicht decken und somit ein offener Konflikt vorliegt.[362]

---

357 S. ebd., S. 168

358 Ebd., S. 172

359 Beim Konzept sozialer Teilsysteme im Sinn spezifischer Handlungsorientierungen handelt es sich um eine akteurstheoretische Reformulierung des makrosystemtheoretischen Konzeptes operational geschlossener Sozialsysteme von Niklas Luhmann. Luhmanns Systemkonzept wird in Kapitel 3 diskutiert.

360 S. ebd., S. 172 f

361 Vgl. Schimank, Gesellschaftliche Teilsysteme

362 Zu reflexiven Interessen als möglichen Steuerungsressourcen und -restriktionen s. auch Braun, Zur Steuerbarkeit, S. 207 f

Die auf der Mesoebene angesiedelten normativen Handlungsprägungen werden durch die dort vorhandenen institutionellen Strukturen und Entscheidungsverfahren nachhaltig beeinflußt. Die Institutionalisierung korporativer Akteure (z. B. in einem Policy-Netzwerk) erfolgt häufig durch staatlichen Sanktionsdruck, wenn dem politischen System die Existenz eines solchen Akteurs sinnvoll erscheint. Eine solche steuerungspolitisch erwünschte Institutionalisierung (z. B. zur Effektivierung der Politikformulierung oder -implementation bzw. zur Ausbildung eines Koordinationssystems) weist jedoch Ambivalenzen auf: Sie kann einerseits Beitrittsanreize für Nicht-Mitglieder schaffen (also integrierend wirken), aber auch zum „Trittbrettfahren" anreizen oder negative externe Effekte erzeugen.

Hinzu kommt, daß so geschaffene Steuerungsakteure selbst zu Steuerungshemmnissen werden können, wenn die beteiligten Akteure ihre reflexiven Interessen verletzt sehen. Dann aber kann gerade die aus Steuerungsgründen vorgenommene institutionelle Vernetzung korporativer Akteure deren Widerstandskraft und Einspruchsfähigkeit beträchtlich erhöhen. Ob und inwieweit dies der Fall ist, hängt von den jeweils institutionalisierten Entscheidungsverfahren ab. Ermöglichen diese zum Beispiel die Bildung von Vetopositionen, muß mit starken Steuerungsblockaden gerechnet werden.

Institutionelle Muster lassen jedoch stets Spielräume für kognitive Orientierungen, so z. B., wenn einem Akteur der Verstoß gegen institutionelle Regeln gewinnbringend erscheint. Auf dieser Ebene der Akteurskonstellationen spricht Schimank drei steuerungstheoretisch relevante Aspekte an: Verhandlungsstrukturen, Beziehungsdefinitionen und wechselseitige Erwartungsmuster.[363] Ist die Verhandlungsstruktur zum Beispiel durch ein „institutionalisiertes Kompetenzmonopol" geprägt, stellt sich die Steuerungssituation anders dar als wenn institutionelle Regelungen den Konsens aller relevanten Steuerungsakteure vorsehen. Hier können z. B. kumulierende Vetos zu einer „negativen Koordination" führen, die mit wohlfahrtstheoretischen Defiziten verbunden ist.[364]

Die Akteure können dabei ihre Beziehung untereinander gemäß verschiedener Beziehungsdefinitionen beurteilen. Schimank nennt die Typen „maximize own gain", „maximize joint gain", „maximize other's gain", „maximize other's loss"[365], wobei die direkten Folgen dieser Beziehungsmuster für

---

363 S. ebd., S. 183 f

364 S. hierzu den Abschnitt „Verhandlungssystemtheorie"

365 S. Schimank, a. a. O., S. 185. „Maximize own gain" meint egoistisch-rationale Nutzenmaximierung, „maximize joint gain" ist eine kooperative Einstellung, „maximize other's gain" ist altruistisch und „maximize other's loss" feindselig. Schimank schließt sich hier Fritz W. Scharpf an, der diese in sozialpsychologischen Experimenten (s. Kelley/Thibaut, Interpersonal

die jeweilige Steuerungssituation genauso steuerungstheoretisch relevant sind wie eine Analyse der Faktoren ihrer Entstehung, ihrer Interdependenz und des Wechsels von einem Muster zum anderen.[366] Steuerungstheoretisch interessant erscheinen dabei u. a. solche Konstellationen, in denen die am Steuerungsprozeß beteiligten Akteure nicht auf die stabilisierende Wirkung von teilsystemischen Orientierungen und institutionellen Regelungen zurückgreifen können, sondern selbst eine vertrauensbildende Interaktionsbeziehung entwickeln müssen. In diesem Fall können Steuerungsinteraktionen daran scheitern, daß der Adressat dem Steuerungsakteur bestimmte, aus seiner Sicht nutzbringende, Handlungen nicht zutraut und daher die Kooperation verweigert.

Das grundsätzliche Problem steuerungstheoretischer Theoriebildung und Analyse resultiert somit, wie Schimanks akteurszentrierter Ansatz zeigt, aus der zum Teil beträchtlichen empirischen Komplexität unterschiedlicher Steuerungssituationen, die sich aus der möglichen Interdependenz aller drei genannten Ebenen von Handlungsorientierungen und aus der möglicherweise erheblichen Varianz der steuerungsrelevanten Variablen auf jeder Ebene ergibt. Damit werden erhebliche Anforderungen an die Konsistenz und Flexibilität entsprechender steuerungstheoretischer Begriffssysteme gestellt. Gerade hinsichtlich dieser Aspekte erscheint die von Schimank vorgeschlagene steuerungstheoretische Heuristik als äußerst vielversprechend (siehe Memo S. 140).

Im nächsten Abschnitt wird mit der Policyanalyse der zweite zentrale Forschungsstrang politikwissenschaftlicher Steuerungstheorie vorgestellt. Der dritte, systemtheoretische, Forschungsstrang wird nach empirischen Analysen zur Steuerungspraxis in Kapitel 3 unter der Überschrift „Unkonventionelle Steuerungskonzepte“ vorgestellt.

Zwischenergebnis dieses Kapitels sind Forschungsheuristiken, die zur empirisch-analytischen Untersuchung verschiedenartiger Steuerungsereignisse anleiten wollen.

Relations) festgestellten Interaktionsorientierungen für die Modellierung des Akteursverhalten in Verhandlungsnetzwerken verwendet (s. Scharpf, Verhandlungssysteme, S. 74.; ders., Positive u. negative Koordination, S. 74).

366 S. ebd., S. 185 ff

Memo Stufenmodell von Schimank

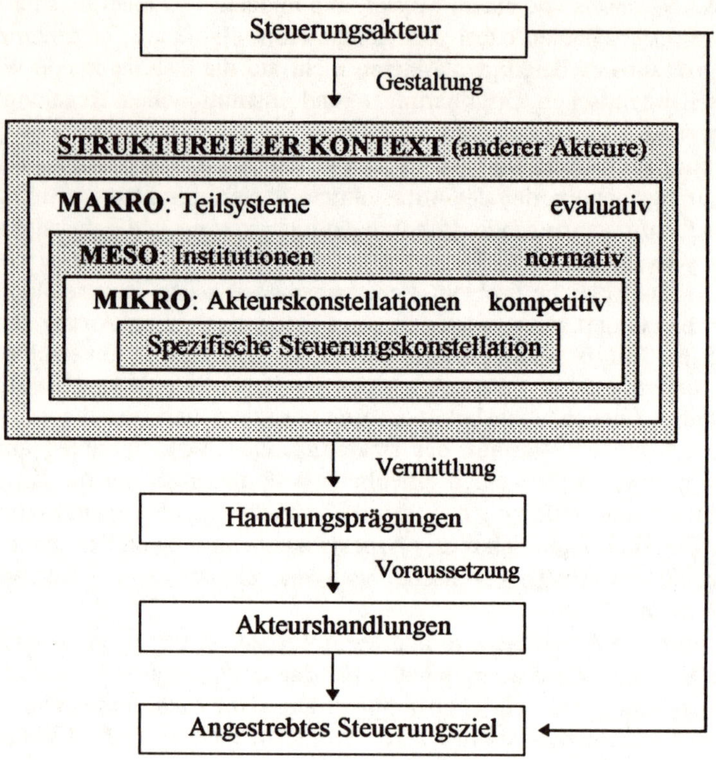

- Soziale Steuerung gestaltet den strukturellen Kontext der Steuerungsadressaten.
- Der strukturelle Kontext wirkt als Mehrebenenzusammenhang auf das Verhalten der Akteure ein.
- Auf jeder Ebene des strukturellen Kontextes ergeben sich spezifische Steuerungsprobleme.
- Die Interdependenz der Ebenen spiegelt sich in der Interdependenz der Steuerungsprobleme.

Die eine Heuristik stellt ein Kategoriengerüst zur Analyse idealtypisch ausgeformter Steuerungsmechanismen bereit. Es war bereits davon die Rede, daß die Forschungsarbeit mit Idealtypen methodologische Probleme aufwirft. Nicht minder problematisch mutet die Notwendigkeit an, das zugrunde liegende Modell theoretisch anzureichern und empirisch zu interpretieren, weil ein Realitätsanalogon wie „Formation“ oder „Control“ modelltheoretisch zu wenig fundiert erscheint: so fehlt beispielsweise eine Präzisierung relevanter Eigenschaften des jeweiligen Analogons ebenso wie ein Hypothesenset zum Nachvollzug eines Wirkungszusammenhangs zwischen solchen Eigenschaften.

Die andere Heuristik stellt einen Katalog möglicher Determinanten soziopolitischer Steuerung zur Verfügung. Zum Forschungsproblem wird hier das unterstellte komplexe Wirkungsgefüge in und zwischen Determinanten, zu dessen theoretischer Abarbeitung, etwa mit Hilfe von Institutions-, Kognitions- oder Handlungstheorie, keine detaillierte Arbeitsanleitung mitgeliefert wird. Allerdings sind beide Heuristiken den zuvor abgehandelten Typologien vorzuziehen, weil hier eine theoriegeleitete Aufarbeitung der Steuerungsproblematik in Angriff genommen wird. Auf diese Weise wird der richtige Schritt in Richtung auf eine praktikable Steuerungstheorie getan.

2.4 Policy-analytische Konzepte

2.4.1 Prozeßmodelle

In der policy-analytischen Steuerungsdiskussion lassen sich mit dem Policy-Making-Modell, dem Policy-Zyklus-Modell und dem Netzwerk-Modell drei verschiedene Steuerungskonzepte unterscheiden. Die einzelnen Modelle bilden jeweils unterschiedliche Dimensionen des Steuerungsprozesses ab, wobei die Komplexität der Darstellung von Modell zu Modell zunimmt. Dies bedeutet jedoch nicht, daß sich auch das den Modellen zugrunde liegende Verständnis von Steuerung wandelt. So beruht das bereits dargestellte Policy-Making-Modell, das die policy-analytische Grundlage der politischen Planungskonzepte bildet, auf dem erläuterten hierarchischen Steuerungsverständnis: Dem Policy-Making-System wird die Fähigkeit zugeschrieben, die als steuerbar betrachteten gesellschaftlichen Probleme mit Hilfe geeigneter Policies im Rahmen eines top-down-Steuerungsprozesses zu lösen.

Gleiches gilt für das Policy-Zyklus-Modell; die hier eingeführten begrifflichen Neuerungen sind nur als Modifikationen innerhalb dieses Steuerungsverständnisses zu verstehen. Erst beim Netzwerkmodell ist ein Bruch mit diesem traditionellen Steuerungsbegriff zu erkennen, ohne daß allerdings eindeutige Konsequenzen gezogen werden. Die Entwicklung des policy-analytischen Strangs politikwissenschaftlicher Steuerungstheorie läßt sich somit am Übergang vom Policy-Zyklus-Modell hin zum Netzwerk-Modell darstellen.

Während sich das Policy-Making-Modell auf die Darstellung der wichtigsten Determinanten des Policy-Making-Prozesses beschränkt, weist der Policy-Zyklus darüber hinaus eine zeitliche Dimension auf: Policy-Making wird nun als dynamischer, in verschiedene Phasen bzw. Sequenzen gegliederter und rückgekoppelter Problemlösungsprozeß begriffen.[367] Somit erweist sich das Policy-Zyklus-Modell komplexer als das Policy-Making-Modell: zwar teilen beide das traditionelle Steuerungsverständnis, aber während im Policy-Making-Modell Steuerung als einmaliger Vorgang begriffen wird, bildet das Zyklus-Modell Steuerung als fortlaufenden, rückgekoppelten Prozeß ab, der durch das Feedback politisches Lernen ermöglicht.[368]

Das Policy-Zyklus-Modell existiert mittlerweile in verschiedenen Varianten, die sich hinsichtlich der Zahl, Abfolge und Benennung der einzelnen Phasen zum Teil erheblich unterscheiden.[369] Hier wird die Version von Brewer/de Leon vorgestellt, die sich in der Policy-Forschung inzwischen weitgehend durchgesetzt hat. Der Policy-Zyklus weist demnach folgende Phasen auf:[370]

a) Initiation (Problemwahrnehmung)[371]

Am Anfang des politischen Prozesses steht die Wahrnehmung eines von der Öffentlichkeit (gesellschaftliche Gruppen, Parteien, Medien) artikulierten Problems als lösungsbedürftiges und prinzipiell lösbares „political Issue". Damit ergeht an die Akteure des politischen Systems die Aufforderung, „politisch und administrativ zu handeln und Lösungsvorschläge zu entwickeln." [372] Handlungsrelevant wird das „political Issue" jedoch erst, wenn es durch Aushandlungsprozesse auf die Liste der entscheidungsbedürftigen Themen gelangt ist („agenda-setting").

b) Estimation (Vorabschätzung von Handlungsalternativen)

In der Estimations-Phase wird das nun als handlungsrelevant eingeschätzte Policy-Problem im Hinblick auf die verschiedenen zur Verfügung stehenden Lösungsalternativen sowie deren Kosten-Nutzen-Relationen hin analysiert;

367 Schubert, Politikfeldanalyse, S. 69

368 Vgl. Prittwitz, Politikanalyse, S. 53

369 Vgl. die Synopse verschiedener Zyklusmodelle von Löbler in Schubert, a. a. O., S. 70

370 nach Schubert, Politikfeldanalyse, S. 71 ff

371 Die deutschen Entsprechungen stammen von Prittwitz, Katastrophenparadox, S. 95

372 Windhoff-Héritier, Policy-Analyse, S. 69

die Problemlösungen werden mit Hilfe ökonomischer Planungsverfahren optimiert und konkretisiert.

c) Selection (Programmbildung)

In der Selections-Phase findet die endgültige Entscheidung für eine Handlungsalternative statt, die nun als mehr oder weniger konkretes Handlungsprogramm mit Zielangaben und Strategien vorliegt.[373] Die Durchführung einer bestimmten Policy wird meist durch Aushandlungsprozesse zwischen den relevanten politischen und gesellschaftlichen Akteuren beschlossen. Dabei führen widerstreitende Interessen häufig dazu, daß Policies als bloße Rahmenprogramme verabschiedet werden, deren Details erst im Zuge der Implementation festgelegt werden.[374]

d) Implementation (Programmvollzug)

Implementation meint die Umsetzung der beschlossenen Programme in konkrete Maßnahmen. Während idealtypisch „von einer vollständigen und sinngemäß genauen Umsetzung des Programms in praktisches Handeln“[375] ausgegangen wird, ist faktisch zu erwarten, daß in dieser Phase aufgrund der mangelnden Bestimmtheit von Rahmenprogrammen, sich verändernder Bedingungen und aus Akzeptanzschwierigkeiten resultierenden Bargaining-Prozessen noch beträchtliche Veränderungen der Maßnahmen gegenüber dem ursprünglichen Programm stattfinden.

e) Evaluation (Wirkungskontrolle)

In der Evaluationsphase wird überprüft, inwiefern eine durchgeführte Maßnahme (oder bestimmte Teile von ihr) erfolgreich waren. Die Evaluation wird von der zuständigen Behörde oder auch von wissenschaftlicher Seite durchgeführt; dabei sind verschiedene Indikatoren und Kriterien anwendbar: So kann der „Output“, der „Impact“ oder der „Outcome“ der Maßnahme hinsichtlich intendierter bzw. nicht intendierter Wirkungen untersucht werden, kann ein Kosten-/Nutzen-Vergleich oder das Ausmaß der Zielerreichung als Bewertungsgrundlage dienen.

f) Termination (Handlungskontrolle/Politisches Lernen)

Termination im Sinne von Beendigung einer Policy kommt in der Realität selten vor, häufiger ist darunter die Veränderung oder Neugestaltung eines Programms zu verstehen. Etwas allgemeiner gefaßt, kann man die Terminationsphase auch als Phase politischen Lernens bezeichnen, in der dann – je nach Ergebnis der Evaluation – unterschiedlich reagiert wird (Verstär-

---

373 Vgl. Prittwitz, Katastrophenparadox, S. 96. Zur näheren Charakterisierung politischer Programme siehe z. B. Schubert, Politikfeldanalyse, S. 162 f

374 Vgl. Windhoff-Héritier, Policy-Analyse, S. 83

375 Vgl. Prittwitz, Katastrophenparadox, S. 96

kung erfolgversprechender Maßnahmen, Veränderung oder Einstellung erfolgloser Strategien, Imitation erfolgreicher Programme etc.).[376]

Das Policy-Zyklus-Modell ermöglicht es also, Policy-Making als rückgekoppelten Prozeß zu begreifen. Allerdings stellt es kein theoretisches Modell im strengen Sinn dar; weder wird die Abfolge der einzelnen Phasen theoretisch begründet noch werden Hypothesen im Hinblick auf Faktoren formuliert, die den Übergang von einer Phase des Policy-Prozesses zur nächsten verursachen.[377] Folglich handelt es sich beim Policy-Zyklus lediglich um eine Heuristik, die mit ihrer sequentiellen Aufgliederung des Policy-Prozesses als Grundlage für empirische Forschungen zu den einzelnen Phasen wie Politikformulierung, Implementation oder Evaluation geeignet ist.[378] (Siehe dazu Memo S. 145.)

Insbesondere die zahlreichen Implementationsstudien[379] zeigen jedoch, daß die Wirklichkeit des Policy-Making nicht dem starren Ablaufschema des Zyklusmodells entspricht, sondern sich einzelne Phasen überlappen können: „So beeinflussen die Evaluationen existierender Programme oft das Agenda-Setting, und die Politikgestaltung vollzieht sich als ein bürokratischer Versuch, eine vage Gesetzgebung zu implementieren.“[380] In diesem Fall hängt die endgültige Formulierung und Durchführung des Programms von der Koordination verschiedener staatlicher und gesellschaftlicher Implementationsakteure (wie Vollzugsbehörden und Programmadressaten) ab, deren jeweilige Kooperation häufig nur durch aufwendige und langwierige Aushandlungs- und Konfliktlösungsprozesse gewonnen werden kann. Die staatlichen Vollzugsbehörden sind dabei keineswegs als bloße Instrumente der Implementation[381] zu betrachten; es ist vielmehr durchaus möglich, daß deren langfristige Organisationsinteressen (wie etwa Ressourcenvermehrung, Bestandssicherung oder Kompetenzausweitung) der planmäßigen und effektiven Durchführung des Programms entgegenstehen.

---

376 Vgl. Prittwitz, Katastrophenparadox, S. 98; ders., Politikanalyse, S. 60 f

377 Schubert, Politikfeldanalyse, S. 78; Sabatier, Advocacy, S. 118

378 Beispiele zur Implementations- und Evaluationsforschung finden sich z. B. bei Schubert, Politikfeldanalyse, S. 82 f sowie in Kap. 2.5

379 S. Mayntz, Implementation; Mayntz, Implementation II; Wollmann (Hrsg.), Dickicht, sowie Kap. 2.5.2

380 Sabatier, Advocacy, S. 117. Faktisch liegt also keine top-down-, sondern eine bottom-up-Implementation vor. (Vgl. Prittwitz, Politikanalyse, S. 60)

381 Mayntz, Implementation, S. 12

Memo Policy-Zyklus-Modell

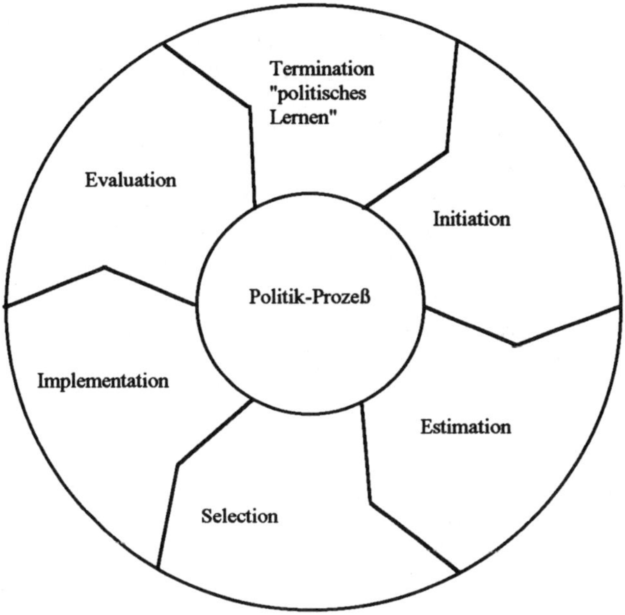

- Steuerung versteht sich als rückgekoppelter, sequentieller Problemlösungsprozeß mit den Phasen Initiation, Estimation, Selection, Implementation, Evaluation und Termination.
- Politisches Lernen findet ausschließlich in der Terminationsphase statt.
- Der Policy-Zyklus ist eine Heuristik und kein reales Modell des Steuerungsablaufs.
- Steuerungstheoretisch gesehen liegt dem Policy-Zyklus-Modell ein linear-hierarchisches Steuerungsverständnis zugrunde.

Weiterhin werden die durchführenden Instanzen häufig gegenüber den Programmadressaten zu einschneidenden Kompromissen hinsichtlich der Programmgestaltung bzw. -durchführung gezwungen. Dies ist insbesondere der Fall, wenn die Vollzugsinstanzen über eine schwächere Ressourcenausstattung (Personal, Finanzen, Information) verfügen als die Programmadressaten oder diese in der Lage sind, sich angesichts der geplanten Maßnahme der Unterstützung anderer Instanzen des politischen Systems zu versichern, um so die Implementation des Programms zu blockieren.[382] Beispielsweise sind in Politikfeldern wie Umweltschutz- oder Technologiepolitik die staatlichen Akteure angesichts der Komplexität der Problemstellungen häufig auf das Spezialwissen der Adressaten angewiesen, so daß deren Kooperationsbereitschaft durch Anreiz- und Leistungsprogramme gefördert werden muß. Im letzteren Fall kann bei besonders hartnäckigem Widerstand der Adressaten (z. B. im Zusammenhang mit Umverteilungsprogrammen) und schwacher Position der Verwaltungsbehörden die Kompromißbereitschaft der durchführenden Instanzen sogar bis zum Eingriffsverzicht reichen.

Seit Beginn der achtziger Jahre wurde daher zunehmend Kritik am Realitätsgehalt des Policy-Zyklus-Modells geübt. Es war nicht zu übersehen, daß die Empirie des Policy-Prozesses nicht mit den analytischen Postulaten des Modells übereinstimmte. Es zeigte sich, daß die vom Modell suggerierte Isolierbarkeit und linear-zeitliche Struktur von Policy-Prozessen genausowenig der Realität entspricht wie die eindeutige Zuordenbarkeit von Policy-Instrumenten und ihren spezifischen Wirkungen.

Empirische Implementationsstudien zeigen, daß eine eindeutige, kausale Zuordnung von Instrumententypen und Wirkungen nicht vorgenommen werden kann. Vielmehr wirken „staatliche Handlungsvorgaben ... in ein vielschichtiges Handlungsfeld staatlicher und privater Akteure hinein, diese gehen vor dem Hintergrund ihrer eigenen Ziele und Strategien mit den staatlichen Vorgaben um – seien es Gebote, Verbote, Anreize, Überzeugungsversuche – und passen sie in einem Prozeß des wechselseitigen Lernens an konkrete Handlungssituationen an."[383] Eine adäquate Analyse von Instrumentenwirkungen muß daher „das Zusammenwirken von Akteurzielen und Strategien in bestimmten Politikfeldern unter den Bedingungen staatlicher Handlungsvorgaben sorgfältig ... rekonstruieren, um zu Aussagen darüber zu kommen, warum in einem spezifischen sachlichen, politischen und sozioökonomischen Kontext die Verwendung eines bestimmten Instrumentes zur Erreichung eines Policy-Zieles mehr oder weniger erfolgreich war."[384] Mechanistische Empfehlungen über die Anwendung spezifischer Policy-Instrumente („Will man X erreichen, verwende man Y") sind folglich fehl am Platz.[385]

382 Ebd., S. 13
383 Héritier, Wirksamkeitsbedingungen, S. 89
384 Ebd.
385 S. ebd.

Weiterhin sind Policies keine statischen Einheiten, sondern inhaltlichem und institutionellem Wandel unterworfen. Sie müssen daher „als 'moving targets' betrachtet werden, die sich im Verlauf ihrer 'Lebensdauer' entwikkeln und verändern. Auch die Akteure/Organisationen, die Programme gestalten und durchführen oder deren Letztadressaten sind, haben keine fixen Handlungsmotive, mit denen die staatliche Steuerung über längere Zeit hinweg als Konstanten rechnen kann. Ihre Ziele sind vielmehr ambivalent, ihre Präferenzen verändern sich. Ebenso unterliegt die politische Koalition, von der eine Politik bei ihrer Verabschiedung getragen wird, einem Wandel. Sie umfaßt in der Regel eine Vielfalt von Akteuren und Organisationen, die sich nur zusammenfindet, wenn es gilt, die Maßnahme zu verabschieden. Sie sind keine Einrichtungen für die Ewigkeit, neue Konflikte entstehen und neue Akteure treten in den Vordergrund, wenn die Einzelheiten der Durchführung festzulegen sind. Mit anderen Worten, das politische Fundament einer Policy ist häufig brüchig."[386]

Auch hinsichtlich der Verflechtung von Policies erweist sich die Realität des Policy-Making als weitaus komplexer, als es das Zyklus-Modell nahelegt: Angesichts der Ausweitung der staatlichen Tätigkeit und der damit einhergehenden Zunahme der Regelungsdichte gibt es immer mehr staatliche Policies, zwischen denen sich inhaltliche, sequentielle (zeitliche) und kumulative Wechselwirkungen ergeben.[387] Diese führen häufig zu unerwünschten externen Wirkungen und damit zu Abstimmungsproblemen in Form von schwer kontrollierbaren Verstärkungs- oder Aufhebungseffekten. Derartige „Overspill-Effekte machen ihrerseits neue politische Maßnahmen erforderlich, d. h. Policies generieren sich fortlaufend weiter."[388] Eine adäquate Analyse muß folglich die institutionelle Geschichte und Verankerung jeweiliger Policies mitberücksichtigen. Durch die zunehmende Internationalisierung einzelner Politikfelder und die Verlagerung von Entscheidungskompetenzen auf die Europäische Union verstärken sich die Verflechtungseffekte zwischen der subnationalen, nationalen, supranationalen und der internationalen Politikebene.[389]

386 Héritier (Hrsg.), Policy-Analyse, S. 13 mit Verweis auf Nakamura; The Textbook Policy Process and Implementation Research, S. 148

387 Héritier, ebd.

388 Ebd.

389 S. ebd. mit Verweis auf Schumann, EG-Forschung und Policy-Analyse sowie Scharpf, Die Handlungsfähigkeit des Staates am Ende des zwanzigsten Jahrhunderts. Ein Beispiel für die Verflechtung von Policy-Formulierungsprozessen zwischen der nationalen und der EG-Ebene zeigt die unten vorgestellte Studie zum Werdegang des Chemikaliengesetzes von Volker Schneider.

Es zeigt sich also in verschiedener Hinsicht, daß das hinter dem Policy-Zyklus-Modell stehende Steuerungsverständnis einer „klaren hierarchischen Beziehung zwischen der politischen Spitze, die die Ziele setzt, der Verwaltung als bürokratischer Stab ... die Programme vollzieht, und den Adressaten, die sich am Ende normkonform verhalten sollen“[390], der Realität des Policy-Prozesses so gut wie überhaupt nicht entspricht. Dieser Prozeß vollzieht sich vielmehr als komplexes Muster in einem dichten Netzwerk aus staatlichen und nicht-staatlichen Organisationen (wie z. B. Interessen- bzw. Berufsverbänden), das nur teilweise durch hierarchische Beziehungen gekennzeichnet ist und die Steuerungsfähigkeit der politischen Akteure sowie den Steuerungserfolg der Maßnahmen erheblich einschränken kann.

Trotz dieser dem Modell offensichtlich widersprechenden Forschungsergebnisse der Implementations- und Evaluationsforschung hielt sich der Policy-Zyklus als Basismodell der Policy-Forschung lange. Seine Bedeutung wurde erst mit dem Aufkommen netzwerkanalytischer Konzepte relativiert.

2.4.2 Netzwerkmodelle

Das Netzwerkmodell erweist sich zur Darstellung des Steuerungsprozesses als das komplexeste der hier vorgestellten Modelle. Während das Zyklus-Modell das Bild vom Policy-Making-Prozeß um die zeitliche Dimension bereichert, ergibt sich durch das Netzwerk-Modell eine horizontale Erweiterung der Darstellung: Ausgangspunkt der Netzwerkanalyse ist die (empirische) Feststellung, daß sich der Policy-Prozeß nicht mehr in erster Linie entlang den verfassungsrechtlich vorgegebenen bürokratischen Hierarchiestrukturen vollzieht, sondern als komplexes Prozeßmuster in einem interdependenten Akteursgeflecht abläuft.

Demnach werden Policy-Netzwerke charakterisiert als „überwiegend informelle ... Interaktion zwischen Akteuren, meist Organisationen oder Einzelpersonen (als Mitglieder von Organisationen) mit unterschiedlichen, aber wechselseitig abhängigen Interessen ..., die ein gemeinsames Handlungsproblem auf einer dezentralen, nicht hierarchischen Ebene bearbeiten. Ein Policy-Netzwerk ist ‘ein sektorales System der Interessenvermittlung zwischen staatlichen und privaten Akteuren ..., welches durch Institutionen und eingeschliffene Verhaltensmuster einen gewissen Grad an interaktiver und struktureller Stabilität erlangt’ ... Die Netzwerk-Akteure interagieren auf der

390 Mayntz, Implementation, S. 11

Basis einer relativen Autonomie mit anderen Netzwerk-Akteuren ..., auch wenn sie im Rahmen einer formal hierarchischen Organisation zusammenwirken .... Dies schließt jedoch asymmetrische Beziehungen oder Machtbeziehungen zwischen den Akteuren nicht aus ... die sich aus der Verfügung über unterschiedliche Ressourcen ergeben."[391] Hinsichtlich ihrer Offenheit gegenüber externen Akteuren können Netzwerke von abgeschlossenen „iron triangles" oder „Policy Communities" bis zu sehr locker geknüpften, nur thematisch verankerten Strukturen sog. „Issue-Networks"[392] reichen, die im Hinblick auf die Akteure eine hohe Fluktuation aufweisen. So unterscheiden sich beispielsweise die am Entscheidungsprozeß beteiligten Netzwerkakteure in der Formulierungs- und der Implementationsphase derselben Policy oft erheblich.

Beim Policy-Netzwerk-Modell handelt es sich also zunächst um ein reales Modell bzw. ein empirisches Relativ, das tatsächliche Veränderungen in der politischen Regierungs- und Entscheidungsstruktur moderner Demokratien widerspiegelt.[393] Als Ursachen für diesen Wandel weg von hierarchischen Politikformulierungs- und Implementationsstrukturen nennen Kenis und Schneider u. a. folgende Faktoren[394]:

- den wachsenden Einfluß korporativer Akteure (Organisationen) auf politische und gesellschaftliche Prozesse;
- eine zunehmende Sektoralisierung und funktionale Differenzierung der Gesellschaft;
- die immer größer werdende Anzahl sozialer und politischer Akteure, die sich am Policy-Making-Prozeß beteiligen (Phänomen des „overcrowded policy making");
- ein Mißverhältnis zwischen der zunehmenden Reichweite staatlicher Policies und den dafür zur Verfügung stehenden Ressourcen;
- die allgemeine Auflösung der Grenzen zwischen dem privaten und dem öffentlichen Sektor, die u. a. in der zunehmenden Delegation staatlicher Aufgaben an gesellschaftliche Selbstverwaltungsstrukturen zum Ausdruck kommt.

Angesichts dieser Veränderungen staatlicher Entscheidungsstrukturen ist politische Steuerung nur noch durch interorganisatorische Netzwerke mög-

---

391 Héritier, Policy-Netzwerkanalyse, S. 432 f

392 Pappi, Policy-Netze, S. 89

393 Ein reales Modell ist eine in qualitativer Sprache abgefaßte, abstrahierende Darstellung eines bestimmten Wirklichkeitsausschnitts, die Aussagen über reale Gegenstände enthält. Werden dieser analytischen Darstellung empirische Aussagen über den Realitätsausschnitt zugeordnet, entsteht ein empirisches Relativ.

394 S. Kenis/Schneider, Policy Networks, S. 34 f

lich[395]; nur sie können – als kollektive Akteure – die zur Durchführung komplexer Policies erforderliche Mobilisierung und Bündelung der notwendigen Ressourcen wie Information, Expertenwissen, Vertrauen etc. bewerkstelligen.[396] Dies gilt vor allem für die Implementationsphase des Policy-Making. Die hierzu notwendigen Aushandlungsprozesse vollziehen sich in einer – jeweils empirisch zu bestimmenden – Mischung aus marktwirtschaftlichen, bürokratischen und korporatistischen Strukturmustern. So vereinen Netzwerke als Steuerungsformen sui generis „auf der einen Seite das für Märkte typische Vorhandensein einer Vielzahl von autonom Handelnden ... und auf der anderen Seite die für Hierarchien typische Fähigkeit, gewählte Ziele durch koordiniertes Handeln zu verfolgen."[397]

Zusätzlich zu seiner Funktion als allgemeines empirisches Relativ von Policy-Strukturen dient der Netzwerkansatz auch als Grundlage verschiedener policy-analytischer Teilkonzepte. Hierbei handelt es sich um eigenständige reale Modelle, die angesichts spezifischer Teilprobleme des Policy-Prozesses auf eine theoretische Bestimmung der jeweils relevanten Variablen der netzwerkinternen Handlungs- und Prozeßlogik abzielen.[398] In den nächsten Abschnitten werden mit dem Policy-Window-Modell von John Kingdon, der Verhandlungssystemtheorie von Fritz Scharpf und dem Advocacy-Coalition-Modell von Paul Sabatier drei solcher policy-analytischer Teilkonzepte vorgestellt.

John W. Kingdon: Das Policy-Window-Modell des Agenda-Setting

Ausgangspunkt für das Policy-Window-Modell von John W. Kingdon ist das von Michael D. Cohen, James G. March and Johan P. Olsen entwickelte organisationstheoretische Garbage-Can-Modell. Kingdon adaptiert dieses Modell für die Analyse des Agenda-Setting-Prozesses der US-amerikanischen Bundesregierung in den Politikfeldern Gesundheit und Transport/ Verkehr.[399] Hierbei dient das Modell zur Systematisierung der aus der empirischen Analyse gewonnenen Erkenntnisse über den Prozeß der Agendabildung.[400]

---

395 S. Pappi, Policy-Netze, S. 88; Kenis/Schneider, Policy Networks, S. 42 f; Marin, Generalized Political Exchange, S. 14

396 S. Kenis/Schneider, Policy Networks, S. 41 f

397 Mayntz, Policy-Netzwerke, S. 44

398 S. Mayntz, Policy-Netzwerke, S. 45; Auf die Netzwerkanalyse als Methode zur empirischen Feststellung der an einem Netzwerk beteiligten Akteure bzw. ihrer Beziehungen wird hier nicht eingegangen. S. hierzu Pappi, Policy-Netze; Pappi, Methoden der Netzwerkanalyse

399 S. Kingdon, Agendas, S. 4 f und Cohen/March/Olsen, Garbage Can

400 S. Kingdon, Agendas, S. 88 f

Das Garbage-Can-Modell von Cohen/March/Olsen analysiert Entscheidungsprozesse in „organisierten Anarchien“ wie z. B. Universitäten.[401] Organisierte Anarchien sind zum einen durch problematische Präferenzen gekennzeichnet, d. h. sowohl die einzelnen Organisationsmitglieder als auch die Organisation insgesamt verfügen meistens nicht über klar definierte Präferenzen. Eine Organisation erscheint folglich als „a loose collection of ideas [rather than] as coherent structure; it discovers preferences through action more than it acts on the basis of preferences.“[402] Ein weiteres Kennzeichen solcher Organisationen ist ihre „unklare Technologie“. So kennen die Organisationsmitglieder zwar ihre eigenen Aufgaben und die Ziele der Organisation insgesamt, Unklarheit besteht jedoch darüber, in welchem genauen funktionalen Zusammenhang ihre Tätigkeit mit der Gesamtorganisation steht. Schließlich weisen organisierte Anarchien eine unstete Partizipation ihrer Mitglieder auf. Dadurch sind die Organisationsgrenzen nach außen fließend, und mit dem wechselnden Personal schwankt auch der Zeit- und Arbeitsaufwand, der für die Erfüllung der jeweiligen Aufgaben geleistet wird. Angesichts dieser Charakteristika organisierter Anarchien stellt sich nun die Frage „ ... how organizations survive when they do not know what they are doing.“[403]

Nach Cohen/March/Olsen werden solche Organisationen von vier verschiedenen Strömen durchzogen:[404] Problemen, Lösungen, Teilnehmern und Wahlmöglichkeiten, die zu Entscheidungen führen können. Diese Ströme folgen ihrer eigenen Dynamik und sind weitgehend unverbunden. Die organisatorische Entscheidungsfindung erfolgt also nicht (wie von den normativen Entscheidungstheorien vorgesehen) als rationale Suche nach Lösungen angesichts vorhandener Probleme und gegebener Präferenzen.[405] Vielmehr erscheint die Entscheidungsstruktur einer organisierten Anarchie als „collection of choices looking for problems, issues and feelings looking for decisions situations in which they might be aired, solutions looking for issues to which they might be an answer, and decision makers looking for work.“[406]

Eine Wahlmöglichkeit erscheint somit als „garbage can“, die von den Teilnehmern mit den von ihnen festgestellten Problemen und formulierten Lösungen gefüllt wird. Im Kontext von Wahlmöglichkeiten findet eine

401 Cohen/March/Olsen, Garbage Can, S. 1 f
402 Kingdon, Agendas, S. 89
403 Cohen/March/Olsen, Garbage Can, S. 11
404 S. ebd., S. 3 ff
405 S. ebd., S. 2, vgl. hierzu die Diskussion der entscheidungstheoretischen Planungskonzepte im Kapitel Politische Planung.
406 Ebd.

kurzzeitige Kopplung aller vier Ströme statt, und wenn Lösungen, Probleme und Entscheidungsakteure zusammenpassen, können aus ihnen Entscheidungen resultieren,[407] und zwar je nach dem gerade vorhandenen „Inhalt der Mülltonne" und dessen Verarbeitung durch die Akteure.[408] Gelingt es nicht, die Ströme im Rahmen einer Wahlmöglichkeit zusammenzuführen, findet keine Entscheidung statt: das Problem bleibt ungelöst und „wandert" zusammen mit den Lösungen und den Teilnehmern zur nächsten Wahlmöglichkeit weiter.[409]

Ausgangspunkt von Kingdons Adaption des Garbage-Can-Modells ist seine Charakterisierung der US-Bundesregierung als „organisierte Anarchie" mit den genannten Merkmalen.[410] Durch Anpassung des Modells an seine Untersuchungsergebnisse entwickelt Kingdon das sogenannte Policy-Window-Modell als reales Modell des Agenda-Setting-Prozesses.[411]

Unter Agenda bzw. Agenda-setting versteht Kingdon „the list of subjects or problems to which governmental officials, and people of government closely associated with those officials, are paying some serious attention at any given time ... The agenda-setting process narrows this set that actually becomes the focus of attention."[412] „Governmental agenda" bezeichnet hierbei die Liste aller Themen und Probleme, die die Aufmerksamkeit der Regierung finden, während die „decision agenda" von jenen Themen gebildet wird, die zur Entscheidung anstehen.[413] Neben der Agenda werden von Seiten der Regierung Handlungsalternativen formuliert und mit den Problemen der Agenda in Verbindung gebracht. Auch hier wird die Anzahl möglicher Alternativen auf jene eingeschränkt, die ernsthaft in Betracht gezogen werden. Agenda und Alternativen werden meistens von unterschiedlichen Akteuren und in getrennten Prozessen formuliert. Agenda-Setting und die Bestimmung der Handlungsalternativen bilden die erste Phase des Policy-Making-Prozesses, an die sich die autoritative Auswahl einer Alternative durch die Legislative oder den Präsidenten und die Implementation der jeweiligen Entscheidung anschließen.[414]

Kingdon konzipiert Politikformulierung als System, das durch Teilnehmer und Prozesse konstituiert wird.[415] Bei den Teilnehmern unterscheidet

---

407 S. ebd., S. 11
408 S. Kingdon, Agendas, S. 91
409 S. Cohen/March/Olsen, Garbage Can, S. 11 f und 16
410 S. Kingdon, Agendas, S. 90
411 S. Pauli, Evaluierung, S. 40
412 S. Kingdon, Agendas, S. 3 f
413 S. ebd., S. 4
414 S. ebd., S. 3
415 S. ebd., S. 20

Kingdon Akteure innerhalb der Regierung wie den Präsidenten, seine Staatssekretäre, Berater und Mitarbeiter sowie Verwaltungsbeamte und Kongreßmitglieder sowie Akteure außerhalb der Regierung wie Medien, politische Parteien, Wahlkampfstrategen, Wissenschaftler, Berater und Analytiker von Interessengruppen.[416] Das System wird von drei Strömen durchzogen, dem Problem-, dem Policy- und dem Politics-Strom; diese sind, analog zum Garbage-Can-Modell, weitgehend voneinander unabhängig und gehorchen ihrer eigenen Dynamik.[417]

Der Problemstrom besteht aus sozialen, politischen und ökonomischen Indikatoren, aus Ereignissen (Unfällen, Krisen, persönliche Erfahrungen) und Rückmeldungen über den (Miß-) Erfolg bereits implementierter Programme.[418] Durch diese Mechanismen werden die jeweils politikfeldrelevanten Probleme von den Akteuren wahrgenommen. Probleme sind Bedingungen, die von den Akteuren vor dem Hintergrund ihres Wertesystems oder aufgrund eines Vergleiches mit der Situation in anderen Landesteilen und Ländern als veränderungsbedürftig interpretiert werden und so Handlungsbedarf auslösen.[419]

Der Policy-Strom gleicht einer „Ursuppe", in der die von Spezialisten formulierten Policy-Vorschläge in Form von Gesetzesvorlagen, Reden oder Entwürfen treiben, sich mit anderen Ideen verbinden, verändert und kombiniert werden und weitertreiben. Aus der Vielzahl von Konzepten und Ideen überleben nur jene, die bestimmte Kriterien aufweisen: sie sind ausgearbeitet und implementierbar, gegenüber den vorherrschenden Werten der beteiligten Akteure und der gegenwärtigen nationalen Stimmung akzeptabel, tragen den Restriktionen des Budgets Rechnung und können mit der Zustimmung der Spezialisten, der breiten Öffentlichkeit und der gewählten Vertreter rechnen. Nach diesen Maßstäben findet eine Selektion statt, die die vorhandenen Entwürfe auf eine kleine Zahl ernsthaft erwogener Policy-Vorschläge einschränkt.[420]

Der Politics-Strom resultiert aus Schwankungen der nationalen Stimmung, aus Wahlergebnissen, Veränderungen innerhalb der Verwaltung, ideologischen und parteipolitischen Veränderungen im Kongreß und der Lobbytätigkeit von Interessengruppen.[421]

---

416 S. ebd., S. 23 ff u. S. 48 ff
417 S. ebd., S. 20
418 S. ebd., S. 95 ff
419 S. ebd., S. 119
420 S. ebd., S. 21 u. S. 151
421 S. ebd., S. 170

Die ansonsten getrennt verlaufenden Ströme vereinigen sich zu bestimmten kritischen Zeiten. Dann verbinden sich Policy-Lösungen mit Problemen und beide zusammen mit aussichtsreichen politischen Kräften im Politics-Strom, durch deren Unterstützungen der Policy-Vorschlag auf die Entscheidungsagenda gelangt.[422] Eine solche „Kopplung" der Ströme ist am aussichtsreichsten, wenn sich ein Policy-Window öffnet. Ein Policy-Window ist eine, meist unregelmäßig auftretende und nur für kurze Zeit sich bietende Gelegenheit, favorisierte Policy-Vorschläge und Problemdefinitionen zu „pushen".[423] Es öffnet sich vor allem als Folge von offensichtlichen Veränderungen im Politics-Strom wie z. B. einer neuen Sitzverteilung im Kongreß oder dem Wechsel der Verwaltung: „A new administration comes to town, and they ask, 'What should we do first?' ..."[424] Nun bekommen die relevanten Akteure Gelegenheit, jene Themen und Konzepte durchzusetzen, mit denen sie bei der alten Verwaltung kein Gehör fanden. Das Fenster bietet allerdings nur generelle Handlungsmöglichkeiten; was im einzelnen zu tun ist, wird durch dieses politische Ereignis nicht festgelegt.[425] Wird der Augenblick verpaßt, schließt sich das Fenster, der Vorschlag verschwindet wieder von der Entscheidungsagenda und die Akteure müssen auf die nächste Gelegenheit warten.[426] Für das Schließen eines Policy Windows gibt es verschiedene Gründe: die Policy-Akteure meinen, das Problem bereits gelöst zu haben oder sie scheitern mit einem Gesetzesvorschlag im Kongreß und verlieren das Interesse; die Krise, die die Öffnung des Fenster ausgelöst hat, kann wieder aus dem Blickfeld verschwinden oder ein erneuter Wechsel in politischen Schlüsselpositionen die Situation zuungunsten bestimmter Policy-Vorschläge verändern.[427]

Die Kopplung der drei Ströme schließlich erfolgt durch die Aktivitäten der sogenannten „Policy entrepreneurs". Policy entrepreneurs können Kabinettsmitglieder oder Kongreßabgeordnete sein, Lobbyisten, Anwälte, Akademiker und Karrierebürokraten.[428] Sie entwickeln Policy-Konzepte auf Vorrat und sind bereit, Zeit, Geld, Energie und Ansehen einzusetzen, um hartnäckig für die von ihnen vertretenen Policy-Vorschläge zu werben und politische Unterstützung zu gewinnen. Policy-Entrepreneure warten darauf, daß sich ein Policy Window öffnet und versuchen dann, so schnell wie mög-

422 S. ebd., S. 21
423 Ebd., S. 174
424 Ebd., S. 176
425 S. ebd., S. 177
426 S. ebd., S. 187 u. S. 9
427 S. ebd., S. 177 f
428 S. ebd., S. 188

lich die Ströme zu koppeln und eine Entscheidung in ihrem Sinn herbeizuführen: „During the pursuit of their personal purposes, entrepreneurs perform the function for the system of coupling the previously separate streams ... If a policy entrepreneur is attaching a proposal to a change in the political system, for example, a problem is also found for which the proposal is a solution, thus linking problem, policy, and politics ... Without the presence of an entrepreneur, the linking of the streams may not take place.“[429]

Memo Policy Window Modell (Kingdon)

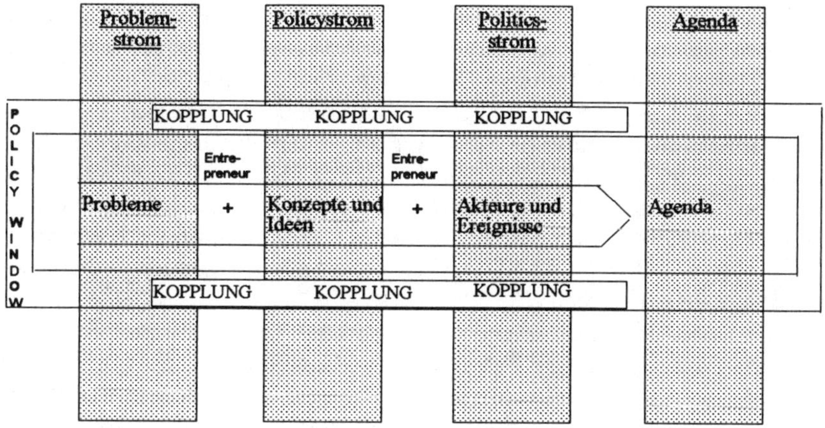

- Problem-, Policy- und Politicsstrom sind voneinander weitgehend unabhängig und gehorchen ihrer eigenen Dynamik.
- Die Ströme werden durch Policy-Entrepreneurs gekoppelt. Nur dann verknüpfen sich Policy-Lösungen mit Problemen und politischen Kräften.
- Das dabei entstehende Policy-Window eröffnet die Gelegenheit, Policy-Vorschläge zu „pushen“ und sie auf die Agenda zu bringen.

Durch die Anwendung des modifizierten Garbage-Can-Modells zur Analyse des Agenda-Setting-Prozesses gelangt Kingdon zu einem wesentlich realisti-

429 Ebd., S. 191

scheren Bild der Entscheidungsfindung (und ihren bedingenden Strukturen) im Prozeß der Politikformulierung als es das hierarchisch gegliederte und von starren Ablaufphasen ausgehende Policy-Zyklusmodell.

Fritz W. Scharpf: Policy-Netzwerke als Verhandlungssysteme

Die von der policy-analytischen Netzwerkanalyse konstatierte Entwicklung, wonach der Policy-Prozeß heute weniger durch hierarchische staatliche Steuerung geprägt ist als durch Verhandlungsnetzwerke staatlicher und gesellschaftlicher Akteure, veranlaßt Fritz Scharpf[430] zu der Frage, ob die Fähigkeit solcher Netzwerke zu Formalisierung gemeinwohlorientierter Policies höher ist als die hierarchischer Strukturen. Scharpf untersucht Policy-Netzwerke also aus einer wohlfahrtsökonomischen Perspektive und nimmt damit die zentrale Fragestellung der politischen Planungsdiskussion nach der kollektiven Rationalität politischer Steuerung wieder auf. Allerdings wird das politische System nun als heterogener Steuerungsakteur konzipiert, und auch die kollektive Rationalität der Policies wird nicht mehr mit Blick auf die gesamtgesellschaftliche Dimension, sondern auf die Interessen der an der Policyformulierung beteiligten Netzwerkakteure diskutiert.[431]

Scharpf definiert politische Steuerung als „intentionale Handlungskoordination zur gemeinwohlorientierten Gestaltung der gesellschaftlichen Verhältnisse"[432]. Je nach institutionellem bzw. organisatorischem Kontext kann politische Steuerung in autoritär-hierarchischen Strukturen als hierachische Koordination und in Verhandlungsnetzwerken als horizontale Selbst-Koordination realisiert werden.[433]

Die zentrale Prämisse dieses Verständnisses von politischer Steuerung bildet die zugrunde gelegte Definition von „Gemeinwohl". Scharpf verweist hier auf zwei alternative wohlfahrtsökonomische Definitionen: das Pareto- und das Kaldor-Optimum.[434] Gemäß dem Pareto-Kriterium sind all jene Vorhaben normativ akzeptabel, durch die keiner der Beteiligten gegenüber dem Status quo schlechter und mindestens einer besser gestellt wird. Das Kaldor-Kriterium hingegen zeichnet jene Vorhaben als gemeinwohlorien-

430 S. Scharpf, Koordination durch Verhandlungssysteme; Positive und negative Koordination; Verhandlungssysteme; Politiknetzwerke. S. weiterhin Mayntz, Policy-Netzwerke

431 Folglich wird nicht mehr (wie in der Planungstheorie) die normative Entscheidungstheorie verwandt, sondern die Public-Choice-Theorie bzw. die Theorie kooperativer Spiele. Scharpfs Ansatz kann auch als Beitrag zur vergleichenden Analyse der Wirkungsweise unterschiedlicher Steuerungsformen (Hierarchie, Verhandlung) und damit als Teil der im vorherigen Abschnitt dargestellten Diskussion unterschiedlicher staatlicher und gesellschaftlicher Steuerungsformen betrachtet werden.

432 Scharpf, Verhandlungssysteme, S. 63. Dieses Zitat zeigt, daß Scharpfs Steuerungsverständnis stark an staatstheoretisch-normativen Vorstellungen ausgerichtet ist.

433 S. Scharpf, Positive und negative Koordination, S. 61 f

434 S. zum Folgenden Scharpf, Koordination durch Verhandlungssysteme, S. 57

tiert aus, durch die ein positiver Gesamtnutzen erreicht wird, auch wenn einzelne Beteiligte dadurch schlechter gestellt werden.

Was den Wohlfahrtseffekt der beiden Steuerungsformen angeht, kann eine ideale hierarchische Steuerungsstruktur das Kaldor-Optimum realisieren, solange die hierarchische Koordination im Sinne des Gemeinwesens und nicht im Interesse der einzelnen Positionsinhaber ausgeübt wird.[435] Dies ist theoretisch jedoch auch durch horizontale Koordination möglich, denn nach dem Coase-Theorem[436] können, bei Vernachlässigung der Transaktionskosten[437], „alle durch ideale hierarchische Koordination erzielbaren Wohlfahrtseffekte ... durch freiwillige Vereinbarungen zwischen den Betroffenen erreicht werden“[438]. Horizontale Koordination kann also, theoretisch gesehen, in gleichem Maß gemeinwohlorientierte Interessenkoordination ermöglichen wie vertikale Koordination.

Scharpf unterscheidet zunächst zwei Typen horizontaler Koordination. In einem Zwangsverhandlungssystem ist der Akteur, der ein Vorhaben durchführen möchte, von der Zustimmung der anderen Akteure abhängig, die damit ihm gegenüber über Vetomacht verfügen. Bei freiwilligen Verhandlungen hingegen ist der Akteur nicht auf die Zustimmung der anderen Akteure angewiesen, sondern kann sein Vorhaben auch in einseitiger Entscheidung durchführen.[439]

In beiden Fällen zeigt sich nun jedoch, daß die Kaldor-Optimalität horizontaler Koordination, und damit die behauptete Substituierbarkeit hierarchischer Steuerung, zunächst nicht zwangsläufig gegeben ist: In Zwangsverhandlungssystemen werden kaldor-optimale Vorhaben durch das Veto benachteiligter Akteure blockiert werden, zumal bei multilateralen Verhandlungen eine Einigung mit steigender Zahl der Beteiligten immer unwahrscheinlicher wird. Auch in freiwilligen Verhandlungssystemen sind zunächst nur solche Vorhaben konsensfähig, die allen Beteiligten einen Nutzenzuwachs bringen. Außerdem besitzen die Akteure hier mit der Fähigkeit zur einseitigen Entscheidung auch die Möglichkeit, individuell vorteilhafte, aber für den Gesamtnutzen negative Vorhaben zu realisieren. So gesehen scheinen beide Typen von Verhandlungssystemen hinsichtlich ihrer

435 S. ebd., S. 60; Scharpf, Positive und negative Koordination, S. 62

436 Coase, The Problem of Social Cost

437 Transaktionskosten entstehen z. B. beim Zustandekommen von Verträgen (vgl. Kirchgässner, Homo Oeconomicus, S. 128)

438 Scharpf, Einführung: Zur Theorie von Verhandlungssystemen, S. 19, s. auch Scharpf, Positive und negative Koordination, S. 60 f

439 S. Scharpf, Koordination durch Verhandlungssysteme, S. 62 f

Gemeinwohleffizienz einem idealen System hierarchischer Koordination unterlegen zu sein.[440]

Eine Lösung des Problems bieten Ausgleichszahlungen. Damit entschädigen die von einem Vorhaben begünstigten Akteure jene, die dadurch geschädigt werden, wodurch gewährleistet ist, daß nur kaldor-optimale Vorhaben realisiert werden können.[441] Auf diese Weise könnte in Verhandlungssystemen derselbe Wohlfahrtsgewinn erreicht werden wie bei hierarchischer Koordination.[442] Ausgleichszahlungen werden allerdings bei hoch bewerteten politischen Verhandlungsgegenständen aus Legitimationsgründen nicht als opportun betrachtet, da sie den Eindruck von Käuflichkeit erwecken können.[443] Einen Ausweg bieten hier Koppelgeschäfte. Auf diese Weise können einzelne Projekte, die für die jeweils andere Seite mit einer negativen Nutzenbilanz verbunden sind, zu Verhandlungspaketen zusammengefaßt werden, die einen positiven Gesamtnutzen aufweisen und damit konsensfähig sind.[444] Auch auf diesem Weg also sind in Verhandlungssystemen kaldor-optimale Wohlfahrtsgewinne möglich.[445]

Nachdem so deutlich wird, daß die vom Coase-Theorem behauptete Austauschbarkeit hierarchischer und horizontaler Koordination theoretisch/analytisch möglich ist, stellt sich die Frage, wie es mit der Substituierbarkeit der Steuerungsformen in der Praxis aussieht. Hier werden beide Koordinationsformen mit gravierenden Problemen konfrontiert: Bei der hierarchischen Koordination ergibt sich das Informations- und das Motivationsproblem, bei der vertikalen Koordination das Verhandlungsproblem und das Problem der großen Zahl.[446]

Das Motivationsproblem besteht – aus der Sicht von Public-Policy-Theoretikern – darin, daß staatliche Verwaltungshierarchien, bedingt durch den Egoismus und Opportunismus ihrer Mitglieder, ihre Ressourcen zur Reali-

---

440 S. ebd., S. 64 f

441 S. ebd., S. 65 ff

442 Zwischen Hamburg und Schleswig-Holstein etwa bestehen finanzielle Ausgleichsregelungen über die Verlängerung kostenträchtiger U-Bahnlinien oder den Erhalt grenznaher Krankenhäuser durch Hamburg sowie hinsichtlich der Kosten von Wasserversorgung bzw. Abwasserbeseitigung und der Nutzung von Deponien und Müllverbrennungsanlagen in Schleswig-Holstein (ebd., S. 69).

443 Scharpf, Koordination durch Verhandlungssysteme, S. 70

444 Ebd., S. 71. Scharpf verweist in diesem Zusammenhang auf die Rahmenvereinbarung zwischen den Ländern Hamburg und Schleswig-Holstein von 1984, „mit der eine langjährige Blockade der Ressortverhandlungen durch die Koppelung von je für sich nicht konsensfähigen Maßnahmen im Bereich der Abfallbeseitigung, der Flughafenplanung, des Straßenbaus und des öffentlichen Personennahverkehrs überwunden wurde."

445 S. Scharpf, Koordination durch Verhandlungssysteme, S. 67 f. Zum Problem sozial schädlicher Koppelgeschäfte und ihrer möglichen Vermeidung siehe ebd., S. 72 ff

446 S. Scharpf, Positive und negative Koordination, S. 61 ff

sierung von Eigeninteressen einsetzen und damit zur Ausbeutung und Unterdrückung ihrer Klientel tendieren.[447] Das Informationsproblem resultiert daraus, daß es für zentrale Verwaltungsinstanzen häufig schwierig ist, adäquate Informationen über die zu lösenden Probleme zu erhalten (Informationsknappheit) und die von den unteren Verwaltungsebenen gelieferten Informationen effektiv zu verarbeiten (Informationsüberlastung).[448]

Diese (Informations-) Probleme können nur vermieden werden, wenn es gelingt, die jeweilige Organisation gemäß dem Prinzip der „näherungsweisen Zerlegbarkeit" („near decomposibility") von Herbert A. Simon zu strukturieren.[449] Dieses Prinzip impliziert eine modulare Ordnung, d. h. ein Muster von „Interaktionsbeziehungen, bei dem Interaktionen zwischen Akteuren, die einem gemeinsamen Vorgesetzten unterstellt sind, wesentlich wichtiger sein und häufiger auftreten müssen als Interaktionen mit Mitgliedern anderer Einheiten".[450] Eine solche modulare Konstruktion wird jedoch durch die zunehmende Verflechtung von Aufgabenbereichen der Verwaltung erschwert und letztlich unmöglich. Hierarchische Organisationen können darauf entweder durch Aufrechterhaltung der zentralen Struktur oder durch eine Abschwächung der hierarchischen Steuerung zugunsten einer horizontalen Selbstkoordination der Untereinheiten reagieren. Bei der ersten Alternative bleibt das organisationsinterne Potential zur Dezentralisierung ungenutzt, was zur Überforderung der Informationsverarbeitungskapazität der höheren Ebenen und zur Überzentralisierung führt. Im anderen Fall werden die Vorteile hierarchischer Koordination preisgegeben und die Organisation sieht sich mit den Problemen horizontaler Selbstkoordination konfrontiert.[451] Damit gewinnt die bislang eher theoretisch diskutierte Frage nach einer möglichen Austauschbarkeit von hierarchischer und horizontaler Koordination praktische Relevanz.

Bei der horizontalen Selbstkoordination in Verhandlungssystemen treten grundsätzlich zwei praktische Probleme auf: das Problem der großen Zahl und das Verhandlungsproblem. Die Anzahl der Teilnehmer an einer Verhandlungskoordination wird dadurch beschränkt, daß die Möglichkeit zur Kooperation mit steigender Teilnehmerzahl bzw. der Zunahme der erforderlichen Transaktionen sinkt.[452] In der Praxis stellen multilaterale Ver-

---

447 S. ebd., S. 62

448 S. ebd., S. 64

449 S. ebd., mit Verweis auf Simon, The Architecture of Complexity u. ders., The Organization of Complex Systems

450 Ebd.

451 S. ebd., S. 65

452 S. ebd., S. 66

handlungen nicht einlösbare Anforderungen an die Informationsverarbeitungs- und Konfliktregelungskapazität der Verhandlungsteilnehmer. Das Verhandlungsdilemma wiederum besteht darin, daß sich Akteure (bei gegebener Möglichkeit von Ausgleichszahlungen und Koppelgeschäften) zwar über die Interessenkoordination einigen, hinsichtlich des so erreichten Koordinationsgewinns jedoch ein Verteilungskonflikt entsteht. Dieser Verteilungskonflikt weist die Struktur eines Gefangenendilemmas auf, denn "da die Ablehnung irrational wäre, müßte das ultimative Angebot einer für die andere Seite besonders günstigen Lösung eigentlich angenommen werden – aber wer sich in diesem Sinne rational verhielte, müßte in der Verteilungskonkurrenz immer den Kürzeren ziehen. Wenn jedoch beide Seiten ultimative Positionen formulieren, können die Verhandlungen scheitern – mit der Folge, daß nun beide schlechter dastehen, als wenn sie kapituliert hätten."[453]

Im Folgenden untersucht Scharpf nun, inwiefern angesichts dieser praktischen Probleme dennoch das hohe Maß an Koordination in Hierarchien und Verhandlungsnetzwerken zu erklären ist. Die Lösung des Problems sieht Scharpf in der Einbettung von Verhandlungssystemen in spezifische strukturelle Kontexte, durch die Probleme vertikaler und horizontaler Koordination gemildert werden können.[454] Hierbei werden zwei Formen der Einbettung unterschieden: „Verhandlungsnetzwerke im Schatten der Hierarchie" und „selbst-organisierende Netzwerke vertrauensvoller Dauerbeziehungen".[455]

In Untersuchungen über Entscheidungsprozesse in der bundesdeutschen Ministerialorganisation haben Fritz Scharpf und Renate Mayntz festgestellt,[456] daß in vertikalen Steuerungsstrukturen nicht etwa, wie zu erwarten wäre, vertikale Koordination die Regel ist, sondern bestimmte Formen von Selbstkoordination, die Scharpf als positive und negative Koordination bezeichnet.

Ziel der negativen Koordination ist es, bei Entscheidungen durch entsprechende Rücksichtnahme den Einspruch der Verhandlungspartner oder das Veto betroffener Dritter zu vermeiden. So wird gewährleistet, daß keine Entscheidung realisiert wird, die einen der Beteiligten gegenüber dem Status quo schlechter stellt. Wohlfahrtstheoretisch gesehen soll durch negative Koordination die Pareto-Superiorität von Entscheidungen erreicht werden.[457]

---

453 Scharpf, Koordination durch Verhandlungssysteme, S. 79 f

454 S. Scharpf, Positive und negative Koordination in Verhandlungssystemen, S. 67

455 Ebd.

456 S. Mayntz/Scharpf, Policy-Making

457 S. Scharpf, Politiknetzwerke, S. 389, 391 f und ders., Positive und negative Koordination, S. 69 f

Positive Koordination zielt demgegenüber sowohl auf die Realisierung von Entscheidungen, die alle Beteiligten gegenüber dem Status quo besser stellen, als auch auf die faire Regelung der mit einer Entscheidung verbundenen Verteilungskonflikte (d. h. auf die Lösung des Verhandlungsdilemmas). Damit strebt positive Koordination die Realisierung des wohlfahrtstheoretisch anspruchsvolleren Kaldor-Optimums an.[458]

Obwohl bei negativer Koordination mit steigender Teilnehmerzahl die Gefahr einer Vetokumulation zunimmt, liegen die erreichbaren Wohlfahrtseffekte immer noch höher als bei einem unkoordinierten Vorgehen, und bei einer Kombination von negativer und positiver Koordination ist eine Annäherung an das Kaldor-Optimum möglich.[459] Allerdings handelt es sich hier bei positiver und negativer Koordination nicht um horizontale Koordination im eigentlichen Sinn. Vielmehr werden diese Koordinationsformen gerade durch den Kontext hierarchischer Strukturen begünstigt, der Zwangsverhandlungen ermöglicht und durch vorgegebene Verfahrensregeln und Erwartunghaltungen der höheren Ebene einseitige Initiativen verhindert und damit die Gefahr des Verhandlungsdilemmas abschwächt. So findet in der Abstimmungspraxis zwischen den Ministerien positive Koordination vor allem in interministeriellen Projektgruppen statt, an denen nur die unmittelbar betroffenen Ressorts beteiligt sind. Die hier entwickelten Positionen müssen anschließend in negativer Koordination mit den nicht direkt beteiligten Ressorts abgestimmt werden, damit die endgültige Beschlußfassung über das Programm im Gesamtkabinett ohne gravierende Einwände vollzogen werden kann.[460] Diese „Koordination im Schatten der Hierarchie" ist nicht nur innerhalb hierarchischer Organisationen möglich, sondern kann prinzipiell auch in pluralistischen oder korporatistischen Politiknetzwerken erreicht werden, deren Selbstkoordination unter der Autorität staatlicher Aufsicht steht.[461]

Unter dem Stichwort „Koordination ohne Hierarchie" zeigt Scharpf, daß einige der koordinationsbegünstigenden Funktionen hierarchischer Strukturen auch in „selbst-organisierenden Netzwerken vertrauensvoller Dauerbeziehungen"[462] realisiert werden können. Scharpf verweist hier auf die sozialpsychologischen Experimente von Kelley/Thibaut, in denen neben der üblicherweise im Rational-Choice-Ansatz als Norm betrachteten egoistisch-rationalen Nutzenfunktion ($U = U_x$) auch kooperative ($U = U_x + U_y$) und kom-

458 S. Scharpf, Politiknetzwerke, S. 394 f; ders., Positive und negative Koordination, S. 69 f
459 S. Scharpf, Positive und negative Koordination, S. 70
460 S. Scharpf, Politiknetzwerke, S. 398
461 S. Positive und negative Koordination, S. 71
462 Ebd., S. 71

petitive ($U = U_x - U_y$) Interaktionsorientierungen der Akteure beobachtet wurden.[463] Auf der Grundlage eigener empirischer Untersuchungen[464] formuliert Scharpf die These, daß angesichts der hohen Bedeutung von Dauerbeziehungen für die Akteure in solchen Fällen entweder kooperative oder kompetitive Interaktionsorientierungen gewählt werden.

Sind in Netzwerken die Dauerbeziehungen der beteiligten Akteure durch kooperative Orientierungen geprägt, bedeutet dies eine Begünstigung positiver Koordination und damit eine leichtere Überwindbarkeit des Verhandlungsdilemmas. Das in solchen Netzwerken zwischen Akteuren bestehende Vertrauen läßt den eigenen Vorteil zugunsten des Interesses an kooperativen Dauerbeziehungen in den Hintergrund treten, was opportunistische Ausbeutungsstrategien zu vermeiden hilft. Auch die Bearbeitung noch vorhandener Verteilungskonflikte wird durch weitgehende Einigkeit über mögliche Normen der Verteilungsgerechtigkeit erleichtert. Voraussetzung dieser Effekte ist allerdings, daß sich die Struktur des kooperativen Netzwerks und der tatsächliche Koordinationsbedarf decken.[465]

Gehören einige der für die Problemlösung erforderlichen Akteure nicht dem Kooperationsnetzwerk an, wird die positive Koordination im Netzwerk durch steigende Teilnehmerzahlen bzw. steigende Transaktionskosten erschwert. Daher verleitet die positive Koordination dazu, netzwerkexterne Akteure zu ignorieren. Hingegen gewinnt die negative Koordination gerade bei mangelnder Kongruenz von Netzwerk und Problemstruktur an Bedeutung. Wenn Netzwerkakteure zu außenstehenden Dritten Vertrauensbeziehungen unterhalten, werden sie bei der netzwerkinternen Koordination darauf achten, die Interessen und möglichen Vetopositionen ihrer nicht direkt beteiligten Interaktionspartner zu berücksichtigen. Wie bei Verhandlungen innerhalb hierarchischer Strukturen, ermöglicht somit auch in Vertrauensnetzwerken die Kombination beider Koordinationsmechanismen bessere Wohlfahrtseffekte, da mögliche Einseitigkeiten positiver Koordination durch die negative Koordination korrigiert werden.[466]

---

463 S. Scharpf, Positive u. negative Koordination, S. 74

464 S. Scharpf/Benz, Kooperation als Alternative

465 S. Scharpf, Positive und negative Koordination, S. 77

466 Dies wird auch durch spieltheoretische Simulationen bestätigt, s. Scharpf/Mohr, Self-Coordination. Scharpf diskutiert die Möglichkeit, die Kombination von positiver und negativer Koordination um eine sogenannte distributive Verhandlung zu ergänzen (Scharpf, Politiknetzwerke, S. 401). Hierbei würde jenen Akteuren, die sich angesichts drohender Verluste der negativen Koordination widersetzen, ihr Veto durch Ausgleichszahlungen oder Kompensationsgeschäfte abgekauft. Voraussetzung ist allerdings, daß diese Verluste geringer sind als der mögliche Zugewinn der Akteure, die sich im Zuge kombinierter positiver und negativer Koordination auf die Durchführung einer bestimmten Maßnahme geeinigt haben.

In Netzwerken mit dauerhaften Vertrauensbeziehungen sind somit ähnliche Formen der Selbstkoordination möglich wie bei der Einbettung von Verhandlungssystemen in den „Schatten" der Hierarchie.[467] Aufgrund der jeweiligen Einbettung in die genannten Kontexte ist die Selbstkoordination in beiden Fällen jedoch von der empirischen Ausgestaltung des strukturellen Kontextes (Hierarchiestrukturen, Netzwerkgrenzen) abhängig,[468] so daß trotz einer Steigerung des Koordinationsniveaus angesichts der meist suboptimalen Bedingungen eine Realisierung des Kaldor-Optimums nicht zu erwarten ist.

Scharpfs Analyseansatz bietet ein ausbaufähiges Modell des Kooperations- und Konfliktverhaltens von Akteuren in Policy-Netzwerken auf der Basis des analytischen Instrumentariums des Public-Policy-Ansatzes. Auf diese Weise wird es möglich, Hypothesen über den Interaktionsprozeß in Netzwerken und die Erfolgsaussichten von Steuerungsstrategien zur Optimierung dieses Prozesses zu formulieren.

Paul A. Sabatier: Das Advocacy-Coalition-Modell des Policy Learning

In der Policy-Forschung finden neuerdings die kognitiven Strukturen der Akteure als handlungseinschränkende, aber auch handlungsorientierende Faktoren zunehmende Beachtung. Policy-Netzwerke sind demnach durch jeweils spezifische „Belief Systems" gekennzeichnet, die als handlungsleitende Orientierungen den Rahmen für die Präferenzbildung der Akteure abstecken: „Ökonomische und politische Interessen werden von den politischen Akteuren nicht direkt perzipiert, sie werden vielmehr interpretiert durch den Filter der vorhandenen ökonomischen und politischen Ideologien. Die Auswahl von 'plausiblen' oder 'rationalen' Alternativen ... ist deshalb abhängig davon, wie die vorhandenen Ideen das Verständnis der politischen und der anderen Akteure darüber strukturiert, was wünschbar und möglich erscheint. Ideen offenbaren ihren Einfluß, indem sie die „cognitive maps" (Axelrod) der politischen Akteure bestimmen. Diese wiederum sind ein entscheidender Faktor für die Auswahl und Verarbeitung neuer Informationen."[469]

Ein Netzwerkkonzept, das den Wandel von Policies als kollektiven Lernprozeß interpretiert, ist der Advocacy-Coalition-Ansatz von Paul Sabatier.[470]

---

467 S. Scharpf, Positive und negative Koordination, S. 79

468 S. ebd., S. 80

469 Singer, Policy Communities, S. 153. Die hier angesprochene Frage der Strukturierung von Handlungsoptionen rationaler Akteure wird insbesondere in struktur-individualistischen Konzepten diskutiert (vgl. Schneider, Politiknetzwerke, S. 26 ff; Coleman, Foundations; Esser, Soziologie). Zum Zusammenhang von Kognition und Policy-Handeln siehe auch Nullmeier, Wissen und Policyforschung

470 Sabatier, Advocacy, S. 116 f; s. hierzu auch Bennet/Howlett, Lessons, S. 275 ff

Der Übergang von einer Policy zur anderen wird hier als Änderung des Belief Systems verstanden, das der jeweiligen Policy zugrunde liegt. Träger des Policy-Learning ist ein sog. Policy-Subsystem, d. h. „ein Set von Akteuren, die sich mit einem Policy-Problem wie ... der Luftreinhaltepolitik, Programmen zur Förderung psychischer Gesundheit oder Energiepolitik auseinandersetzen."[471] Policy-Subsysteme sind Akteursnetzwerke, die sich in jeweils zwei bis vier relevante Advocacy-Koalitionen gliedern. Diese bestehen aus „Personen in unterschiedlichen Positionen (gewählten Beamten, Politikern und Verwaltungsbeamten, Vorsitzenden von Interessengruppen, Wissenschaftlern), die ein spezifisches 'Belief System' teilen – d. h. einen Set von grundlegenden Wertvorstellungen, Kausalannahmen und Problemperzeptionen – und die über längere Zeit einen durchschnittlichen Grad koordinierter Handlungen aufweisen."[472] Neben den verschiedenen, im Rahmen eines Policy-Subsystems miteinander konkurrierenden Advocacy-Koalitionen (Sabatier nennt als Beispiel die amerikanische Luftreinhaltepolitik der siebziger Jahre, in der sich die ökologisch orientierte „Saubere-Luft-Koalition" und die marktwirtschaftlich ausgerichtete „Machbarkeits-Koalition" gegenüberstanden), gibt es noch Policy-Brokers wie z. B. Regierungschefs oder hohe Beamte, die in der Rolle des „ehrlichen Maklers" versuchen, den Konflikt einzudämmen und die Parteien für eine „vernünftige" Lösung zu gewinnen.

Die von den Advocacy-Koalitionen vertretenen Belief Systems bestehen aus einem Hauptkern („deep core"), der die fundamentalen normativen und ontologischen Axiome – also die Politische Philosophie – der Akteure umfaßt, einem Policy-Kern, der grundlegende Wertvorstellungen und Kausalannahmen enthält, um den Hauptkern in einem bestimmten Policy-System zu realisieren, sowie einem Set von sekundären Aspekten, die eine Vielzahl von instrumentellen Entscheidungen und Informationssuchprozessen erfordern, um die Axiome des Hauptkerns in einem bestimmten Politikfeld zu implementieren.

Dabei geht Sabatier davon aus, daß der Hauptkern nahezu unveränderbar ist, während die Akteure beim Policy-Kern schon eher und bei den sekundären Aspekten sehr schnell bereit sind, aufgrund von Lernprozessen Veränderungen vorzunehmen.[473] Beim policy-orientierten Lernen handelt es sich um die langfristige Veränderung von Denkweisen über Ziele und Methoden, die der Realisierung bestimmter Policy-Wertvorstellungen dienen. Dabei hän-

---

471 Sabatier, Advocacy, S. 126
472 Ebd., S. 127
473 Ebd., S. 133

gen Lernprozesse im Rahmen eines bestimmten Belief-Systems u. a. von individuellem Lernen, der Diffusion neuer Überzeugungen, Mitgliederfluktuation und koalitionsinterner Gruppendynamik ab. Während das koalitionsinterne Lernen häufig stattfindet, ist Policy-Lernen über die Grenzen des koalitionseigenen Belief-Systems hinweg nur dann möglich, wenn sich der Konflikt zwischen den Koalitionen nicht auf den Hauptkern, sondern auf sekundäre Aspekte bezieht und bestimmte infrastrukturelle Voraussetzungen wie allgemein akzeptierte Foren (Institutionen, Medien) vorhanden sind.

Angesichts der relativen Stabilität des Policy-Kerns sieht Sabatier die Ursachen für den Wandel in Policy-Subsystemen weniger im Policy-Lernen als im Einfluß nicht-kognitiver, systemexterner Faktoren. Erst Veränderungen bestimmter relativ stabiler Parameter (Merkmale des Problembereichs, soziokulturelle Wertvorstellungen, rechtliche Regeln) sowie der Wandel dynamischer exogener Faktoren (sozioökonomische Bedingungen, öffentliche Meinung, Policy-Entscheidungen aus anderen Subsystemen) können eine Advocacy-Koalition zu einer Veränderung ihres „deep core" bewegen (siehe Memo S. 166).[474]

Anders als im Zyklus-Modell wird Policy-Lernen hier nicht als bloße Phase im Policy-Zyklus (Termination) betrachtet, vielmehr hängt der Wechsel von einer Policy zur anderen in der Regel vom Durchbruch der Gegenkoalition mit ihrem konträren Belief-System und ausnahmsweise von der Bereitschaft der Akteure ab, ihr Belief-System zugunsten eines anderen aufzugeben. Gleichzeitig folgt das Policy-Learning-Modell nicht der hierarchischen top-down Perspektive, „sondern befaßt sich mit multiplen interagierenden Policy-Zyklen, die sich auf verschiedene Ebenen des politischen Systems erstrecken."[475] Sabatiers Konzept weist also den für Netzwerkmodelle typischen Vorsprung in der Komplexität der Darstellung auf, der diesen Modelltyp gegenüber dem Zyklus-Modell auszeichnet. Es ist allerdings fraglich, ob das Learning-Modell (wie Sabatier behauptet) das – als Phasen-Heuristik verstandene – Zyklus-Modell völlig überflüssig macht. Vielmehr erscheint es sinnvoller, das Learning-Modell (im Sinne einer Variante des Netzwerkkonzeptes) ebenso wie das Policy-Making- und das Policy-Zyklus-Modell als Abbildungen einzelner Dimensionen des Steuerungsprozesses zu betrachten, die übereinander projiziert ein angemessenes Bild dieses Prozesses erzeugen.

---

474 Eine überarbeitete Fassung des Modells sowie Anmerkungen zu seiner Anwendung in policy-analytischen Fallstudien finden sich in Sabatier, Advocacy coalition framework

475 Ebd., S. 143

Memo Advocacy Coalition Ansatz (Sabatier)

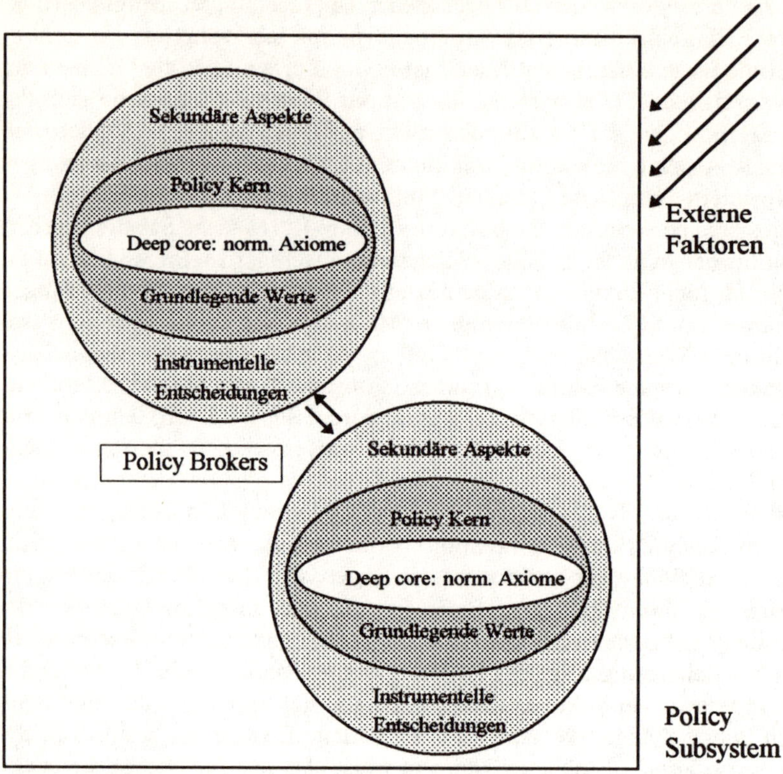

- Policy-Subsysteme sind Akteursnetzwerke, die sich als Advocacy-Koalitionen mit jeweils spezifischem Belief-System abbilden lassen.
- Policy-Wandel beruht auf:
  - Policy-Lernen
    innerhalb einer Koalition (Diffusion neuer Überzeugungen, Gruppendynamik, Fluktuation) oder über die Grenzen des eigenen Belief-Systems hinweg (vermittelt durch Medien und Foren)
  - externen Faktoren
    wie Veränderungen der politischen Konstellation, des Rechts, des sozio-ökonomischen Bedingungsgefüges, der öffentlichen Meinung usw.

Weiterhin stellt sich die grundlegende Frage, welche Rolle Policy-Learning im Steuerungsprozeß spielt.[476] Gefragt ist zum einen, inwiefern Policy-Learning im Sinn kollektiver Lernprozesse auf der Grundlage bestimmter Belief-Systems für den Wechsel von Policies von Bedeutung ist. Schließlich bleibt der „Kern" des Belief-Systems gegenüber Lernprozessen ziemlich resistent, so daß der eigentliche Veränderungsfaktor die Einwirkung der genannten exogenen Faktoren auf die kognitive Struktur der Akteure ist. Zudem bleibt offen, wie der durch Policy-Learning ablaufende Wechsel zwischen Policies, die Sabatier als Steuerungsinstrumente versteht[477], im Steuerungsprozeß zu verorten ist. Antworten auf solche Fragen fehlen bei Sabatier.

Es zeigt sich, daß für eine steuerungstheoretische Aufarbeitung der durch die Netzwerkanalyse (wie auch die Policy-Forschung im allgemeinen) erbrachten Erkenntnisse die dort oft nur implizit angesprochenen Aussagen zum Steuerungsverständnis offengelegt werden müssen. So verweist z. B. die empirisch sicherlich zutreffende Feststellung, daß Steuerung heute weitgehend „durch Netzwerke" erfolgt, auf das oben vorgestellte deterministische Steuerungsverständnis. Denn steuerungstheoretisch gesehen bedeutet dies bestenfalls eine Ausdifferenzierung des Steuerungsakteurs bei gleichzeitiger Relativierung der hierarchischen Beziehung zwischen Steuerungssubjekt und -objekt. Schlimmstenfalls werden Netzwerke lediglich als Steuerungsinstrumente verstanden, wobei dann kein Unterschied mehr zum Steuerungsverständnis des Policy-Making- oder des Zyklus-Modells bestehen würde. Spricht man hingegen wie Bernd Marin von „gesellschaftlicher Selbstregulierung und Regulierung durch komplexe Netzwerke"[478], dann stellt sich die Frage, ob hier Selbstregulierung als korporatistisches Arrangement oder als „echte" Selbststeuerung im Sinn einer Identität von Steuerungssubjekt und -objekt zu verstehen ist.

476 Damit wird ein für die steuerungstheoretische Interpretation der Policy-Forschung grundsätzliches Problem angesprochen: Welche der vielfältigen hier angesprochenen Phänomene sind aus steuerungstheoretischer Sicht relevant?

477 Sabatier, Advocacy, S. 122

478 Marin, Generalized Political Exchange, S. 16

Memo Netzwerk-Modell

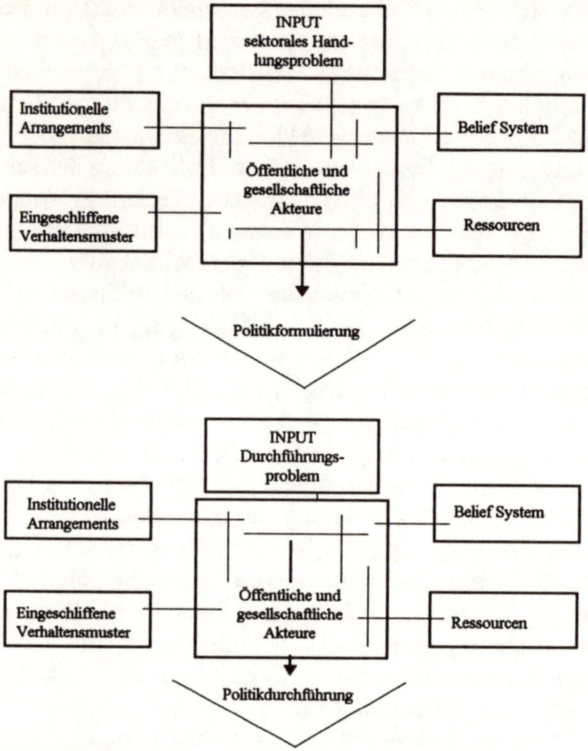

- Heuristische Funktionen von Netzwerk-Komponenten sind Modellierung (reales Modell) sowie Systematisierung (problemspezifische Teilkonzepte) zur Analyse politischer Steuerungsprozesse.
- Netzwerk-Konzepte bilden politische Steuerung als komplexen Interessenvermittlungsprozeß in einem interdependenten Geflecht relativ autonomer Akteure ab.
- Netzwerk-Konzepte lassen sich zur Abbildung aller Phasen des Policy-Zyklus verwenden.
- Steuerungstheoretisch liegt dem Netzwerk-Konzept ein linear-hierarchisches (Steuerung mit Netzwerken) oder ein enthierarchisiertes (Selbststeuerung durch Netzwerke) Steuerungsverständnis zugrunde.

So ist etwa für Renate Mayntz „die Identität zwischen der Gruppe der Entscheider und dem entscheidungsbetroffenen System ... geradezu der Kern horizontaler Kooperation in Policy-Netzwerken"[479] (was faktisch Selbststeuerung bedeutet), obwohl im gleichen Zusammenhang von der Möglichkeit einer externen Zuweisung politischer Gestaltungsaufgaben an die Akteure eines Policy-Netzwerks in einem eher korporatistischen Sinn die Rede ist.[480]

Abschließend läßt sich feststellen, daß die netzwerkanalytischen Konzepte auf der empirischen Ebene die Konsequenz aus den Erkenntnissen der Implementationsforschung ziehen und folglich den Policy-Zyklus als adäquate Beschreibung des Steuerungsprozesses ablehnen, ohne sich allerdings deutlich gegen das dahinterstehende hierarchisch-deterministische Steuerungsverständnis auszusprechen. Die hierzu erforderliche Aufarbeitung der steuerungstheoretischen Prämissen der Policy-Netzwerkanalyse steht noch am Anfang.[481]

2.4.3 Akteurszentrierte Modelle

Neben den genannten realen Modellen spezifischer Teilprobleme und Ausschnitte des Policy-Prozesses gibt es Ansätze, die die handlungs- und institutionentheoretischen Grundlagen einer netzwerkorientierten Policy-Analyse systematisch zu entwickeln suchen, um so eine theoretische Ausgangsbasis für die empirische Analyse zu gewinnen. Im Folgenden werden der von Bernd Marin entwickelte Ansatz des „General Political Exchange" sowie der von Fritz Scharpf und Renate Mayntz formulierte „Akteurszentrierte Institutionalismus" vorgestellt. In diesen Konzepten werden als grundlegende Determinanten des Policy-Handelns kollektiver Akteure zum einen deren wechselseitige Abhängigkeit im Rahmen des Policy-Prozesses sowie zum anderen das Zusammenspiel von akteursspezifischen Kognitionen und Motivationen einerseits und die von Institutionen und Netzwerkstrukturen bestimmten Handlungsoptionen und -restriktionen andererseits thematisiert.

---

479 Mayntz, Policy-Netzwerke, S. 51 f

480 Auch Schimank/Glagow (dies., Formen politischer Steuerung) verwenden den Begriff „Gesellschaftliche Selbststeuerung" (wie gesehen) eindeutig im staatstheoretischen Kontext.

481 Ein Indiz für dieses Defizit ist der Umstand, daß sich in der gängigen empirischen Policy-Literatur so gut wie keine Studien finden lassen, die das Policy-Netzwerkmodell explizit als Steuerungsmodell betrachten und dieses somit als Grundlage für die Erstellung realer Modelle von spezifischen Politikfeldern verwenden. S. Pauli, Evaluierung, S. 90

Bernd Marins „General-Political-Exchange"-Modell[482] analysiert das Verhalten der Netzwerkakteure „auf der Basis eines rationalen, nutzenorientierten Tauschverhaltens von Ressourcen".[483] Durch die Interaktionen kollektiver Netzwerkakteure (wie z. B. Gewerkschaften, Arbeitgeberverbände, Bundesregierung, Zentralbanken etc.) entsteht ein geordnetes System, das als Regime, als Arenen ordnende, asymmetrische Markthierarchie oder als Metaspiel verstanden werden kann, das die Regeln (bzw. die Möglichkeit ihrer Veränderung) festlegt, nach denen die spezifischen Policies (als sogenannte „politische Spiele") in Abhängigkeit von institutionellen und sozioökonomischen Strukturen gestaltet werden. Das System ist insofern selbstorganisierend, als es von denselben Aushandlungsprozessen der Akteure getragen wird, die es seinerseits durch systemische Ordnungsstrukturen und Verhaltensregeln reguliert. Die Netzwerkakteure nehmen also gleichzeitig an politischen Spielen und am Metaspiel selbst teil.

Dies geschieht in Form von Aushandlungsprozessen, in denen zwischen den Akteuren Informationen, Dienstleistungen, Unterstützung, Garantien und Statusrechte, aber auch Droh- und Erpressungsversuche ausgetauscht werden. Zur Eindämmung von egoistischem und opportunistischem Verhalten bedarf es dabei sowohl der Kontrolle durch Regeln (als Mittel zur Reduzierung von Komplexität) als auch der ständig erneuerten Aussicht auf die Erwirtschaftung und Verteilung von Kooperationsgewinnen. Die Motivation der Akteure, sich auf die Beschränkungen des Tauschsystems einzulassen, beruht auf der Erkenntnis, daß aufgrund der dichten Verflechtung von Interessen und Ressourcen die Erzielung individueller Gewinne nur durch das Anstreben langfristiger Kooperationsgewinne aller (öffentlicher Güter) erreicht werden kann. Das vorherrschende Interaktionsmuster kann somit als antagonistische Kooperation, d. h. als Wechselspiel von Konflikten und Kooperationsbestrebungen, beschrieben werden.

Hierbei ist ein gewisses Maß an wechselseitigem Vertrauen unabdingbare Voraussetzung, weshalb ein solches Austausch-Netzwerk nur zwischen einer begrenzten Anzahl von Akteuren möglich ist, die durch umfassende Interessenverflechtungen miteinander verbunden sind. Die Tauschbeziehungen selbst sind komplex und multilateral: es handelt sich also nicht um einzelne Tauschgeschäfte, sondern um Transaktionsketten, wobei die Akteure ihre Gegenleistungen meistens von einem anderen Partner erhalten als demjenigen, dem sie ihre Unterstützung anbieten.

---

482 Marin, Generalized Political Exchange, S. 13 ff, S. 37 ff

483 Héritier, Policy-Netzwerkanalyse, S. 433

Im Rahmen des General-Political-Exchange-Modells werden dann die speziellen Bedingungen politischen Tausches mit Hilfe verschiedener Konzepte analysiert. Marin nennt in diesem Zusammenhang u. a. tausch-theoretische Ansätze, Netzwerkkonzepte, Organisationstheorien, Machttheorien, ökonomische Vertragskonzepte, institutionalistische Ansätze oder Medientheorien.[484] Welches theoretische Konzept der Analyse zugrunde gelegt wird, hängt vom zu untersuchenden Problem und von der theoretischen Position des Wissenschaftlers ab.

Renate Mayntz und Fritz W. Scharpf haben mit dem Ansatz des „Akteurszentierten Institutionalismus"[485] die akteurs- und institutionentheoretischen Grundlagen für die Analyse sektoraler politischer Steuerung und gesellschaftlicher Selbstregelung erarbeitet, wobei mit letzterem die Interaktionen von korporativen Akteuren (Organisationen) in staatsnahen Sektoren gemeint sind.[486] Dabei wird (wie bei Marin) von der Interdependenz zwischen dem Handeln korporativer Akteure und dem sie umgebenden institutionellen Kontext ausgegangen, wobei Institutionen das Akteurshandeln zwar ermöglichen und einschränken, jedoch nicht vollständig determinieren.[487] Da Organisationen als korporative Akteure ihrerseits den Rahmen für das Handeln organisationsinterner Gruppen und Koalitionen bilden, kann gegebenenfalls eine binnenorientierte Mehrebenenanalyse der am Steuerungsprozeß beteiligten Organisationen erforderlich sein.[488] Dies erscheint besonders dann sinnvoll, „wenn institutionelle Faktoren und der situative Kontext das beobachtbare Tun und Lassen eines korporativen Akteurs nicht zureichend erklären können."[489]

Hinsichtlich der Handlungsorientierungen werden kognitive und motivationale Aspekte unterschieden: „Kognitive Orientierungen betreffen die Wahrnehmung der Handlungssituation und ihrer kausalen Struktur, der verfügbaren Handlungsoptionen und erwartbaren Ergebnisse".[490] Die motivationalen Orientierungen korporativer Akteure sind die „Auswahlgesichtspunkte bei der Wahl zwischen Handlungsoptionen", also die „handlungsleitenden Interessen, Normen und Identitäten".[491]

Mayntz und Scharpf entwickeln ein mehrstufiges Modell der motivationalen Handlungsorientierung, das sich aus den einzelnen Ebenen externe

---

484 Ebd., S. 14
485 Mayntz/Scharpf (Hrsg.), Gesellschaftliche Selbstregelung, S. 39 ff
486 S. ebd., S. 43
487 S. ebd., S. 46
488 S. ebd., S. 44
489 Ebd., S. 50
490 Ebd., S. 53
491 Ebd., S. 54

Vorgabe (abstrakt), dauerhafte Handlungsorientierung und situative Handlungsmotive (konkret) zusammensetzt.[492] So stellen funktionelle Imperative wie Bestandsinteresse, Verfügbarkeit von Ressourcen oder Handlungsautonomie die abstrakteste Stufe der Interessen dar. Diese „Standardinteressen" werden auf der nächsten Ebene je nach Ausprägung organisationeller und institutioneller Besonderheiten in Form stabiler Präferenzordnungen korporativer Akteure konkretisiert. Unmittelbar handlungsleitend werden dann situative Handlungsziele, die sich aus dem Zusammenwirken von Präferenzordnung und spezifischer Handlungssituation ergeben. Gleiches gilt für Normen als deren zweite Komponente der motivationalen Handlungsorientierung. Auch hier werden für ganze Teilsysteme gültige, generelle normative Erwartungen formuliert, die dann von den Akteuren als stabile Normen internalisiert werden und schließlich – je nach spezifischer Handlungssituation – selektiv auf das Akteurshandeln einwirken. Identitäten, als dritte Komponente der Handlungsorientierung, setzen sich aus den Interessen und Normen jeder Stufe zusammen, beinhalten darüber hinaus jedoch noch zusätzliche Aspekte z. B. in Form organisationsspezifischer Charakteristika wie Staatlichkeit, Gemeinnützigkeit etc.

Neben den kognitiven und motivationalen Aspekten der Handlungsorientierung betonen auch Mayntz/Scharpf die Bedeutung der „Interaktionsorientierungen", durch welche die Beziehungen zwischen den Akteuren definiert werden. Dabei wird die in Schimanks akteurstheoretischem Steuerungskatalog angeführte „altruistische Orientierung" durch den Typ der „kompetitiven Orientierung" ersetzt. Bei dieser wird, gemäß der Formel „maximize relative gain", die Situation hinsichtlich der Differenz zwischen eigenem und fremdem Gewinn bewertet.[493]

Neben diesen Handlungsorientierungen wird das Akteurshandeln von den jeweiligen Handlungssituationen bestimmt, womit „die handlungsrelevante, soziale und nicht-soziale Gegebenheiten umfassende Umwelt eines Akteurs gemeint" ist.[494] Dabei aktivieren Handlungssituationen einerseits latent vorhandene Handlungsorientierungen individueller und korporativer Akteure und liefern andererseits Handlungsoptionen, indem sie institutionelle und nicht-institutionelle Ressourcen bereitstellen. Situationsmerkmale wie Stabilität, Variabilität oder Turbulenz bestimmen mögliche Handlungsalternativen und definieren so „gewissermaßen das Spiel, in dem ein Akteur sich aktuell befindet."[495] Hierbei handelt es sich jedoch um vom Akteur wahrge-

492 S. ebd.
493 Ebd., S. 57 und Scharpf, Verhandlungssysteme, S. 74
494 Ebd., S. 58
495 Ebd., S. 59

nommene Umweltaspekte, die von der objektiv gegebenen „realen Situation“ abweichen können. Wie bei den anderen Aspekten der Handlungsorientierungen ist daher auch hier die empirische Identifizierung der Akteure und ihrer Umweltwahrnehmung durch den Analytiker erforderlich: „Die empirische Bestimmung des jeweils handlungsleitenden sozialen Bezugs ist ... alles andere als trivial.“[496]

Die Bearbeitung politischer Probleme auf sektoraler oder gesamtgesellschaftlicher Ebene erfolgt meistens durch die Interaktion korporativer Akteure, die eine bestimmte Konstellation bilden und daher interdependente Handlungsoptionen aufweisen.[497] Diese Interaktionsmuster werden als „Governance-Formen“ bezeichnet, wobei verschiedene Typen sozialer Handlungskoordination wie einseitige oder wechselseitige Anpassung, Verhandlung, Abstimmung oder hierarchische Entscheidung unterschieden werden.[498] (S. Memo S. 174.)

Die empirische Analyse der jeweils vorliegenden Governance-Form (Mischungen der Koordinationsmuster sind möglich) erfolgt mit Hilfe der empirischen Netzwerkanalyse und der Spieltheorie.[499] Während die Netzwerkanalyse eine Reihe analytischer Verfahren zur Ermittlung empirischer Kommunikations-, Kooperations- und Abhängigkeitsstrukturen bietet[500], ermöglicht die Spieltheorie ergänzend die typisierende Beschreibung einzelner Interaktionen und Konfliktmuster. Hierbei werden Koordinationsspiele mit und ohne Verteilungskonflikt, Dilemmaspiele und Konfliktspiele als Spieltypen unterscheiden.[501] Durch „two-level-games“ und „nested games“ ist prinzipiell auch die Analyse von Mehrebeneninteraktionen und vernetzten Spielen möglich.[502] Auch hier wird wiederum betont, daß trotz der institutionellen Verfaßtheit korporativer Akteure deren „Beteiligung an einem bestimmten Entscheidungsprozeß, ihre Wahrnehmungen, Handlungsziele und Beziehungen zu den anderen Akteuren auch durch nicht-institutionelle Faktoren geprägt [sind].“[503]

---

496 Ebd., S. 53

497 S. ebd., S. 60

498 S. im einzelnen ebd., S. 61

499 Ebd.

500 S. Pappi, Policy-Netze u. Pappi, Methoden der Netzwerkanalyse

501 Zur Charakterisierung der einzelnen Spiele s. Mayntz/Scharpf, Der Ansatz, S. 64; Zürn, Interessen und Institutionen

502 Vernetzte Spiele liegen dann vor, wenn einer („überlappendes Spiel“ oder Mehrebenenspiel) bzw. mehrere („Paralleles Spiel“) der beteiligten Akteure gleichzeitig noch in ein anderes Spiel eingebunden sind und dabei nur eine Handlungsalternative gewählt werden kann, die für beide Situationen gültig ist (s. Zürn, Interessen und Institutionen, S. 225 f).

503 Ebd., S. 65

Memo Akteurszentrierter Institutionalismus (Mayntz / Scharpf)

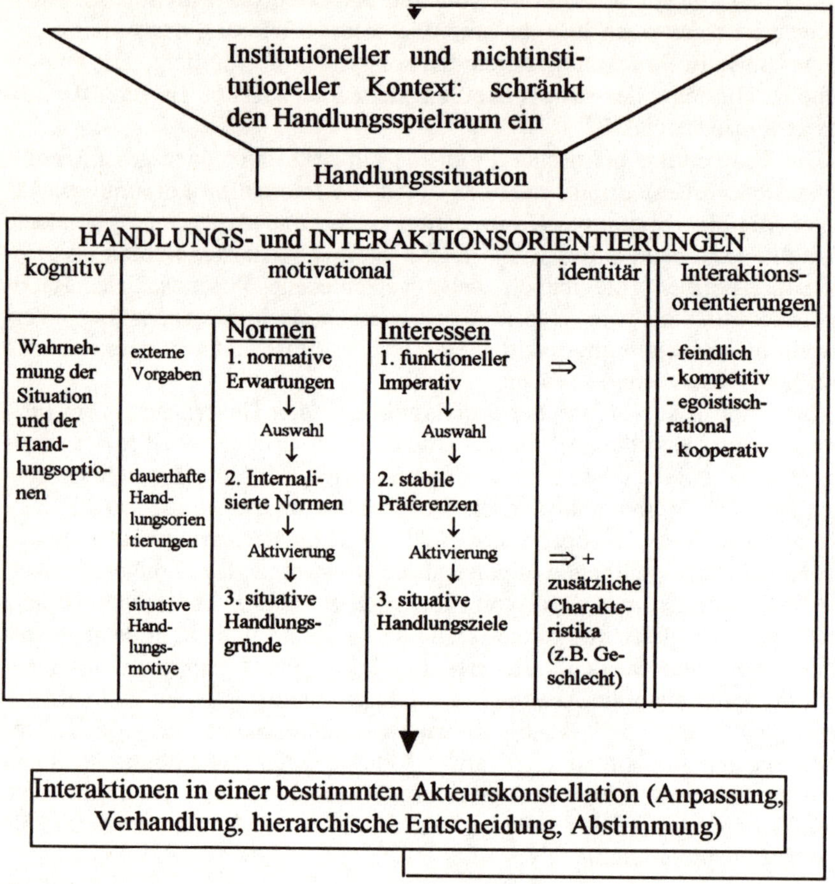

- Institutionen stimulieren, ermöglichen und beschränken zwar Handeln, determinieren es aber nicht.
- Handlungsorientierungen der Akteure sind kognitiver, motivationaler und identitäter Natur.
- Die Beziehungen zwischen den Akteuren werden durch verschiedene Interaktionsorientierungen und Akteurskonstellationen geprägt.

Welchem der genannten Spieltypen eine konkrete Interaktionssituation entspricht, hängt daher nicht allein vom institutionellen Kontext, sondern gerade auch von den „subjektiven Deutungen der aktuellen Situation und den tatsächlichen handlungsleitenden Orientierungen ... "[504] der beteiligten korporativen Akteure ab. Der Ansatz des akteurszentrierten Institutionalismus bildet die theoretische Basis für die im selben Band enthaltenen empirischen Fallstudien über den Policy-Prozeß in staatsnahen Sektoren.

Abschließend läßt sich mit Blick auf die in diesem Kapitel vorgestellten steuerungstheoretischen Grundkonzepte, Teilmodelle und Forschungsheuristiken feststellen, daß inzwischen eine Reihe vielversprechender theoretischer Ansätze vorliegt, die als Grundlage für empirische Steuerungsanalysen dienen kann. Offen bleibt jedoch die Frage, wie diese Ansätze in eine konsistente Steuerungstheorie integriert werden können und wie ein Steuerungsverständnis auszusehen hat, das die Defizite der deterministisch-kausalen Steuerungsdefinition vermeidet.

In Kapitel 2.5 geht es um folgende Fragen:

2.5 Was untersucht die empirische Steuerungsforschung?
2.5.1 Was erbringt die Planungsforschung?
2.5.2 Was erbringt die Implementationsforschung?
2.5.3 Was erbringt die Evaluationsforschung?

2.5 Steuerungspraxis

Die bisherige Fahndung nach Steuerungstheorien oder -modellen legt die Vermutung nahe, daß sich die weitere Suche auf die sozialtechnologische Anwendung solchen theoretischen Wissens richtet. Gesucht wären dann theoriegeleitete politische Steuerungsmaßnahmen. Eine derartige Vermutung spiegelt ein Verständnis von Erfahrungswissenschaft wider, das zwischen einem vorwissenschaftlichen, Theoriesuche initiierenden Entstehungszusammenhang, weiter einem wissenschaftlichen Standards verpflichteten, Theorien befördernden bzw. testenden Begründungszusammenhang und schließlich einem außerwissenschaftlichen, Theorien politisch

504 Ebd.

nutzenden Verwendungszusammenhang unterscheidet. Voraussetzung wäre eine sozialwissenschaftlich angeleitete oder wenigstens umfassend beratene Politik. Solche Politik, die es bestenfalls ansatzweise und selbst dann nur ausnahmsweise gibt, ließe sich nicht als gängige Steuerungspraxis etikettieren.

Andererseits können mit Steuerungspraxis auch nicht alle politischen Maßnahmen gemeint sein, die sich im Licht gängiger Steuerungstheorien oder -modelle auf die eine oder andere Weise als Steuerungsmaßnahmen identifizieren ließen. Allein eine Zusammenstellung Politischer Planungsmaßnahmen der letzten Jahrzehnte füllte Bände. Abgesehen davon, daß kaum jemand eine derartige Auflistung lesenswert fände, fehlt es zudem weitestgehend an einem wissenschaftlichen Abgleich von Steuerungstheorie und so identifizierbarer Steuerungspraxis. Wissenschaftliche Untersuchungen, die Steuerungsmaßnahmen im Visier haben, setzen gleichsam einen Konsens der Wissenschaftsgesellschaft darüber voraus, daß tatsächlich untersucht wird, was untersucht werden soll. Wer eine Verkehrsberuhigungs- oder eine Investitionsanreizpolitik untersucht, erspart sich in der Regel die Vorabklärung, ob es sich dabei überhaupt um eine Steuerungsmaßnahme im Sinne einer Steuerungstheorie oder eines Steuerungsmodells handelt. Grund dafür ist, daß zumeist nicht die theoretische Verortung, sondern der soziopolitische Effekt der Maßnahme interessiert, beispielsweise, ob der Schadstoffgehalt der Luft abgenommen hat oder ob die Geldflüsse in die richtigen Bahnen gelenkt wurden.

Was diese Untersuchungen in Augenschein nehmen, ist hier mit „Steuerungspraxis“ überschrieben. „Steuerungspraxis“ meint also weder die technologische Umsetzung wissenschaftlicher Steuerungstheorien noch die lebensweltliche Verwendung von Steuerungsinstrumenten durch Politik, sondern den sozialwissenschaftlichen Ertrag von Forschung über eine vorausgesetzte politische Steuerungspraxis. Solche Forschung untersucht z. B. politische Planungs- oder Vollzugsmaßnahmen. Damit stellt sich die Frage nach der Beziehung zwischen Theorie und Praxis anders: „Praxis“ bleibt nach wie vor der erforschte politische Steuerungsgegenstand, aber „Theorie“ ist nicht Steuerungstheorie, sondern sozialwissenschaftliche Theorie zur Ausdifferenzierung und Erforschung dieses Gegenstandes und etikettiert sich beispielsweise als Planungstheorie oder Verwaltungslehre. Die Wahl solcher Theorien hängt vom Interesse an der Erforschung des jeweiligen Gegenstandes, also von den Forschungsinteressen ab. Forschungsinteressen artikulieren sich als Fragen an einen Forschungsgegenstand, zu deren Beantwortung disziplinäre Antwortstrategien bereitgehalten werden. So wird etwa gefragt, wie sich Planungsmaßnahmen zielgenauer oder Vollzugsmaßnahmen effektiver ausgestalten lassen, und zur Beantwortung der ersten Frage mag sich die Politik- und der zweiten Frage die Verwaltungswissenschaft aufgerufen fühlen. Wissenschaftliche Disziplinen spezialisieren sich also zur Lösung unterschiedlicher Probleme ihrer gemeinsamen Umwelt, und welche Problematik jeweils relevant ist, entscheidet sich im Licht der eigenen Forschungsinteressen und Problemlösungskompetenzen. Was ausserhalb eines Forschungsinteresses oder der Problemlösungskompetenz einer Disziplin liegt, ist Sache einer anderen Disziplin. Fragen an politische Steuerung, und zwar vor allem zur Steuerungskapazität, stellen vorzugsweise Politikwissenschaft und Soziologie, die zudem als Sozialwissenschaften dasselbe Forschungsinstrumentarium anwenden. Folgerichtig stammen die Untersuchungen, die präsentiert werden sollen, aus diesen Disziplinen.

Wenn die Forschungsleitfrage in der Tat auf die Kapazität politischer Maßnahmen zur Steuerung sozialer Prozesse zielt, dann ist zunächst einmal eingegrenzt, was präsentiert werden muß, eben die entsprechenden Untersuchungen. Offengeblieben ist noch das Wie dieser Präsentation. Es versteht sich von selbst, daß sich eine derartige Leitfrage in zahlreiche Einzelfragen aufsplitten läßt, etwa nach den Voraussetzungen, der Reichweite, den Gegenständen, dem Inventar, den Folgen usw. von Steuerungskapazität. Solche Einzelfragen legen eine Präsentation in Fragenkomplexen nahe. Allerdings müßten die Einzelfragen dazu erst einmal nach Plausibilitätskriterien gebündelt werden. Die strukturierte Bündelung eines Objektbereichs nennt man Typologie; gesucht ist also ein kategoriales Schema zur Systematisierung der Steuerungspraxis.

Da es sich dabei um Forschungspraxis handelt, bietet sich vorrangig diejenige Typologie an, die von den Sozialwissenschaften selbst zur Systematisierung ihrer Forschungsinteressen an politischer Steuerung entwickelt wurde. Am Anfang dieser Entwicklung stand die Frage, wo diese Forschung ansetzen könnte, um die politische Steuerungskapazität auszuloten. Dazu systematisierte man zunächst Beobachtungen über den Steuerungsprozeß, indem man ihn in Sequenzen aufteilte und definitorische Zuordnungen zu den aufeinanderfolgenden Zeitabschnitten vornahm. Auf diese Weise entstand ein deskriptives Ablaufschema, das eine Unterscheidung zwischen der Entstehung, der Durchführung und der Wirkung von Steuerungsaktivität ermöglichte. Später ordnete man diesen Phasen Forschungstypen zu und unterschied zwischen Ansätzen, die entweder die Genese oder die Realisation oder den Effekt von Steuerungsaktivitäten ins Visier nehmen. Diese Ansätze etikettierte man schließlich als Planungs-, Implementations- und Evaluationsforschung. Damit war die für Steuerungsforschung – sei es politikwissenschaftlicher, sei es soziologischer Provenienz – eigene Typologie entwickelt, die nunmehr zur Präsentation der Ergebnisse benutzt wird. Die präsentierten Untersuchungen werden also unter die genannten drei Forschungstypen subsumiert.

Vorsorglich soll nicht unerwähnt bleiben, daß diese Typologie nicht den Steuerungsprozeß „an sich", sondern bloß seine disziplinäre, von forschungslogischen Handhabbarkeitskriterien abhängige Rekonstruktion abbildet. Typologien liefern Bilder zur wissenschaftlichen Bewältigung, nicht zur semantischen Verdoppelung von politischer Steuerung. Deshalb geht auch niemand davon aus, daß der Steuerungsprozeß tatsächlich in drei aufeinanderfolgenden, in Zeiteinheiten meßbaren Phasen verläuft. Vielmehr ist klar, daß Ablaufphasen übergangslos ineinandergleiten, zurückwirken, simultan ablaufen oder sich umkehren können. Selbstverständlich gibt es auch Forschungsansätze, die den Steuerungsprozeß aus dieser Sicht rekonstruieren, beispielsweise als Handlungs- oder Maßnahmengeflecht. Andererseits rekurrieren auch diese Ansätze auf das Phasenmodell, das auf diese Weise ergänzt und verbessert, insbesondere dynamisiert wird. Wenn trotzdem an der analytischen Unterscheidung in drei Phasen festgehalten wird, so deshalb, weil Forschung bisher ganz überwiegend in dieser Art fokussiert und organisiert wurde.

Selbstredend schlagen die Beschreibungsdefizite des Phasenmodells auch auf die darauf gründende Forschung durch. Beispielsweise ist klar, daß bereits bei der Formulierung die Durchsetzbarkeit und die Erfolgsaussichten der beabsichtigten Politik antizipiert und möglicherweise sogar mitgeplant werden müssen. Umgekehrt finden sich Bestimmungsgründe für eine Politikwirkung nicht etwa nur außerhalb des politischen Systems, sondern z. B. auch in den Organisationsstrukturen von Formulierungs- oder Vollzugsinstanzen. Diese Verschränkungen der Forschungsgegenstände haben zu Verschränkungen der Forschungsansätze geführt, so daß zum Beispiel Planungsforschung die Planverwirklichung oder Wirkungsforschung die Planentstehung zunehmend mitreflektiert. Fast sieht es so aus, als ob die Einheit der Steuerungsforschung bevorsteht.

Dazu wird es aus zwei Gründen so rasch wohl nicht kommen. Zum einen minimieren arbeitsteilige Forschungsstrategien den Forschungsaufwand und maximieren den Forschungsertrag. Spezialisierung mobilisiert knappe Ressourcen zur effektiven Bearbeitung abgegrenzter Probleme und verspricht praktikable Lösungen in angebbarer Zeit. So appellieren beispielsweise Vollzugshemmnisse, die aus der hierarchischen Verwaltungsorganisation resultieren und Enthierarchisierung oder Dezentralisation fordern, vorzugsweise an Organisationssoziologie und empirische Sozialforschung. Zum anderen werden zumeist nur Teillösungen nachgefragt, die Arbeitsteilung nachgerade voraussetzen. Die wissenschaftliche Steuerungsberatung sieht sich beispielsweise mit Fragen nach Vorschlägen für eine Rationalisierung des Programmsetzungsverfahrens, eine Effektuierung der Programmdurchsetzung oder eine Evaluation des Programmerfolgs konfrontiert, die die gängige Arbeitsteilung eher verfestigen. Dann aber liegt es nahe, die noch immer gebräuchliche, den Forschungsprozeß hinreichend typisierende Arbeitsteilung zur Katalogisierung von Steuerungspraxis beizubehalten – allerdings ohne aus den Augen zu verlieren, daß die erwähnte Ausweitung von Forschungsinteressen über anvisierte Phasen hinaus auf benachbarte Phasen die Rubrizierung der Forschungsergebnisse gelegentlich willkürlich erscheinen läßt.

2.5.1 Programmsetzung

Im sozialwissenschaftlichen Verständnis von Politik transformiert das politische System gesellschaftliche Anforderungen in politische Entscheidungen, programmiert also gleichsam seine eigenen Aktivitäten. Es war bereits davon die Rede, daß dazu Umweltanforderungen wahrgenommen, definiert, gewichtet, untersucht oder beantwortet werden müssen. Diesen Programmierungsprozeß rubrizieren die Sozialwissenschaften beispielsweise unter „Problemdefinition", „Zustandsbeschreibung", „Agenda-Setting", „Zielbildung", „Instrumentenwahl" usw., also unter Rubriken, die den Programmierungs- im Forschungsprozeß widerspiegeln sollen. Diese Forschung, die zumeist die Programmsetzung optimieren will, etwa durch eine Vergrößerung der Definitionskompetenz, eine Verbesserung der Zielfindung oder eine Rationalisierung der Instrumentenwahl, ist allerdings nicht sonderlich weit ausgebaut.

An der erwähnten Katalogisierung orientiert sich nachgerade musterhaft eine Studie über Standortentscheidungen bei risikobehafteten Großanlagen, die Entscheidungssequenzen, Agenda-Setting, Zieldefinition und Zielfindung untersucht.[505] Fallstudien in mehreren Ländern ergaben, daß nicht nur Wohlfahrts- und Verteilungsfunktionen, sondern auch Verfahrensweisen die Standortentscheidungen mitbestimmten, und hier setzt auch die Politikberatung an: der Verfahrenserfolg hängt nicht zuletzt vom Grad der Offenheit, von der Art der Fristen, der Detailliertheit der vertraglichen Vereinbarungen und der Art der Kompensation ab.[506] Der Katalog findet sich auch in ande-

505 S. Keck, Der schnelle Brüter, S. 235 f
506 Ebd. S. 287

ren Studien wieder, so in einer Untersuchung über Frauenförderungsmöglichkeiten, die Zielverwirklichungsmodelle und Instrumenteneinsätze überprüfen und weiterentwickeln soll,[507] oder in einer weiteren Untersuchung, in der die Verwaltungspraktikabilität eines Programmvorhabens durch einen Vollzugstest mit Hilfe eines entsprechenden fiktiven Programms getestet wurde.[508] Um ein letztes Beispiel aufzuführen: im Mittelpunkt einer Untersuchung zur Bundesfernstraßenplanung stand der fragmentierte Politikformulierungsprozeß, in dem die zentralstaatliche Planungshoheit des Bundes durch die regionale Planungskompetenz der Länder konterkariert wird.[509]

Befragt man diese Studien daraufhin, ob Programme angemessene politische Transformationen gesellschaftlicher Anforderungen sind, dann muten die Antworten ernüchternd an. Diejenigen Untersuchungen, die gleichsam die Entwurfskompetenz der Programmsetzungsinstanz testen, kommen zu dem Schluß, daß eine Zentralplanung wegen regional-politischer oder partikular-gesellschaftlicher Konkurrenzkompetenzen illusionär und die Gesetzeskonzeption wegen administrativer Konkurrenzkompetenzen defizitär seien. Die Untersuchung, der es um die Qualität konzeptualisierter Maßnahmenkataloge geht, attestiert Leerlauf, weil es an einer Adressateneinbindung fehle. Die Politikformulierungsuntersuchungen bescheinigen folglich der Programmsetzungsinstanz, daß sie entweder nicht entscheiden kann, was sie entscheiden soll, oder aber daß sie entscheiden soll, was sie nicht entscheiden kann. Das wissenschaftliche Verdikt trifft also schon die Steuerungskonzeption. Was theoretisch bereits als Komplexitäts- oder Varietätsproblem konstatiert wurde, kleidet sich empirisch in das Gewand fragmentierter oder unvorbereiteter Entscheidungskonstellationen. Am Anfang des sequentiell verstandenen Steuerungsablaufs steht demnach eine ungenügende Politikformulierung.

In diesen Rahmen gehörend und zugleich etwas daraus fallend sind Studien, die unter Programmsetzung ebenso einen Politikverfertigungs- wie einen Politikverhinderungsprozeß verstehen und erklären wollen, warum ein Programm so und nicht anders oder eben überhaupt nicht zustande kommt. Diese Fragestellung rückt insbesondere Politikakteure ins Blickfeld, die leicht im Dunkeln bleiben, wenn zuviel Licht auf die Programmsetzungsinstanz, insbesondere den Gesetzgeber fällt. So räumt die bereits ausführlich dargestellte Untersuchung über die Normierung der Chemikalienkontrolle das Mißverständnis aus, es gäbe hier eine staatliche Politikarena aus Regie-

507 Krebsbach-Gnath/Schmid-Jörg, Frauenfördermaßnahmen, S. 16
508 Böhret/Hugger, Praxistest, S. 35
509 Garlichs, Infrastrukturpolitik, S. 108

rung, Parlament oder Verwaltung und dort eine, auf die staatliche Arena Druck ausübende gesellschaftliche Politikarena aus Chemieindustrie oder Gewerkschaften; vielmehr wird ein kooperatives Netzwerk entdeckt, das die formulierte Chemikalienkontrollpolitik als Resultat von wechselseitigem, asymmetrischem Tauschverhalten offenlegt.[510] Eine andere Untersuchung über Reformvorhaben im Gesundheitswesen erklärt Reformblockaden oder -verwässerungen mit einem Netzwerk aus Bundesregierung, Bund-Länderbeziehungen, Krankenversicherungsselbstverwaltung, Ärzteorganisation usw., das Einigung auf einem gemeinsamen Nenner fordert und deshalb blockierend oder verwässernd wirkt. Die hier zuletzt in diesem Kontext aufgelistete Untersuchung sieht das Steuerungsdefizit der EU-Trinkwasserrichtlinie darin begründet, daß subnationale Akteure wie Regionen oder Kommunen, aber auch potentielle Vollzugsorganisationen nicht hinreichend in das Policy-Netzwerk zur Konzeptualisierung der Richtlinie eingebunden waren.[511]

Formuliert man die Bedingungen für eine genügende Politikformulierung in herkömmlicher Terminologie, dann müßte man, nachdem man ein Steuerungsprogramm als Plan identifiziert hat, eine Verbesserung des Planungsprozesses anmahnen. In diese Richtung gehen zumindest die Empfehlungen der erwähnten Studien, die etwa eine verbesserte Antizipation von Politikverflechtungs-, Vollzugs- und Rezeptionsbarrieren oder eine Neuorganisation korporatistischer Arrangements fordern. Niemand würde bezweifeln, daß die Befolgung solcher Ratschläge die Programmqualität steigern könnte. Zweifelhaft bliebe dagegen, ob sich auf diese Weise auch die Erfolgswahrscheinlichkeit von Programmen steigern ließe, weil der Abbau bekannter Barrieren nicht ein Auflaufen auf unerkannte Barrieren verhindern kann. Die naheliegende Anmutung, dann eben alle Barrieren wissenschaftlich zu erkennen und politisch abzubauen, verweist zurück auf die Diskussion über die Grenzen von Planungstheorie, die dort ziemlich eng gezogen wurden. Darum müßte wohl Radio Eriwan auf die Frage, ob sich erfolgsgewisse Steuerungsprogramme formulieren lassen, antworten: Im Prinzip nein, aber es wird immer wieder versucht. Nicht zuletzt deshalb untersucht man so intensiv die zweite ausdifferenzierte Phase des Steuerungsprozesses, nämlich den Programmvollzug.

---

510 Schneider, Politiknetzwerke, S. 235

511 Demmke, Die Implementation, S.301 ff

2.5.2 *Programmvollzug*

Mit Programmvollzug ist der Umsetzungszusammenhang von (Steuerungs-) Programmen insbesondere durch Verwaltungsorganisationen gemeint. Im Mittelpunkt steht also die Politikdurchführung mit Verwaltungsaktivitäten wie Programmauslegung, Ressourcenmobilisierung, Zwangsanwendung usw., die für die Programmwirkung als Bedingungs-, aber eben auch als Störfaktoren angesehen werden, so etwa wenn die Verwaltung ein Programm kontraproduktiv auslegt und anwendet, um selbst politisch zu steuern. Zum Umsetzungszusammenhang zählen demnach das Programmziel, d. h. die Steuerungsintention, weiter der Programmtyp wie regulative oder persuasive Programme, zudem die Programmvollzugsorganisation, etwa eine Behördenhierarchie, oder schließlich die Programmadresse wie eine Bevölkerungsgruppe. Vereinfachend könnte man auch von zwei Programmadressen sprechen, um die es diesem Ansatz geht, nämlich einmal um das Vollzugsfeld, das die Steuerungsintention vermittelt, und um das Umfeld, das dadurch gestaltet werden soll. Allerdings werden diese Adressen zumeist gemeinsam und gar noch im Hinblick auf das jeweilige Programm untersucht.

Nur das Vollzugsfeld oder nur das Umfeld beleuchten bloß wenige Studien. So kommt eine Untersuchung über das Steuerungspotential der regionalen Wirtschaftsförderung zu dem Schluß, daß die Vollzugsinstanzen zur Konfliktvermeidung Mittel gleich und nicht, wie strukturpolitisch geboten, selektiv verteilen und damit die vorfindliche Wirtschaftsstruktur eher verfestigen als verändern;[512] ähnlich belegt eine weitere Untersuchung, daß eine intendierte Neubau- und Modernisierungsförderung an Verwaltungsrichtlinien scheitern kann, die einen eigenen Steuerungsanspruch der Vollzugsbehörde geltend machen.[513] Eine dritte Untersuchung attestiert den Naturschutzbehörden, daß Eingriffe in Natur und Landschaft nur selten untersagt, kaum zur Kompensation aufgegeben und kompensatorische Auflagen nicht überwacht würden.[514] Eine weitere Untersuchung sieht das Vollzugsdefizit raumwirksamer Maßnahmenprogramme darin begründet, daß Vollzugsbehörden konfligierende Ziele verfolgen oder Konflikte mit dem Adressatenumfeld vermeiden.[515] Eine andere Untersuchung, deren Gegenstand im gleichen Politikfeld angesiedelt ist, kommt sogar zu dem Ergebnis, daß Groß-

512 Böhret/Jann/Kronenwett, Wirtschaftsförderung, S. 390, S. 395

513 Winter/Unger, Verwaltungsrecht

514 Burmeister, Schutz, S. 179

515 Konukiewitz, Implementation, S. 57, S. 246 f

kommunen wohnungspolitische Förderprogramme überhaupt nur dann zur Lösung großstädtischer Probleme nutzen konnten, wenn diese Programme programmwidrig implementiert wurden.[516] Obgleich diese Untersuchungen auch die Programmformulierung nicht aus dem Auge verlieren und manche Vollzugsdefizite von dort ableiten, so verorten sie doch die meisten Defizite in den Eigenheiten von Vollzugsorganisationen.

Die Steuerungspraxis, die hier aufgedeckt wird, könnte man als Steuerungswiderstand oder gar Gegensteuerung des Vollzugsapparates kennzeichnen. Die Ortung solcher Potentiale, die in den genannten Beispielen aus offenen Programmvorgaben, eigenen Organisationszielen, eigenen Entscheidungsspielräumen oder informalen Absprachen mit dem Adressatenumfeld resultieren, überraschte vielfach. Die liebgewordene Vorstellung von einem bloß programm-konditionierten Vollzugsapparat mußte aufgegeben werden. Nunmehr stellte man sich die Verwaltung als eigendynamische, von politischen Programmen zwar auch, ebenso aber von ihrer Ideologie, ihrer informalen Struktur, ihrem Umfeld usw. gesteuerte Organisation vor. Neben dem Verwaltungspersonal als klar konturiertem Steuerungsadressaten etablierten sich vage profilierte Adressen wie Verwaltungsorganisation, Verwaltungskultur oder Verwaltungsumfeld. Das Bild wurde folglich noch facettenreicher, als man nicht mehr nur die Relationen zwischen Programmentwurf und Programmdurchführung betrachtete, sondern die Untersuchung beispielsweise auf das Vollzugsumfeld ausdehnte.

Beispielsweise geht eine Studie von der Annahme aus, daß sich das Verhalten Programmbetroffener nach vorgegebenen Mustern abspiele und man deshalb zwischen Implementations- und Wirkungsmustern unterscheiden könne; zum ersten Muster organisierten sich vollzugsrelevante, zum zweiten Muster adressatenrelevante Einflußfaktoren.[517] Als vollzugsrelevante Faktoren wurden etwa Verwaltungsorganisation, -verfahren, -ausstattung, -motivation oder -qualifikation, Ermessensspielraum, Sanktionsdichte usw. identifiziert, als adressatenrelevante Faktoren z. B. Partizipationsformen, Interessen, Organisationsgrad, Verwaltungszugang, Bedarf usw.[518] Eine andere Studie gewichtet den Anteil von Programmfehlern und von Adressatenreaktionen an Vollzugsdefiziten und belegt am Beispiel des Schwerbehindertenrechts, daß Fehler wie Kontroll- oder Sanktionsdefizite, unklare Zuständigkeitsregelungen, ungenügende Mitwirkungsmöglichkeiten usw. einerseits und Reaktionen wie Widerstand, Ausweichstrategien, Informations- oder

516 Wollmann, Implementation, S.187
517 Zeh, Wille und Wirkung, S. 34
518 Ebd., S. 529 f

Motivationsdefizite andererseits für die Bereitschaft zur Einstellung von Schwerbehinderten kontraproduktiv waren.[519] Um ein weiteres Beispiel zu nennen: eine dritte Studie sieht in einem Umweltschutzprogramm, das auf Industriebetriebe zielt, nur einen Rahmen, der durch Verhandlungen zwischen Vollzugsinstanzen und Adressaten über die tatsächlich einzuhaltenden Standards konkretisiert wird.[520] Die zuletzt hier aufgeführte Studie zur Altlastensanierung belegt, daß solche Rahmen allerdings nicht etwa Programmzweckerfüllung verbürgen, sondern daß Verhandlungen situationsspezifisch, improvisierend oder planlos ablaufen.[521]

Wie es aussieht, vertieft sich die Vollzugsproblematik, wenn man aus der Vollzugsperspektive das Programm oder die Adressaten mitbetrachtet. So wurde zum einen deutlich, daß sich politische Zielkonflikte, technizistische Überregulierungen, ungenügende finanzielle oder regulative Flankierungen usw. in Programmen als politischer Gestaltungsauftrag, administratives go slow, Tätigkeitshemmnis usw. im Vollzug widerspiegeln. Zum anderen erkannte man, daß Ablehnung, Befolgungsverweigerung, Unkenntnis, Nachteilvermeidung usw. im Adressatenumfeld zu informalem Verhandeln, untragbaren Erzwingungskosten, spezifischen Vermittlungsanstrengungen, bargaining usw. im Vollzugsbereich führt. Ausufernde Probleme lassen rasch auch bei den Lösungen die Dämme brechen. So umfaßt im ersten Beispiel die Liste der beachtenswerten Einflußfaktoren sieben Komplexe mit vierzig Faktoren, und im zweiten Beispiel bleibt offen, wie Kontroll-, Zuständigkeits- oder Beteiligungsregelungen verbessert geschweige denn, wie Motivations- oder Informationsdefizite vermieden werden können. Der Vollzugszusammenhang wird noch unübersichtlicher, wenn die Forschung gleichzeitig in beide Richtungen schielt. Diese Sehanstrengung ist allerdings für die Implementationsforschung typisch.

Die rasche Kumulation der Probleme läßt sich am ehesten demonstrieren, wenn man einige dieser Studien hintereinander abhakt. Die erste Studie untersucht die Wirkung von Stadterneuerungsprogrammen auf das Investitionsverhalten privater Eigentümer und stellt fest, daß sich zwar nicht beeinflussen läßt, ob, dagegen eher, wann und in welcher Höhe investiert wird, vorausgesetzt, das Investitionsklima ist günstig.[522] Zum gleichen Themenkreis konstatiert die zweite Studie, daß Förderprogramme wenig bewirken, die Regionalstrukturen außer acht lassen und intransparent sind.[523] Die

519 Melinz, Umsetzung, S. 2, S. 108 f
520 Ullman, Industrie, S. 18 f, S. 29 f
521 Kippes, Bargaining, S.235 ff
522 Einem/Wollmann, Stadterneuerungspolitik, S. 21
523 Kistenmacher/Domhardt u. a., Städtebauförderung, S. 16 ff

dritte Studie stellt fest, daß sich ein Zweckentfremdungsverbot für Wohnraum jedenfalls dann nicht durchsetzen läßt, wenn die Eigendynamik des Wohnungsmarktes gegenläufig ist.[524] Die vierte[525] und die fünfte[526] Studie sehen gar in einer Implementation ohne Vollzugsinstanz die besten Implementationschancen technologiepolitischer Programme und plädieren für technokorporative Arrangements. Man kann das Bild, das sich diese Untersuchungsergebnisse vom Programmvollzug machen, so überzeichnen: nach den ersten Studien kann nur und nach den letzten Studien braucht nicht vollzogen werden, was sich ohnehin vollzieht; es bleibt bloß Steuerungssymbolik oder Steuerungsverzicht. Steuerungspraxis wäre insoweit nicht mehr als politisch flankierte soziale Eigendynamik. Mag dieses Bild auch überzeichnet sein, so wird der weitverbreitete Steuerungspessimismus durch solche Untersuchungen nur bestärkt.

Zumindest läßt sich nicht übersehen, daß die Anstrengungen der Vollzugsforschung, den Programmvollzug in den Griff zu bringen, wenig gefruchtet haben. Je mehr Bedingungs- und Störfaktoren ausdifferenziert wurden, desto steuerungsresistenter erschien der Steuerungsprozeß selbst. Diese muddling-through-Praxis, die in immer mehr selbstgesteuerte, weitgehend autonome Steuerungselemente aufgesplittert wurde, fand zuletzt ihre Kennzeichnung im Netzwerkbegriff. Damit sind formelle und informelle Interaktionen zwischen relativ autonomen Akteuren mit unterschiedlichen, wechselseitig abhängigen Interessen gemeint, die ein gemeinsames Handlungsproblem dezentral bearbeiten. Der entsprechende Vollzugszusammenhang wären folglich die – institutionell und organisatorisch stabilisierten – Handlungsmuster beteiligter Akteure. So leicht sich Vollzugsnetzwerke begrifflich fassen lassen, so schwer sind sie empirisch zu fassen, denn Interaktionszusammenhänge reichen nicht nur potentiell unendlich weit, sondern formen sich zudem zu potentiell unendlichen Schleifen. Wer kennt alle Akteure, nennt alle Aktionen – von Ein- und Aussteigern, Ungleichzeitigkeiten der Interessen, Rückkopplungen der Interaktionen usw. ganz zu schweigen.

Es sieht so aus, als ob das Erklärungs- und Prognosepotential der Durchführungs- wie schon der Entwurfsforschung zu wünschen übrig läßt. Dann aber kann man daraus kaum Honig für die Steuerungspraxis saugen, die schließlich verbessert werden soll. Eher im Gegenteil, skizziert diese Forschung doch eine Praxis, die unübersichtlich, freischwebend und nicht zuletzt nur sich selbst verpflichtet vor sich hinwurstelt. Andererseits zeitigt

524 Winter/Unger, Verwaltungsrecht, S. 406
525 Weber, Selbstregulierung, S. 118, S. 131 f
526 Eichner/Voelzkow, Umweltinteressen, S. 11 f

solche Praxis gelegentlich Wirkungen, die durchaus in der Programmintention liegen oder sie gar übertreffen, mag auch Wirkungslosigkeit viel häufiger attestiert werden. Die Frage ist nur, ob Wirksamkeit wie Wirkungslosigkeit ein Vollzugseffekt ist oder nicht. Wenn die Ergebnisse jener Studien richtig sind, wonach Wirkungen nicht politisch bewirkt, sondern sozial hervorgebracht werden, dann kann davon keine Rede sein. Dieser Frage geht insbesondere die Wirkungsforschung nach.

2.5.3 Programmwirkung

Vorfrage ist zunächst, was unter Wirkung verstanden werden soll. Üblicherweise wird unterschieden zwischen Effektivität im Sinne einer Differenz zwischen erstrebten Soll-Werten und realisierten Ist-Werten einerseits und Effizienz im Sinne einer Relation zwischen positiver (Nutzen) und negativer (Kosten) Zielrealisation andererseits. Die Effektivitätsprüfung bezieht sich folglich auf die wertrationale Präferenzskala der Programmsetzungsinstanz, das Effizienzkalkül auf den zweckrationalen Mitteleinsatz. Anders gesagt, Programme verfolgen politische Intentionen, die zum Maßstab für intendierte, nicht intendierte und unerwünschte Wirkungen werden, oder zielen auf politische Nutzen, die mit angemessenen, unangemessenen bzw. untragbaren Kosten bewirkt werden.

Studien, die solche Programmwirkungen untersuchen, beantworten vorzugsweise Fragen nach dem Erfolg eines Steuerungsprogramms und eher am Rande Fragen nach den Bedingungen für die Vermeidung von Mißerfolgen, die im Fragenzentrum der erwähnten Untersuchungen über Programmsetzung oder -durchsetzung stehen. Die Wirkungsstudien stellen damit die Gretchenfrage an die Steuerungspraxis, inwieweit oder ob überhaupt Steuerungsversuche auch Steuerungserfolge zeitigen. Dabei bereiten Mißerfolge weitaus weniger Untersuchungsschwierigkeiten als Erfolge. Wurde das Gewollte nicht bewirkt, dann liefen alle Steuerungsanstrengungen offensichtlich leer, während gewollte Wirkungen nicht notwendig aus Steuerungsanstrengungen resultieren. Anders gesagt, ereignet sich das Gewollte nicht, kann Steuerung gewiß keine hinreichende Bedingung, ereignet es sich dagegen, muß Steuerung keine notwendige Bedingung gewesen sein; Gewolltes ereignet sich dann nicht wegen, sondern trotz Steuerung.

Voraussetzung wäre allerdings, daß sich überhaupt Steuerungserfolge konstatieren lassen. Ist Mißerfolg die Regel, dann kann man nicht nur die gängige Steuerungspraxis, sondern damit auch die dazugehörige Steuerungstheorie abschreiben. Schließlich steht kaum zu erwarten, daß alle theoretischen und praktischen Bemühungen um eine Verbesserung oder Verfeinerung von politischer Steuerung in absehbarer Zukunft zu dem Erfolg führen, der ihnen in langer Vergangenheit versagt blieb. Die Wirkungsforschung wird dadurch zum Hauptprüfstand für die gegenwärtige politische Steuerung und ihre sozialwissenschaftliche Fundierung. Um so erfreulicher mutet an, daß dieser Prüfstand erstaunlich gut ausgestattet ist; es gibt viele detaillierte und profunde Wirkungsstudien, die zumeist politikfeldspezifisch ansetzen. Als Beispiele dafür können Studien zur Gesundheits-, Umwelt-, Struktur-, Sozial- und, last but not least, Technologiepolitik dienen, wobei, good news before bad news, zu einigem Steuerungsoptimismus wenigstens das erste Politikfeld Anlaß zu geben scheint.

Der Beweis dafür, daß im Gesundheitssektor Steuerung stattfindet und Erfolgsaussichten hat, wird in der staatlich initiierten Korporatisierung gesehen, wobei Steuerungsinstrument der Kollektivvertrag zwischen dem Staat und den Verbänden der Leistungsanbieter zur Begrenzung der Gesundheitskosten sein soll.[527] Allerdings wird diese, methodisch mit einer „entwicklungsgenetischen Rekonstruktion politischer Entscheidungsprozesse" untermauerte Beweisführung bei der Präsentation des Forschungsergebnisses so relativiert: „Folgt man der analytischen Differenzierung für dic Bemessung von Steuerungserfolg in 'Steuerungsfähigkeit' des Staates und 'Steuerbarkeit' des Gesundheitswesens..., so ist auf der Basis der hier nachgezeichneten Entwicklung von einer erhöhten staatlichen Steuerungsfähigkeit auszugehen, die auch die Steuerbarkeit des Gesundheitswesens wahrscheinlicher macht."[528] Dieses Fazit, wonach aus einer möglichen Steuerungskapazität auf einen wahrscheinlichen Steuerungserfolg geschlossen wird, ziehen zwei, die auszogen, die Steuerungspessimisten das Fürchten zu lehren.

Die Frage, ob im Umweltsektor politisch erfolgreich gesteuert wird, beantwortet eine andere Untersuchung mit der Feststellung, daß es insoweit bereits an klaren Steuerungszielen fehle; vage Vollzugsvorgaben hätten diffuse Vollzugsergebnisse im Gefolge.[529] Eine weitere Studie führt Mißerfolge auf Informationsdefizite bei Programmsetzungs- und Vollzugsinstanz wie bei Adressatenkreis und Wissenschaft zurück.[530] Eine dritte Studie erklärt Steuerungsversagen mit Regelungs- und Vollzugsdefiziten, insbesondere mit

527 Döhler/Manow-Borgwardt, Korporatisierung, S. 67
528 Ebd., S. 99
529 Nießlein, Naturschutzpolitik, S. 129
530 Lee, Umweltpolitik, S. 219 f

konterkarierenden Aktivitäten von Behörden.[531] Ähnlich führt eine vierte Studie die verfehlte Luftreinhaltepolitik auf eine Fehlallokation vorhandener Ressourcen zurück, beispielsweise auf mangelnde Interventionsflexibilität, zu hohe Regelungsdichte, zu technizistische Normen usw.[532] Die letzte hier erwähnte und in diesem Politikfeld angesiedelte Studie bündelt viele Resultate der Implementations- und Evaluationsforschung in der einleitenden Forschungsfrage „wo und warum gute Umweltgesetze in der Praxis versagen", und bietet beispielsweise Antworten derart an, daß Gründe dafür unvorhergesehene Gegebenheiten vor Ort oder eine Überbeanspruchung verfügbarer Ressourcen seien.[533]

Auch die Strukturpolitik verbreitet eher Steuerungspessimismus. Regionale Wirtschaftsförderung, also die Vergabe von Förderungsmitteln an strukturschwache Gebiete, verfährt nach dem Gießkannenprinzip und verstärkt dadurch das strukturelle Ungleichgewicht.[534] Die Saumseligkeit gegenüber strukturellen Unterschieden rügt auch eine andere Untersuchung, die zudem die Vernachlässigung kleiner Gemeinden auf die mangelnde Transparenz der Förderprogramme zurückführt.[535] Sozialpolitik – im Sinne einer Kompensation von Benachteiligungen – erreicht auch nicht so recht, was sie will. So führt der Versuch, die demographische Altersstruktur politisch zu bewältigen, zu einer Demographisierung der Politik, d. h. die Politik bewältigt nicht, sondern wird von den demographischen Veränderungen überwältigt.[536] Ebensowenig lassen sich Schwerbehinderte via politisches Programm in die Arbeitswelt integrieren, sei es, daß Einstellungs-, Bestandssicherungs- oder Kündigungsschutzklauseln kontraproduktiv wirken, sei es, daß es an Zuständigkeits- oder Kontrollregeln mangelt.[537] Um noch ein Beispiel zu bringen: Mittel zur Förderung von Wohnungsbauerneuerungen fließen nur zum geringsten Teil in die ausgewiesenen Schwerpunktgebiete.[538] Hier darf schließlich ein zusätzlicher Hinweis auf die bereits erwähnte Studie nicht fehlen, wonach Wohnungsbauförderprogramme fast nichts zur Lösung großstädtischer Probleme beitragen, es sei denn, daß diese Programme programmwidrig implementiert werden.[539]

---

531 Hucke/Wollmann, Altlasten, S. 264 ff
532 Weidner/Knoepfel, Innovation, S. 253f
533 Uebersohn, Umweltpolitik, S. 536 ff
534 Böhret/Jann/Kronenwett, Wirtschaftsförderung, S. 390 ff
535 Kistenmacher/Domhardt u. a., Städtebauförderung, S. 18 f
536 Leisering, Sozialstaat, S. 294
537 Melinz, Umsetzung, S. 109
538 Mühlich-Klinger, Wohnungsmodernisierung, S. 259
539 Wollmann, Implementation, S. 170, 187 ff

Besonders anschaulich demonstriert Technologiepolitik die Grenzen politischer Steuerungsversuche, die deshalb gegen Ende etwas ausführlicher dokumentiert wird. Es ist seit langem ein Allgemeinplatz, daß Technologiepolitik vorzugsweise Subventionspolitik ist, die Geld zum Fenster rauswirft, so wenn die geförderte Reaktorlinie nicht ans Netz geht oder der subventionierte Superchip anderenorts schneller entwickelt wird. Meinungsbildend war insoweit eine Untersuchung über die Subventionspolitik zur Entwicklung eines – inzwischen zur Subventionsruine verfallenen – Schnellen Brüters, die zum Ergebnis hatte, „daß staatliche Subventionen für marktnahe Entwicklungsaktivitäten der Industrie in der Regel ineffizient sind“[540]. Wie es aussieht, läßt sich dieses Ergebnis kaum widerlegen. Jüngere Studien, die vor allem die Politik zur Förderung der Innovationsanstrengungen kleinerer und mittlerer Unternehmer ins Visier nehmen, korrigieren dieses Fazit kaum.[541]

Untersuchungsgegenstände dieser Studien sind staatliche Förderprogramme, die konkrete Forschungsvorhaben, innovationsrelevante Ressourcen oder die Entwicklung neuer Schlüsseltechnologien bezuschussen. Die geförderten Forschungsvorhaben betreffen finanziell risikoreiche Spitzentechnologien, bei den Ressourcen handelt es sich insbesondere um Kosten für Forschungspersonal, und zu den Schlüsseltechnologien zählen beispielsweise Mikroelektronik oder Bioverfahrenstechnik. Insgesamt werden fünf wohl repräsentative Wirkungsanalysen vorgestellt, allerdings nicht unter jedem Ergebnis-, sondern nur unter dem Zielerreichungsaspekt. In der Beantwortung der Frage, ob die jeweilige Programmintention realisiert wurde, liegt allerdings auch der Schwerpunkt solcher Studien.

Untersuchungsziel der ersten Studie war die Analyse der Voraussetzungen, Wirkungsweisen und Effekte der sich über rund zehn Jahre erstreckenden „Fachprogrammbezogenen Projektförderung“,[542] die 18 vom Staat favorisierte und in 64 kleinen bzw. mittleren Unternehmen realisierte Forschungs- und Entwicklungsschwerpunkte mitfinanzierte. Hauptzweck der Förderung war die Entwicklung marktfähiger Innovationen. Untersuchungsergebnis ist die Feststellung, daß der erstrebte technische und vor allem wirtschaftliche Erfolg ausblieb.[543] Ein gewisser Trost wird darin gesehen, daß die Programme möglicherweise in Zukunft nützliche Effekte zeitigen.

Die zweite Studie untersucht die Fördermaßnahme „Externe Vertragsforschung“, die durch die Finanzierung von Forschungs- und Entwicklungs-

540 Keck, Der Schnelle Brüter, S. 291
541 S. zum Folgenden auch Jacob, Evaluation
542 Siegert/Meyer-Krahmer u. a., Wirkungsanalyse, S. 28 ff
543 Ebd., S. 105 ff

aufträgen an Dritte ressourcenbedingte Nachteile kleiner und mittlerer Unternehmen bei der Realisation technologischer Innovationen kompensieren soll.[544] Dabei geht es um ein ganzes Zielbündel, etwa Technologietransfer, Marktanpassung oder Ertragssteigerung. Auch hier ist festzustellen, daß der vorrangig intendierte Effekt, Innovationen zu initiieren, nicht eintrat.[545] Andere Effekte, etwa im Hinblick auf die Verstetigung externer Kooperationen (Verstetigungseffekt) oder die Verbesserung des Zugangs zu Spezialwissen (Lerneffekt), sind zwar nachweisbar, fallen aber nicht unter den hier als Meßlatte dienenden Zielerreichungsaspekt.

Die dritte untersuchte Förderungsmaßnahme „Zuschüsse zu den Aufwendungen für Forschungs- und Entwicklungspersonal" sollte ebenfalls die Ressourcen kleiner und mittlerer Unternehmen für Produkt- und Verfahrensinnovation verbessern.[546] Das Programm, das nach knapp zehnjähriger Laufzeit 1987 auslief, förderte rund 19.600 Unternehmen mit insgesamt 3,2 Mrd. DM. Untersuchungsgegenstand ist hier allerdings nicht die Wirkung auf die Innovationspotentiale, sondern auf die betrieblichen Entscheidungen, d. h. Forschungsfrage war, ob die Zuschüsse zur Erhöhung von Innovationsaktivitäten (Projektrelevanz) oder zur Verbesserung der Ertragslage (Mitnahmeeffekt) eingesetzt wurden. Auch wenn Projektrelevanz noch lange keinen Projekterfolg verbürgt, weil Aktivitäten häufig leerlaufen, demonstriert das Untersuchungsergebnis zumindest einen Grund für die Inneffektivität von Förderungsprogrammen: es gibt eine ständig steigende Zahl von bloßen Mitnehmern.[547]

Die vierte Untersuchung bezieht sich auf eine dreijährige Forschungspersonal-Zuwachsförderung zugunsten von rund 5.200 Unternehmen, die auf eine Erweiterung der Forschungs- und Entwicklungskapazitäten kleiner und mittlerer Unternehmen zur Stärkung der internationalen Wettbewerbsfähigkeit zielte.[548] Personalintensiv forschende oder insoweit personell schlecht ausgestattete Unternehmen erhielten etwa die Hälfte der zusätzlichen Personalkosten erstattet. Den Wirkungszusammenhang stellte man sich so vor, daß bezuschußte und deshalb niedrigere Entwicklungskosten höheren Entwicklungsertrag versprechen und darum die Entwicklungspotentiale steigern. Die Realisation der Programmintention wäre folglich dann offensichtlich, wenn das Programm den Einstieg in die Entwicklung neuer Technologien bewirkt hätte. Dazu wird in der Studie festgestellt: „Es konnte aber kein

544 Allesch/Fiedler/Martin, Auftragsforschung, S. 612 ff
545 S. zum Folgenden auch ebd., S. 612 ff
546 Becher, Innovationspolitk, S. 3 ff
547 Ebd., S. 169 ff
548 Hornschild u. a., Wirkungsanalyse, S. 33 ff

Unternehmen gefunden werden, das z. B. den Einstieg in neue Technologiegebiete nur aufgrund des Programms vorgenommen hat. Damit bestätigt sich auch empirisch ein Charakteristikum der indirekten Forschungs- und Entwicklungsförderung: sie hat keine Auswirkungen auf die inhaltliche Schwerpunktsetzung oder strategische Umorientierung der Unternehmen. In diesem Sinn sind auch keine Initialeffekte der Zuwachsförderung festzustellen"[549].

Die fünfte und letzte Untersuchung rückt das vierjährige Programm „Fertigungstechnik CAD/CAM" ins Blickfeld, das u. a. zukunftsorientierte Fragestellungen mit hohem Entwicklungsrisiko und Maßnahmen zur Förderung des Technologietransfers fördern wollte, um die Strukturanpassung der fertigungstechnischen Industrie zu erleichtern.[550] Bezuschußt wurden 40% der Kosten für die Einführung der rechnergestützen Konstruktion (CAD) und Fertigung (CAM) bis maximal 400.000 DM. Untersuchungsergebnis ist,[551] daß Unternehmen, die ohnehin die neuen Techniken – insbesondere CAD – hatten und kannten, von dem Förderungsprogramm weit überproportional profitierten, anders gesagt, daß die Einführung der neuen Techniken mit oder ohne Programm stattfand.

Zusammenfassend läßt sich feststellen, daß die technologiepolitischen Untersuchungen die staatliche Initiierbarkeit von Innovationen verneinen. Die Untersuchung über die Projektförderung kommt zu dem Ergebnis, daß zuwenige Vorhaben technisch oder ökonomisch erfolgreich waren, um auch nur annähernd Zielerreichung attestieren zu können. Die Studie zur externen Vertragsforschung belegt in erster Linie, daß Kooperationen mit externen Partnern vorzugsweise dort gefördert wurden, wo sie ohnehin stattfanden. Auch die beiden Untersuchungen über die Wirkungen von Personalkostenzuschüssen beweisen bestenfalls einen Zuwachs von Innovationspotentialen ohnehin innovationspotenter Unternehmen. Die Studie über die Einführung neuer Fertigungstechniken ergibt ebenfalls nur die Begünstigung bereits begünstigter Betriebe.

Abschließend sollen noch kurz Forschungsergebnisse von Ansätzen Erwähnung finden, die nicht politikfeld-, sondern instrumentenspezifisch Wirkungsanalyse betreiben. Das Instrument, das in den Fokus solcher Ansätze gerät, ist vorzugsweise Regulierung, also diejenige Steuerungsressource, die preiswert, unerschöpflich und zugkräftig erscheint und, nicht zuletzt, zur Intervention in nachgerade alle Politikfelder zur Verfügung steht, beispiels-

549 Ebd., S. 170

550 Projektträgerschaft, Programm Fertigungstechnik, S. 4 ff

551 S. hierzu Lay u. a., Wirkungsanalyse, S. 59 ff

weise zur Lösung der Ausländer-, Drogen-, Korruptions-, Schwarzarbeits-, Umweltproblematik usw. Allerdings bieten auch die Resultate solcher Studien keine Überraschungen. So kommt eine Untersuchung zur vorbeugenden Wirkung repressiven Umweltstrafrechts zu dem Ergebnis, daß mit diesem Instrument kein effektiver Umweltschutz betrieben werden kann; als Gründe dafür werden beispielsweise fehlendes Umweltbewußtsein oder ein großes Dunkelfeld angeführt.[552] Eine andere Untersuchung zur vorbeugenden Wirkung des Abtreibungsverbots konstatiert, daß die wahrgenommene Sanktionsdrohung keinerlei Einfluß auf die Bereitschaft von Gynäkologen hat, Schwangerschaftsabbrüche vorzunehmen, insoweit vielmehr internalisierte Werte handlungsleitend sind.[553]

Damit schließt sich der Kreis. Auch mit der Programmwirkung liegt es, wie schon mit der Programmformulierung und der Programmdurchführung, im Argen. Wenn man bedenkt, daß die bisher aufgelisteten Untersuchungen der jüngeren, also einer von jahrzehntelanger wissenschaftlicher Begleitung profitierenden Steuerungspraxis bescheinigen, daß nahezu alle politischen Steuerungsversuche fehlschlagen, dann müßten die Politologen eigentlich den Politikern an ihre Regierungszimmertüren die Mahnung heften: Die ihr hier eintretet, lasset alle Steuerungshoffnungen fahren. Da damit zugleich jede Hoffnung auf eine sinnvolle wissenschaftliche Steuerungsberatung verlorenginge, werden sich diese Politologen allerdings hüten, eine derartige Mahnung anzubringen; niemand betreibt willentlich seine Selbstabschaffung.

Jene Politologen (und anderen Sozialwissenschaftler), die im Falle ihrer Abschaffung eine Lücke hinterließen, die sie möglicherweise ersetzen würde, haben der gängigen Steuerungspraxis ihre jeweilige Theorie geliefert. Leistete die Theorie nicht, was sie sollte, war das um so schlimmer für die Praxis; die Sozialwissenschaftler hatten die Praxis hinreichend interpretiert, nun ging es nur noch darum, daß sie sich verändert. In der Tat hat sich die Steuerungspraxis – nicht zuletzt dank der Befolgung einiger sozialwissenschaftlicher Ratschläge – verändert, aber das Steuerungsdefizit blieb. Der Schluß, daß eine defizitäre Steuerungspraxis um so schlimmer für die Steuerungstheorie und dort Veränderung angezeigt ist, findet deshalb immer mehr Zustimmung.

552 Hoch, Die Rechtswirklichkeit, S. 502 ff

553 Häußler-Sczepan, Arzt, S. 238

Memo Steuerungspraxis

Forschungsdimensionen / Forschungsprozeß	Programmsetzung	Programmvollzug	Programmwirkung
	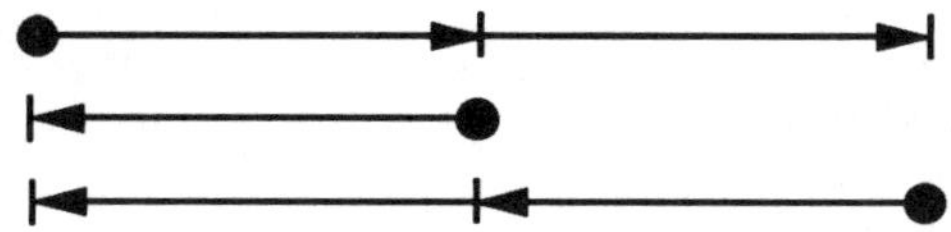		
Forschungsinteresse	Optimierung des Programmformulierungsprozesses	Optimierung des Programmumsetzungsprozesses	Optimierung der Programmeffektivität
Forschungsansätze	Planungsmodelle	Implementationsmodelle	Evaluationsmodelle
Forschungsergebnisse	Formulierungsdefizite (wegen Konkurrenzkompetenzen, Kooperationsmängeln usw.)	Realisationsdefizite (wegen Implementationsdefiziten, Gegenimplementation usw.)	Erfolgsdefizite (wegen Adressatenverfehlung, Instrumentenfehlgebrauch usw.)
Forschungsempfehlungen	Verbesserung des Politikformulierungsprozesses	Verstärkung von Vollzugsbedingungs- und Beseitigung von Vollzugshemmungsfaktoren	Vergrößerung der Prognosekapazität bei der Programmsetzung

Eine derartige Neuorientierung deutet sich beispielsweise in dem Konstrukt „Informales Verfahren" an. Dieses Konstrukt spiegelt die Rezeption organisationssoziologischen Wissens, das die Existenz informaler neben formell eingerichteten Verfahrensstrukturen behauptet. Damit steht auch für die Politikwissenschaft fest, daß jede offizielle durch eine inoffizielle Verfahrensorganisation ergänzt wird, deren latente Funktion unter anderem darin besteht, das formell anvisierte Verfahrensziel spontaner, formunbelasteter oder partnerschaftlicher angehen zu können. Diese informale Verfahrensorganisation wird politologisch vorzugsweise als Netzwerk modelliert; davon war bereits die Rede. Informale Verfahrensstrukturen gibt es auf allen Praxisebenen.

Auf der Programmsetzungsebene könnte man dabei von „Informaler Programmierung" sprechen. Die Frage, wo denn nun das politische Steuerungszentrum zu suchen ist, beantwortet nicht das formelle Regelwerk mit seinem

Akteursgeflecht aus Bundesregierung, -tag, -rat usw., sondern erst der wissenschaftlich abgesicherte Nachweis der Aktionsmuster, die definitiv Programme generieren.[554] Demnach fallen bindende Steuerungsentscheidungen vorzugsweise in informalen Runden qualifizierter, kompetenter und autoritativer Akteure wie im sogenannten Kreßbronner Kreis, in Koalitionsrunden oder in Krisenstäben. Auf diese Weise soll potentieller Konflikt minimiert und formelle Akzeptanz antizipiert werden.

Auf der Programmvollzugsebene könnte von „Informaler Programmimplementierung“ die Rede sein. Auch hier genügt zur Beantwortung der Frage, wie Programme tatsächlich implementiert werden, nicht der Verweis auf das formelle Regelwerk, wonach Justiz und Verwaltung logisch-konsequent durchführen, was zum Vollzug aufgegeben ist. Es stellte sich nicht nur heraus, daß Programme häufig logische Konsequenz vermissen lassen, so wenn der Verwaltung die Prüfung des „Standes der Technik“ oder der Justiz des „Verstoßes gegen die guten Sitten“ angesonnen wurde; das formelle Regelwerk erscheint seitdem häufig bloß noch als Rahmen, den erst die Vollzugsinstanzen inhaltlich ausfüllen. Vielmehr demonstrierten zudem formalistische Programmumsetzungsanstrengungen wie ein „Dienst nach Vorschrift”, daß eine formell regelgemäße Implementation zur Verfehlung des Programmzwecks und damit zum Steuerungsmißerfolg führen kann, und eine Konsequenz war eben der – mit dem Willen zur Zweckerreichung plausibel legitimierte – Weg in die Informalität.

Informales Verwaltungshandeln kennzeichnen demgemäß Prozeduren zwischen Administration und Klientel zur Programmausfüllung, -konkretisierung oder -umsetzung. Insbesondere zwei Fallgruppen stehen im Forschungsmittelpunkt.[555] Die eine Gruppe umfaßt Fälle, in denen das informale Verwaltungshandeln ein Neben-Regime zur Verdrängung, Modifikation oder Ergänzung von Eingriffsverwaltungshandeln etabliert. Beispiele dafür sind Sanierungsabsprachen zur Abwehr von Eingriffsverfügungen oder Auflagenaushandelungen zur Erteilung von Baugenehmigungen. Die andere Gruppe enthält Fälle, in denen das informale Verwaltungshandeln Prozeduren zur Vorstrukturierung komplexer Verwaltungsentscheidungen etabliert. Ein Beispiel hierfür ist ein Vorverfahren zur Einbindung Betroffener in einen Planfeststellungsbeschluß über eine Industrieansiedlung. Beide Fallgruppen spiegeln exemplarisch die Gründe für informales Verwaltungshandeln:[556] Es soll die Unbestimmtheit von Rechtsnormen verringert, der

554 Vgl. hierzu und zum Folgenden Rudzio, Das politische System, S. 276, 279 ff; Patzeld, Die Bundesregierung, S. 197 ff

555 S. hierzu Schulze-Fielitz, Informales, S. 240 f

556 Bohne, Informales Verwaltungshandeln, S. 46 ff

Interessenkonflikt zwischen Betroffenen eingedämmt, die Gegenmacht von Adressaten abgebaut, die Komplexität von Entscheidungssituationen reduziert oder Konsens für formelle Verwaltungsentscheidungen beschafft werden.

Informales Justizhandeln kennzeichnen hauptsächlich Prozeduren zwischen Justiz und Verteidigung zur Aushandelung von Sanktionen. Insbesondere in Wirtschafts- und Umweltstrafsachen ist es nachgerade zur Regel geworden, daß Gericht, Staatsanwaltschaft und Verteidigung unter Ausschluß der Öffentlichkeit Sanktionsnachlässe gegen Teilgeständnisse aushandeln. Gründe für derartige „Deals" sind:[557] der Zeitdruck der Rechtsanwender, die Komplexität der Sach- und Rechtsproblematik, die prozessuale Gegenmacht der Verteidigung und die soziale Gegenmacht der Beschuldigten sowie der Rationalitätszuwachs durch das konsensuelle Prozedere.

Die steuerungstheoretische Neuorientierung, die das Konstrukt „Informales Verfahren" einläutete, rückt die Kapazität kooperativer Prozeduren zur Abarbeitung differierender Systemrationalitäten und expandierender Wissenbestände ins Blickfeld.[558] So muß in zahlreichen Verwaltungs- und Gerichtsverfahren politische mit ökonomischer oder ökologischer Rationalität abgeglichen und entsprechendes teilweltliches Wissen aufgearbeitet werden. Dazu erscheinen formelle Verfahren mit ihren vorherrschenden juridischen Logiken und Wissensbeständen weniger geeignet als informale, auf Prozeßökonomie, Kooperation und Konsens zielende Verfahren. Informalität wird gleichsam zum Synonym für Selbststeuerung[559] anstelle von hierarchischer Steuerung mittels formeller Regelwerke. Die konsequenteste Neuorientierung setzt hier an und deutet, pointiert gesagt, Steuerung als Anleitung zur Selbststeuerung.

557 Bussmann, Absprachen, S. 187 ff

558 Ebd., S. 197f

559 Schulze-Fielitz, Informales, S. 250

In Kapitel 3. geht es um folgende Fragen:

3. Wie verarbeiten Selbstorganisationskonzepte die Stagnation der konventionellen Steuerungsforschung?
3.1 Was ist und wozu modellieren solche Konzepte „Rekursivität"?
3.2 Was ist und wozu modellieren solche Konzepte „Autonomie"?
3.3 Was bedeutet und bewirkt „Selbstreferenz"?
3.4 Was bedeutet und bewirkt „Strukturelle Kopplung"?
3.4.1 Wie konstruiert man ein autopoietisches Sozialsystem?
3.4.2 Wie konstruiert man ein autopoietisches Steuerungsmodell?

3. Unkonventionelle Steuerungskonzepte

In der systemtheoretisch ausgerichteten soziologischen und politikwissenschaftlichen Steuerungstheorie bemühte man sich seit dem Anfang der 80er Jahre um neue Konzepte politischer 'Steuerung', die auf sogenannte Selbstorganisationsansätze zurückgreifen. Ziel ist es, die theoretische Stagnation in den anderen steuerungstheoretischen Forschungssträngen zu überwinden. Insbesondere die Ergebnisse netzwerkanalytischer und institutionentheoretischer Policy-Analyse zeigen, daß kooperative, dezentrale Steuerung in komplex organisierten Policy-Strukturen die Regel und das vorherrschende hierarchisch-kausale Steuerungsverständnis somit obsolet ist. Andererseits ist im staatstheoretischen und policy-analytischen Kontext bislang kein alternatives Konzept in Sicht, das dieses, überdies mit den genannten theoretischen Problemen behaftete, Steuerungsverständnis ablösen könnte.

Den Selbstorganisationskonzepten wurde somit eine heuristische Funktion zugeschrieben: sie sollten zur Entwicklung eines neuen, empirisch adäquaten Verständnisses politischer Steuerung anleiten. Resultat dieser Bemühungen sind verschiedene steuerungstheoretische Positionen und Konzepte, die unter den Stichworten „Steuerungspessimismus" (Luhmann), „Kontextsteuerung" (Teubner/Willke)[560], „Steuerung als Control" (Luhmann), „Mediale

560 Innerhalb dieses Konzeptes wurden verschiedene Varianten entwickelt wie „reflexives Recht" (Teubner/Willke); „strategisches Recht" (K.-H. Ladeur), „dezentrale Gesellschaftssteuerung"

Steuerung" (Druwe/Görlitz) im Laufe der achtziger Jahre entwickelt wurden und alle auf dem Konzept strukturell gekoppelter sozialer Systeme beruhen.

Wissenschaftstheoretisch kann man die steuerungstheoretische Rezeption der Selbstorganisationskonzepte als einen Konzepttransfer zu heuristischen Zwecken bezeichnen.[561] Auf der Basis des empirisch-analytischen Wissenschaftsverständnisses sollte ein solcher Konzepttransfer idealiter folgende Argumentationsstruktur aufweisen:[562]

- Ausgangspunkt ist eine rationale Rekonstruktion der ausgewählten Selbstorganisationskonzepte. Bei den genannten naturwissenschaftlichen Selbstorganisationskonzepten handelt es sich teils um quantitative, teils um qualitative Systemmodelle, die durch analytische Generalisierung und Abstrahierung auf der Grundlage vorliegender empirischer Theorien zur Erklärung physikalischer, chemischer oder biologischer Strukturbildungsprozesse formuliert werden.[563] Bei der sozialwissenschaftlichen Übertragung dieser Konzepte können diese sinnvollerweise nur als analytische Modelle rekonstruiert werden. Würde man sie als empirische Theorien betrachten, wären sie nicht auf soziale Phänomene übertragbar, da zwischen physikalischen oder chemischen Strukturen und sozialen Prozessen keine empirische Strukturgleichheit (d. h. empirische Isomorphie) besteht.[564] Allerdings muß man sich bei der Übertragung im klaren sein, daß das Resultat zunächst nichts anderes als eine analytisch postulierte, strukturelle Analogie ist,[565] der jeglicher empirischer „Unterbau" in Form entsprechender sozialwissenschaftlicher Theorien fehlt. Die heuristische Funktion der Konzepte besteht gerade darin, zunächst einmal die zur Erarbeitung empirischer Theorien erforderlichen analytischen Grundbegriffe bereitzustellen.
- Als nächstes wird das übertragene analytische Konzept sozialtheoretisch interpretiert. Als „Sozialtheorie" wird jener Zweig sozialwissenschaftlicher Theorie bezeichnet, der sich mit grundlegenden Fragestellungen und Problemen beschäftigt, denen sich alle sozialwissenschaftlichen Disziplinen gegenübersehen.[566] Obwohl über den Begriff und somit auch den Gegenstandsbereich von „Sozialtheorie" Uneinigkeit herrscht[567], können

(M. Glagow), „Politische Supervision" (H. Willke). S. hierzu Görlitz/Voigt (Hrsg.), Postinterventionistisches Recht

561 S. Becker/Jahn/Wehling: Revolutionäre Inszenierungen, S. 139

562 S. Druwe, „Selbstorganisation" in den Sozialwissenschaften; Burth, Zur Verbindung, S. 230

563 S. Druwe, a. a. O., S. 763 f

564 S. ebd., S. 771; so auch Mayntz, Naturwissenschaftliche Modelle, S. 316

565 Druwe, a. a. O., S. 771 f

566 S. Giddens, Die Konstitution, S. 30

567 Giddens/Turner, Introduction, S. 7

zwei grundsätzliche Aspekte unterschieden werden. Dies sind zum einen Fragen nach der fundamentalen Beschaffenheit des „sozialen Universums“[568], d. h. nach den Eigenschaften des Menschen als sozialem Wesen und handelndem Akteur, nach der Beschaffenheit sozialer Interaktion sowie der Entstehung sozialer Institutionen und Strukturen.[569] In diesen Zusammenhang gehört auch die Diskussion über die möglichen Ansatzpunkte und Perspektiven sozialwissenschaftlicher Analyse: Soll Gesellschaft von der Mikroebene (handelnder Akteur) oder von der sozialen Makroebene (Struktur bzw. System) her analysiert werden? Oder ist eine Verknüpfung beider Analyseebenen notwendig?[570] Einen weiteren Untersuchungsgegenstand von Sozialtheorie bildet die Wissenschaftstheorie der Sozialwissenschaften. Hier fragt man nach der Beschaffenheit und Struktur sozialwissenschaftlicher Erklärungen, Gesetze und Analyseverfahren. Dies erfolgt vor dem Hintergrund der Diskussion über den wissenschaftstheoretischen Status der Sozialwissenschaften: Sollen diese sich auf Grund ihres spezifischen Gegenstandes von den Naturwissenschaften abgrenzen oder können bzw. müssen sie nach dem empirisch-analytischen Vorbild der Naturwissenschaften betrieben werden?[571] Zunächst muß also geklärt werden, welches Bild des „sozialen Universums“ entsteht, wenn die analytischen Selbstorganisationskonzepte auf gesellschaftliche Phänomene übertragen werden und welche Konsequenzen sich hieraus für die sozialwissenschaftliche Analyse und Erklärung im allgemeinen ergeben.

- Als letzter Schritt erfolgt die eigentliche steuerungstheoretische Rezeption, d. h. man formuliert auf der Grundlage des rekonstruierten Modells und seiner sozialtheoretischen Interpretation ein spezifisches Steuerungsmodell und verbindet damit Aussagen darüber, wie eine steuerungstheoretische Analyse aussehen sollte (siehe Memo S. 199).

Im Zentrum der neueren systemtheoretischen Steuerungskonzepte in Politikwissenschaft und Soziologie steht mit der von Maturana/Varela entwickelten Theorie der Autopoiese ein ganz bestimmtes Selbstorganisationskonzept. Im folgenden Abschnitt wird dieses Konzept – nach einigen allgemeinen Bemerkungen zum Begriff der Selbstorganisation – rekonstruiert. Dann folgt die kritische Rekonstruktion der steuerungstheoretischen Rezep-

568 Ebd., S. 7

569 S. ebd., S. 1

570 S. ebd., S. 7

571 Auch zu diesem sozialtheoretischen Problem finden sich in der sozialwissenschaftlichen Theorie(-geschichte) verschiedene Positionen und Debatten (z. B. der Positivismusstreit zwischen den Vertretern der Kritischen Theorie und des Kritischen Rationalismus). Zur wissenschaftstheoretischen Diskussion im Bereich der Politikwissenschaft siehe Druwe, Politische Theorie, S. 15 ff

tion des Autopoiesekonzeptes durch Niklas Luhmann, Helmut Willke und Gunther Teubner entlang der skizzierten heuristischen Argumentationsstruktur. Im Anschluß wird auf analoge Art und Weise die hier vertretene steuerungstheoretische Heuristik „Strukturelle Kopplung" entwickelt.

Memo Konzepttransfer

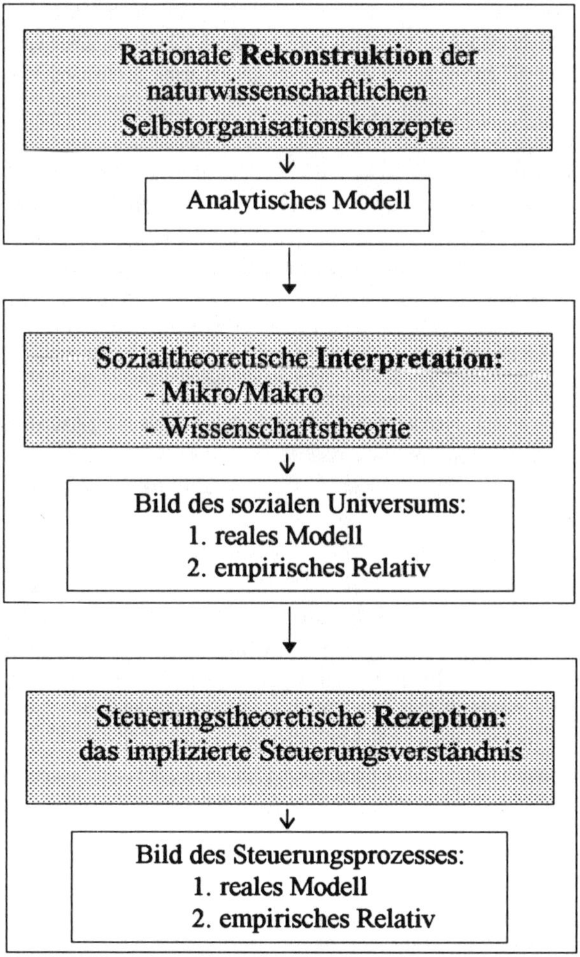

3.1 Selbstorganisationsbegrifflichkeit

Unter dem Oberbegriff „Selbstorganisationskonzepte“[572] sind in den Naturwissenschaften seit den dreißiger Jahren Ansätze und Verfahren entwickelt worden, mit deren Hilfe die Entwicklung, Ausdifferenzierung, Hierarchisierung und Dynamik realer Systeme untersucht wird. Der Biologe Manfred Eigen geht z. B. der Frage nach, ob und wie es mit den bisherigen Naturgesetzen vereinbar ist, daß aus „toter“ Materie „Leben“ entsteht. Seit Mitte der siebziger Jahre organisierten sich die naturwissenschaftlichen Bemühungen um die Erklärung komplexer Phänomene zu einem interdisziplinären Forschungsprogramm, an dem sich Physiker, Mathematiker, Chemiker und Biologen beteiligen. Es verbindet sich heute vor allem mit folgenden Namen und wissenschaftlichen Schlagworten: Hermann Haken, Synergetik; Ilya Prigogine, Dissipative Strukturen; Manfred Eigen, Hyperzyklus; René Thom, Katastrophentheorie; Humberto Maturana, Autopoiese.[573] Weiterhin zählen hierzu auch die kognitionstheoretisch und erkenntnistheoretisch ausgerichteten Konzepte der sog. Kybernetik zweiter Ordnung, denen im weiteren Sinn auch Maturanas Theorie der Autopoiese zugerechnet werden kann.[574]

Der „kleinste gemeinsame Nenner“ der Selbstorganisationskonzepte besteht in der Idee der Rekursion: Selbstorganisierte Prozesse können allgemein als rekursive, also rückbezügliche Prozesse charakterisiert werden. Rekursion ist hierbei ein Begriff, der auf unterschiedliche Weise charakterisiert werden kann.[575]

Mathematisch gesehen sind damit Gleichungen bzw. Funktionen gemeint, die selbst oder deren Ergebnisse (Werte) wiederum als Argumente in dieselbe oder eine andere Gleichung, die von den ersten abhängig ist, eingesetzt werden. Auf solchen Funktionen beruht die mathematische Theorie dynamischer Systeme, die die analytische Grundlage der chemischen, physikalischen und (molekular-) biologischen Selbstorganisationstheorien von Haken, Prigogine und Eigen bildet. Diese Theorie liefert zusammen mit anderen mathematischen Konzepten wie Katastrophen-, Chaos- und Attraktoren-Theorie sowie der fraktalen Geometrie das zur formalen Systemmodel-

572 Der Begriff stammt von dem Wissenschaftstheoretiker Imre Lakatos.

573 S. die Darstellung in Mußmann, Komplexe Natur, S. 161 ff

574 S. hierzu die Arbeiten von H. v. Foerster, Ernst v. Glasersfeld, Francisco Varela

575 S. Paslack, Urgeschichte der Selbstorganisation, S. 42 ff

lierung notwendige Instrumentarium.[576] Dynamische Systeme weisen folgende Eigenschaften auf:[577]

- Ihre Systemkomponenten lassen sich (wie das Gesamtsystem selbst) als Größen beschreiben, deren Werte sich im Laufe der Zeit ändern können.
- Die Beziehung zwischen den Systemelementen ist durch Rekursion bzw. Interaktion, d. h. durch dynamische Abhängigkeit der entsprechenden Größen gekennzeichnet: Der Wert einer Systemgröße zum Zeitpunkt n+1 ist vom Wert der anderen Größen (möglicherweise auch von ihrem eigenen) zum Zeitpunkt n abhängig.
- Als offene Systeme sind sie in eine System-Umwelt-Beziehung eingebunden.
- Dynamische Systeme sind zu autonomem und damit selbstorganisiertem strukturellem Wandel fähig. Als selbstorganisiert werden dabei Systemprozesse verstanden, die vollständig (bzw. weitgehend) auf das interdependente Zusammenwirken (die dynamische Abhängigkeit) der Systemkomponenten zurückzuführen sind. Mathematisch wird die dynamische Interaktion der Systemkomponenten durch ein System von Differenzen- bzw. Differentialgleichungen beschrieben. Alle Gleichungen zusammen ergeben eine Beschreibung des Gesamtsystems bzw. des „Systemverhaltens“. Als stabile Formen selbstorganisierten Systemverhaltens bzw. Strukturwandels können (bei konstantem externem Einfluß und als Ausdruck zunehmender Komplexität) stabile Gleichgewichte, Rhythmen (sog. Grenzzyklen) und deterministisches Chaos auftreten.[578]

In naturwissenschaftlichen Selbstorganisationskonzepten wie der Synergetik[579] wird die autonome (selbstorganisierte) Systemdynamik als interdependente Mehrebenendynamik modelliert, die aus dem Zusammenwirken von Mikro- und Makroebene resultiert. Mathematisch wird der Mehrebenencharakter von Selbstorganisationsprozessen dadurch ausgedrückt, daß die – diese interne Systemdynamik beschreibenden – Gleichungen Variablen mit unterschiedlicher Geschwindigkeit bzw. verschiedenen Zeitskalen enthalten. Dabei bewegen sich die Makrovariablen des Systems auf einer langsameren Zeitskala als die Mikrovariablen. Zwischen beiden Variablentypen besteht ein interdependenter Zusammenhang derart, daß die langsameren Makrovariablen (Obersysteme) die Entwicklung der sich schneller verän-

576 S. An der Heiden, Selbstorganisation; Mußmann, Komplexe Natur, S.179 ff u. 243 ff

577 S. An der Heiden, a. a. O., S. 57.; Huinink, Mehrebenensystem-Modelle, S. 51; Druwe, „Selbstorganisation“ in den Sozialwissenschaften, S. 764 ff; Mayntz, Naturwissenschaftliche Modelle, S. 57 ff

578 S. An der Heiden, Selbstorganisation, S. 74 ff

579 S. Huinink, Mehrebenensystem-Modelle, S. 253 ff

dernden Mikrovariablen (Untersysteme) stärker kontrollieren als umgekehrt. Dies macht es möglich, daß die Systemdynamik von physikalischen oder chemischen Vielteilchensystemen mit Hilfe weniger Gleichungen erfaßt werden kann, in denen die Veränderungsbedingungen der makrosystemischen Ordnungsparameter definiert sind. Prinzipiell ist jedoch von einer Interdependenz von Mikro- und Makroebene auszugehen: So kann durch eine Veränderung der externen Einflüsse ein vorhandenes Gleichgewicht instabil werden. Sonst folgenlos bleibende, kurzlebige Mikro-Fluktuationen können dann eine nachhaltige Veränderung der Makrostruktur und damit des Gesamtsystems verursachen: Das System durchläuft dann eine sogenannte Bifurkation (Phasenübergang).[580] Empirisch gesehen bezeichnet mathematische Rekursion in diesen Konzepten also stets die Kreiskausalität sich selbstverstärkender, selbsterhaltender oder selbsterzeugender Strukturwandlungsprozesse, auf denen das autonome Verhalten selbstorganisierender Systeme beruht.

Im Kontext der „Kybernetik zweiter Ordnung", dem anderen erwähnten Strang der Selbstorganisationskonzepte, wird der Rekursionsbegriff in einem anderen Zusammenhang verwendet.[581] Aufbauend auf Arbeiten von Henri Poicaré und Jean Piaget wird dieser Zweig insbesondere durch Heinz von Foerster und Francisco Varela vertreten. Diese Konzepte konzentrieren sich auf die Untersuchung von Selbstorganisationsphänomene im Bereich von Kognition, Kommunikation und Semantik.[582] Rekursion wird hier meist als Selbstreferentialität bezeichnet.[583] Ein zentraler Grundgedanke dieses Ansatzes besteht darin, daß „Kenntnis, Wissen, Verstehen, nicht lediglich aus einem Registrieren von Beobachtung erwächst, ohne daß nicht gleichzeitig eine strukturierende Aktivität des Subjekts stattfindet."[584] So ist die spezifische Qualität eines Reizes (Ton, Licht, Temperatur) nicht in dessen physikalischer Natur begründet, sondern entsteht erst im wahrnehmenden System[585], und zwar durch die rekursive Interaktion der Relationen und Bestandteile des Nervensystems. Der sog. „Radikale Konstruktivismus"

580 S. An der Heiden, Selbstorganisation, S. 83 ff; Haken, Erfolgsgeheimnisse der Natur, S. 40 ff

581 Aufbauend auf Arbeiten von Henri Poicare und Jean Piaget wird dieser Zweig insbesondere durch Heinz v. Foerster, Paul Watzlawick und Ernst Glasersfeld vertreten und ist in seiner erkenntnistheoretischen Variante unter der Bezeichnung „Radikaler Konstruktivismus" bekannt.

582 S. Mußmann, Komplexe Natur, S. 291

583 S. Paslack, Urgeschichte, S. 133

584 Mußmann, Komplexe Natur, S. 293 mit Verweis auf v. Foerster, Entdecken oder Erfinden?, S. 51

585 S. Mußmann, Komplexe Natur, S. 295 mit Verweis auf v. Foerster, Das Konstruieren einer Wirklichkeit, S. 43 f

(v. Glasersfeld, S. J. Schmidt, W. Roth) überträgt dieses Prinzip strukturdeterminierter Umweltwahrnehmung von der Ebene einfacher Sinneswahrnehmungen über Kognitionsprozesse bis hin zur Formulierung einer konstruktivistischen Erkenntnistheorie.[586] Bei der Systemanalyse geht die Kybernetik zweiter Ordnung prinzipiell davon aus, daß „das Reden über Systeme und deren Eigenschaften stets aus der Perspektive bestimmter kognitiver Systeme heraus erfolgt."[587] D. h. im Gegensatz zur Kybernetik erster Ordnung (also Steuerungs- und Regelungskonzepten) sind in der Kybernetik zweiter Ordnung Theorien und Beobachter „selbstreflexiv"[588] bzw. selbstreferentiell: Demnach setzt die kybernetische Modellierung eines Systems eine Analyse des beobachtenden Systems voraus, daß diese Modellierung vornimmt. Verwendet man den Begriff der Autonomie zur Charakterisierung des Verhaltens selbstorganisierter Systeme, so kann man diese im Sinn der naturwissenschaftlichen Konzepte als „prozessual autonome Systeme" und im Sinn der Kybernetik zweiter Ordnung als „kognitiv autonome Systeme" bezeichnen.

Nicht wenige Naturwissenschaftler, z. B. Haken oder Prigogine, sind der Auffassung, daß ihre Ergebnisse bezüglich selbstorganisierender Prozesse auch für soziale Phänomene relevant seien. In den Sozialwissenschaften konzentrierte man sich im Rahmen der Beschäftigung mit Selbstorganisation insbesondere auf den systemtheoretisch-biologischen Ansatz der chilenischen Neurobiologen Humberto Maturana und Francisco Varela, die sog. „Theorie der Autopoiese".[589]

3.2 Autopoiesekonstrukte

Die „Theorie der Autopoiese" (auto, griech. = selbst; poiesis, griech. = schaffen, herstellen) wurde von Humberto Maturana und Francisco Varela in den siebziger Jahren entwickelt.[590] Wie bei allen System-„Theorien" handelt es sich auch bei der Theorie der Autopoiese um keine empirische Theorie, sondern um ein analytisches Modell, das durch Generalisierung und begriff-

586 S. Mußmann, Komplexe Natur, S. 294; v. Glasersfeld, Einführung
587 Paslack, Urgeschichte, S. 133
588 Umpleby, Kybernetik, S. 159
589 Vgl. Maturana/Varela, Autopoiesis; dies., Erkennen; dies., Der Baum der Erkenntnis
590 Zur folgenden Darstellung s. Paslack, Urgeschichte, S. 151 ff und Köck, Autopoiesis, Kognition und Kommunikation, S. 159 ff

liche Abstraktion auf der Grundlage vorhandener empirischer Erkenntnisse formuliert wurde.[591] Empirischer Ausgangspunkt waren neurobiologische Untersuchungen von Maturana/Varela zur visuellen Wahrnehmung bei Tieren und beim Menschen. Das zentrale Ergebnis bestand darin, „daß die Aktivitäten der Nervenzellen keine vom Lebewesen unabhängige Umwelt spiegeln und folglich auch nicht die Konstruktion einer absolut existierenden Außenwelt ermöglichen."[592] Sinneswahrnehmungen wie z. B. optische Wahrnehmungen sind also keine Repräsentationen der Umwelt, sondern entstehen erst aus der Aktivität des Nervensystems. Dieses wiederum ist ein „strukturdeterminiertes System", d. h. ein geschlossenes, zirkulär operierendes Netzwerk aus Bestandteilen und Relationen, dessen Aktivität stets zu neuen Relationsmustern zwischen den Bestandteilen führt.

Aus diesen Erkenntnissen resultierte für Maturana zudem die begriffliche Notwendigkeit, bei der Analyse biologischer Systeme strikt zwischen der externen Beschreibung dieser Systeme (etwa durch technische Metaphern wie „Informationsspeicher" oder der Charakterisierung des Systemverhaltens als „Funktion" seiner Umwelt) und der Perspektive des Systems (d. h. seinen strukturdeterminierten Operationen) zu unterscheiden.

Die Ergebnisse dieser empirischen und theoretischen Arbeiten wurden in den siebziger Jahren zur „Theorie der Autopoiese" verallgemeinert. Nun versteht Maturana Kognition nicht mehr im üblichen Sinn als „Wahrnehmung", „Denken" oder „Bewußtsein", sondern setzt Kognition mit Leben gleich: „Lebende Systeme sind kognitive Systeme und Leben als Prozeß ist ein Prozeß der Kognition."[593] Gleichzeitig wird der gesamte Organismus nach dem Muster des Nervensystems charakterisiert: Leben wird als Merkmal autopoietischer Systeme definiert, die zirkulär organisiert und strukturell geschlossen sind. Autopoiese, als Synonym für Leben und Kognition, weist bei Maturana zudem eine realwissenschaftliche und eine metatheoretische Komponente auf. So zielt Maturana mit seiner autopoietischen Kognitionstheorie nicht nur auf die Erforschung des biologischen bzw. neurologischen Wahrnehmungsprozesses (verstanden als Aktivität lebender Systeme), sondern erhebt gleichzeitig den Anspruch, als Erkenntnistheorie die metaphysischen (d. h. epistemologischen und ontologischen) Bedingungen von Erkenntnis begründen zu können. Die Theorie der Autopoiese erscheint so als zirkulär strukturierte und damit selbsterklärende „Bio-Epistemologie"[594], mit dem Anspruch, die biologischen Voraussetzungen ihrer eigenen Gültig-

591 S. Druwe, „Selbstorganisation" in den Sozialwissenschaften, S. 762 f
592 Paslack, Urgeschichte, S. 155
593 Maturana, Erkennen, S. 39
594 Köck, Autopoiese, S. 159 ff

keit zu reflektieren. Dieser Zirkel ist gemeint, wenn Maturana davon spricht, mit Hilfe der Theorie der Autopoiese zeigen zu wollen, „wie das Erkennen die Erklärung des Erkennens erzeugt."[595]

Als zirkulär strukturierte und damit 'selbsterklärende' Erkenntnistheorie weist Maturanas Theorie der Autopoiese somit drei verschiedene Dimensionen auf:

- „Autopoiese" als allgemeine Theorie des Lebens,
- „Autopoiese" als biologisch fundierte Kognitionstheorie,
- „Autopoiese" als Erkenntnistheorie.

Diese analytische Trennung ist das Resultat einer rationalen Rekonstruktion der „Theorie der Autopoiese"; sie findet sich nicht bei Maturana, der diese drei Dimensionen als zirkulär miteinander verbunden darstellt. Bei einer rationalen Rekonstruktion der Theorie der Autopoiese muß allerdings nicht nur eine solche Trennung vorgenommen werden, sondern es kann auch der erkenntnistheoretische Anspruch der „Theorie der Autopoiese" nicht aufrechterhalten werden. Gemäß dem empirisch-analytischen Wissenschaftsverständnis kann eine Theorie nicht gleichzeitig ihre eigene Metatheorie beinhalten, d. h. die „Theorie der Autopoiese" kann nicht sowohl realwissenschaftliches System- bzw. Kognitionsmodell als auch Erkenntnistheorie zugleich sein.[596] Damit erweist sich für die sozialwissenschaftliche Rezeption nur die Rekonstruktion der ersten („Allgemeine Theorie des Lebens") und zweiten Dimension („Kognitionstheorie") als relevant. Weil Maturana „Autopoiese" und „Kognition" als Synonyme betrachtet, können allerdings beide Phänomene mit demselben analytischen Vokabular charakterisiert werden. Durch diese analytische Gleichsetzung vereint die Theorie der Autopoiese beide hier entwickelten Aspekte von Rekursion in einem Modell. D. h. autopoietische Systeme sind rekursive, dynamische Systeme im Sinn „prozessualer" und „kognitiver" Autonomie. Darin, daß die Theorie der Autopoiese als Modell das Selbstorganisationsverständnis beider vorgestellter Stränge vereint, besteht, wie noch gezeigt wird, ihr besonderer heuristischer Wert für eine sozialwissenschaftliche und steuerungstheoretische Rezeption. In empirischer Hinsicht sollte man sich jedoch vor Augen halten, daß mit der folgenden Axiomatik sowohl das prozessuale Verhalten als auch die Wahrnehmung lebender Systeme charakterisiert wird.

---

595 Maturana/Varela, Baum der Erkenntnis, S. 257

596 S. Druwe, Vom Modell, S. 50

Memo Rationale Rekonstruktion der Theorie der Autopoiese

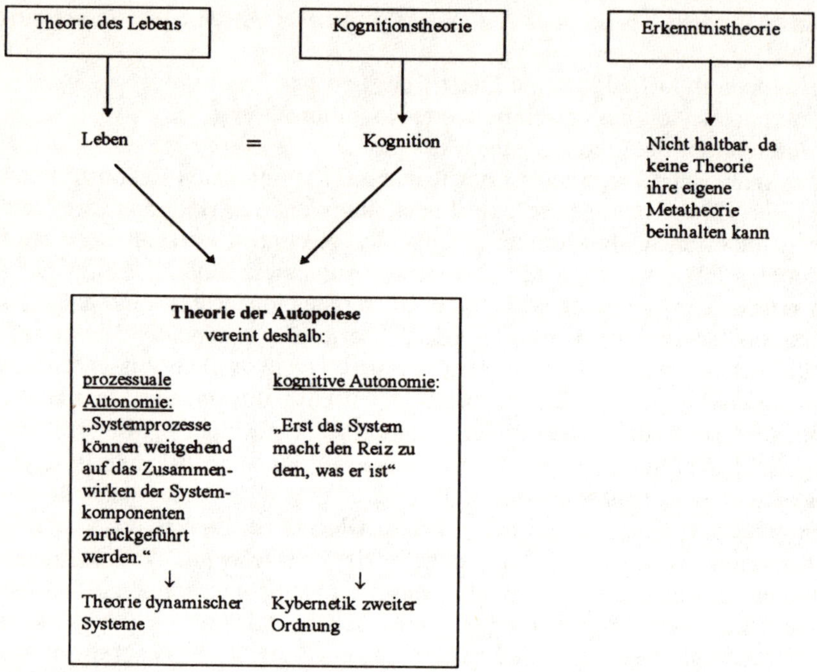

Rekonstruiert man die Theorie der Autopoiese als analytisches Modell, so lautet das zentrale Axiom: Alle lebenden Systeme sind autopoietische Systeme. Damit werden alle Phänomene, für die nachgewiesen werden kann, daß sie diese Definition (und die mit ihr verbundene Axiomatik) erfüllen, als lebende Systeme bezeichnet. Dieses Grundaxiom wird durch folgende weitere Axiome präzisiert:

(1) Alle lebenden Systeme weisen eine identische Organisation, die autopoietische Organisation auf. Die autopoietische Organisation definiert die Einheit des Systems.

Das bedeutet, daß alle lebenden Systeme in ihrer Organisation identisch sind, gleichgültig, ob es sich um Fische, Menschen oder sonstige Systeme handelt, die „Lebewesen“ sind. Wie die autopoietische Organisation genau aussieht, ergibt sich aus Axiom (4). Die lebenden Systeme unterscheiden sich nicht in ihrer Organisation sondern in ihrer Struktur (zum Strukturbegriff vgl. Axiom (5). Über ihre Organisation lassen sich lebende Systeme von ihrer Umwelt abgrenzen.

(2) Das autopoietische System besteht aus Bestandteilen und Relationen zwischen den Bestandteilen.

(3) Drei Relationstypen werden unterschieden. Die Konstitutionsrelation erzeugt die räumliche Ausdehnung des Systems. Die Spezifitätsrelation bestimmt die Identität des Systems. Die Ordnungsrelation kontrolliert den autopoietischen Prozeß.

(4) Die autopoietische Organisation ist dadurch charakterisiert, daß ihre Bestandteile die Relationen und ihre Relationen die Bestandteile erzeugen. Mit anderen Worten: autopoietische Systeme sind organisationell geschlossen.

Das vierte Axiom betrifft einen zentralen Punkt der „Theorie der Autopoiese", dem sie auch ihren Namen verdankt: Die Organisation des Lebendigen ist durch zirkuläre Kausalität gekennzeichnet. Die Wechselwirkungen zwischen Bestandteilen und Relationen erzeugen erst das System. Es stellt sich also selbst her, es organisiert sich selbst.

Der zweite zentrale Begriff des Modells ist „Struktur". Das Axiom lautet: Die Struktur eines autopoietischen Systems konkretisiert seine autopoietische Organisation. Lebewesen unterscheiden sich folglich nicht in ihrer bei allen lebenden Systemen identischen Organisation, wohl aber in ihrer realen Ausprägung, wie der Unterschied zwischen Mensch und Fisch verdeutlicht. Wie kommt es zur Ausprägung einer autopoietischen Struktur? Diese Frage zielt auf die Entwicklung des „Lebendigen". Dazu formulieren Maturana/Varela folgende Axiome:

(5) Autopoietische Systeme verwirklichen sich konkret nur auf allopoietischer bzw. medialer Basis. Die konkrete Existenz eines autopoietischen Systems, die Struktur, setzt die Existenz eines Mediums voraus.

Übersetzt und illustriert heißt dies: Der Mensch benötigt zunächst die nichtlebende (allopoietische), physikalische Umwelt (z. B. zum Atmen). Der Medium-Begriff ist jedoch umfassender. Ein Medium kann sowohl allopoietisch als auch autopoietisch sein. So benötigt der Mensch Luft, Wasser etc., aber auch andere Menschen, um zu bestehen und sich zu entwickeln.

(6) Zwischen Medium und autopoietischem System kommt es zu Strukturellen Kopplungen.

(7) Strukturelle Kopplungen führen zu Zustandsveränderungen im System.

Mit diesen beiden Axiomen wird ausgesagt, daß zwischen dem autopoietischen System und einer dafür spezifischen Umwelt enge Wechselbeziehungen vorhanden sind. Autopoietisches System und Medium sind aneinander gekoppelt und miteinander verflochten. Allerdings weist der Begriff der Strukturellen Kopplung eine Besonderheit auf: Wechselwirkungen kommen nur zustande, wenn Medium und System strukturelle Komplementarität aufweisen. Der biologische Begriff der „Koevolution" verdeutlicht am ehesten solche komplementären, rekursiven Beziehungen, d. h. das Medium stimuliert Aktionen des autopoietischen Systems und diese bewirken umgekehrt Aktionen des Mediums.

(8) Zustandsveränderungen autopoietischer Systeme sind strukturdeterminiert.

Alle externen Einflüsse auf das System stellen lediglich „Störungen", sog. Perturbationen dar. Wie das System diese Einflüsse verarbeitet, hängt allein von seiner Struktur ab, der interne Strukturwandel wird von außen nicht kausal determiniert. In diesem Sinn reagieren autopoietische Systeme nicht, sondern sie agieren nur.

Da Autopoiese und Kognition für Maturana identisch sind, gilt das Prinzip der strukturellen Determiniertheit auch für die Umweltwahrnehmung des Systems. Autopoietische Systeme interpretieren ihre Umwelt in Abhängigkeit von ihrer Struktur. Was in der Struktur nicht angelegt ist, wird nicht wahrgenommen. (So kann beispielsweise der Frosch in „seiner" Welt nur Dinge erkennen, die sich bewegen.)

„Perturbation" meint in diesem Kontext, daß zunächst ein völlig unbestimmter Reiz vorliegt. Wird der Reiz wahrgenommen, dann drückt die Formulierung „Wahrnehmung" z. B. für uns Menschen aus, daß wir mit dem Reiz irgend etwas Bewußtes verbinden. Reize, die nicht ins Bewußtsein dringen, sind nicht existent. Nehmen wir aber etwas (bewußt) wahr, dann liegen spezifische Gehirnaktivitäten vor, d. h. ein Element unserer Struktur, unser Gehirn, hat den Reiz erst zu einem Reiz gemacht. Folglich hängt die Wahrnehmung eines Reizes nicht von dem Reiz selbst, sondern von seiner Verarbeitung im Gehirn ab. In Wirklichkeit agieren wir, wenn wir auf eine Perturbation „reagieren", weil erst ein Teil von uns den Reiz zu einem Reiz gemacht hat.

Nimmt ein autopoietisches System einen Reiz wahr, dann hat es in Wirklichkeit diesen Reiz selbst produziert. Autopoietische Systeme können demnach gar nicht reagieren, sondern immer nur agieren. Aus ihrer Sicht stellt sich nicht die Frage, ob etwas von innen oder von außen kommt, sondern ob „etwas da" ist oder nicht. So gesehen existiert für das autopoietische System kein innen und außen.

(9) Dauerhafte Interaktionen zwischen dem autopoietischen System und seinem Medium bilden konsensuelle Bereiche, wenn sich im Medium mindestens ein autopoietisches System befindet.

Mit diesem Axiom wird definiert, daß die Strukturellen Kopplungen zwischen autopoietischen Systemen, die wechselseitig füreinander das Medium bilden, eine bestimmte Qualität haben: Ein konsensueller Bereich erster Ordnung entsteht durch die Strukturelle Kopplung zwischen zwei (oder mehreren) autopoietischen Systemen. Hierbei koordinieren die gekoppelten Systeme ihre internen Zustände derart, daß es von außen so aussieht, als wenn sich die Zustandsveränderungen der beiden Systeme wechselseitig determinieren. Angesichts ihrer Strukturdeterminiertheit beruht jedoch die scheinbar gezielte Koordination des Verhaltens ausschließlich auf internen Zustandsveränderungen der beteiligten autopoietischen Systeme. Nur für einen „Beobachter" erscheint es so, als würden die einzelnen Systeme reagieren. Der Beobachter sieht nämlich den Reiz und die Aktion des Systems. Daraus konstruiert er eine, zumeist kausale, Abhängigkeitsbeziehung zwischen Reiz und Reaktion. Erst aus der Beobachterperspektive erscheinen somit die Aktionen autopoietischer Systeme in einem konsensuellen Bereich als Interaktion.

(10) Autopoietische Systeme, die einen konsensuellen Bereich zweiter Ordnung erzeugen können, werden als „Beobachter" bezeichnet.

Ein konsensueller Bereich zweiter Ordnung entsteht, wenn strukturell gekoppelte autopoietische Systeme in der Lage sind, ihre Aktionen im konsensuellen Bereich mit Hilfe sprachlicher Unterscheidungen zu koordinieren. Solche autopoietischen Systeme werden von Maturana als „Beobachter" bezeichnet. Sie können ihre Aktionen im Prozeß Struktureller Kopplung sowie die ihres Gegenübers als „wechselseitige Ursache", „Input-Output" oder „Informationsübertragung" beschreiben und nehmen damit eine Beobachterperspektive ein, die auf der Unterscheidung zwischen „innen" und „außen" beruht. Autopoietische Systeme, die als Beobachter operieren können, sind somit in der Lage, ihre strukturelle Determiniertheit durch sprachliche Selbstbeschreibungen „von außen" vergessen zu machen.[597]

Die „Theorie der Autopoiese" nimmt also strikt die Perspektive des jeweiligen sich selbst organisierenden Systems ein. Kausalbeziehungen, die das

597 Empirisch gesehen sind für Maturana nur Menschen in der Lage, als Beobachter zu operieren. Die Fähigkeit eines autopoietischen Systems zur Sprache und damit zum Beobachten wird von Maturana somit an der Komplexität seines Nervensystems festgemacht: Frösche verfügen nicht über (menschliche) Sprache und sind damit auch keine Beobachter. Sie können tatsächlich nicht zwischen innen und außen unterscheiden. Diese Argumentationsweise zeigt, daß Maturana zwischen empirischer und analytischer Sprache nicht eindeutig trennt.

Verhalten von autopoietischen und anderen Systemen charakterisieren, sind so gesehen stets Beschreibungen bzw. Hypothesen, die aus der Perspektive eines Beobachters (im obigen Sinn) formuliert werden. Die auf dieser Grundlage entwickelte empirisch-konstruktivistische Theorie der Erkenntnis (Kognition) trägt den Namen „Konstruktivismus".[598]

(11) Strukturelle Kopplungen zwischen autopoietischen Systemen können zur Bildung autopoietischer Systeme höherer Ordnung führen.

Handelt es sich bei gekoppelten autopoietischen Systemen um die Teileinheiten eines Systems höherer Ordnung, dann kann ihre Beziehung zum System höherer Ordnung von einem Beobachter als allopoietisch beschrieben werden: Von außen betrachtet erfüllen die Teilsysteme im Prozeß der Kopplung eine „Funktion" für den Erhalt des übergeordneten Systems, während sie aus ihrer „Perspektive" lediglich ihre Autopoiese aufrechterhalten.

3.3 Konstrukte selbstreferentieller Systeme

Die bekannteste und meistdiskutierte sozialwissenschaftliche Interpretation der „Theorie der Autopoiese" stammt von Niklas Luhmann.[599] Luhmanns Autopoiese-Rezeption dient gleichzeitig als Grundlage für das von Gunther Teubner und Helmut Willke formulierte steuerungstheoretische Konzept der Kontextsteuerung. Die steuerungstheoretische Position dieser drei Autoren wird hier unter der Bezeichnung „Theorie selbstreferentieller Sozialsysteme" zusammengefaßt und entlang der entwickelten heuristischen Argumentationsstruktur rekonstruiert.[600]

Autopoieseverständnis. Niklas Luhmann verzichtet bei seiner Übertragung der Theorie der Autopoiese auf eine rationale Rekonstruktion des zugrunde gelegten Originalkonzeptes. Wohl deshalb verwendet er einzelne Begriffe von Maturanas Konzept nicht gemäß ihrer Bedeutung im Modellzusammenhang, sondern füllt sie mit den Inhalten verschiedener Konzepte der Kybernetik zweiter Ordnung und modifiziert so seine funktional-struktu-

598 Nicht zu verwechseln mit dem „Radikalen Konstruktivismus", der beansprucht, eine metatheoretische Erkenntnistheorie zu sein.

599 Vgl. Luhmann, Soziale Systeme

600 Der Schwerpunkt der Darstellung liegt hierbei auf den erkennbaren Gemeinsamkeiten. Zu den Unterschieden zwischen den Positionen der Autoren s. z. B. Ulrich, Steuerung, S. 157 ff

relle Systemtheorie. Dieselbe Verfahrensweise findet sich bei der Adaption des Autopoiesebegriffs durch Helmut Willke und Gunther Teubner.[601]

Dabei werden die rezipierten systemtheoretischen Inhalte je nachdem als analytische, empirische, präskriptive und (besonders bei Luhmann) als metaphysische Aussagen verstanden. Dies führt zu einer Reifizierung der systemtheoretischen Begriffe und Aussagen, d. h. man geht davon aus, daß soziale Systeme selbstreferentielle Systeme *sind* und die ihnen analytisch zugeschriebenen Eigenschaften *tatsächlich* aufweisen.[602] Die analytischen Modellbegriffe werden also nicht kontrolliert operationalisiert, sondern durch Analogien implizit empirisch interpretiert. Auf diese Weise erscheint eine Überprüfung der empirischen Hypothese, ob soziale Systeme wirklich autopoietisch organisiert sind, als hinfällig.

Über diese empirische Interpretation hinaus wird der Autopoiesebegriff bei Luhmann auch ontologisiert, d. h. als Wesens- und Seinsprinzip sozialer und psychischer Realität betrachtet.[603] Luhmann strebt also keine Theorie sozialer Systeme im empirisch-analytischen Wissenschaftsverständnis an. Dieses wird durch das erkenntnistheoretische und metatheoretische Programm der Kybernetik zweiter Ordnung für ungültig erklärt. Demnach wird jedes Systemmodell als Konstruktion betrachtet, die durch die selbstreferentielle Aktivität eines kognitiven Systems (des Beobachters) entsteht und somit als Teil seiner Selbstbeschreibung zu charakterisieren ist. So geht auch Luhmann von einer zirkulären Beziehung zwischen Theorie und Gegenstand aus und versteht seine eigene Theorie als Resultat der selbstreferentiellen Autopoiesis des Wissenschaftssystems, d. h. als Bestandteil ihres eigenen Untersuchungsgegenstandes.[604] Resultat ist eine in kybernetisch-funktionalistischer Terminologie formulierte „spekulative Sozialmetaphysik“[605], die beansprucht, als Einheit von Real-, Wissenschafts- und Erkenntnistheorie die Totalität sozialer und psychischer Realität zu erfassen.[606] Luhmann betreibt die Theorie autopoietischer Systeme als phänomenologische Strukturanalyse.[607] Hierbei wird die Formulierung von Kausalhypothe-

601 Die gleiche Verfahrensweise findet sich bei der Adaption des Autopoiesebegriffs durch Helmut Willke (s. z. B. ders., Systemtheorie) und Gunther Teubner (s. z. B. ders., Hyperzyklus), der zudem den Autopoiesebegriff mit dem Konzept des Hyperzyklus von Manfred Eigen kombiniert. Kritisch hierzu Druwe, „Selbstorganisation“ in den Sozialwissenschaften, S. 770

602 S. Bühl, Grenzen, S. 231

603 S. ebd., S. 229

604 S. Luhmann, Soziale Systeme, S. 10

605 Becker/Jahn/Wehling, Revolutionäre Inszenierungen, S. 143, Fußn. 8

606 Hier zeigt sich die Ähnlichkeit zur zirkulären Struktur von Maturanas Theorie der Autopoiese.

607 S. Esser, Soziologie, S. 499 ff

sen lediglich als mögliche Variante einer differenzierungstheoretischen Hermeneutik betrachtet, die die grundlegenden Unterscheidungen (Differenzen) der Selbst- und Fremdbeschreibungen selbstreferentieller Systeme zu erfassen sucht.[608] Folglich können die system-, gesellschafts- und steuerungstheoretischen Aussagen Luhmanns sinnvollerweise nur als – rational rekonstruierte – analytische Aussagen präsentiert werden.

Autopoietische Systeme sind für Luhmann selbstreferentielle Systeme: „Ein System kann als selbstreferentiell bezeichnet werden, wenn es die Elemente, aus denen es besteht, als Funktionseinheiten selbst konstituiert ... und in allen Beziehungen zwischen diesen Elementen eine Verweisung auf diese Selbstkonstitution mitlaufen läßt, auf diese Weise die Selbstkonstitution laufend reproduziert."[609] Bei Luhmanns Verständnis von Selbstreferentialität als Form von Selbstorganisation ist zu beachten, daß für ihn ein System nicht durch seine Elemente gebildet wird, sondern umgekehrt das System erst seine Elemente konstituiert: „Elemente sind Elemente nur für die Systeme, die sie als Einheit verwenden, und sie sind es nur durch diese Systeme."[610]

Sozial- und gesellschaftstheoretische Interpretation. Als Typen autopoietischer Systeme werden soziale und psychische Systeme unterschieden.[611] Beide Systemtypen verarbeiten Weltkomplexität durch Sinn, sind also selbstreferentielle, Sinn prozessierende Systeme.[612] Soziale Systeme prozessieren über Sinn in Form von Kommunikation, psychische Systeme über Bewußtsein. Sinn besteht aus den drei Komponenten Selektion, Verweisung und Anschluß.[613] D. h. soziale und psychische Systeme erhalten sich solange selbst, wie sinnhafte Selektionen aus verschiedenen Alternativen stattfinden, die auf alternative Selektionen verweisen und den Anschluß an weitere Selektionen ermöglichen. Zieht man die oben getroffene Unterscheidung zwischen Selbstorganisation als prozessualer Autonomie (zirkuläre Kausalität) und kognitiver Autonomie (Selbstreferentialität) heran, wird deutlich, daß bei Luhmann Autopoiese vollständig mit kognitiver Autonomie identifiziert wird.

Die Beziehung zwischen sozialen und psychischen Systemen ist durch Interpenetration und Strukturelle Kopplung geprägt, d. h. sie stellen füreinander sich ermöglichende Umwelten dar und können sich wechselseitig irri-

---

608 S. Luhmann, Soziale Systeme, S. 61

609 Ebd., S. 59 f

610 Ebd., S. 43. Dieselbe Position findet sich bei Teubner, Hydra, S. 191 f

611 S. Luhmann, Soziale Systeme, S. 92 ff

612 S. ebd.

613 S. ebd., S. 94 f u. 123 ff

tieren, aber wegen ihrer unterschiedlichen Sinnstruktur nicht direkt beeinflussen.[614] Durch die Charakterisierung als selbstreferentielle Sinnsysteme kann man soziale Systeme allerdings nicht mehr als „dynamisch“ bezeichnen, denn „eine dynamische Theorie kommt ... ohne Akteure nicht zustande.“[615] Mit dieser Verlagerung individueller Akteure als psychischer Systeme in die Umwelt sozialer Systeme folgt Luhmann sozialtheoretisch gesehen dem methodologischen Kollektivismus der strukturfunktionalistischen Systemtheorie von Talcott Parsons. Gesellschaft wird hierbei als Realitätsbereich eigener Qualität betrachtet, der nicht aus individuellem Handeln hervorgeht, sondern diesem ontologisch vorgeordnet ist.[616] Diese Auffassung korrespondiert wiederum mit dem bereits angesprochenen Systemverständnis Luhmanns, wonach die Einheit eines Systems nicht durch seine Elemente, sondern von außen konstituiert wird. Insgesamt macht Luhmanns Argumentationsweise deutlich, daß er die heuristische Funktion der Theorie der Autopoiese nur in der begrifflichen Präzisierung einer bereits gewählten sozialtheoretischen Position sieht. Maturana hingegen wählt bei der Diskussion einer möglichen Übertragung seines Konzeptes auf soziale Phänomene stets Individuen als Ausgangspunkt.[617]

Die spezifische Sinnstruktur sozialer Teilsysteme wird durch symbolisch generalisierte Kommunikationsmedien charakterisiert (wie z. B. Sprache oder Geld).[618] Diese dienen dazu, die erfolgreiche Abnahmc der systeminternen Kommunikationen,[619] also deren Anschlußfähigkeit zu gewährleisten und bilden „als Katalysatoren für die Ausdifferenzierung von Funktionssystemen“[620] die Basis für die Selbstreferentialität sinnprozessierender Sozialsysteme. Die Reichweite der Medien beschränkt sich auf die Sinngrenzcn der durch sie konstituierten Teilsysteme.[621] Medien konkretisieren sich durch spezifische binäre Codes; diese bilden Leitdifferenzen für die sy-

---

614 S. ebd., S. 290 ff, ders., Die operative Geschlossenheit, S.32

615 S. Müller, Katastrophen, S.125; Somit stellen selbstreferentielle soziale Sinnsysteme trotz ihrer Kennzeichnung durch Begriffe wie „Systemprozeß“ oder „systeminterne Operationsweise“ lediglich semantische Strukturen dar.

616 S. Burth, Zur Verbindung, S. 228 f

617 In einem Gespräch meint Maturana hierzu: „Für mich liegt Luhmanns größter Fehler darin, daß er die Menschen ausläßt.“ (Riegas/Vetter, Gespräch mit Maturana, S. 39)

618 S. Luhmann, Einführende Bemerkungen, S. 170 ff; Luhmann geht von folgenden Medien aus: Funktionssystem Wirtschaft: Geld; Politik: Macht, Recht; Recht: Recht; Wissenschaft: Wahrheit (vgl. Ulrich, Steuerung, S. 144).

619 Vgl. ebd., S. 172

620 Luhmann, Die Wirtschaft, S. 68

621 S. ebd., S.139

steminterne Kommunikation, d. h. sie liefern die Unterscheidungen, durch die systemspezifische Informationen erst entstehen.[622]

Für Luhmann vollzieht sich die funktionale Differenzierung von Gesellschaft demnach durch die Ausbildung derartiger spezifischer Codes. Teilsysteme sind somit nicht über einen funktionalen Bezug zu einer (nicht mehr vorhandenen) Gesamtgesellschaft definiert, sondern bilden unterschiedliche, in sich geschlossene Sinn- und Kommunikationsperspektiven auf Gesellschaft.[623] Hierbei dienen die binären Codes „allein zur Strukturierung selbstreferentieller Operationen [der Teilsysteme] und schließen keine Reflexion gesamtgesellschaftlicher Problemlagen ein, wie mit dem Begriff des Gemeinwohls unterstellt wird."[624]

Neben den binären Codes charakterisiert Luhmann die teilsystemspezifische Kommunikation durch eine weitere Ebene, die Programmebene. Programme ermöglichen in spezifischen Kommunikationssituationen die konkrete Auswahl aus einem der beiden jeweils verfügbaren Code-Werte. So ist z. B. der wirtschaftliche Code (Zahlung/Nichtzahlung) „nur benutzbar mit Programmen, die anzeigen, ob es angebracht und richtig ist, zu zahlen oder nicht zu zahlen."[625] Und mit Blick auf die Systemumwelt „ermöglicht die Programmierung des Systems, externe Gegebenheiten in Betracht zu ziehen, das heißt die Bedingungen zu fixieren, unter denen der eine oder der andere Wert gesetzt wird."[626] Programme erlauben demnach die Orientierung systeminterner Kommunikation auf Elemente der Sinnstrukturen anderer Teilsysteme, ohne allerdings die Basis der eigenen binären Codierung zu verlassen: „Durch die Differenzierung von Codierung und Programmierung gewinnt ein System also die Möglichkeit, als geschlossenes und als offenes System zugleich zu operieren."[627] Beispielsweise orientieren sich die Programmstrukturen des Wissenschaftssystems (als Konkretisierung des Codes Wahrheit/Unwahrheit) an forschungspolitischen Förderprogrammen, während umgekehrt wissenschaftliche Wahrheiten z. B. in die Programmstrukturen des Sport- und Gesundheitssystems eingehen.[628]

---

622 S. Luhmann, „Distinction Directrices", S. 147; Beispiele für Codes sind: Medium Geld: Haben/Nichthaben, Zahlen/Nichtzahlen; Medium Macht: mächtig/machtlos, Regierung/Opposition, konservativ/progressiv, restriktiv/expressiv; Medium Recht: Recht/Unrecht; Medium Wahrheit: wahr/unwahr, reputierlich/nicht reputierlich (s. Luhmann, Ökologische Kommunikation, S. 75 f u. Ulrich, Steuerung, S. 144).

623 S. Schimank, Theorien gesellschaftlicher Differenzierung, S. 153 ff; Ulrich, Steuerung, S. 107 f

624 Ulrich, Steuerung, S. 147

625 Luhmann, Die Wirtschaft, S. 249

626 Luhmann, Ökologische Kommunikation, S. 83

627 Ebd., S. 91

628 S. Schimank, Theorien gesellschaftlicher Differenzierung, S. 163 f

Angesichts der Ausdifferenzierung von Gesellschaft in autopoietische Sozialsysteme, die gemäß ihrer spezifischen Sinnstruktur sozusagen „blind" für ihre Umwelt operieren, stellt sich für Luhmann die Frage nach der Integration moderner Gesellschaften, die er als Gesellschaften „ohne Spitze und ohne Zentrum" versteht.[629] Luhmann sieht dabei die Beziehung zwischen den einzelnen Sozialsystemen durch Strukturelle Kopplung charakterisiert: „Strukturelle Kopplung meint für ein gesellschaftliches Teilsystem ... nichts anderes als den Tatbestand, daß es sofern und solange es fortbesteht, ... immer schon angepaßt ... an seine gesellschaftliche Umwelt ist – und dies einfach dadurch, daß die Umwelteinwirkungen, sofern sie vom System noch verarbeitbar sind und es nicht zerstören, ... in dessen Programmstrukturen eingehen. Strukturelle Kopplung sorgt so für das erforderliche Minimum an gesellschaftlicher Systemintegration."[630] Das Problem politischer Steuerung erscheint aus dieser differenzierungstheoretischen Perspektive als Frage nach der Möglichkeit eines Integrationsmechanismus, der über die bloße Strukturelle Kopplung der Sozialsysteme hinausgeht.[631] (S. Memo S. 216).

Steuerungsmodell. Die selbstreferentielle Geschlossenheit gesellschaftlicher Subsysteme führt bei Niklas Luhmann zunächst zu einer radikalen Ablehnung der Möglichkeit politischer Steuerung: „Kein Steuerungsversuch kann diese Differenzen (zwischen den verschiedenen Subsystemen, d. Verf.) aufheben oder auch nur überbrücken."[632] Die logische Konsequenz besteht demnach in der Aussage: „Das politische System kann (...) nur sich selbst steuern ..."[633] Somit ist weder die Steuerungsfähigkeit des politischen Systems noch die Steuerbarkeit der Sozialsysteme gegeben. Politische Steuerung ist ein Scheinproblem; alle Beispiele, die bislang als Steuerungserfolge thematisiert wurden, sind eigentlich Erfolge der Nicht-Steuerung[634] bzw. der subsystemischen Selbststeuerung.

Betrachtet man diese Position näher, so wird deutlich, daß Luhmann die Steuerungsunfähigkeit des politischen Systems und die fehlende Steuerbarkeit der Gesellschaft lediglich analytisch postuliert.

629 S. ebd., S. 189 mit Verweis auf Luhmann, Politische Theorie, S. 22

630 Schimank, Theorien gesellschaftlicher Differenzierung, S. 191 mit Verweis auf Luhmann, Wissenschaft der Gesellschaft, S. 29

631 Ebd., S. 193

632 Luhmann, Die Wirtschaft, S. 346

633 Ebd., S. 337

634 S. v. Beyme, Theorie der Politik, S. 347

Memo Strukturelle Kopplung in Luhmanns Sozial- und Gesellschaftstheorie

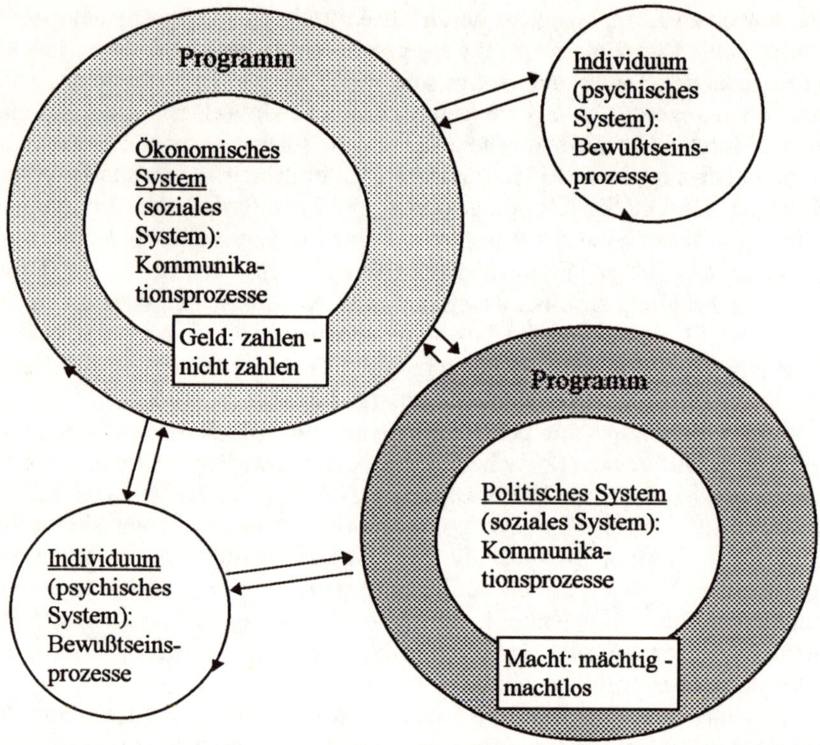

- Autopoietische Systeme sind psychische Systeme (Individuen) und soziale Systeme (Teilsysteme der Gesellschaft). Sie sind füreinander Umwelten und damit strukturell gekoppelt.
- Innerhalb sozialer Systeme wird die Sinnstruktur durch Kommunikationsmedien und Codes bestimmt. Innerhalb psychischer Systeme wird Sinn durch Bewußtseinsprozesse produziert.
- In sozialen Systemen steht der geschlossenen Codierung die prinzipielle Offenheit der Programme gegenüber: Umwelteinwirkungen gehen in die Programmstruktur ein und wirken so auch auf die Auswahl aus einem der beiden Codewerte.

Er leitet dieses Ergebnis logisch korrekt von seinem „Autopoiese-Verständnis“ ab, führt jedoch keine empirischen Belege für seinen Steuerungspessimismus an, obwohl er selbst von ihm als empirischer Aussage spricht.[635] Obwohl Luhmann selbst die Steuerungsfähigkeit des politischen Systems und die Steuerbarkeit sozialer Systeme auf diese Weise verneint, haben sich auf der Grundlage seiner Autopoiese-Überlegungen andere Autoren positiv über Steuerung geäußert und Konzepte entwickelt, die hier zusammenfassend als „Konzepte der Kontextsteuerung“ bezeichnet werden. Darunter fallen beispielsweise die Steuerungsvorstellungen des „reflexiven Rechts“ von G. Teubner/H. Willke, des „strategischen Rechts“ von K.-H. Ladeur, der „dezentralen Gesellschaftssteuerung“ von M. Glagow oder das Konzept „politischer Supervision“ von H. Willke.[636]

Die wesentlichen Gemeinsamkeiten dieser Konzepte lassen sich – in vereinfachter Form – wie folgt zusammenfassen: Angesichts der selbstreferentiellen Geschlossenheit sozialer Subsysteme ist politische Steuerung als direkte und hierarchische Intervention nicht mehr möglich, es bleibt nur die Möglichkeit der sogenannten Kontextsteuerung. Damit ist gemeint, daß „die Kontrolle der Kontrolle verlagert wird auf die Organisation der Interaktionsbeziehungen zwischen den Teilsystemen“[637]. Kontrolle wird dadurch zur Selbstkontrolle. „Sie verlangt vorausschauende Investitionen in Einrichtungen der Selbstaufklärung über systemexterne Wirkungen der Handlungsweise eines Teils. Und sie verlangt Investitionen in einen reflexiven Steuerungsmodus, der es dem System insgesamt ermöglicht, im Hinblick auf seine zukünftige Identität kontrollierte Veränderungen in Gang zu setzen. Sie verlangt die Fähigkeit zur Selbstbeobachtung und Selbstbeschreibung und schließlich zum ‘Verstehen’ auch anderer Systeme“.[638]

Willke und Teubner gehen also davon aus, daß soziale Teilsysteme trotz ihrer selbstreferentiellen Geschlossenheit zur „Reflexion“ fähig sind, d. h. sie können „sich selbst als adäquate Umwelt anderer autonomer Teilsysteme begreifen lernen und die daraus folgenden Restriktionen und Abstimmungszwänge in das eigene Entscheidungskalkül einbauen. Reflexion impliziert also eine reziproke Selbstbeschränkung der Möglichkeiten (Operationenviel-

635 S. Luhmann, Soziale Systeme, S. 58. Dies ist auf die bereits kritisierte Reifizierung analytischer Begriffe zurückzuführen.

636 Ausführlicher hierzu die Einzelbeiträge in Görlitz/Voigt, Postinterventionistisches Recht.

637 Ebd., S. 17

638 Willke, Prinzipien, S. 74

falt) von Systemen im Hinblick auf die (Überlebens-) Notwendigkeiten anderer Systeme."[639]

Hierbei kann das politische System den Teilsystemen das zur systeminternen Reflexion erforderliche Wissen über gesamtgesellschaftliche Zusammenhänge und Effekte zur Verfügung stellen, um ihnen so durch „politische Supervision" die Möglichkeit zur „spielerischen" Thematisierung ihrer Identität zu geben und sie zum Ausbau ihrer Reflexionsfähigkeit anzuregen.[640] Weiterhin kommt dem steuernden politischen System die Aufgabe zu, in intersystemischen Verhandlungsnetzwerken durch Überzeugungsstrategien und infrastrukturelle Leistungen (z. B. rechtliche Grundlagen) systemübergreifende Diskurse und Konsensbildungsprozesse zwischen den Repräsentanten der Teilsysteme anzuregen.[641] Auf diese Weise erhalten die Teilsysteme die Möglichkeit, sich an gesamtgesellschaftliche Erfordernisse anzupassen. Die Rolle reflexiven Rechts besteht hierbei darin, „einerseits integrative Mechanismen für Verfahren und Organisation innerhalb der betroffenen Teilsysteme selbst bereitzustellen, andererseits Vorgaben und Organisation externer Verhandlungssysteme zu regulieren."[642]

Das Konzept der Kontextsteuerung beruht somit auf einem „restriktiven Politikverständnis", d. h. die Steuerungsbemühungen des politischen Systems beschränken sich auf die „Konditionalisierung der Randbedingungen"[643] der selbstreferentiellen Operationsweise von Teilsystemen. Der steuerungstheoretische Vorteil der dezentralen Kontextsteuerung besteht für Willke und Teubner darin, daß sie der selbstreferentiellen Geschlossenheit autopoietisch organisierter Teilsysteme Rechnung trägt und diese durch Verzicht auf direkte Interventionen als intransparente black box behandelt. Denn anders als hierarchische Steuerung – so Willke – benötigt Kontextsteuerung keine weitreichenden Kenntnisse über die internen Operationen des Adressatensystems, die angesichts der selbstreferentiellen Geschlossenheit für einen externen Beobachter ohnehin prinzipiell unzugänglich sind. Für das politische System versteh- und beeinflußbar sind lediglich

639 Willke, Regieren als Kunst, S. 50; s. auch Teubner/Willke, Kontext und Autonomie, S. 13 ff. Der Begriff „Reflexion" findet sich auch bei Luhmann, Soziale Systeme, 617 f. „'Rationalität' als besondere Form von 'Reflexion' meint hier, daß das System seine Einwirkungen auf die Umwelt an den Rückwirkungen auf es selbst kontrollieren muß ..." (ebd., S. 642).

640 S. Willke, Prinzipien, S. 72 ff

641 S. Willke, Entzauberung des Staates, S. 303; Ulrich, Steuerung, S. 170

642 Teubner/Willke, Kontext und Autonomie, S.24; vgl. auch Teubner, Social Order

643 Willke, Regieren als Kunst, S. 47 f

die Interaktionsprozesse zwischen den Systemen, und genau hier soll Kontextsteuerung (als Anregung systemischer Selbststeuerung) ansetzen.[644]

Auch Niklas Luhmann ist in späteren Arbeiten von seiner strikten Verneinung der Möglichkeit politischer Steuerung abgerückt. Er hält nun Steuerung in Form von „control"[645] für möglich und versteht hierunter einen „Prozeß der Differenzminderung, der durch Ziele markiert wird, also die Differenz zwischen Ziel und Realität zu verringern sucht. Was dabei herauskommt, ist im System weder vorhersehbar noch kontrollierbar, läßt sich aber durch laufendes Nachsteuern, d. h. durch Markierung anderer Differenzen beeinflussen."[646] Auf den ersten Blick scheint diese Position in Widerspruch zum analytischen Postulat von der Geschlossenheit selbstreferentieller Sozialsysteme zu stehen, womit Luhmann deren Nicht-Steuerbarkeit begründet hat. Bei näherem Hinsehen wird allerdings deutlich, daß sich Luhmann mit dem Postulat von der Nicht-Steuerbarkeit selbstreferentieller Systeme nur auf das hierarchisch-kausale Steuerungsverständnis bezogen hat.[647]

Günter Ulrich hat gezeigt, wie diese neue Position mit Luhmanns Aussage, wonach das politische System nur sich selbst steuern könne, analytisch zu vereinbaren ist. Ulrich verweist in diesem Zusammenhang auf die „charakteristische Doppelstruktur" politischer Steuerung: Demnach erscheint „der Steuerungsprozeß nicht nur auf der Seite des politischen Systems, sondern auch auf seiten des zu steuernden Systems als Teil der systemischen Selbststeuerung – mit spezifischen Zielen, Mitteln und Erfolgskriterien, die nur innerhalb des jeweiligen Systems Gültigkeit besitzen."[648] In diesem Zusammenhang verweist Ulrich auch auf die steuerungstheoretische Relevanz von Luhmanns Unterscheidung zwischen Code und Programm: „Politische Steuerung setzt also bei der Differenz von Code und Programm an, sie kann zwar keine exakt prognostizierbare Wirkungen in dem zu steuernden System auslösen, aber doch dessen systemisch gegebene Resonanz ausnutzen, um anschlußfähige (d. h. politisch verwertbare Ergebnisse) zu erzielen."[649] Anders als Teubner und Willke beurteilt Luhmann allerdings die Erfolgsaussichten von Kontextsteuerung skeptisch; seiner Ansicht nach kann eine gesamtgesellschaftliche Abstimmung teilsystemischer Rationalitäten in Inter-

644 S. ebd.; siehe auch Teubner/Willke, Kontext u. Autonomie, S. 18

645 Luhmann, Steuerung durch Recht?, S. 143

646 Luhmann, Beobachtungen der Moderne, S. 208

647 S. ders., Steuerung durch Recht, S. 144, wo Luhmann Steuerung „als Bestimmung eines Systemzustandes von außen" bei selbstreferentiellen Systemen für unmöglich hält.

648 Ulrich, Steuerung, S. 92

649 Ebd., S. 149

aktionssystemen wie intersystemischen Verhandlungssystemen nicht geleistet werden .[650]

Die aus der Theorie selbstreferentieller Systeme abgeleiteten steuerungstheoretischen Aussagen und Positionen können in verschiedener Hinsicht kritisiert werden. Zunächst soll nochmals daran erinnert werden, daß es sich beim Konzept der Kontextsteuerung wie bei der „Theorie" selbstreferentieller Sozialsysteme um analytische Aussagen ohne empirischen Gehalt handelt. Der empirische Bezug wird von den Autoren einmal über Beispiele (also über Analogie) hergestellt und zum anderen (besonders bei Willke) durch den impliziten Rückgriff auf den Akteursbegriff sowie auf die Theorie rationalen Handelns.[651] Diese Vorgehensweise beruht jedoch auf einem "individualistischen Fehlschluß"[652], denn die Eigenschaften von individuellen und korporativen Akteuren werden auf soziale Teilsysteme übertragen, die aber als Sinnsysteme per definition im akteurstheoretischen Sinn nicht handlungsfähig sind. Zudem widerspricht die Identifizierung von Sozialsystem und Akteur Luhmanns Trennung von sozialen und psychischen Systemen. Angesichts dieses Problems empfiehlt Ulrich den Rückgriff auf Luhmanns Kategorien „Organisation" und „Interaktion", die unterhalb der Ebene der sozialen Teilsysteme angesiedelt sind.[653] Ulrich verkennt allerdings, daß für Luhmann auch Organisationen und Interaktionssysteme keine Akteurssysteme sind,[654] so daß sich das Operationalisierungsproblem hier erneut stellt. Die Vertreter der Kontextsteuerung stehen somit vor dem sozialtheoretischen Dilemma, entweder auf den empirischen Gehalt ihrer Aussagen zu verzichten oder diesen um den Preis gravierender theoretischer Widersprüche erkaufen zu müssen.

Ein weiteres theoretisches Problem besteht darin, daß die Theorie selbstreferentieller Systeme den Doppelcharakter sozialer Systeme als geschlossene (Medien, binärer Code) und offene (Programme, Reflexionsfähigkeit) Sinnsysteme nicht präzise zu erläutern vermag. So stellt sich die Frage, wie das politische System angesichts der gesellschaftlichen Differenzierung in Sinnsysteme mit geschlossener Umweltwahrnehmung jenes gesamtgesellschaftlich relevante Wissen erwerben kann, mit dem es über politische Supervision und Kontextsteuerung zu einer gesamtgesellschaftlich verträglichen Selbststeuerung der Sozialsysteme beitragen kann: „Das Konzept des reflexiven Rechts scheint mit Vorstellungen der Globalsteuerung durch Rahmen-

650 Vgl. Luhmann, Soziale Systeme, S. 579 und ders., Politische Steuerungsfähigkeit, S. 55
651 S. z. B. Willke, Ironie des Staates, S. 138 f
652 Braun, Rezension, S. 351
653 Vgl. Ulrich, Steuerung, S. 172 f
654 S. Luhmann, Soziologische Aufklärung 2, S. 9 ff; ders., Soziale Systeme, S. 551 ff

vorgaben verwandt zu sein, die im Sinne von Informations- und Überzeugungsprogrammen oder von positiven und negativen Anreizen wirken, nur daß diese sich nicht auf ein bestimmtes Adressatenverhalten, sondern auf Erreichung von auf der Makroebene definierten Zielzuständen beziehen. Um solche Rahmenvorgaben machen zu können, bedürfte es wohl all des Wissens, dessen Nichtverfügbarkeit zunächst konstatiert wurde."[655]

Selbst wenn das politische System auf derartige Rahmenvorgaben verzichtet[656] und sich darauf beschränkt, Teilsysteme über die Auswirkungen ihres selbstreferentiellen Prozessierens auf andere Systeme aufzuklären[657] bzw. organisatorische und strukturelle Vorleistungen zu erbringen, bleibt offen, wie es trotz seines spezifischen Codes eine gesamtgesellschaftliche Perspektive einnehmen kann. Und wenn andererseits, wie bei Luhmann, Sozialsysteme in ihre Programme Sinnelemente benachbarter Systeme aufnehmen können und somit für externe Steuerungseinflüsse zumindest prinzipiell zugänglich sind, stellt sich die Frage, welche theoretische und empirische Relevanz ihrer geschlossenen binären Codierung überhaupt zukommt. Somit ist es der Theorie selbstreferentieller Systeme nicht gelungen, das autopoietische Axiom organisationell geschlossener und strukturell gekoppelter Systeme adäquat zu rekonstruieren und sozialtheoretisch zu interpretieren. Dieses Defizit führt zur Inkonsistenz der steuerungstheoretischen Aussagen. Berücksichtigt man die bei Luhmann, Willke und Teubner stets vorhandene erkenntnistheoretische Dimension selbstreferentieller Geschlossenheit, dann ergibt sich darüber hinaus die Konsequenz, daß Politik von einer politikwissenschaftlichen Steuerungstheorie keine Lösung des Steuerungsproblems erwarten kann: aus der Perspektive des Wissenschaftssystems erscheinen soziale Teilsysteme genauso intransparent wie für das politische System.[658]

Ebenfalls eine Folge dieser erkenntnistheoretischen Interpretation ist das methodische Postulat von Willke und Teubner, wonach Sozialsysteme steuerungstheoretisch als black boxes zu behandeln seien, deren interne Operationen sich der Analyse entziehen. Dieses metatheoretische Postulat widersetzt sich von vornherein einer analytischen Begründung bzw. einer empirischen Bestätigung und besitzt daher den Charakter eines konstruktivistischen „Dogmas". Dies führt zu dem Paradox, daß eine Steuerungstheorie selbstreferentieller Systeme ihren Untersuchungsgegenstand auf den Bereich inter-

655 Mayntz, Steuerung, S. 100
656 Vgl. den Hinweis bei Teubner/Willke, Kontext und Autonomie, S. 14
657 S. Willke, Prinzipien, S. 72
658 Damit stellt sich die Frage nach der Beziehung von Offenheit und Geschlossenheit auf der erkenntnistheoretischen Ebene erneut.

systemischer Interaktion beschränken und die Reichweite ihrer Aussagekraft von vornherein durch den Hinweis auf die nur partielle Erforschbarkeit ihres Untersuchungsgegenstandes begrenzen muß.

Inhaltlich erscheint das Konzept der Kontextsteuerung mit seiner Betonung der Steuerungsrelevanz intersystemischer Netzwerke als systemtheoretische Reformulierung neokorporatistischer Steuerungsempfehlungen,[659] wobei es hinsichtlich der Differenziertheit seiner Aussagen hinter den derzeitigen Stand der Korporatismus- und Policy-Analyse zurückfällt. So werden negative Verselbständigungseffekte intersystemischer Netzwerke (z. B. bei Elitenkartellen) genausowenig thematisiert wie mögliche Asymmetrien zwischen den Systemen, die zu unerwünschten einseitigen Anpassungsprozessen führen können.[660] Wegen des theoretisch motivierten Verzichts auf akteurstheoretische Konzepte werden institutionelle Strukturen und Interessenkonflikte auf der Mesoebene des politischen Systems nur unzureichend erfaßt, so daß das politische System als „einheitliche Steuerungsinstanz"[661] erscheint, was den Ergebnissen empirischer Studien über horizontale Politikverflechtung und Verhandlungsnetzwerke widerspricht.

Weiterhin lassen es empirische Erfahrungen fraglich erscheinen, ob durch die Einbettung repräsentativer Systemakteure in intersystemische Verhandlungsnetzwerke tatsächlich eine Steigerung der Reflexionsfähigkeit erreicht werden kann, wie es das Modell der Kontextsteuerung vorsieht. So ist es in verschiedenen Regionalkonferenzen zur Effektivierung regionaler Struktur- und Wirtschaftspolitik den Landesregierungen zwar gelungen, „relevante Organisationen als Vertreter ihrer Teilsysteme an einen Tisch zu bringen, doch haben die systemübergreifenden Diskurse ... bisher keine systeminternen Reflexionsprozesse in Gang gesetzt."[662] Darüber hinaus garantiert die Anregung des regionalen Selbststeuerungspotentials allein noch keinen Steuerungserfolg, wie die mangelnde Qualität der von den Regionen eingebrachten Entwicklungskonzepte zeigt.[663]

Zusammenfassend läßt sich feststellen, daß es diesem Ansatz gelungen ist, unter dem Stichwort „Steuerung unter der Bedingung Struktureller Kopplung selbstreferentieller Systeme" ein Steuerungsverständnis zu formulieren, das der Empirie politischer Steuerung besser entspricht als das inadäquate

659 S. Ulrich, Steuerung, S. 185; Gsänger, Kommunale Verkehrspolitik, S. 43 mit Verweis auf Schuppert, Grenzen und Alternativen von Steuerung durch Recht

660 S. Gsänger, Kommunale Verkehrspolitik, S. 43 und Schimank, Theorien gesellschaftlicher Differenzierung, S. 197

661 Gsänger, Kommunale Verkehrspolitik, S. 50

662 Ulrich, Steuerung, S. 189

663 Ebd., S.179

hierarchisch-kausale Steuerungsverständnis. Die Verwendbarkeit dieses Konzeptes wird jedoch durch das zugrunde gelegte problematische Verständnis von „Selbstorganisation“ sowie die damit einhergehende Entscheidung für eine sozialtheoretische Makroperspektive ohne individuelle Akteure nachhaltig beeinträchtigt. Deshalb ist dieses Steuerungsmodell (ohne tiefgreifende Veränderungen) nicht als theoretische Grundlage für eine empirische Analyse politischer Steuerung geeignet.

3.4 Konstrukte Struktureller Kopplung

Die steuerungstheoretische Heuristik „Strukturelle Kopplung“ beruht ebenfalls auf einer sozialwissenschaftlichen Interpretation der Theorie der Autopoiese. Sie besteht aus den folgenden Komponenten:

- dem autopoietischen Gesellschaftsmodell, das auf der sozialtheoretischen Interpretation der Theorie der Autopoiese beruht und zwei sozialtheoretische Implikationen über Form und handlungstheoretische Grundlage einer Erklärung von System- und Steuerungsprozessen beinhaltet;
- dem Steuerungsmodell „Strukturelle Kopplung“, in dem das autopoietische Verständnis von politischer Steuerung formuliert wird;
- aus diesem Modell abgeleiteten Kriterien für die Auszeichnung sogenannter medialer Steuerungsstrategien;
- einer modell-empirischen und einer modell-theoretischen Forschungsstrategie zur Formulierung empirischer Hypothesen über Steuerungsvoraussetzungen, -verläufe und -wirkungen.

3.4.1 Sozialtheoretische Interpretation des Autopoiesemodells

Die Steuerungsheuristik „Strukturelle Kopplung“ greift ebenfalls auf Maturanas „Theorie der Autopoiese“ zurück. Ihr Ziel ist die angemessene Übertragung des oben rekonstruierten[664] Autopoiesemodells auf soziale Phänomene sowie seine adäquate steuerungstheoretische Interpretation. Im Unterschied etwa zur Vorgehensweise von Niklas Luhmann liegt hier tatsäch-

664 S. auch Druwe, Rekonstruktion, S. 35 ff

lich eine Übertragung vor, weil die Prämissen des Autopoiesemodells berücksichtigt und seine Axiome erfüllt werden.

Voraussetzung der steuerungstheoretischen Verwendung des autopoietischen Systemmodells ist seine sozialtheoretische Interpretation. Diese erfolgt in zwei Schritten: Zunächst wird das autopoietische Modell auf soziale Phänomene übertragen; Resultat ist ein analytisches Modell von Gesellschaft als autopoietisches System, das dann in eine empirische Beschreibung umgewandelt wird. Anschließend wird untersucht, welche theoretischen Implikationen und Postulate aus diesem autopoietischen Bild des „sozialen Universums“[665] für die sozialwissenschaftliche Analyse und Erklärung sozialer Systeme abgeleitet werden können.

Reales Modell. Gesellschaften und ihre Teilbereiche lassen sich als autopoietische Systeme interpretieren, weil sie die geforderte zirkuläre Organisation aufweisen:[666] Sie entstehen und erhalten sich dadurch, daß sie relational ihre Bestandteile und umgekehrt die Bestandteile die Relationen erzeugen. Zunächst ist daher festzulegen, was die Bestandteile und Relationen autopoietischer Sozialsysteme sind. Maturana selbst hat als „Bestandteile“ Individuen genannt, die durch spezifitäts-, konstitutionell- und ordnungsorientierte Verhaltenskoordination (Relationen, die die Identität, die räumliche Struktur und die Koordiation des Systems verbürgen) auf der Basis von Sprache und Handlungen erzeugt werden. Der Mensch als Individuum ist beispielsweise das Ergebnis menschlicher Handlungen und Kommunikation, und umgekehrt produzieren nur Menschen Sprache und Handlungen, also die genannten relationalen Verhaltenskoordinationen.[667] Der wechselseitige Bezug von Individuen und Verhaltenskoordinationen erzeugt die zirkuläre, autopoietische Struktur sozialer Systeme.

Ergebnis individueller sprach- und handlungsmäßiger Interaktionen sind autopoietische Sozialsysteme, beispielsweise die Familie, der Freundeskreis etc. bis hin zu Gesellschaften. Gesellschaften sind damit autopoietische Sozialsysteme höherer Ordnung. Sie bestehen aus einer Vielzahl strukturdeterminierter, operational geschlossener Sozialsysteme, die miteinander in permanenter Interaktion stehen und somit konsensuelle Bereiche bilden.

Wenn soziale autopoietische Systeme real existieren, dann weisen sie eine bestimmte Struktur auf, mit der sie sich von ihrer Umwelt – anderen Sozial-

---

665 Giddens/Turner, Introduction, S. 7

666 S. Druwe, Rekonstruktion, S. 35 ff; Hierbei handelt es sich (noch) um ein analytisches Postulat, das später empirisch reformuliert werden muß. Würde sich herausstellen, daß Gesellschaft nicht zirkulär organisiert ist bzw. daß die aus dieser Prämisse abgeleiteten Hypothesen nicht zutreffen, dann wäre das Autopoiese-Modell nicht auf soziale Phänomene übertragbar.

667 S. Maturana, Biologie der Sozialität, S. 6 ff

systemen oder der physikalischen Umwelt – unterscheiden. Betrachtet man zwei konkrete Gesellschaften, etwa die deutsche und die japanische, so sind beide zwar zirkulär organisiert, weisen in ihrer Ausprägung allerdings charakteristische Unterschiede auf. Sie sind also voneinander unterscheidbar.

Die reale Existenz autopoietischer Sozialsysteme verweist darauf, daß es ein adäquates Medium gibt, an das sie gekoppelt sind und worüber der Prozeß der Selbstorganisation ermöglicht und in Gang gehalten wird. Die heutige Bundesrepublik Deutschland existiert in einem bestimmten internationalen System, sie weist eine bestimmte geopolitische Situation, eine bestimmte Wirtschaftsverflechtung etc. auf, d. h. sie ist an ein für sie spezifisches Medium gekoppelt.

Die Strukturelle Kopplung zwischen Medium und autopoietischem System wird durch einen Beobachter als wechselseitiger Anpassungsprozeß beschrieben. Aus der Sicht des Sozialsystems selbst handelt es sich jedoch nicht um Anpassung, sondern um Aktionen des Sozialsystems. Von außen kommen lediglich Perturbationen (Störungen), deren Wahrnehmung und Verarbeitung vom Sozialsystem selbst abhängt. Alle Aktionen des Sozialsystems sind strukturdeterminiert und operational geschlossen, d. h. sie verlaufen immer relativ zur eigenen Wahrnehmungs-, Handlungs- und Kommunikationsstruktur.

Eine Folgerung aus diesem Konstrukt lautet, daß Sozialsysteme nicht beliebig variabel sind. Es kann durchaus vorkommen, daß in ihrer Struktur keine Handlungsmöglichkeit zur Abarbeitung einer Perturbation angelegt ist. Die Folge könnte sein, daß ein Sozialsystem „stirbt".

Für die Politikwissenschaft ist nun sowohl das politische Verhalten einzelner als auch das kollektive Verhalten von Organisationen Untersuchungsgegenstand. Individuen sind selbst autopoietische Sozialsysteme, d. h. sie agieren strukturdeterminiert und operational geschlossen, wobei sie mit einem Medium strukturell gekoppelt sind. Teil des individuellen Mediums sind andere Individuen. Strukturelle Kopplung basiert daher teilweise auf sprachlichen und handlungsmäßigen Interaktionen, wobei nur diese für die Sozialwissenschaften relevant sind.

Autopoietische Sozialsysteme höherer Ordnung entstehen durch vertikale Prozesse Struktureller Kopplung, durch die unterschiedliche soziale Ebenen verknüpft werden. Jede Gesellschaft besteht ihrerseits aus autopoietischen Sozialsystemen, d. h. aus Individuen, Gruppen und Organisationen, die über Sprache und Handlung strukturell gekoppelt sind. Dadurch wird ein gesellschaftstypisches Relationennetzwerk im Sinn einer spezifischen Systemrationalität bzw. Handlungslogik hergestellt, das die Struktur der Gesellschaft bestimmt. Diese Struktur ist dynamisch, d. h., es finden permanent komplementäre Interaktionen zwischen den Gesellschaftselementen statt.[668] Bei diesen Interaktionen kommt es auf jedes Mitglied an.

Wie verhalten sich in diesem Konstrukt Organisationen? Sozialsysteme verstehen die Welt immer nur relativ zu ihrer Struktur. Zustandsveränderungen gehen auf die Mitglieder eines Sozialsystems (die Elemente des Systems) und deren sprachliche und handlungsmäßige Interaktionen zurück. Anders formuliert: Eine Organisation reagiert nicht, sondern agiert durch ihre Mitglieder.

Das Gesagte läßt sich so präzisieren:

(1) Soziale Systeme – Individuen, Gruppen, Gesellschaften bis hin zur Weltgesellschaft – weisen eine zirkuläre, autopoietische Organisation auf. Ihre Bestandteile/Elemente (dies gilt nicht für die Person als Organismus; deren Bestandteile sind biologische Elemente wie z. B. das Nervensystem oder Organe) sind Aktoren oder Aktorengruppen. Diese erzeugen Relationen, d. h. sprachliche und handlungsmäßige Verhaltenskoordinationen. Umgekehrt werden die Aktoren der jeweiligen sozialen Systeme durch Verhaltenskoordinationen (Handlung, Sprache) erzeugt.[669]

(2) Die konkrete Realisierung der autopoietischen sozialen Organisation, d. h. die Struktur des autopoietischen Sozialsystems, setzt die Existenz eines Mediums voraus. Solche Medien sind die natürliche Umwelt und andere Sozialsysteme.

(3) Zwischen Medium und autopoietischem Sozialsystem liegen Strukturelle Kopplungen vor. Das bedeutet z. B., daß Menschen sich „verstehen" und miteinander „kooperieren".

(4) Dauerhafte Interaktionen (Sprache und Handlung) zwischen Medium und autopoietischen Sozialsystemen bilden konsensuelle Bereiche aus, beispielsweise die Familie oder den Freundeskreis.

(5) Autopoietische Sozialsysteme sind strukturdeterminiert und operational geschlossen, agieren also gemäß ihrer Struktur, ihren Fähigkeiten. Sie sehen die Welt selektiv zu ihrer Struktur. Man könnte auch sagen, sie haben ein spezifisches Weltbild.

(6) Zustandsveränderungen des autopoietischen Sozialsystems können immer nur im Rahmen der gegebenen Struktur verlaufen. Nicht äußere Faktoren, die Perturbationen, determinieren Zustandsveränderungen, sondern von der jeweiligen Struktur ist es abhängig, ob eine Perturbation

---

668 S. ebd., S. 292

669 „Erzeugen" ist hier nicht im biologischen Sinn gemeint, sondern bezeichnet Prozesse wie Sozialisation, Internalisierung von Normen etc.

überhaupt wahrgenommen wird und ob und wie das System aufgrund dieser Wahrnehmung agiert.[670]

Empirisches Relativ. Eine solche modelladäquate Interpretation sozialer Systeme und ihrer Interaktionen ist selbst noch ein reales Modell, d. h. ein logisch stringentes Konstrukt, in dem bestimmte analytische Terme (z. B. autopoietisches System) durch empirische Begriffe (z. B. Individuum, Gesellschaft) ersetzt wurden. Trotz dieses „Empiriebezuges" sind die so gebildeten Aussagen immer noch Teil des analytischen Modellzusammenhangs, da die in ihnen enthaltenen Begriffe noch nicht explizit operationalisiert worden sind. Um die Modellebene verlassen zu können, die bislang bestimmte Zusammenhänge, z. B. die Strukturdeterminiertheit sozialer Systeme, nur postuliert, müssen die Axiome des Modells in empirische Sätze „übersetzt", d. h. operationalisiert, werden. Auf diese Weise bildet man – in einem induktiven Prozeß – ein empirisches Relativ, aus dem Hypothesen entstehen können.[671]

Aus dieser Perspektive sind Menschen, Gruppen und Organisationen bis hin zu Gesellschaften autopoietische Sozialsysteme.[672] Die kleinste politikwissenschaftlich relevante autopoietische Einheit ist der Aktor oder die Person. Der Aktor konstituiert durch sprachliche und handlungsmäßige Interaktionen – Strukturelle Kopplungen und die Ausprägung konsensueller Bereiche – Gruppen, Organisationen und Gesellschaften. Sprache bzw. Verstehensprozesse sowie Handlungen bzw. Kooperationen führen zur Kollektivität, also zu Sozialsystemen höherer Ordnung sowie zu konsensuellen Bereichen. Relativ zu seiner Struktur kann und ist der Aktor Element verschiedenster Sozialsysteme höherer Ordnung. Personen sind Mitglieder von Familien, Freundeskreisen, Gewerkschaften, Sportverbänden etc. Verbände und politische Einheiten wiederum bilden Dachorganisationen wie den DGB, den BDI oder den Deutschen Städtetag.

Auch das politische System ist ein autopoietisches Sozialsystem höherer Ordnung. Es weist durch seine föderale Gliederung eine Mehrebenenstruktur auf, in der die einzelnen Ebenen über zahlreiche vertikale Interaktionsstrukturen wie z. B. den Bundesrat, Bund-Länder-Kommissionen oder die Finanzverfassung miteinander gekoppelt sind. Gleiches gilt für die Organisation einzelner Politikfelder, in denen sich die beteiligten soziopoliti-

670 Würde man von einem „reagierenden System" sprechen, so würde man (fälschlicherweise) von einem Kausalzusammenhang zwischen Medium und System ausgehen.

671 Vgl. dazu Druwe, Vom Modell, S. 48 ff. Siehe hierzu die im folgenden erläuterte modell-empirische Forschungsstrategie.

672 Zu beachten ist hier der Wechsel der Wissenschaftssprache: Die folgenden Ausführungen sind nicht mehr analytisch (wie im realen Modell), sondern empirisch.

schen Akteure in teils institutionalisierten, teils informellen Aushandlungsstrukturen wie z. B. Policy-Arenen zusammenschließen.

Somit erweist sich die (Gesamt-) Gesellschaft als autopoietisches Sozialsystem n-ter Ordnung. Sie ist durch eine Vielzahl von Aktoren bzw. Aktorengruppen als Elemente charakterisiert (wobei es sich wieder um autopoietische Sozialsysteme handelt), die sich durch Verhaltenskoordinationen (Sprache und Handlung) erzeugen und die umgekehrt Produzenten der Verhaltenskoordinationen sind.

Gruppen, Organisationen, gesellschaftliche Subsysteme und Gesellschaften unterscheiden sich durch die Art und Weise ihrer autopoietischen Verflechtungen und Verhaltenskoordinationsgefüge, d. h. sie differieren über ihre „Systemrationalität". Diese Systemrationalität prägt die „Identität" eines Sozialsystems und ist der Grund für die strukturelle Determiniertheit und damit Geschlossenheit eines jeden Sozialsystems. Zugleich ist die strukturelle Determiniertheit bzw. die „Identität" des Sozialsystems die Ursache dafür, daß ein Beobachter zwischen einzelnen Menschen, Gruppen, Organisationen, gesellschaftlichen Subsystemen und Gesellschaften unterscheiden kann.

Wenn Sozialsysteme real existieren, dann sind sie über konsensuelle Bereiche dauerhaft an verschiedene Medien gekoppelt: z. B. an die natürliche Umwelt und weitere Sozialsysteme. Dazu ein Beispiel auf individueller Ebene: Der Mensch benötigt zum Leben 1. die natürliche Umwelt (via Atmung, Nahrungserwerb etc.) und 2. die Einbettung in andere Sozialsysteme, etwa die Familie. Ohne dauerhafte soziale (Handlung, Sprache) Kontakte ist „Sozialisation" nicht möglich (die Anführungszeichen sollen dabei verdeutlichen, daß es sich nicht um den üblichen Sinn von „Sozialisation" handelt, sondern sich ein Aktor gemäß seiner Struktur aktiv und nicht reaktiv auf Reize bezieht).

Mit anderen Worten: Als sprachfähige Beobachter sind soziale Systeme (vom Individuum bis zur Organisation) fähig, sich selbst und ihre Umwelt zu beschreiben und auf der Basis sprachlicher Deutungen wie „Verstehen", „Kooperation" „„Konflikt" mit ihrem jeweiligen Gegenüber im Prozeß Struktureller Kopplung zu interagieren. Die strukturelle Geschlossenheit bleibt jedoch gewahrt, da Begriffe und Sätze relativ zur eigenen Semantik „verstanden" und jede Handlung relativ zu persönlichen Handlungsmustern gedeutet werden. Im Prozeß Struktureller Kopplung gelingt es somit, die eigene strukturelle Geschlossenheit mit Hilfe sprachlicher Beschreibungen und Deutungen zu überwinden – wie dies erfolgt, ist jedoch von der eigenen Struktur abhängig.

Gleiches gilt für die soziopolitische Mesoebene, auf der sich Organisationen (z. B. Unternehmen, Ministerien, Spitzenverbände) und Organisations-Netzwerke (z. B. Joint-Ventures, Policy-Verhandlungssysteme) finden. Auch diese sozialen Systeme befinden sich in ständiger horizontaler und vertikaler Struktureller Kopplung mit ihren jeweiligen Medien, jedoch stets relativ zur eigenen Organisations-„Philosophie“ bzw. Netzwerk-„Logik“. Schließlich finden sich auch auf der gesellschaftlichen Makroebene derartige Kopplungsstrukturen. So kann z. B. das Politikfeld Gesundheit (-spolitik) als konsensueller Bereich betrachtet werden, der durch die Strukturelle Kopplung dreier gesellschaftlicher Funktionssysteme (politisches System, ökonomisches System, Gesundheitssystem) konstituiert wird. (S. Memo S. 230.)

Das Makro-Mikro-Makro-Erklärungsmodell. Das autopoietische Gesellschaftsmodell (bzw. das entsprechende empirische Relativ) liefert ein spezifisches Bild von Gesellschaft und charakterisiert so den Untersuchungsgegenstand sozialwissenschaftlicher und steuerungstheoretischer Analyse. Spezifisch ist dieses Bild insofern, als die soziale Grundstruktur, deren Existenz postuliert wird, durch ganz bestimmte, aus den Modellaxiomen abgeleitete Interaktions-, Struktur- und Prozeßmuster gekennzeichnet ist.

Nachdem der erste Schritt der sozialtheoretischen Interpretation der Theorie der Autopoiese zum autopoietischen Gesellschaftsmodell führte, stellt sich nun die Frage, welche Konsequenzen sich aus diesem autopoietischen Bild des „sozialen Universums“ für die steuerungstheoretische Analyse ergeben. Damit ist gemeint, daß sich aus den Eigenschaften des Untersuchungsgegenstandes „Gesellschaft als autopoietisches System“ bestimmte Anforderungen ableiten lassen, die bei einer (steuerungs-)theoretischen Analyse erfüllt werden müssen. Diese Anforderungen kann man als die sozialtheoretischen Implikationen des autopoietischen Gesellschaftsmodells bezeichnen.

Ausschlaggebend für die Bestimmung dieser sozialtheoretischen Implikationen sind wiederum die beiden zentralen Axiome des Modells, folglich operationale Geschlossenheit und strukturelle Determiniertheit. Beide charakterisieren autopoietische Systeme als rekursive, also zu autonomem Verhalten fähige, dynamische Systeme. Hier sei noch einmal daran erinnert, daß das Autopoiese-Modell aufgrund der analytischen Gleichsetzung von Autopoiese und Kognition zwei Aspekte von Autonomie und damit von Selbstorganisation, nämlich „prozessuale“ und „kognitive“ Autonomie, in sich vereint.

Memo Übertragung des Autopoiesemodells auf soziale Phänomene

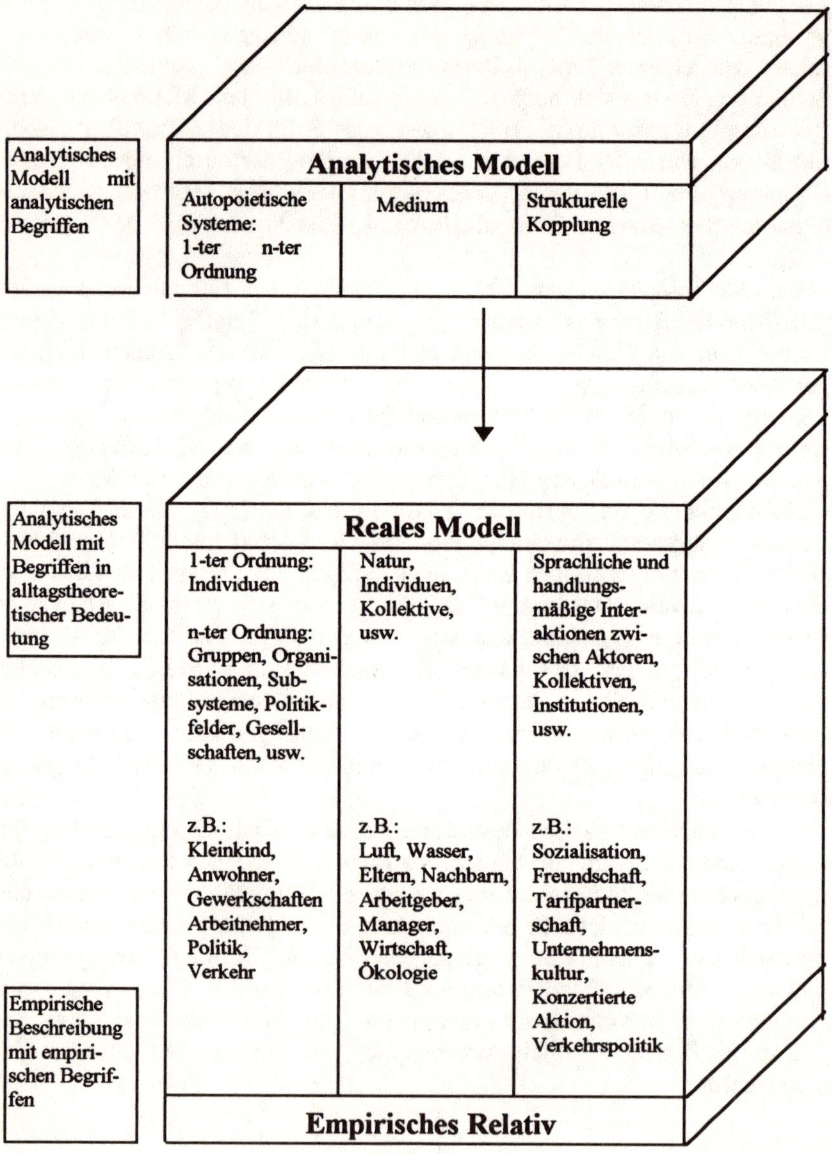

Die erste sozialtheoretische Implikation beruht auf der prozessualen Autonomie autopoietischer Systeme: Eine (steuerungs-)theoretische Analyse muß eine ganz bestimmte Analyseperspektive bzw. eine spezifische Erklärungsstruktur aufweisen, um der operationalen Geschlossenheit autopoietischer Sozialsysteme gerecht zu werden.

So ist es mit der Mehrebeneninterdependenz autopoietischer Sozialsysteme nicht zu vereinbaren, bei ihrer theoretischen und empirischen Untersuchung die Analyseperspektive des methodologischen Kollektivismus einzunehmen. Dieser geht davon aus, „daß individuelles Verhalten aus makrosoziologischen Generalisierungen abgeleitet werden kann und daß andererseits Gruppenphänomene nicht aus dem Verhalten der einzelnen Mitglieder erklärt werden können."[673] Eine solche einseitige, von „oben nach unten" gerichtete Analyseperspektive ist mit der autopoietischen Interdependenz von Aktor/Akteur und System nicht kompatibel. Gemäß der rekursiven Mehrebenenstruktur des autopoietischen Sozialmodells erzeugen die Aktoren des Sozialsystems die Relationen (im Sinn von Verhaltenskoordination durch Sprache und Handeln) und diese wiederum die Aktoren. Damit postuliert das Autopoiesemodell zwischen Aktor und System einen interdependenten Zusammenhang über verschiedene Rekursionsebenen hinweg.

Die sozialtheoretische Gegenposition zum methodologischen Kollektivismus ist der methodologische Individualismus. Hier geht man davon aus, daß „alle Aussagen über große Kollektive, also Gruppen, Gesellschaften, auf Aussagen über die in diesen Kollektiven Handelnden oder Handlungen zurückzuführen, zu reduzieren ... seien."[674] Die daraus resultierende Analyseperspektive lautet „von unten nach oben", denn gemäß der „klassischen" Form des methodologischen Individualismus kann individuelles soziales Handeln und seine Motive nicht aus Aussagen bzw. Gesetzen über die soziale Makrostruktur abgeleitet werden.[675] Auch diese Variante ist folglich nicht mit der autopoietischen Organisation von Gesellschaft zu vereinbaren. Hypothesen über die strukturelle Determiniertheit eines autopoietisch organisierten Sozialsystems bzw. dessen Steuerbarkeit durch Strukturelle Kopplung entsprechen nur dann der Modellaxiomatik, wenn sie das Verhalten der Systemaktoren bzw. Subsysteme in seiner Abhängigkeit von der und seiner Rückwirkung auf die systemische Makroebene bzw. die Struktur des Sy-

---

673 Reimann u. a., Basale Soziologie, S. 87; Zum Systemverständnis des methodologischen Kollektivismus siehe auch Burth, Zur Verbindung, S. 228 f mit Verweis auf Vanberg, Die zwei Soziologien, S. 161 ff

674 Reimann u. a., Basale Soziologie, S. 86

675 S. ebd., S. 86

stems höherer Ordnung erklären. Nur so ist gewährleistet, daß sich die Hypothesen tatsächlich auf den Systemzusammenhang beziehen.

Was das autopoietische Sozialmodell somit erfordert, ist „eine Synthese des kollektivistischen und individualistischen Ansatzes; eine solche „integrative Theorie“ müßte in der Lage sein, sowohl das Verhalten der einzelnen Handelnden in einem System hinsichtlich ihrer Handelns-Motive und ihrer Einbindung in das System als auch simultan das Verhalten korporativer Akteure (sozialer Systeme) unter Einbeziehung der Ebene der individuellen Handelnden zu erklären.“[676] Folglich sollte das Sozialmodell durch eine Erklärungsstruktur ergänzt werden, welche die Beziehung zwischen der Mikro- und Makroebene des Systems als interdependenten Zusammenhang und damit als wechselseitige Kausalbeziehung abbildet.

Dies leistet das Modell der soziologischen Erklärung, das im Rahmen des strukturell-individualistischen Ansatzes, einer neueren, ökonomischen Variante des methodologischen Individualismus, entwickelt worden ist.[677] Mit diesem Erklärungsmodell kann der autopoietische Mehrebenenzusammenhang mit Hilfe dreier Teilschritte (sog. „Logiken“) nachvollzogen werden:[678]

- In der *Logik der Situation* werden die subjektiven Vorstellungen der Akteure über ihre Situation unter Berücksichtigung des Einflusses der jeweiligen Makro- bzw. Systemstruktur rekonstruiert. Dies erfolgt über sogenannte Brückenhypothesen: sie beschreiben, wie die Akteure die objektiven, äußeren Bedingungen ihres Handelns (Interaktionsbeziehungen, institutionelle Strukturen, Normen, Knappheiten etc.) subjektiv wahrnehmen und bewerten. Dies ist die Makro-Mikro-Verbindung der Erklärung. Sie enthält die Randbedingungen der handlungstheoretischen Erklärung.
- Die *Logik der Selektion* enthält die eigentliche handlungstheoretische Erklärung auf der Mikroebene: Die Akteure wählen aufgrund der von ihnen hergestellten Handlungssituation bestimmte Handlungsalternativen aus. Dabei geht die Logik der Selektion von einer kausalen Beziehung zwischen Handlungssituation und Handlungswahl aus.
- Die *Logik der Aggregation* rekonstruiert über sogenannte Transformationsregeln die Auswirkungen des Akteurshandeln auf die Makroebene. Diese bildet das kollektive Explanandum. Bei diesen Transformationsregeln, die die Mikro-Makro-Verbindung konstituieren, kann es sich um institutionelle Regeln wie z. B. ein bestimmtes Abstimmungsverfahren, aber

676 Ebd., S. 88

677 Siehe u. a. Coleman, Foundations, Bd. 1; Esser, Soziologie; Gilleßen/Mühlau, Grundzüge, S. 27 f

678 Zum Folgenden siehe Esser, Soziologie, S. 93 ff

auch um komplizierte Prozeßmuster wie den Verlauf einer Massenpanik handeln.[679] Im Aggregat wirkt das Akteurshandeln auf jenen Faktor zurück, der die Handlungswahl mitbestimmt: die jeweils gegebene Makrostruktur.

Eine in diesem Sinn vollständige (d. h. alle drei Logiken umfassende) strukturell-individualistische Erklärung kann als modelladäquate Makro-Mikro-Makro-Erklärung des autopoietischen Systemzusammenhangs betrachtet werden. Eine Erklärung des autopoietischen Systemprozesses (d. h. der Dynamik zwischen Element und Relation) erfordert eine Sequenz solcher Mehrebenenerklärungen, wobei das erklärte Explanandum des vorigen Erklärungsschrittes zur Randbedingung des nächsten wird.[680] (S. Memo S. 234.)

Das handlungstheoretische homo-generalis-Konzept. Das Erklärungsmodell des strukturell-individualistischen Ansatzes läßt offen, welche spezifische Handlungstheorie verwendet werden soll.[681] Allerdings impliziert das Vorbild einer wissenschaftlichen Erklärung nach dem Schema von Hempel und Oppenheim[682] bereits ein wichtiges Selektionskriterium für eine Handlungstheorie: sie muß innerhalb der Logik der Selektion eine kausale Beziehung zwischen den handlungsbedingenden Faktoren (Logik der Situation) und der Handlungswahl herstellen.[683]

Zusätzlich läßt sich aus dem autopoietischen Sozialmodell eine weitere sozialtheoretische Implikation für ein handlungstheoretisches Selektionskriterium ableiten. Aufgrund seines rekursiven Charakters werden innerhalb des autopoietischen Sozialmodells auch Individuen als autopoietisch organisierte und strukturell determinierte Systeme betrachtet.[684]

Als autopoietische Akteure sind individuelle Akteure durch den zweiten Aspekt autopoietischer Autonomie gekennzeichnet: sie sind kognitiv autonome Systeme. Aufgrund dieser Eigenschaft rezipieren und verarbeiten sie mediale Perturbationen nur gemäß ihrer Struktur und sind somit auch vom Medium nicht direkt kausal steuerbar.

---

679 S. ebd., S. 97

680 S. Esser, Soziologie, S. 102 ff. Eine solche Prozesserklärung wird auch als genetische Erklärung bezeichnet.

681 S. Kunz, Empirische Ökonomik, S. 41

682 Vgl. Esser, Soziologie, S. 40 ff, 95 ff mit Verweis auf Hempel/Oppenheim, Studies in the Logic of Explanation

683 Vgl. Esser, Soziologie, S. 95 ff

684 Siehe auch Druwe, Rekonstruktion, S. 50

Memo Modell einer soziologischen Erklärung

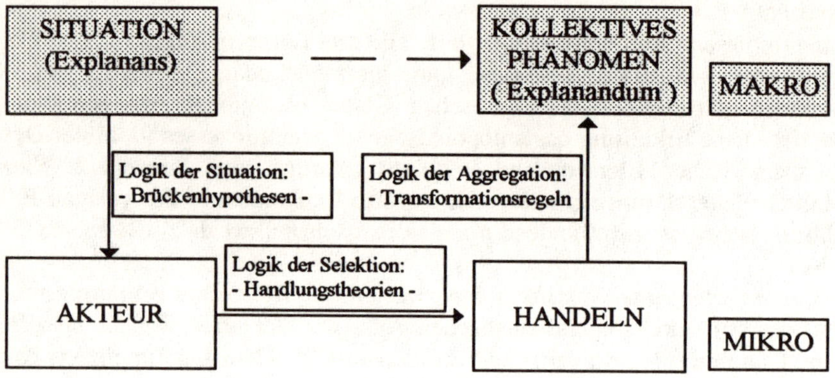

Memo Modell einer genetischen Erklärung

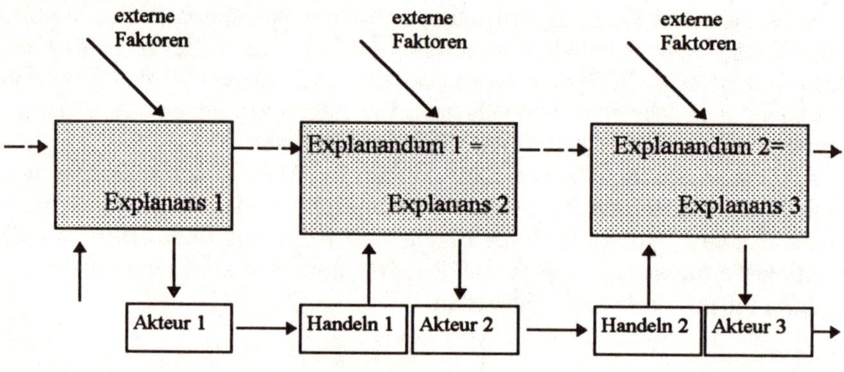

- Die genetische dynamisiert die soziologische Erklärung: das jeweilige Explanandum wird zur Randbedingung der nächsten Sequenz.
- Externe Faktoren sind zusätzliche, nicht im Modell selbst enthaltene Randbedingungen und durchbrechen damit das Bild deterministischer Prozesse.
- Da die exogenen Faktoren nicht antizipierbar sind, kann es auch keine verläßlichen Prognosen über längerfristige Prozesse geben.

Die Notwendigkeit einer theoretischen Konzeption von Individuen als kognitiv autonome Akteure stellt somit (neben einer die Mikro-Makro-Interdependenz berücksichtigenden Analyseperspektive) die zweite sozialtheoretische Implikation dar, die aus dem autopoietischen Gesellschaftsmodell abgeleitet werden kann.

Aufgrund dieses Selektionskriteriums macht es keinen Sinn, einen Ansatz heranzuziehen, der das Verhalten der Akteure als direkte Folge externer Reize auffaßt. Ein solches Konzept, das man mit dem Kürzel S(timulus)-R(esponse) bezeichnen kann, ist z. B. das behavioristische „Modell der klassischen Konditionierung", auf dem auch das bekannte Hunde-Experiment von Pawlow beruht.[685] Die autopoietische Axiomatik erfordert also zumindest Theorien vom Typ S(timulus)-O(rganism)-R(esponse). Zu diesem Theorietyp gehören sowohl Verhaltens- als auch Handlungstheorien.

Obwohl Verhaltenstheorien die Person unter dem Stichwort „organism" berücksichtigen, wird auch hier ein kausaler Zusammenhang zwischen externem Reiz und mentalen Zuständen behauptet bzw. der Reiz als mentales Phänomen betrachtet, das innerhalb der Person (verstanden als System mentaler Zustände) wirkt.[686] Damit erweisen sich Verhaltenstheorien als nicht modelladäquat, da sie den mentalen Zuständen der Person lediglich die Rolle einer „intervenierenden Variablen" zuschreiben.[687] Würde man einen autopoietischen Aktor im Sinn der Verhaltenstheorie charakterisieren, so würde er nicht über das Maß an Autonomie verfügen, das ihm gemäß der autopoietischen Modellaxiomatik zukommt.

Aus der Perspektive der autopoietischen Axiomatik kommen folglich nur Handlungstheorien in Frage. An Stelle der mit dem Stichwort „Reiz-Reaktion" bezeichneten Vorstellung einer passiven Beziehung zwischen Person und Umwelt tritt hier das Konzept der Person als aktiv handelndes System, dessen Antrieb auf endogenen Motiven beruht.[688] Handlungstheorien vom Typ S-O-R charakterisieren somit den Akteur als komplexes und autonomes mentales System und stimmen folglich mit dem Bild überein, daß sich bei der Charakterisierung der Person als autopoietisches soziales System ergibt.

Das S-O-R-Konzept zeichnet nun allerdings keine spezifische Handlungstheorie aus, sondern ist ein Rahmenmodell für eine ganze Reihe sozialwis-

---

685 S. Reimann u. a., Basale Soziologie, S. 103 ff

686 Ersteres erfolgt im sog. Effekt-Gesetz von Thorndike, letzteres in der Theorie des instrumentellen Lernens bzw. in den kognitiven Verhaltenstheorien. S. hierzu Reimann u. a., Basale Soziologie, S. 106 ff

687 S. ebd., S. 107

688 S. ebd., S. 141 f; Strenggenommen macht es also keinen Sinn, im Zusammenhang mit Handlungstheorien das Kürzel S-O-R zu verwenden.

senschaftlicher Handlungstheorien. In der neueren handlungstheoretischen Diskussion[689] werden die verschiedenen, innerhalb des S-O-R-Konzepts angesiedelten Ansätze nach Typen zusammengefaßt. In Anlehnung an die dort verwandte Terminologie kann man von einem normativen, interpretativen und einem ökonomischen handlungstheoretischen Paradigma sprechen.[690] Zentrales Unterscheidungskriterium dieser Typologie ist dabei, wie die einzelnen Ansätze jeweils die Logik der Situation charakterisieren, d. h. welche internen handlungsbedingenden Faktoren sie den Akteuren zuschreiben und wie sie die akteursspezifische Interpretation des sozialen Kontextes auf der Basis dieser Faktoren durch Brückenhypothesen charakterisieren.

So ist für das normative Paradigma (den sog. „homo sociologicus") das Akteurshandeln durch soziale Normen, Regeln, Rollen und Erwartungen weitgehend festgelegt, zu deren Einhaltung der Akteur durch externe und (als Resultat von Internalisierungs- und Sozialisationsprozessen entstandene) interne Sanktionen wie Belohnungen, Bestrafungen, schlechtes Gewissen motiviert wird.[691] Folglich wollen die Akteure „die Situation so definieren, wie es von ihnen erwartet wird."[692]

Das interpretative Paradigma („homo symbolicus") hingegen betont die Fähigkeit des Akteurs zu kreativem und konstruktivistischem Umgang mit der jeweiligen Handlungssituation durch symbolische Interpretation und strategische Reflexion. Anders als der homo sociologicus, der externe Vorgaben und Erwartungen nahezu „blind" befolgt, verfügt der homo symbolicus über ein beträchtliches Maß an Flexibilität und Autonomie gegenüber dem sozialen Kontext und dem mit ihm verbundenen Erwartungshorizont. So interpretiert er aktiv die jeweilige Handlungssituation und folgt vorhandenen Normen nur solange, wie ihm dies als sinnvoll und vernünftig erscheint.[693]

Das ökonomische Paradigma in der Variante des „homo oeconomicus" sieht als zentrale Handlungsmotivation die individuelle Nutzenmaximierung. D. h. der Akteur verfügt über eine stabile Ordnung von Präferenzen (Zielen), die er unter Berücksichtigung vorhandener Restriktionen (Knappheiten) durch die Wahl seiner Handlungen zu realisieren sucht. Hierbei verfügt er über vollständige Information über die zur Wahl stehenden Handlungsalternativen und deren Konsequenzen. Aufgrund dieser Annah-

---

689 S. u. a. Lindenberg, Assessment, S. 99 ff; Esser, Soziologie, S. 231 ff; Kunz, Empirische Ökonomik, S. 41 ff

690 S. Kunz, Empirische Ökonomik, S. 41 ff

691 Vgl. Esser, Soziologie, S. 232

692 Kunz, Empirische Ökonomik, S. 49

693 S. Esser, Soziologie, S. 234 f

men erweist sich auch die Autonomie des homo oeconomicus als eingeschränkt: Er ist an stabile Präferenzen gebunden, damit nicht lernfähig und kann – angesichts vollständiger Information – nicht vom objektiven Bild der im sozialen Kontext enthaltenen natürlichen und sozialen Handlungsrestriktionen abweichen.[694]

Berücksichtigt man nun, daß kognitive Autonomie, verstanden als strukturdeterminierte Verarbeitung medialer Perturbationen, ein zentrales Merkmal autopoietisch organisierter Akteure ist, so wird deutlich, daß gerade die Beurteilung der Beziehung zwischen sozialem Handlungskontext und den endogenen handlungsbedingenden Faktoren aus der Sicht des autopoietischen Modells das zentrale Kriterium für die Auswahl einer geeigneten Handlungstheorie darstellt.

Damit kommen aus der Perspektive der autopoietischen Axiomatik weder der homo sociologicus noch der homo oeconomicus für die handlungstheoretische Fundierung der Makro-Mikro-Makro-Erklärung in Frage, da beide Akteurstypen (wenn auch auf unterschiedliche Weise) in ihrer Wahrnehmung der Handlungssituation und damit auch in ihren Handlungen prinzipiell determiniert sind. So gesehen wäre das Konzept des homo symbolicus mit der vorausgesetzten Fähigkeit zu selbständiger Situationsdeutung sowie zu autonomem Handeln vorzuziehen. Allerdings enthält das homo-symbolicus-Konzept keine Regel, mit der bestimmt werden kann, „in welcher Situation ein Akteur welche Handlung ausführt ...“[695] Somit entspricht dieses Konzept zwar der handlungstheoretischen Implikation des autopoietischen Sozialmodells, erfüllt aber nicht die Forderung des strukturell-individualistischen Erklärungsmodells, wonach in der Logik der Selektion zwischen den Elementen der Logik der Situation (akteursinterne Handlungsfaktoren und subjektiv konstruierter Handlungskontext) und der Handlungswahl ein kausaler Zusammenhang hergestellt werden muß.

Eine Lösung des Problems bietet das sogenannte homo-generalis-Konzept. Dieses ist als Alternative zum homo oeconomicus ebenfalls dem ökonomischen Paradigma zuzuordnen und vereint die Eigenschaften aller drei handlungstheoretischen Ansätze vom Typ S-O-R in sich: „Menschen sind nach diesem Konzept restricted men, da Handlungswahlen grundsätzlich die Bedingungen der konkreten Handlungssituation berücksichtigen müssen. Menschen sind resourceful men, da sie die entlastende und insofern produktive Kraft handlungsleitender Regeln zu schätzen wissen [...] aber nicht auf bestimmte Normen und Institutionen festgelegt. Sie können aktiv die Mög-

694 Vgl. Esser, Soziologie, S. 237

695 Kunz, Empirische Ökonomik, S. 62

lichkeiten der Zielrealisierung beeinflussen (zum Beispiel durch die Gewinnung neuer Informationen). Menschen sind expecting men, da sie Erwartungen hinsichtlich der Möglichkeiten der Zielerreichung haben. Menschen sind evaluating men, da sie frühere, jetzige und zukünftige Zustände und Ereignisse bewerten. Erwartungen und Bewertungen steuern schließlich die Selektion: Menschen sind maximizing men, sie wollen aus den beschränkten Möglichkeiten noch das Beste machen. Sie wenden mit dem Maximierungskriterium eine feste Entscheidungsregel an und handeln insofern rational."[696]

Memo SOR-Handlungstheorien

Handlungstheorie Charakteristika	normative	interpretative	ökonomische
akteursinterne Handlungsfaktoren	soziale Normen, Regeln, Rollenerwartungen	symbolische Interpretation und strategische Reflexion	individuelle Nutzenmaximierung
Brückenhypothesen	Umfeld bestimmt die Situationsdeutung	Kreativität, Flexibilität und Autonomie bestimmen die Situationsdeutung	Stabile Präferenzen bestimmen die Situationsdeutung
Homo	sociologicus	symbolicus	oeconomicus
Grad der Autonomie	gering	hoch	gering
Bewertung	zu wenig kognitive Autonomie: Situationsdeutung und die daraus folgende Handlungswahl ist determiniert	keine Kausalzusammenhänge zwischen den Elementen der Logik der Situation und der Handlungswahl	zu wenig kognitive Autonomie: Situationsdeutung und die daraus folgende Handlungswahl ist determiniert

696 Kunz, Ökonomische Handlungslehre, S. 43

Das homo-generalis-Konzept formuliert somit den kausalen Zusammenhang innerhalb der Selektionslogik auf der Grundlage einer rationalen Entscheidungsregel. Die für die handlungstheoretische Analyse sozialen Handelns bedeutsamste Variante dieser Regel wird als „Maximierung des subjektiven Erwartungsnutzens" bzw. auch als SEU-Konzept (SEU = subjective expected utility) bezeichnet.[697] Nach dem SEU-Konzept ergibt sich der subjektiv erwartete Nutzen einer Handlungsalternative aus der Summe des sog. Erwartungswertes für alle dem Akteur bekannten Konsequenzen dieser Handlungsalternative.[698] Der Erwartungswert wiederum ist das Produkt aus der vom Akteur (auf der Basis seiner Präferenzordnung) vorgenommenen Bewertung der Handlungskonsequenzen und der von ihm geschätzten Wahrscheinlichkeit des Auftretens dieser Konsequenzen. Der Akteur handelt demgemäß rational, indem er von allen ihm bekannten Handlungsalternativen diejenige mit dem größten Erwartungswert auswählt. Entsprechend lautet die nomologische Selektionsregel nun: Wenn ein Akteur zwischen mehreren Handlungsalternativen die Wahl hat, wählt er jene mit dem höchsten Erwartungswert.

Resultat der sozialtheoretischen Interpretation des Autopoiesemodells ist somit zunächst das autopoietische Sozialmodell. Dieses wiederum vermittelt ein bestimmtes Bild der sozialen Grundstruktur, aus dem sich zwei sozialtheoretische Implikationen ableiten lassen. Die erstc Implikation besteht darin, daß die allgemeine und steuerungstheoretische Analyse autopoietischer Sozialsysteme die formale Struktur eines Makro-Mikro-Makro-Erklärungsmodells im Sinn des strukturell-individualistischen Ansatzes aufweisen sollte. Die zweite Implikation besteht darin, daß einer steuerungstheoretischen Analyse bzw. Erklärung autopoietischer Sozialstrukturen das handlungstheoretische Konzept homo generalis zugrunde gelegt werden muß.

Welche Konsequenzen ergeben sich nun aus dieser sozialtheoretischen Interpretation der Theorie der Autopoiese für das Verständnis, die Analyse und die Erklärung von politischer Steuerung?

697 Vgl. Kunz, Empirische Ökonomik, S. 114; Kirchgässner, Homo Oeconomicus, S. 145
698 S. Kunz, Empirische Ökonomik, S. 115

Memo Sozialtheoretische Implikationen

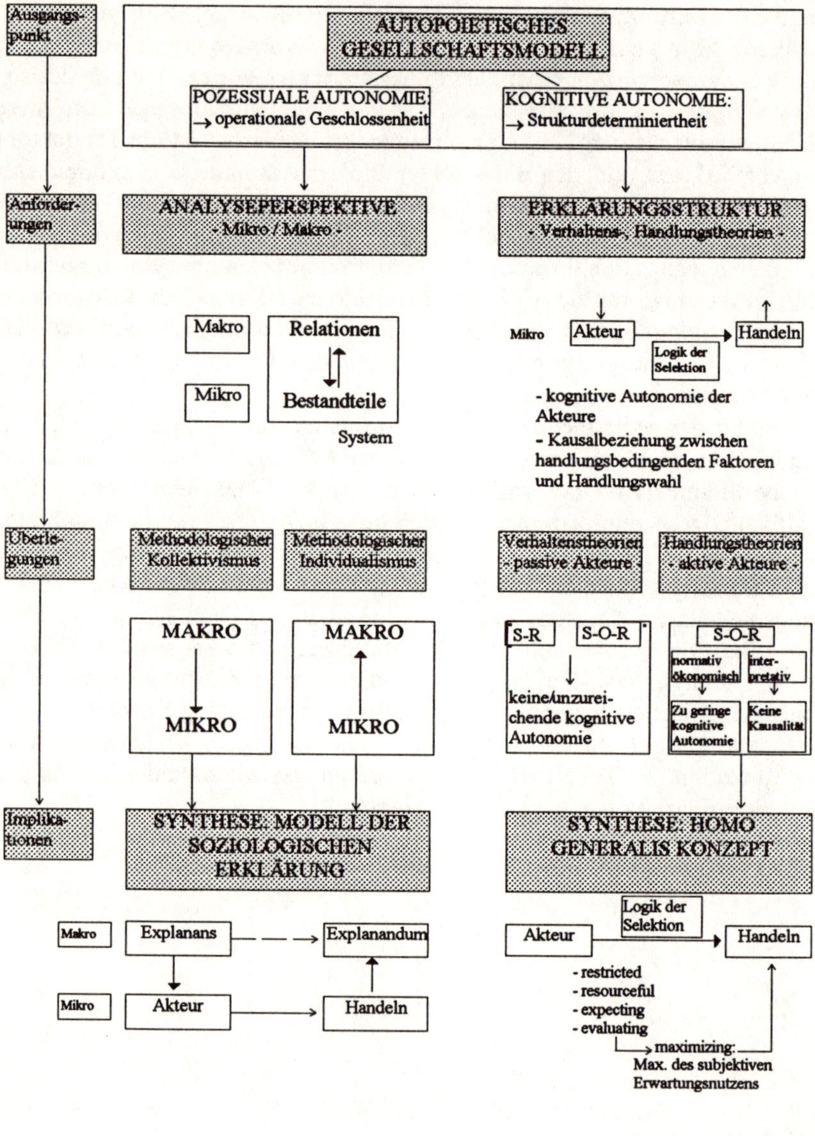

3.4.2 *Steuerungstheoretische Interpretation des Autopoiesemodells*

Das in der sozialtheoretischen Interpretation formulierte autopoietische Gesellschaftsmodell impliziert ein spezifisches Steuerungsverständnis: Politische Steuerung ist ein Interaktionsprozeß, der auf Struktureller Kopplung beruht und sich in den konsensuellen Bereichen zweiter Ordnung abspielt, die das politische System mit anderen Sozialsystemen ausbildet. Das Steuerungsmodell „Strukturelle Kopplung" ist somit ein Teilmodell des autopoietischen Sozialmodells und wird wie dieses zunächst als reales Modell entwickelt und anschließend empirisch interpretiert.

Reales Modell. Eine Steuerungskonzeption, die von der Prämisse strukturell gekoppelter autopoietischer Sozialsysteme ausgeht, muß einerseits das hierarchisch-kausale Steuerungsverständnis aufgeben und gleichzeitig Steuerung als Interaktionsprozeß auffassen.

Ein solches Steuerungsverständnis wird aufgrund der sozialtheoretischen Interpretation der „Theorie der Autopoiese" als realem Gesellschaftsmodell nachvollziehbar. Zwischen einem sozialen System und seinem Medium, also einem anderem sozialen System, finden Interaktionen handlungsmäßiger und sprachlicher Art statt, die jeweils systemrational abgearbeitet werden. Dabei schließt die autonome Dynamik des Sozialsystems eine kausale Determinierung des Systems durch das Medium aus. Soziale Systeme reagieren nicht, sondern agieren nur. So verstanden kann Steuerung nur Anregung zur systemischen Selbststeuerung sein. Diesem Umstand wird theoretisch mit dem Begriff der Perturbation Rechnung getragen. Systeme können demnach andere Systeme zwar perturbieren, aber die Abarbeitung der Perturbation ist strukturdeterminiert. Ob ein anderes System den Reiz überhaupt wahrnimmt oder wie es ihn wahrnimmt und verarbeitet, ist allein von seiner Struktur, seinen Mitgliedern, seiner Rationalität, seiner Sprache, seinen Handlungsmustern etc. abhängig. Steuerung weist somit keinen deterministischen, sondern einen probabilistischen Charakter auf; über das Erreichen des Steuerungszieles können nur Wahrscheinlichkeitsaussagen formuliert werden.

Weiterhin kann Steuerung nicht mehr als einseitige, hierarchische Beziehung interpretiert werden: Die Vorstellung, daß ein Steuerungssubjekt einen Steuerungsimpuls auslöst, auf den das Steuerungsobjekt einseitig mit struktureller Anpassung reagiert, muß aufgegeben werden. Unter der Bedingung Struktureller Kopplung ist Steuerung ein Interaktionsprozeß, bei dem sich die gekoppelten Systeme wechselseitig beeinflussen. Die Art und Weise, wie ein Steuerungsimpuls von einem Sozialsystem wahrgenommen und verarbeitet wird, wirkt daher auf das politische System zurück. Allerdings können auf der analytischen Ebene des Modells keinerlei Aussagen darüber gemacht werden, welche spezifischen Muster die Strukturelle Kopplung der am Steuerungsprozeß beteiligten sozialen Systeme aufweist. Strukturelle Kopplung impliziert daher nicht zwangsläufig eine gleichberechtigte Interaktion. Inwieweit die Strukturelle Kopplung zwischen zwei oder mehreren sozialen Systemen symmetrisch oder asymmetrisch gestaltet ist, wird allein durch die jeweilige empirische Ausgestaltung der Interaktionsbeziehung bestimmt. Wie die beteiligten Sozialsysteme den Kopplungsprozeß wahrnehmen, hängt dabei ausschließlich von ihrer strukturdeterminierten Umweltwahrnehmung und damit von ihrer Systemrationalität ab. So können z. B. in familiären und innerorganisatorischen Beziehungen, aber auch in Policy-Arenen, Abhängigkeitsstrukturen bestehen, die den beteiligten Interaktionspartnern erst von einem externen Beobachter (z. B. einem Familientherapeuten, einem Organisationssoziologen oder Policyanalytiker) „bewußt" gemacht werden.

Zusammengefaßt können die zentralen Merkmale von Steuerung unter der Bedingung Struktureller Kopplung wie folgt charakterisiert werden:

1. Die herkömmliche Vorstellung von Steuerung als einer kausalen Beziehung zwischen einem Steuerungssubjekt und einem Steuerungsobjekt wird durch ein probabilistisches Verständnis von Steuerung ersetzt.
2. Steuerung wird nicht mehr als einseitige, hierarchische Beziehung verstanden, sondern als Interaktionsprozess, dessen empirische Ausgestaltung offen ist.

Empirisches Relativ. Wie realisiert sich nun dieser theoretisch abgehandelte Steuerungsprozeß empirisch? Steuerung wurde als ein Prozeß Struktureller Kopplung gekennzeichnet, der in einem konsensuellen Bereich zweiter Ordnung stattfindet und dessen gleichberechtigte Träger die Mitglieder der jeweiligen Systeme (in der Terminologie von Mayntz: die Mitglieder des Steuerungssubjektes und des Steuerungsobjektes) sind. Den Interaktionsbereich der politischen Steuerung, d. h. der Strukturellen Kopplung zwischen dem politischen System und mindestens einem anderen sozialen Teilsystem, kann man sich so vorstellen: Der Bereich bildet sich heraus, wenn es um Probleme geht, die Aktoren bestimmter Sozialsysteme im Sinne ihrer Systemrationalität als relevant wahrnehmen und an deren Lösung sie ein Interesse haben, ohne sie selbst lösen zu können, beispielsweise mangels dafür notwendiger Ressourcen oder Kompetenzen. Entsprechend wird eine „Steuerungsaufgabe" dem politischen System zugewiesen und damit ein Interaktionsbereich zwischen politischem System und sozialem Teilsystem ausdifferenziert. Diese Ausdifferenzierung erfolgt als rekursiver Prozeß, an dem politische Aktoren und soziale Aktoren mit ihrer jeweils spezifischen

Systemrationalität beteiligt sind. So entsteht ein typisches Beziehungsgeflecht zwischen den unterschiedlichen politischen und sozialen Aktoren, das mit dem aus der Sozialstrukturanalyse stammenden Begriff des Netzwerks etikettiert werden kann.

Der Steuerungsprozeß ist folglich ein rekursiver Problemlösungsprozeß, der je nach Interaktionsbereich (Aktorennetzwerk und Verhaltensstruktur) variiert. Anders formuliert kann man auch sagen, daß in jedem Politiksegment unterschiedliche Interaktionsbereiche und Kopplungsmuster ausgeformt werden und sich daher jeder Politikbereich selbst organisiert. In der herkömmlichen Terminologie nennt man solche Muster zumeist Steuerungsstrategien.

Wenn von Steuerungsstrategie die Rede ist, dann wird aus der Sicht des politischen Systems argumentiert, das andere gesellschaftliche Teilsysteme „steuern" möchte. Der eigentlich wechselseitige Interaktionsprozeß struktureller Kopplung wird hier als unilaterale Beziehung gedeutet, in deren Zentrum eines der gekoppelten Systeme (nämlich das politische) steht. Erst durch diese Interpretation wird das politische System zum „Steuerungssubjekt" und sein Interaktionspartner zum „Steuerungsobjekt".

Die einseitige „Steuerungs"-Intention des politischen Systems scheint dem autopoietischen Systemverständnis zuwider zu laufen, denn per definitionem sind sowohl das politische System als auch das gesellschaftliche System operational geschlossene Einheiten. Definitorisch wurde ebenfalls bestimmt, daß jedes gesellschaftliche Subsystem mit anderen Subsystemen konsensuelle Bereiche aufweist, also mit diesen gekoppelt ist – sonst könnte man nicht von Gesellschaft sprechen. Es bestehen also Sprach- und Verhaltenskoordinationen, die via strukturelle und funktionale Differenzierung im Laufe der Zeit gesellschaftliche Teilsysteme ausgebildet haben. An diesen Prozeß kann man steuernd anknüpfen. Steuerung ist dabei jedoch nur probabilistisch zu interpretieren. Dafür wird der Begriff „Perturbation" verwendet.

Memo Politische Steuerung im Prozeß Struktureller Kopplung

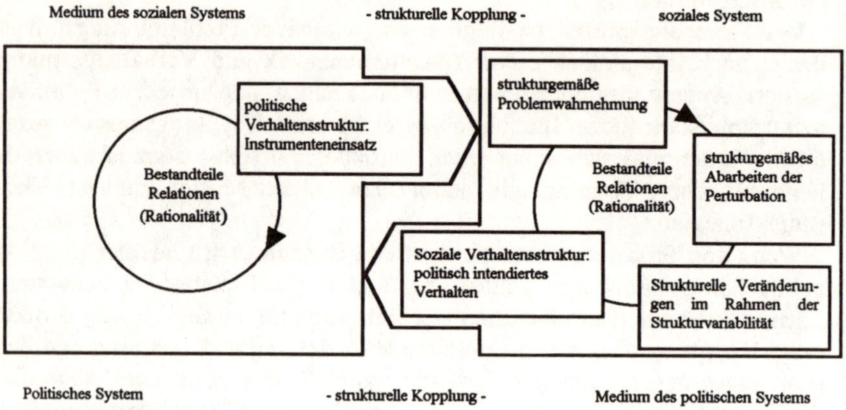

- Politische Steuerung kennzeichnet die Perspektive des politischen Systems auf den Interaktionsprozeß mit strukturell gekoppelten Sozialsystemen.
- Durch den Einsatz strukturangemessener Steuerungsstrategien sollen in angezielten Sozialsystemen Zustandsveränderungen ausgelöst werden.
- Soziale Systeme perzipieren und verarbeiten die durch einen Instrumenteneinsatz in ihrer Umwelt erzeugte Perturbation gemäß ihrer Struktur und damit ihrer Rationalität.
- Selbstorganisierte Verarbeitung bewirkt Strukturveränderungen sowohl im sozialen als auch im strukturell gekoppelten politischen System.
- Steuerungserfolg dokumentiert eine durch den Instrumenteneinsatz initiierte und in der politischen Intention liegende Strukturveränderung des Sozialsystems.
- Steuerungsmißerfolg verweist auf Fehleinschätzungen der Strukturvariabilität des Sozialsystems durch das politische System oder auf das unvorhersehbare Eintreten relevanter Wirkungsfaktoren. Zwischen Instrumenteneinsatz und Steuerungs(miß)erfolg kann lediglich ein probabilistischer Wirkungszusammenhang angenommen werden.

Als mediale Steuerungsstrategien kann man nun solche Strategien politischer Steuerung bezeichnen, die den jeweiligen Bedingungen des strukturellen Kopplungsprozesses gerecht werden. Eine solche mediale Steuerungsstrategie, die das politische System bereitzustellen hat, muß zum einen bei den zu perturbierenden gesellschaftlichen Subsystemen ansetzen. Um die Aktionsmöglichkeiten – und darunter sind auch die Interaktionspotentiale zu subsumieren – sozialer Systeme zu verstehen, sind Kenntnisse ihrer Strukturen (Bestandteile und Verhaltenskoordinationen) sowie der hier verorteten Systemrationalitäten unabdingbar. Ohne Wissen um die systemrelativen Verhaltenskoordinationen, also die Codes und Handlungsweisen, welche die Interaktionslogik der Mitglieder eines Systems bestimmen, kann es zu keiner Strukturellen Kopplung und damit auch nicht zu einem gelungenen Interaktionsprozeß kommen. Die mediale Steuerungsstrategie muß zum anderen am Interaktionsbereich und damit an den Kopplungsmöglichkeiten zwischen dem politischen und dem zu perturbierenden gesellschaftlichen Teilsystem ansetzen. Derartige Kopplungsbereiche können Politikfelder, Policy-Arenen, Verhandlungsnetzwerke oder Verwaltung-Klientel-Beziehungen sein, wie sie beispielsweise im Rahmen der Policyanalyse untersucht werden.

Sind beide Voraussetzungen erfüllt, dann kann das politische System versuchen, solche Perturbationen zu setzen, die auf die Systemrationalität des zu „steuernden" Sozialsystems abgestimmt sind. Die systemrelativen Aktionen, die solche Perturbationen möglicherweise in Gang setzen, lassen sich nur abschätzen. Hier kann man allerdings folgende Korrelation vermuten: Perturbationen des politischen Systems werden mit um so größerer Wahrscheinlichkeit vom perturbierten Subsystem adäquat (d. h. im Sinn des politischen Systems) strukturell wahrgenommen und abgearbeitet, je fundierter die – in der steuerungstheoretischen Analyse gewonnenen – Kenntnisse über die jeweilige „steuerungsrelevante" Struktur und Systemrationalität der sozialen Systeme sind.

In Kapitel 3.5 geht es um folgende Fragen:

3.5 Welchen modelltheoretischen Anforderungen müssen mediale Steuerungsstrategien genügen?
3.5.1 Ist „MEKA“ ein Beispiel für mediale Regulierung?
3.5.2 Ist der „Technologiepark“ ein Beispiel für mediale Finanzierung?
3.5.3 Ist „ISDN“ ein Beispiel für mediale Strukturierung?
3.5.4 Ist das „Staatsdomänenkonzept“ ein Beispiel für mediale Informierung?

3.5 Steuerungsstrategie

Mediale Steuerung etikettiert also einen Prozeß, der von der Verfertigung eines politischen Impulses über eine Variation in der Umwelt eines Sozialsystems bis zur selbstorganisierten Strukturveränderung des Systems reicht. Da sich die jeweilige Umwelt und das darin eingebundene System selbsttätig umstrukturieren, hat das politische System mit der Impulsgebung seine Steuerungsaufgabe erfüllt. Der Steuerungserfolg steht und fällt demnach mit den Gründen für die Annahme, daß sich Umwelt und System in der politisch intendierten Richtung umstrukturieren. Diese Gründe lassen sich nunmehr dreifach bündeln. Zum einen sind gute Gründe für die erste Annahme gesucht, daß der politische Impuls geeignet sein könnte, die Umwelt des betroffenen Systems im Politiksinn umzubilden. Zum anderen braucht man gute Gründe für die zweite Annahme, daß die Umbildung vom anvisierten System angemessen abgearbeitet werden könnte. Schließlich darf man nicht um gute Gründe für die dritte Annahme verlegen sein, daß die Abarbeitung die intendierte soziale Entwicklung einleiten oder umlenken oder abbrechen könnte.

Herkömmlicherweise firmiert die Suche nach solchen guten Gründen als Frage nach dem Bedingungsgefüge für Instrumentenwahl, -einsatz und -wirkung. Allerdings wird zumeist davon ausgegangen, daß man nur Mittelwahl und -einsatz begründen müsse, weil sich dann die Mittelwirkung, eben der Steuerungserfolg, notwendigerweise einstelle. Das richtig gewählte und eingesetzte Steuerungsinstrument determiniere also gleichsam den intendierten Steuerungseffekt. Auf diese Weise kam es etwa zur erwähnten Subventionierung vielversprechender Zukunftstechnologien wie dem Schnellen Brüter, den man funktionstüchtig werden sah, sofern nur das notwendige Entwicklungskapital zur rechten Zeit verfügbar wäre. Es war auch schon von der verbliebenen Investitionsruine die Rede, die zur Demonstration der Irrtumsbelastetheit dieses deterministischen Steuerungsverständnisses benutzt wurde. Demgegenüber initiiert Mediale Steuerung keinen deterministischen, sondern einen probabilistischen Wirkungszusammenhang.

Die Einsicht, daß politische Steuerung nur einen bestimmten Entwicklungspfad von mehreren bestimmbaren Entwicklungspfaden favorisieren kann, löst allerdings noch nicht alle Probleme herkömmlicher Steuerungsverständnisse. Immerhin ist klar, daß die Perspektive des anvisierten Sozialsystems der Dreh- und Angelpunkt des Steuerungsprozesses ist. Wie Steuerungsimpulse – herkömmlich: Steuerungsinstrumenteneinsätze – von Systemakteuren als Umweltereignisse wahrgenommen, in den eigenen Verständnishorizont eingepaßt und via Verhalten abgearbeitet werden, hängt von der Kompatibilisierbarkeit der Codes, Rationalitäten und Mechanismen ab, die im Steuerungsprozeß stimuliert werden. Steuerungsimpulse sind nämlich nichts anderes als Interaktionsmuster, die an unterschiedliche soziale, etwa technologische oder ökologische Interaktionsmuster mit verschiedenartigen Semantiken, Logiken oder Interaktionsfiguren appellieren. So mag eine sanktionsbewehrte Emissionsobergrenze zur Einschränkung des CO_2-Ausstoßes im technologischen System als Filter- oder im ökonomischen System als Kostenthema abgearbeitet werden.

Diese strategisch vermittelten Beziehungen zwischen unterschiedlich strukturierten Sozialsystemen, anders gesagt, diese durch politisch gesetzte Impulse ausgelösten internen Aktionen zur Einleitung oder Umlenkung systemischer Entwicklungen, sollen nunmehr plastischer modelliert werden. Wie bereits erkennbar wurde, geht es dabei nicht um eine Neuerfindung, sondern bloß um eine Umqualifizierung des wissenschaftlichen Steuerungswissens. Diese neue Qualität bezieht sich auf den erwähnten probabilistischen Wirkungszusammenhang und damit auf den Wahrscheinlichkeitsgrad, mit dem ein Steuerungsimpuls einen bestimmten systemischen Entwicklungspfad von mehreren bestimmbaren Entwicklungspfaden anvisieren kann. Was gemeint ist, mag ein Gedankenspiel verdeutlichen. Im späten Mittelalter verlangten die Verkehrsbedürfnisse zunehmend überlokal orientierter Sozial- und vor allem Wirtschaftsbeziehungen ebenso wie die wachsenden staatlichen Zentralisierungs- und Rationalisierungstendenzen nach verwissenschaftlichten, also transparenten und nachvollziehbaren Rechten.[699] In Deutschland gab es drei mögliche Entwicklungspfade, nämlich zum einen die Verwissenschaftlichung des Landrechts, wie der Sachsenspiegel demonstriert, die Fortbildung der Stadtrechte, die vorzugsweise in den Hansestädten stattfand, oder die Rezeption des römischen Rechts. Einen bestimmten Entwicklungspfad, nämlich die umfassende und am Ende durchgängige Rezeption des römischen Rechts, haben in damaliger Zeit die Juristen gewiesen, deren fachjuristische Schulung diesen Pfad zu favorisieren aufgab; im Gegensatz dazu haben beispielsweise Fachjuristen in England das common law verwissenschaftlicht und fortgebildet. Im Gedankenspiel könnten an die Stelle der Juristen etwa Landesherren gesetzt werden, die für einen anderen Entwicklungspfad optionieren wollen. Voraussetzung wäre, daß man die anderen Optionen gekannt und über eine Favorisierungsstrategie verfügt hätte. Eine derartige Strategie hätte beispielsweise eine Veränderung der Professionalisierung oder der Rekrutierung des rechtsanwendenden Personals sein können.

Eine Steuerungsstrategie in diesem Sinn ist also ein Modellbegriff. Das Steuerungsproblem reduziert sich modellhaft auf die Selektion einer systemlogischen Strukturvariante, das Strategieproblem auf die Selektion eines die Umweltstruktur richtungsweisend variierenden Impulses. Diese Einbettung von Steuerungs- und Instrumentenproblematik in ein und denselben Modellzusammenhang verschafft plausible Richtigkeitskriterien für eine Instrumentenwahl. Vor allem deshalb ist statt von Instrumenten hier von Strategien die Rede; die gängige Instrumentenwahl gründet sich, wie bereits erwähnt, eher auf Alltagsvermutungen denn auf wissenschaftliche Konstrukte. So soll als Steuerungsinstrument Geld in Betracht kommen, wenn Profitmaximierungsmotive, oder Recht, wenn Sanktionsvermeidungsmotive handlungsleitend seien. Allerdings bleibt offen, unter welchen spezifischen Bedingungen solche Motive Handlungen im Sinne der Steuerungsintention organisieren. Wie ebenfalls bereits angedeutet wurde, machen Mitnahme- oder Verdunkelungsaktivitäten Steuerungsintentionen oft genug zunichte.

Die Schwierigkeiten, die auftauchen, wenn es um eine wissenschaftlich begründete Antwort auf die Frage nach dem Bedingungszusammenhang zwischen Instrumenteneinsatz und -wirkung geht, demonstrieren beispielhaft rechtssoziologische Konstrukte zur Erklärung der Vereitelbarkeit von Straftaten durch Strafnormen. So will die sogenannte „Zweistufentheorie“ die Befolgungsrate von Verboten erklären und prognostizieren. Dazu werden Variablen, die den Gesetzesgehorsam mutmaßlich beeinflussen, in Be-

699 Vgl. hierzu Wieacker, Privatrechtsgeschichte, S. 153, 191 f

ziehung gesetzt. In seiner ursprünglichen Form[700] unterscheidet dieses Modell zwischen Variablen erster Stufe, die das Verhalten der Rechtsunterworfenen direkt beeinflussen, und Variablen zweiter Stufe, die auf das Verhalten indirekt, nämlich über die Variablen der ersten Stufe, einwirken. Unabhängige Variablen erster Stufe sind dabei der Grad der Informiertheit, die erwarteten negativen Sanktionen (etwa Haft), die erwarteten positiven Sanktionen (z. B. ein ruhiges Gewissen) usw., Variablen zweiter Stufe sind die Anzeigenneigung informierter Personen, die soziale Stigmatisierung bei Gesetzesübertretungen, die Aufklärungsquote usw. Setzt man Ebenen und Variablen in Beziehung, dann lassen sich positive (Befolgung) oder negative (Abweichung) Effekte ablesen. In der revidierten Form[701] werden Variablen teils in Frage gestellt, etwa der, bestimmte Delikte wie Wirtschaftsstraftaten eher fördernde Grad der Informiertheit, teils erweitert, so die Variablen erster Stufe um erwartete positive Sanktionen bei Befolgung, und teils aufgegeben, weil sie sich empirisch nicht erhärten ließen. Am Ende[702] steht ein Kausaldiagramm mit nur noch drei Variablen der ersten Stufe und sechs Variablen der zweiten Stufe. Davon soll sich beispielsweise eine Kausalbeziehung zwischen Stigmatisierung, Anzeigenneigung, Aufklärungsquote und negativer Sanktionierung bei Übertretung und mithin ein Erklärungsmuster für die Befolgungsrate bestimmter Strafnormen ablesen lassen.

Abgesehen davon, daß es sich dabei um Korrelationen, also um bloß statistisch signifikante Wechselbeziehungen zwischen den Variablen, und nicht um Ursachen-/Wirkungsbeziehungen handelt, werden hier bestenfalls die Effektivitätsvoraussetzungen eines Verbots als Strafnormbestandteil, keinesfalls aber die Effektivitätsvoraussetzungen eines Verbots als Steuerungsinstrument aufgelistet. Der Unterschied liegt im Forschungsinteresse der „Zweistufentheorie“: hier geht es ausschließlich um die Befolgungsvoraussetzungen und nicht um den Zweck des jeweiligen Verbots. Normbefolgung ist aber nicht mit Normzweckerfüllung gleichbedeutend; wer aus Angst vor Strafe seinen Sondermüll nicht im Wald seines Heimat-, sondern eines Nachbarlandes entsorgt, hat zwar nicht gegen die hierzulande geltende Strafnorm verstoßen, aber aller Umwelt geschädigt und damit dem Normzweck zuwidergehandelt. Daß im übrigen Variablen wie Stigmatisierung oder Anzeigenneigung die Effektivitätsvoraussetzungen strafbewehrter Regulierung im Steuerungssinn charakterisieren, ist eher unwahrscheinlich, wie etwa der „Kavaliersdeliktcharakter“ von Wirtschafts- oder Steuerstraf-

700 Opp, Soziologie, S. 193 ff
701 Diekmann, Die Befolgung, S. 40 ff
702 Ebd., S. 123

rechtsnormen demonstriert. Ergebnissen rechtssoziologischer Effektivitätsanalysen kann deshalb nicht einfach Steuerungsrelevanz unterstellt werden. Es bleibt also dabei, daß die Voraussetzungen und Folgen von Instrumenteneinsätzen politiktheoretisch wie auch empirisch noch zu fundieren sind.

Es war gerade davon die Rede, daß sich eine solche steuerungstheoretische Absicherung der Instrumentendiskussion nicht von selbst versteht. Ausgehend von einem Alltagsverständnis derart, daß es sich bei Instrumenten um staatliche Mittel zur Verwirklichung politischer Ziele handle, begnügt man sich oftmals mit der weiteren Alltagsvermutung, so definierte Instrumente besäßen „jeweils charakteristische, verhaltensbeeinflussende Wirkungsmechanismen, nach denen sich der Einsatz einzelner Instrumententypen richtet"[703]. Die erwähnten Wirkungsmechanismen spiegeln sich bestenfalls schemenhaft in den gebildeten Typen. Wie bereits erwähnt, werden Typen nach dem Grad der Einschränkung von Handlungsalternativen gebildet, so Befehl, Tausch, einseitige Leistung usw.,[704] oder zwischen Handlungszwang und Handlungsanreiz angesiedelt, z. B. Verbote, Standards, Abgaben, Empfehlungen, Subventionen usw.,[705] und schließlich katalogisiert man auch regulative, finanzielle, strukturierende und informationelle Instrumente. Solche Katalogisierung erleichtert vielleicht die Instrumentenwahl, begründet sie aber bekanntlich nicht; es werden nur Begriffszusammenhänge entfaltet, aber keine Wirkungsmechanismen belegt.

Es bleibt also bei der Notwendigkeit, die Wirkungsmechanismen von Mitteln, die in der politischen Alltagspraxis zu Steuerungszwecken eingesetzt werden, in einem ersten Schritt modelltheoretisch abzubilden. Theoretisches Konstrukt ist das bereits abgehandelte mediale Steuerungsmodell, praktikabler Anwendungsbezug die nunmehr abzuleitende mediale Steuerungsstrategie und empirisches Prüffeld die daraus resultierende mediale Steuerungspraxis. Im folgenden stehen also Steuerungsstrategien im Mittelpunkt. Dabei können die wissenschaftlich katalogisierten Instrumententypen durchaus nützlich sein. Die Suche richtet sich zunächst aber auf das Wirkungsprinzip, das alle Instrumente gleichermaßen beherrschen könnte. So impliziert die Prämisse der obersten Modellebene, Steuerung könne nur Anstoß zur Selbststeuerung sein, daß der Wirkungsmechanismus die Strukturvariationen von Medium (Umwelt) und System (angezieltes Sozialsystem) im Sinne der Perturbationsquelle (politisches System) abstimmt. Wie sich politische Regulierungs-, Finanzierungs-, Strukturierungs- oder Informie-

703 Hartkopf/Bohne, Umweltpolitik, S. 175

704 Ebd., S. 175

705 Prittwitz, Politikanalyse, S. 78 ff

rungsaktivitäten einerseits als Umwelt- und andererseits als Systemereignisse abbilden, hängt von Wahrnehmungs-, Verarbeitungs- oder Entfaltungsbedingungen ab, die sich modellkonform folgern lassen. Es war auch schon davon die Rede, daß es insoweit letztlich um die allen Steuerungsimpulsen gemeinsamen Kompatibilisierungsvoraussetzungen verschiedenartiger Systemcodes, -rationalitäten oder -mechanismen geht. Jeder Steuerungsimpuls ist nämlich modellgemäß zugleich ein politisches wie auch ein anderes, etwa ökonomisches oder technologisches Interaktionsmuster mit jeweils abweichenden Semantiken, Logiken und Handlungssorten, und das jeweilige andere soll die Anschlußfähigkeit des politischen Musters gewährleisten.

Das terminologische Etikett für das modellgemäße Ableitungsprodukt ist die „Mediale Steuerungsstrategie", die folglich die modelltheoretisch fundierte Indienstnahme politischer Steuerungsinstrumente meint.[706] Modellgemäß sind politische Steuerungsimpulse aus der Sicht des anvisierten Sozialsystems Störeinwirkungen. Der Störbereich, sozusagen die Grenze des (Selbst-) Steuerungsfeldes, liegt im Interaktionsbereich mit der Systemumwelt. Die Kompensation von Störungen, gewissermaßen der (Selbst-) Steuerungsprozeß, erfolgt im Interaktionsnetzwerk des Systems. In Sozialsystemen kompensieren folglich systemspezifische Kommunikations- und Handlungsmuster Störungen, d. h. Störungen werden ausschließlich nach teilweltlichen Kompensationsroutinen abgearbeitet.

Teilweltliche Kompensationsroutinen vergegenständlichen sich beispielsweise in der Politik als Interessenaushandlungsprozedur, im Rechtssystem als juristische Verfahrensweise oder in der Wirtschaft als Nutzen-/Kostenkalkül. Das Ergebnis einer politischen Aushandlungsprozedur, etwa ein Steuerungsimpuls wie eine Ökosteuer auf Produkte oder Emissionen, thematisiert das Rechtssystem als zweckbezogene Sonderabgabe und die Wirtschaft als Abwägung zwischen Standortnachteilen durch Kostenbelastungen versus Wettbewerbsvorteile durch Rationalisierungsschübe. Die Kompensation dieser Störung leitet modellgemäß stets, wenn auch nicht immer gleichen, Wandel ein: im Wirtschaftssystem z. B. ändern sich entweder nur die Interaktionen und das Interaktionsnetzwerk bleibt gleich wie bei der Entsorgung von Sondermüll im Ausland anstatt Recycling hierzulande, oder die Interaktionen und das Interaktionsnetzwerk ändern sich wie bei Sanfter Chemie im Inland anstatt Verlagerung umweltverschmutzender Produktionsanlagen in Drittweltländer.

706 Es folgt eine überarbeitete Fassung von Druwe/Görlitz, Politikfeldanalyse, S. 157 ff

Derartige Kompensationen verweisen mithin ausschließlich auf solche systemischen Entwicklungspfade, die strukturell angelegt sind. Wenn nun aber politisch Recycling statt Müllexport oder Sanfte Chemie statt Gefahrenverlagerung gewollt wird, dann müssen Steuerungsstrategien den favorisierten Entwicklungspfad anzielen. Allerdings beschränkt sich das Zielgebiet auf den Bereich, der modellgemäß als Strukturelle Kopplung firmiert. In diesem Interaktionsbereich zwischen politischem System und angesteuertem Sozialsystem mutiert eine politisch definierte Steuerungsstrategie bekanntlich entweder zu einer Perturbation oder geht verloren. Das angesteuerte System arbeitet die Perturbation dann freilich exklusiv ab. Eine mediale Steuerungsstrategie könnte man folglich als – via Strukturelle Kopplung – gezielt lancierte Perturbation zur Eröffnung eines strukturdeterminierten Selektionsprozesses umschreiben. Mit diesem Begriffsverständnis sind modelltheoretisch zumindest drei Anforderungen an mediale Steuerungsstrategien verbunden:

Mediale Steuerungsstrategien sind perzeptibel.

Politisch gesetzte Steuerungsimpulse nehmen gewöhnlich Hervorbringungen systemischer Interaktionen wie vom Rechtssystem generiertes Recht oder vom Wirtschaftssystem generiertes Geld in Dienst. Modellgemäß handelt es sich bei der politischen Verwendung von Hervorbringungen zu Gestaltungszwecken aus der Perspektive angesteuerter Sozialsysteme um Perturbationen. Mediale Steuerung setzt in dem Fall voraus, daß die Hervorbringung für das anvisierte Sozialsystem perzeptibel, also wahrnehmbar ist und in den Evolutionszusammenhang des perturbierten, etwa technologischen oder ökologischen Sozialsystems Eingang findet, weil sie nur dann strukturell abarbeitbar ist. Geld ist bloß die ökonomische oder Recht die juristische Sicht einer Hervorbringung, und zu den Wirkungsvoraussetzungen eines FCKW-Verbots gehörte zum Beispiel, daß diese juristische Hervorbringung ins technologische System als Substitutionsthema oder ins ökologische System als Renaturierungsthema Eingang findet, um den intendierten Entwicklungspfad begehbar zu machen.

Im Umgang mit Steuerungsstrategien brauchen Sozialsysteme gewissermaßen unterschiedliche Kompetenzen. Das politische System, das den Entwicklungsprozeß nach seiner Gestaltungsperspektive initiieren möchte, benötigt Initiativkompetenz; es muß die Angemessenheit und den Selektionscharakter einer Hervorbringung im Hinblick auf das angezielte Sozialsystem abschätzen. Dem Sozialsystem, das eine in Dienst genommene Hervorbringung erzeugt hat, kommt Definitionskompetenz zu; dort erhält die Hervorbringung spezifische Deutungs- und Verwendungsmuster. Das anvisierte Sozialsystem schließlich, das eine Hervorbringung strukturdeterminiert abarbeiten soll, hat Qualifizierungskompetenz; hier geht es um die anvisierte oder eine andere Abarbeitung einer perzipierten Hervorbringung. Um nochmals ein – zum Schutz der Ozonschicht erlassenes – FCKW-Verbot exemplarisch aufzugreifen: zum einen schätzt das politische System ab, ob ein Verbot für das Wirtschaftssystem ein Herstellungs- und Verwendungshindernis sein dürfte, zum anderen definiert das Rechtssystem, was ein Verbot kennzeichnet und zur Folge hat, und schließlich arbeitet das Wirtschaftssystem ein Verbot so ab, wie es seine ökonomischen Kalküle plausibel machen.

Aus der Perspektive des politischen Systems, also der Steuerungsperspektive, steht zunächst die Abschätzung der Perturbationseigenschaften einer Hervorbringung im Mittelpunkt, im Beispiel also der Art und Weise, wie das Wirtschaftssystem im Verbotsfall agieren könnte. Wenn eine Perturbation in den Evolutionszusammenhang eines Sozialsystems eingehen soll, dann sind Kenntnisse über Perzeptionswahrscheinlichkeiten eines Selektionsanstoßes nötig, also über die Wahrnehmungsmechanismen, -routinen oder -filter, von denen es abhängt, ob und gegebenenfalls wie eine politische Interaktion an die Interaktionen des angezielten Systems ankoppeln und sich damit sozialräumlich ausdehnen kann.

Mediale Steuerungsstrategien sind dynamisch.

Eine politisch gesetzte Perturbation vermittelt sich dem angezielten Sozialsystem via Struktureller Kopplung. Bekanntlich definiert sich die soziale Umwelt eines Sozialsystems durch diejenige Menge seiner sozialen Interaktionen, die an Interaktionsmuster anderer Sozialsysteme ankoppelbar sind. Interaktionen des politischen Systems müssen folglich, um in den Interaktionszusammenhang eines Sozialsystems eingehen zu können, in dessen umweltkonstitutivem Interaktionsbereich liegen. Da Steuerungsstrategien in der Regel zumindest drei Sozialsysteme angehen, nämlich zum einen das politische System als Strategieverwendungssystem, zum anderen das Strategieliefersystem wie das Rechtssystem im Falle von Regulierung oder das Wirtschaftssystem im Falle von Finanzierung, und schließlich das Strategieadressatensystem, stoßen Steuerungsimpulse einen intersystemischen Interaktionsprozeß an, vorausgesetzt, daß diese Impulse in der jeweiligen Umweltwahrnehmung liegen. Zugleich kommen intrasystemische Interaktionsprozesse in Gang, die wahrgenommene Impulse abarbeiten – und im Adressatensystem möglicherweise den politisch anvisierten Strukturwandel zeitigen.

Beispielsweise könnte im politischen System eine Loyalitätsbeschaffungsorientierung umweltkonstitutiv sein, im Rechtssystem eine Dezisionsorientierung und im technologischen System eine Innovationsorientierung. So sieht z. B. das Gentechnikgesetz für risikobelastete gentechnologische Neuentwicklungen ein Genehmigungsverfahren beim Bundesgesundheitsamt vor, wobei das Risikopotential von der Kommission für biologische Sicherheit bewertet wird, die überwiegend aus Wissenschaftlern und daneben aus Interessenvertretern besteht. Das Gentechnikgesetz eröffnet damit einen Interaktionsprozeß zwischen Politikern, die mit demonstrativer Risikovorsorge Wählerstimmen gewinnen wollen, Juristen, die in Genehmigungsverfahrensstadien de jure entscheiden sollen, und Gentechnologen, die ihre Reputation als Erfinder marktgängiger Produkte steigern wollen, und zwar interagieren erstere im Hinblick auf die Öffentlichkeit, die zweiten auf die Rechtsgemeinschaft und letzere auf die scientific community.

Derartige Interaktionsprozesse rücken die Zeitperspektive von Steuerungsstrategien ins Blickfeld. Was Regulation genannt wird, eben die Setzung einer Genehmigungspflicht, die Rechtsprechung über eine Genehmigungsversagung oder der Gang eines Genehmigungsverfahrens, sind Ereignisse in einem Ereigniszusammenhang. Mediale Steuerungsstrategien stellen diesen Zeitablauf in den Mittelpunkt; sie problematisieren den Interaktionszusammenhang als gemeinsamen, durch Strukturelle Kopplungen erzeugten Interaktionsbereich beteiligter Sozialsysteme, der strukturelle Anpassungsmöglichkeiten eröffnet. Von besonderem Interesse ist hier die Perspektive des politischen Systems, das beim Adressatensystem einen intrasystemischen Strukturwandel anstoßen will. Die Interaktionen in diesem Bereich verlaufen weniger linear als vielmehr zirkulär, weil jede Interaktion stets zugleich Umwelt und Aktor verändert.

Perturbationen haben folglich in strukturellen Kopplungs- und betroffenen Systemstrukturbereichen nicht nur eine sozialräumliche, sondern auch eine sozialzeitliche Ausdehnung. Steuerung versteht sich also nicht mehr bloß als ein Interaktionsereignis, sondern als eine Interaktionsereigniskette, die aus der Perspektive des politischen Systems prozeßhaft abläuft. Solche zirkulären Interaktionsprozesse können zeitlich versetzt, gleichzeitig oder zeitgebunden stattfinden, so daß sich Steuerungsstrategien nicht nur an Kausalschleifen, sondern auch an Zeitachsen orientieren müssen. Eine Regelung über die Zwischenlagerung ausgedienter Kernbrennstäbe hat eine andere Zeitperspektive als eine Regelung über die Endlagerung. Bereits Steuerungsimpulse und nicht erst Steuerungsfolgen entfalten sich demnach sowohl in sozialen Räumen als auch in sozialen Zeiten mit jeweils eigenen optimalen Interaktionszeitpunkten. Damit wird neben der sozialräumlichen auch die sozialzeitliche Unbestimmtheit politischer Steuerung zum Problem.

Wenn eine Steuerungsstrategie also nicht mehr nur ein Interaktionsereignis, sondern ein räumlich und zeitlich vernetzter Ereigniszusammenhang ist, dann wird Wissen über die Prinzipien benötigt, die innerhalb von Sozialsystemen Ereignisketten in Raum und Zeit generieren. So erzeugt das ökonomische Prinzip, wonach es Gewinne zu maximieren gilt, andere Interaktionsmuster mit abweichenden raumzeitlichen Perspektiven als das religiöse Prinzip, das Seelenheil zu erringen. Die raumzeitliche Unbestimmtheit von Perturbationsabarbeitungsverläufen muß mithin so weit wie möglich bewältigt werden. Mediale Steuerungsstrategien sind deshalb als verräumlichte und verzeitlichte Konzepte dynamisch, d. h. antizipieren ex ante und minimieren interimistisch die Unbestimmtheit der Abarbeitungsfolgen politisch gesetzter Perturbationen.

Mediale Steuerungsstrategien sind rekursiv.

Der perzeptible und dynamische Charakter medialer Steuerungsstrategien eröffnet einen Interaktionszusammenhang im angezielten System, aber auch im politischen System, weil Strukturveränderungen hier zeitlich versetzt dort wahrnehmbar perturbieren und damit Strukturveränderungen auslösen und umgekehrt. Strukturelle Kopplung führt dazu, daß sich beide Systeme in einen rekursiven, d. h. auf sich selbst zurückwirkenden Interaktionszusammenhang eingebunden wissen.[707] Solche, über Strukturelle Kopplung vermittelte Rekursivität erzeugt eigene Abarbeitungsprobleme, die beispielsweise im politischen System als Implementations- oder Evaluationsproblematik firmieren. Ein gängiger Lösungsversuch besteht darin, im Rahmen Struktureller Kopplung rekursive Interaktionsnetzwerke zu institutionalisieren. So sollen informale Verwaltungsverfahren, die beispielsweise zur ökonomisch tragbaren Umsetzung umweltschonender Produktionsauflagen eingeleitet werden, die Vielzahl potentieller Interaktionsketten zwischen und in Steuerungs- und Adressatensystemen, etwa zwischen und innerhalb von Administration, Klientel und Mitbetroffenen, auf eine überschaubare Menge aktueller, Konsens maximierender Interaktionsketten reduzieren. Die wechselseitige Projektierung, Bewertung, Revision, Neubearbeitung usw. administrativer Entscheidungen etabliert einen Handlungsvielfalt repräsentierenden und reduzierenden Interaktionsmechanismus.

Auf diese Weise wird allerdings, wie gesagt, nur ein Weg zur Präsentation und Reduktion, nicht aber zur Bewältigung von Rekursivität geliefert. Bewältigung in dem Sinn, daß rekursive Interaktionsverläufe definiert und kanalisiert werden können, ist ohnehin nicht denkbar. Rekursive Interaktionen addieren sich nämlich nicht zu exekutiven, sukzessive ausdifferenzierbaren Kausalketten, sondern verknüpfen sich zu Kausalschleifen, die simultan ablaufen, koexistent vorkommen und mehrdimensional verortet sind. So gibt

707 Vgl. Maturana, Der Baum, S. 209 f

es im Rahmen informaler Verwaltungsverfahren gleich- und ungleichzeitige Interaktionsverläufe zwischen Administration und Klientel, nebeneinander realisierte Interaktionsverläufe innerhalb von Administration und Klientel oder Interaktionsverläufe auf unterschiedlichen Verwaltungs- und Klientelebenen. Aus solchen einzelnen Verläufen läßt sich kein Ablaufzusammenhang kombinieren. Dagegen läßt sich unter Umständen der Gesamtverlaufszusammenhang als Wirkungsnetz modellieren, das in summa Verlaufswahrscheinlichkeiten abbildet.

Diese Abbildung will das mediale Steuerungsmodell liefern. Das modelltheoretische Konstrukt „Strukturelle Kopplung“ und das empirische Relativ „reales Steuerungsarrangement“ fundieren den erwähnten Weg zur Präsentation und Reduktion von Rekursivität wissenschaftlich. Entlang der Relationen und Bestandteile, also der Handlungsrahmen und Handlungssubjekte, wird der in unzählige Schleifen ausufernde Selektionsprozeß zur Abarbeitung eines Steuerungsimpulses hinreichend überschaubar. Damit ist zugleich gesagt, daß solche rekursiven Wirkungsnetze antizipierbar und eben deshalb bei der Konzeptualisierung eines Steuerungsarrangements einkalkulierbar sind. Mediale Steuerung bezieht sich folglich auf ein Wirkungsnetz und initiiert dort rekursive Interaktionsprozesse, die mutmaßlichen Verlaufswahrscheinlichkeiten folgen sollen.

Der perzeptible, dynamische und rekursive Charakter medialer Steuerungsstrategien ist ein modelltheoretisches Postulat, das sich in Konstrukten regulativer Art wie „mediales“ Recht oder finanzieller Art wie „mediales“ Geld konkretisiert. Damit ist gemeint, daß eine rechtlich oder finanziell vermittelte Interaktionsbeziehung zwischen verschieden strukturierten Sozialsystemen zur Einleitung, Verfestigung oder Umkehrung sozialer Entwicklungen jene Qualität aufweisen muß, die den Charakter medialer Steuerungsstrategien ausmacht. Im medialen Steuerungssinn kann beispielsweise Recht nicht Recht bleiben, sondern wird leicht zur verwandlungsreichen Interaktionsfigur; was etwa im Rechtssystem als Inschutzstellung von Naturparks etikettiert wird, taucht im ökologischen System als Landschaftsverzonung oder im ökonomischen System als Nutzenminderung auf. Mediale Steuerungsstrategien sind gleichsam die Wegweiser auf solchen Verwandlungs- und zugleich Wandlungspfaden.

Memo Mediale Steuerungsstrategien

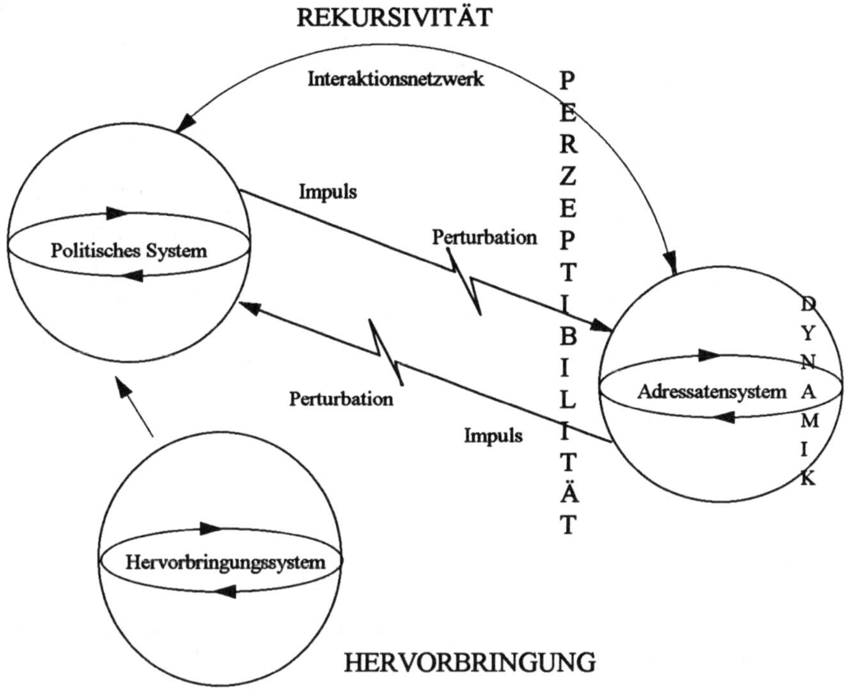

- Mediale Steuerungsstrategien sind perzeptibel: Politisch gesetzte Steuerungsimpulse, die Hervorbringungen anderer Sozialsysteme in Dienst nehmen, müssen vor allem für das Adressatensystem wahrnehmbar sein. Deshalb benötigt das politische System Kenntnisse über die Perzeptionswahrscheinlichkeiten des angezielten Systems.
- Mediale Steuerungsstrategien sind dynamisch: Wahrgenommene Perturbationen sollen sozialräumliche und sozialzeitliche Ereignisketten im Adressatensystem auslösen. Deshalb benötigt das politische System Kenntnisse über die Prinzipien, die im angezielten System Ereignisketten in Raum und Zeit generieren.
- Mediale Steuerungsstrategien sind rekursiv: Im Adressatensystem ausgelöste Ereignisketten perturbieren via Strukturelle Kopplung das politische System und umgekehrt. Deshalb benötigt das politische System Kenntnisse über das auf sich selbst zurückwirkende Interaktionsnetzwerk strukturell gekoppelter Sozialsysteme.

Nun setzt bisher wissentlich kein Politiker „mediales“ Recht ein oder gibt „mediales“ Geld aus. Der Grund dafür ist simpel: das mediale Steuerungsmodell fristet nur ein politikwissenschaftliches und darum um so mehr ein politisches Schattendasein. Deshalb muß es wohl die List der medialen Vernunft sein, sich des einen oder anderen Politikers als ihres Geschäftsführers zu bedienen. Es gibt nämlich durchaus politische Steuerungsarrangements, die charakteristische Merkmale medialer Steuerungsstrategien aufweisen. Hervorstechendes Merkmal ist insoweit stets die auf Selbststeuerung setzende Anvisierung aktueller oder potentieller sozialer Entwicklungslinien in den betroffenen Sozialsystemen; hier gibt es einen politischen Impuls und dort die intendierte oder eine andere Ereigniskette. Deshalb läßt sich auch exemplarisch zeigen, daß mediale Steuerungsstrategien in der Tat, wenn auch unwissentlich, eingesetzt werden. In einem letzten Schritt soll dann auch der Wirkungsgrad solcher Steuerungspraxis ausgelotet werden.

3.5.1 Regulierung

Regulierung wurde als rechtsförmige Normierung von Adressatenverhalten zu Interventionszwecken umschrieben. Rechtsförmigkeit signalisiert staatlich garantierte Durchsetzbarkeit und damit justizielle Sanktionierbarkeit abweichenden Verhaltens. Dabei handelt es sich in der Regel um Verbote oder Gebote. Interventionszwecke – in bisheriger Terminologie: Steuerungsintentionen – markieren so bewehrte politische Eingriffe in soziale Felder und verweisen auf Maßnahmenbündel etwa im Rahmen von Wirtschafts-, Technologie-, Umwelt- oder Sozialpolitik. Solche Politiken demonstrieren zugleich das Repertoire an Regulierungsmöglichkeiten: es gibt Wirtschafts-Aufsichtsnormen, Technologie-Auflagen, Umwelt-Strafvorschriften, Sozial-Genehmigungsvorbehalte usw. Eine weitere Regulierungsvariante ist die baden-württembergische „Richtlinie zur Förderung der Erhaltung und Pflege der Kulturlandschaft und von Erzeugerpraktiken, die der Marktentlastung dienen“, verkürzt „MEKA“ genannt.[708]

Die Grundidee von MEKA ist, einerseits eine Ertragsverringerung in der Landwirtschaft (Marktentlastung) und andererseits umweltschonende landwirtschaftliche Praktiken zu befördern, also die „Übernutzung“ der landwirtschaftlichen Flächen zurückzudrängen. Im MEKA-Programm werden

708 S. zum Folgenden auch Wörner, Für Geld, S. 87 ff m. w. N.

unterstützungswürdige Maßnahmen aufgelistet, mittels eines Punktesystems bewertet und entsprechend der jeweiligen Punktesumme bezuschußt. Die unterstützungswürdigen Maßnahmen sind vor allem extensive Nutzungsformen und umweltschonende Produktionstechniken bei der Viehhaltung und Pflanzenerzeugung, aber auch landschaftspflegerische Maßnahmen. Der Antrag auf Gewährung von Zuwendungen ist vom Landwirt beim örtlichen Landwirtschaftsamt zu stellen und umfaßt eine Verpflichtungserklärung, die Maßnahmen, für die ein Ausgleich beantragt wird, gemäß den Auflagen des MEKA durchzuführen. Die Einhaltung der Verpflichtung überprüft ebenfalls das örtliche Landwirtschaftsamt. Besonders hervorzuheben ist, daß die finanziellen Zuwendungen in der Regel zur Bewirtschaftungsumstellung anregen, ein eventuelles Verlustrisiko aber nicht auffangen sollen. Grob vereinfacht lassen sich drei denkbare Nutzeneffekte für Landwirte unterscheiden: zum einen Mitnahmeeffekte (z. B. bei Alternativbetrieben), zum anderen Kompensationseffekte (etwa bei partiell umgestellten Betrieben), und schließlich Motivationseffekte (so bei intensiv wirtschaftenden Betrieben). Zu belegen ist nunmehr, daß es sich bei dieser Richtlinie um eine mediale Steuerungsstrategie handelt.

Zunächst muß die Konzeption *perzeptibel* sein. Das Maßnahmenbündel muß sich, um für Landwirte wahrnehmbar zu sein, in vorfindliche Anbauverständnisse einpassen lassen. Aus politischer Sicht versteht sich MEKA als Kompensationsstrategie. MEKA soll nicht subventionieren, sondern kompensieren, d. h. hier steht nicht ein finanzieller Zugewinn, sondern ein finanzieller Ausgleich in Frage. Anders gesagt, ein Umstellungsrisiko soll abgepuffert, aber nicht abgenommen werden. Regulierung soll also derart stattfinden, daß politisch erwünschtes Verhalten normiert, administrativ vermittelt und positiv sanktioniert, d. h. geldwert belohnt wird. Aus juristischer Sicht handelt es sich bei dem MEKA um eine Förderrichtlinie im Rahmen der Effizienzverordnung der EU sowie des Landwirtschafts- und Landeskulturgesetzes. Insoweit wird angenommen, daß die Richtlinie in einem zweistufigen Verfahren EU-Recht konkretisiert, wobei die von Rat und Kommission erlassenen Verordnungen hierzulande rechtsdogmatisch als Gesetz verortet werden, obwohl kein parlamentarisches Rechtsetzungsverfahren stattgefunden hat. Richtlinien wiederum haben jedenfalls dann Rechtsnormcharakter, wenn sie die Rechtsgrundlage für die Gewährung von Subventionen enthalten oder sich an Bürger richten, also Außenwirkungen haben. Aus juristischer Sicht ist MEKA folglich eine Rechtsnorm, weil er – Antragstellung und Antragannahme vorausgesetzt – einen Anspruch auf Fördermittel begründet. Aus agrarischer Sicht stellt MEKA nutzenrelevante Bewirtschaftungsweisen zur Wahl, die mit der praktizierten Routine abgeglichen, auf ihre Praktikabilität hin eingeschätzt und, nicht zuletzt, dahingehend kalkuliert werden können, ob sie sich rechnen. MEKA, das von Experten, Funktionären und Politikern hervorgebracht wurde, realisiert sich für Landwirte als Antragsverfahren, Bewilligungsbescheid, Produktionsmethode, Gütesiegel, Vermarktungsorganisation usw.

Des weiteren muß die Konzeption *dynamisch* sein. Der Maßnahmenkatalog weist den Landwirten einen Weg, unabhängig von der landwirtschaftlichen (Über-) Produktion, dafür abhängig von der bewirtschafteten Fläche und den durchgeführten Landschaftspflegemaßnahmen, umweltverträgliche Landwirtschaft zu betreiben. Da die Teilnahme freiwillig ist und der Landwirt aus dem Katalog der zuwendungsfähigen Maßnahmen diejenigen auswählen kann, die ihm für seinen Betrieb geeignet erscheinen, ist MEKA ein Wegweiser in Richtung eines vielgestaltigen ökologischen Entwicklungspfades. Ein politischer Impuls ist zwar gesetzt, läßt aber offen, ob und gegebenenfalls wie die Systemstruktur des agrar-ökologischen Systems in Richtung Extensivierung und Ökologisierung variiert wird. Was im Politik- und Rechtssinn eine Maßnahme ist, erscheint im agrarischen System als Umstellungs- und Abgeltungskalkül, das unterschiedliche Zeitperspektiven aufweist. So verbindet sich mit MEKA eine Langzeitsperspektive, die auf Jahre hinaus Landwirten bei der Maßnahmenwahl Ein-, Aus- oder Umstiege eröffnet. Eine noch bedeutsamere Perspektive ergibt sich allerdings daraus, daß ein Interaktionsprozeß zwischen politischem System, (agrar-) ökologischem System und (agrar-) ökonomischem System auf Dauer gestellt wird. Dieser Interaktionsprozeß begann damit, daß bäuerliche Interessenvertreter den Leitgedanken von MEKA hatten, der politisch-administrative Komplex diesen Gedanken aufnahm und ausformulierte und beide gemeinsam einen ersten Entwurf verfertigten, und er dauert an, solange alle Beteiligten den MEKA fortschreiben wollen.

Schließlich muß die Konzeption *rekursiv* sein. Diese Anforderung erfüllt der in Gang gesetzte und andauernde Interaktionsprozeß. Zwischenzeitlich hat sich nämlich ein sozio-politisches Beziehungsgeflecht etabliert, das nicht nur die kontinuierliche Thematisierung und Rezeption, sondern auch und vor allem die Revision von MEKA gewährleistet. Dabei geht es langfristig nicht nur, aber auch um die Integration anderer landwirtschaftlicher Programme. Letztlich verstehen sich der jeweilige Maßnahmenkatalog mit der dazugehörigen Punktebewertung als revidierbares Handlungsmuster. Revisionsgründe liefert das erwähnte Beziehungsgeflecht, das auf vielen Ebenen – Verbandsrepräsentanten, Ministerialbeamte, Obmänner, Landwirtschaftsamtspersonen, Landwirte, Vermarkter usw. – Variationen befördert, die beispielsweise aus veränderten und sich weiter verändernden Bedingungen einer jeweils zeitgemäßen Landbewirtschaftung resultieren. Genau deshalb paßt das Etikett „rekursiv“: Verlaufsprozesse können sich ebenso normativ wie empirisch entfalten, sich also gleichermaßen im Konzept (Programm) wie in seinem Gegenstand (Landbewirtschaftung) abbilden und auf diese Weise eine Wechselbeziehung institutionalisieren, die auf zahlreichen, miteinander rückgekoppelten Administrations-, Verbands-, Aktorenebenen usw. abläuft.

3.5.2 Finanzierung

Finanzierung meint den Einsatz eines Instrumententyps, der an das ökonomische Nutzen-/Kosten-Kalkül von Adressaten appelliert. Den angezielten Adressaten wird unterstellt, daß sie sich ökonomisch rational und eben deshalb auch programmgemäß verhalten. Anders gesagt wird davon ausgegangen, daß geldwerte Nutzen oder Kosten im Programmsinn kalkuliert werden. Auf das Nutzenkalkül zielen Geldtransfers wie Subventionen oder die Schaffung künstlicher Märkte, auf das Kostenkalkül insbesondere Abgaben. Finanzierung als mediale Steuerungsstrategie meint allerdings etwas anderes als bloße Gewährung oder Entziehung geldwerter Vorteile aufgrund von Alltagswirkungsvermutungen. Wie eine derartige Strategie aussehen könnte, deutet sich in dem Technologietransferkonzept via Technologiepark an, das seit den achtziger Jahren Konjunktur hat.

Der Technologieparkbegriff ist eine Sammelbezeichnung für in der Regel staatlich initiierte und geförderte Standortgemeinschaften von Forschungseinrichtungen und (zumeist neugegründeten) Unternehmen, „deren Tätigkeit schwergewichtig in der Entwicklung technologisch neuer Produkte und Verfahren liegt und deren Überlebenschancen in der betrieblichen Startphase durch (kostengünstige) Bereitstellung geeigneter Räume und durch Service-, Management-, und Beratungsleistungen unterschiedlichster Art erhöht werden sollen“[709]. Dabei handelt es sich um kleine und mittlere Unternehmen mit hohen Forschungs- und Entwicklungspotentialen, aber einer wenig funktionstüchtigen und effizienten Forschungsorganisation. Die Forschungseinrichtungen sind Stiftungen, Forschungsabteilungen von Großunternehmen und vor allem Hochschuleinrichtungen. Der Technologiepark ist also eine Veranstaltung zur Subventionierung bestimmter Unternehmen,

709 S. Heuer, Gründer- und Technologiezentren, S. 639

und zwar werden vorrangig Miet-, Organisations- und Transferkosten bezuschußt.

Wenn es darum geht, regionale Inventions- und Innovationspotentiale en masse zu mobilisieren, läßt sich die Errichtung eines Technologieparks auch als strukturpolitisches Maßnahmenbündel kennzeichnen. Technologieparks sollen nämlich nicht nur Technologietransfers zwischen den Forschungseinrichtungen und den beteiligten Wirtschaftsunternehmen vermitteln, sondern von den Standortgemeinschaften sollen auch Klimaeffekte auf die Inventions- und Innovationspotentiale der in der jeweiligen Region vorfindlichen kleinen und mittleren Unternehmen ausgehen. Weitere Effekte sollen die Stimulation der wirtschaftlichen Entwicklung oder die Schaffung von Arbeitsplätzen in technologiegeprägten Betrieben sein. Terminologischer formuliert, sollen von Technologieparks Perturbationen zur Stimulierung einer Suche nach technischen Inventionen und Innovationen ausgehen, das heißt die Umgebungsstruktur soll so variieren, daß sich neue inventive und innovative Wissensbestände und Handlungsweisen ablagern. Vor allem diese politische Intention, also die Vergrößerung der Innovationspotentiale einer Wirtschaftsregion, macht den Technologiepark als Beispiel einer Alltagsversuchsanordnung als einen Fall Medialer Steuerung identifizierbar.[710] Zur Illustration dieser Interpretation wird wiederum an die Mindestanforderungen angeknüpft, die zuvor an Fälle Medialer Steuerung gestellt wurden.

Zunächst ist also zu fragen, ob das Technologietransferkonzept *perzeptibel* ist. Dabei handelt es sich um eine politisch-administrative Hervorbringung insbesondere auf Landes- und Kommunalebene, die als Gesamtartefakt „Technologiepark“ firmiert. Landespolitische Organisationsvorgaben wie Förderprogramme oder kommunalpolitische Gründungsvorgaben wie generelle Anordnungen für den inneren Betrieb sind ebenso wie die bereitgestellten Infrastrukturvorgaben die Basis für den Interaktionszusammenhang ‘Technologiepark’. Diese Vorgaben werden im und um den Park nach ökonomisch-technologischen Rationalitätskriterien wahrgenommen, abgearbeitet und – möglicherweise – in politisch intendierte Inventions- und Innovationsaktivitäten umgesetzt. Im Umsetzungsprozeß hat das gleiche Artefakt viele Ansichten: aus juristischer Sicht handelt es sich um Verwaltungsrichtlinien oder quasi-staatliche Organisationen, aus technologischer Sicht um einen Inventions- oder Innovationsunterbau und aus ökonomischer Sicht um Kalkulationskonstellationen.

710 Vgl. zum Folgenden Hanus, Mediale Steuerung, S. 295 ff m. w. N.; Quiehl, Wissenschaftsstädte, S. 24 ff

Weiter muß der *dynamische* Charakter dieses Technologietransferkonzepts demonstriert werden. Hier sollen sich vorrangig technologieorientierte Unternehmen, denen latente Forschungs- und Entwicklungskapazitäten unterstellt werden, in einen mittelfristigen Interaktionszusammenhang mit Lehr- und Forschungseinrichtungen einbinden. Voraussetzung ist, daß der Technologiepark auf diese Kapazitäten hin organisiert wird, weil nur dann Entwicklungs-, Konstruktions- und Sozialisierungsstile zur angemessenen Abarbeitung wechselseitiger Perturbationen vorhanden sind. Das technologische Prozeßnetz der kooperierenden Teilnehmer verknüpft sich dann idealiter über Kontakte oder Transferleistungen im Lauf der Zeit mit dem Prozeßnetz der Region. Anders gesagt, zwischen dem in der Umwelt des regionalen technologischen Systems angesiedelten Park und eben dieser Umwelt, also im Rahmen einer Strukturellen Kopplung, soll sich ein konsensueller Bereich herausbilden, der den parkinternen Technologietransfer auch parkextern, also umweltweit, diffundieren läßt. Die Chance dafür wird darin gesehen, daß die internen Akteure, insbesondere die innovativen Unternehmer und Forscher, der Parkumgebung verbunden sind und deren breitgestreute Kontakt- zu Diffusionslinien machen.

Schließlich ist dieses langfristig angelegte Technologietransferkonzept *rekursiv*. Das erwähnte Prozeßnetz generiert in Zeit und Raum Interaktionsbeziehungen im Park sowie zwischen Park und Umwelt, die sich in wechselseitiger Kontaktierung, Kooperation und Zusammenarbeit spiegeln. Dabei bildet sich ein gemeinsamer Kommunikationsbereich heraus, der die Zustandsveränderungen von Technologieparks an die jeweilige Region vermittelt. Auf diesem Wege verknüpfen sich Konstruktions- oder Lösungskonzepte und weisen technisch-innovative Suchrichtungen. Gründe für die Ausbildung solcher Bereiche sind etwa die ähnlichen Berufssozialisierungen, aber auch und gerade die gemeinsamen Interaktionsbiographien von innovativen Aktoren. So stammt rund die Hälfte der Gründer in den Parks aus der jeweiligen Region, ein Viertel arbeitete zuvor in staatlichen Forschungs- und Entwicklungseinrichtungen wie Universitäten, und zwischen solchen Einrichtungen und den Parks gibt es einen regionalen Personaltransfer.[711] Auf diese Weise lassen sich Entstehung und Realisation von Technikbildern, also von Eigenschaftsgesamtheiten konzipierter Technologien, gemeinsinnig kommunizieren. Solche Kommunikation findet bei hoher Variabilität der Park- und Umgebungsstrukturen statt, die aus der Ansiedelungsdichte oder Heterogenität der dort jeweils vorfindlichen Technologiefelder herrührt. Anders gesagt, die Kommunikations- und die implizierten Handlungsan-

711 S. auch Sternberg, Technologie- und Gründerzentren, S. 166, S. 230

reize treffen im Lauf der Zeit auf eine Vielzahl systemisch angelegter Verhaltensoptionen, die wechselseitig stimuliert und fallweise wahrgenommen werden.

3.5.3 Strukturierung

Mit Strukturierung wird bekanntlich eine Steuerungsstrategie umschrieben, die ein politisch gewolltes Verhalten durch eine Veränderung bestehender sozialer Verhaltensarrangements herbeiführen will, erwünschte Zustände also nicht unmittelbar, sondern mittelbar anzielt. Solche sozialen Verhaltensarrangements sind beispielsweise vorfindliche Verfahrensroutinen, Organisationsmuster oder Infrastrukturen, die durch politisch bereitgestellte Verhandlungs-, Ablaufs- oder Ressourcenarrangements modifiziert werden sollen. Mit derartigen Modifikationen verbindet sich nämlich die Hoffnung, daß geänderte Verhaltensdispositionen auch zur Veränderung von Verhaltensresultaten führen, man also nur geeignete Verhaltensvorgaben machen muß, um Zustandswandel zu erreichen. Beispiele für politisch bereitgehaltene Verhandlungs- und Ablaufsarrangements sind die Einrichtung der Konzertierten Aktion zur Abstimmung konfligierender Interessen von Sozialpartnern oder der Bürgeranhörung zur Abarbeitung potentieller Widerstände in Planungsverfahren. Ein Beispiel für eine infrastruktrelle Verhaltensvorgabe ist das ISDN (Integrated Services Digital Network), das in den achtziger Jahren eingeführt und vor allem seit den neunziger Jahren kontinuierlich ausgebaut wurde.[712]

ISDN ist eine Infrastruktur aus Glasfasernetzen, Vermittlungsstellen, Teilnehmeranschlüssen usw. zur Integration aller aktuellen und potentiellen Kommunikationsdienste. War ISDN anfangs nur ein integraler Bestandteil des digitalen Fernsprechnetzes mit begrenzten Übertragungsraten, so verbürgt der ständige Ausbau dieses Netzes mit breitbandigen Übertragungsmedien, etwa Breitband-ISDN, Vermitteltes Breitbandnetz oder Metropolitan Area Network, immer größere Nutzungsmöglichkeiten wie die Übertragung von Textdaten, Audio- und Video-Signalen, die Vernetzung von Workstationen oder die Bearbeitung und den Austausch mehrerer Informationstypen (Multimedia-Anwendungen). Breitbandkommunikationsdienste sind demgemäß Bewegtbildkommunikation (etwa Bildtelefon oder Video-

712 S. zum Folgenden Siegmund, Die Technik, S. 1 ff; Kubicek/Berger, Was bringt uns, S. 29 ff; ISDN-Forschungskommission, ISDN, S. 61 ff

konferenz), Datenkommunikation (so CAD/CAM-Verbindungen oder Bildübertragung), Nachrichtenaustausch (beispielsweise Dokumentenübertragung oder Video-Post), Abrufdienste (z. B. Zugriff auf Datenbanken oder elektronische Zeitungen) usw. Im politischen Selbstverständnis handelt es sich bei dieser – Dienste expandierenden und integrierenden – Verhaltensvorgabe um einen wesentlichen Teil des infrastrukturellen Unterbaus einer sich entwickelnden modernen Kommunikationsgesellschaft; diese Einschätzung spiegelt auch die Einführung des Euro-ISDN-Standards zur Erschließung größerer Märkte und Marktpotentiale.

Die Vorgabe ist zum einen *perzeptibel*. Es handelt sich um eine Hervorbringung von Organisationen wie der (damaligen) Bundespost, des Wissenschaftlichen Instituts für Kommunikationsdienste, der Postgewerkschaft, der Regierungskommission Fernmeldewesen usw. und gründete sich ursprünglich auf Regelwerke wie die Telekommunikationsordnung oder die Unternehmensverfassung der Deutschen Bundespost. Von dinglichen Vergegenständlichungen wie Breitbandnetzen oder Vermittlungsstellen war bereits die Rede; dazu kommen Server, Datenbanken, Terminaladaptoren usw. Dieses Ensemble von organisationalen, personalen und dinglichen Ressourcen verdichtet sich zu einem telekommunikativen Handlungskomplex, der aus verschiedenen Systemperspektiven unterschiedliche Gestalt annimmt. So erscheint ein und dasselbe aus technologischer Perspektive als Interaktives Fernsehen, aus ökonomischer Perspektive als Serverinvestition, aus privater Perspektive als Teleshopping usw.

Diese Vorgabe ist zum anderen *dynamisch*. Private Nutzungsangebote für Einzeldienst- oder Mehrfachdienstendgeräte wie Komforttelefon oder Telefax und entsprechende betriebliche Nutzungsangebote wie Datenübermittlung oder Teletex setzen bei gleichbleibendem Teilnehmeranschlußkabel nur die Installation einer Kommunikationssteckdose voraus. In Betrieben, die beispielsweise Workstations einrichten wollten, wurde dann allerdings eine Netzwerk-Software benötigt, die ihrerseits wiederum neue Hardware-Ansprüche nach sich zog, insbesondere im Hinblick auf die Vernetzbarkeit der Endgeräte. Wer aus Gründen der Wettbewerbsfähigkeit derartige Angebote nicht ignorieren kann, muß also kontinuierlich betriebliche Verhaltensmuster generieren, die von der Verkabelung des Betriebsgebäudes über die Einrichtung einer netzweiten Dateiverwaltung und die Herstellung eines Informationsverbundes bis zur Integration betriebsspezifischer Kommunikationsströme reicht. Die infrastrukturelle Vorgabe „stört“ also private, technologische, ökonomische usw. Verhaltensroutinen und kann im Lauf der Zeit immer neue Verhaltensroutinisierungen auslösen.

Die Vorgabe ist schließlich auch *rekursiv*. Nachdem anfangs nur bestehende Dienste mit veränderten Leistungsmerkmalen angeboten werden konnten, erweiterte sich seitdem das Angebot auf immer mehr Dienste und Dienstkombinationen wie beispielsweise auf Texfax, eine Kombination aus Teletex und Telefax, die die Einfügung von Graphiken in Texte ermöglicht, oder auf Temex zur Fernüberwachung und Fernsteuerung von Geräten bzw. Einrichtungen. Zugleich entwickelt sich eine jeweils systemspezifische Nachfrage nach neuen Nutzungsformen, beispielsweise im privaten Bereich nach Multimedia oder interaktivem Fernsehen und im betrieblichen Bereich nach Mobilfunk oder Dezentralisierung von Arbeitsplätzen. So werden im Lauf der Zeit aus potentiellen Angeboten aktuelle Nutzungsformen oder aus potentiellen Nutzungserwartungen aktuelle Angebote, die ein Netzwerk von Nachrichtenbranche, Softwareanbietern, Hardwareherstellern, Teilnehmern usw. hervorbringen. Die infrastrukturelle Vorgabe entwickelt gleichsam eine eigene zirkuläre Dynamik, die sich selbst und davon berührte Systeme erfaßt und immer mehr und andere Strukturentwicklungslinien formt, perpetuiert, verknüpft, verwirft usw.

3.5.4 Informierung

Informierung charakterisiert einen Instrumententyp, der Adressatenverhalten ausschließlich mittels symbolischer Interaktion, in der Regel also per Sprache, steuern will. Die symbolische Interaktion soll kognitive oder emotionale Verhaltensdispositionen umstrukturieren, also beispielsweise via Aufklärung neues Wissen bereitstellen oder via Moralappell neue Affekte erzeugen. Solche Aufklärungs- oder Überzeugungsprogramme gründen sich demnach auf die Annahme, daß sozio-politische Probleme durch Wissensdefizite (mit)verursacht und durch Wissenszuwächse (mit)bereinigt werden können, daß also bereits eine andere, nämlich richtige Problemsicht der Adressaten auch ein anderes, nämlich problemangemessenes Lösungsverhalten nach sich zieht. Beispiele dafür sind die gesundheitspolitische „Stop-Aids-Aktion“ oder die ökologiepolitische „Spart-Energie-Kampagne“. Eine derartige Strategie, die – wie die meisten Programme dieses Typs – auf eine Veränderung sozialisierten Routineverhaltens zielt, ist auch das agrar-ökologische Staatsdomänenkonzept.[713]

713 S. zum Folgenden auch Kaier, Mit gutem Beispiel, S. 164 ff m. w. N.

Diese Strategie leitete ein Beschluß des baden-württembergischen Ministerrats von 1985 ein. Sein Tenor war, mit einer konsequent bodenschonenden Bewirtschaftung staatseigener Güter Vorbilder für die benachbarten Landwirtschaften abzugeben. Dazu wurde den 76 Domänen des Landes ein Maßnahmenbündel zudiktiert, das von Düngemittelbeschränkungen über integrierten Pflanzenschutz bis zum alternativen Landbau reicht. Solche regenerativen Verfahren sollen der Landwirtschaft und der Öffentlichkeit demonstrieren, wie irreparable Schädigungen der Biosphäre vermieden werden können. Verbindlich gemacht wurde das Konzept für (an Ministerien wie an das Justizministerium zu Resozialisierungszwecken) überlassene Domänen kurzfristig über die allgemeinen Überlassungsbestimmungen und für verpachtete Domänen mittelfristig über die Pachtbedingungen. Umgesetzt werden die Maßnahmen nicht generell, sondern fallweise, wobei die jeweiligen agrarischen, biologischen oder ökonomischen Rahmenbedingungen Berücksichtigung finden. Diese Berücksichtigung regionaler Gegebenheiten wie Bodenstrukturen, Biozönosen oder Ertragslagen soll gewährleisten, daß die benachbarten Landwirte die ökologisch verträgliche Landbewirtschaftung überhaupt nachahmen können. Zur Nachahmung auffordern sollen ostentative Aktivitäten wie Tage der offenen Tür, Leistungsschauen, aber auch Kooperationsangebote wie Maschinenverleih oder Saatgutvermehrung, informelle Beratungsleistungen usw.

Daß dieses Informationskonzept den Anforderungen des medialen Steuerungsansatzes genügen dürfte, läßt sich kurz belegen. Zunächst ist das Konzept *perzeptibel*, denn die ministerielle Richtlinie bringt ein administrativ relevantes Landbewirtschaftungsarrangement hervor, das sich in den Verstehenshorizont der agrarischen Umgebung einpaßt. Weiter ist das Konzept *dynamisch*, weil es impulshaft eine Vielzahl von Selektionszusammenhängen eröffnet. Solche Selektionsimpulse, ie immer wieder von den Domänen auf die benachbarten Landwirtschaften ausgehen, können vielerlei Gestalt annehmen: als ökologische Produktionsmethoden wie die demonstrative Anpflanzung eines Silage-Gemenges zu Lasten des bodenschädlichen Mais-Anbaus, als ökologische Wissensverbreitung durch die Demonstration konsumentenorientierter Produktqualitäten bei Gelegenheit einer Leistungsschau oder als ökologische Kontrollparameter wie Schadstoff(grenz)werte, die etwa den Qualitätsanforderungen einer der jeweiligen Domäne verbundenen, für Neuzugänge offenen Vermarktungsorganisation genügen. Nicht zuletzt ist das Konzept *rekursiv*. Es bringt einen aktuellen wie potentiellen Interaktionszusammenhang zwischen Domäne und im Umfeld angesiedelten Landwirtschaften in eine andauernde Wechselwirkung, weil es sich als sichtbare Folge regenerationsrelevanter Ereignisse realisiert, die auf die agrar-ökologischen Entwicklungspfade „Ökologisierung“ bzw „Extensivierung“ abgestimmt und deshalb systemrational thematisierbar sind; den auf diese Weise institutionalisierten, zirkulären Diskurs zwischen Domänenpersonal, Landwirten, Landwirtschaftsämtern, Vermarktern usw. bestimmen dann Machbarkeits-, Produktions-, Qualitäts- oder Vermarktungsthemen, die wiederum Landbewirtschaftungs-, Kontroll- oder Absatzarrangements institutionalisieren.

Memo Mediale Steuerungsarrangements

	MEKA	Technologie-park	ISDN	Staatsdomänen-konzept
Strategie	Regulierung	Finanzierung	Strukturierung	Informierung
Perzeptibilität	*Pol. System:* Positive Sanktionen *Rechtssystem:* Förderrichtlinie *Agrarsystem:* Risikokompensation	*Pol. System:* Subvention *Rechtssystem:* Verwaltungsrichtlinie *Ökonom. System:* Mitteltransfer	*Pol. System:* Infrastrukturprogramm *Ökonom. System:* Mittelbereitstellung	*Pol. System:* Propaganda *Rechtssystem:* Verwaltungsrichtlinie *Agrarsystem:* Bewirtschaftungsarrangement
Dynamik	*Agrarsystem:* Ökologisierungs- bzw. Extensivierungsprozeß	*Technol. System:* Inventions- bzw. Innovationsprozeß	*Ökonom. System:* Produktionsprozeß	*Agrarsystem:* Ökologisierungsprozeß
Rekursivität	*Pol. System / Agrarsystem:* Agrar-politischer Evolutionszusammenhang	*Pol. System / Technol. System:* Technologiepolitischer Evolutionszusammenhang	*Pol. System / Ökonom. System:* Wirtschaftspolitischer Evolutionszusammenhang	*Pol. System / Agrarsystem:* Agrar-politischer Evolutionszusammenhang

In Kapitel 3.6 geht es um folgende Fragen:

3.6 Wie erforscht man die Wirkungen medialer Steuerungsarrangements?
3.6.1 Wie verläuft ein „modell-empirisch“ geleiteter Forschungsprozeß?
3.6.2 Wie verläuft ein „modell-theoretisch“ geleiteter Forschungsprozeß?

3.6 Steuerungspraxis

Offen blieb bisher die Frage an diese wie an alle anderen Steuerungsstrategien, die als Paradebeispiele für das mediale Steuerungsmodell in Anspruch genommen wurden, ob sich die damit verbundenen Steuerungshoffnungen erfüllen, ob also die favorisierten Entwicklungen stattgefunden haben. Gefragt ist gleichsam die Probe aufs Exempel. Leider läßt sich die Antwort nicht ohne weiteres aus den Ergebnissen der gängigen Planungs-, Implementations- oder Evaluationsforschung ablesen, nicht zuletzt weil diese Forschung solche Strategien, die soziale Entwicklungen nicht dominieren, sondern bloß initiieren wollen, bisher nicht explizit ins Visier genommen hat. Der Grund dafür liegt auf der Hand: versteht man unter Steuerung nur heteronome Interaktionsbeziehungen, dann geraten autonome Interaktionsbeziehungen nicht ins Blickfeld. Die Antwort auf die gestellte Frage appelliert folglich an eigene Forschungsanstrengungen.

Diese Steuerungsforschung hat also solche Steuerungsstrategien im Visier, die sich unter das mediale Steuerungsverständnis subsumieren lassen. Deshalb war die Auswahl der Beispiele für mediale Konzeptualisierungen von Regulierung, Finanzierung, Strukturierung oder Informierung nicht beliebig, sondern exemplarisch im Hinblick auf erforschte Steuerungspraxis; MEKA, Technologiepark oder Staatsdomänenkonzept waren und sind Forschungsgegenstände zur empirischen Überprüfung und theoretischen Weiterentwicklung des medialen Steuerungsansatzes. Solche staatlichen Arrangements zur agrarökologie- oder technologiepolitischen Steuerung, die sich derart plausibel in das mediale Steuerungsverständnis einpassen lassen, sind gleichsam Alltagsversuchsanordnungen zur Testung dieses Ansatzes.

Damit wird zudem der wesentliche Unterschied zur gängigen Planungs-, Implementations- und Evaluationsforschung offenkundig: im Forschungsinteresse liegt nicht die Testung politischer Lenkungsannahmen, sondern politikwissenschaftlicher Hypothesen über Steuerungsvoraussetzungen, -verläufe und -wirkungen. Am Anfang dieser Forschungsprozedur steht das mediale Steuerungsmodell, das Steuerung als rekursiven und komplementären, durch Perturbationen in Gang gesetzten Interaktionsprozess zwischen politischem System und anderen Sozialsystemen konzeptualisiert; vom so modellierten „Steuerungsprozeß" war bereits ausführlich die Rede. Der Modellterm dafür ist bekanntlich Strukturelle Kopplung, so daß am Ende der Prozedur eine „Steuerungstheorie Strukturelle Kopplung" steht; auch insoweit wurden bereits potentielle Theoriebausteine zur Diskussion gestellt. Diese Wegpunkte markieren zugleich Ausgangspunkte für zwei – idealtypisch unterscheidbare – Forschungsstrategien.

Der „modell-empirisch" geleitete Forschungsprozeß verweist zunächst auf das mediale Steuerungsmodell. Wie mehrfach erwähnt, handelt es sich dabei um ein analytisches Konstrukt, das politische Steuerung, also das Original, in Form eines formalisierten und logisch stringenten Aussagenzusammenhangs, eben eines Modells, repräsentieren will. Diese abstrahierende, per Axiomatisierung und Deduzierung zustande gekommene Realitätsanalogie enthält also analytische, d. h. sprachlogisch verknüpfte Aussagen mit Denk-, nicht jedoch mit Tatsachen-Richtigkeitsanspruch. Erst eine Reformulierung des analytischen Konstrukts als empirisches Konstrukt, also die Konkretisierung der abstrakten Modell- als Beobachtungsterme, erlaubt die Prüfung, ob Tatsachen angemessen repräsentiert werden. Dazu müssen zunächst die analytischen durch empirische Aussagen substituiert werden; als Ergebnis erhält man ein empirisches Relativ. Auf diese Weise wird beispielsweise mit Blick auf das Politikfeld „Technologie" aus „Spezifität" über „Identität" und „Sytemrationalität" schließlich „Innovation". Sodann muß das derart gewonnene empirische Relativ operationalisiert, mithin in empirisch prüfbare Aussagen transformiert werden. Wäre im Beispiel „Innovation" (im Sinne ökonomisch verwertbarer Inventionen) die abhängige Variable, könnte eine Hypothese lauten: Wenn technologiepolitisch Inventionsvoraussetzungen verbessert werden, dann kommt es vermehrt zu Innovationen.

Der „modell-theoretisch" geleitete Forschungsprozeß knüpft ebenfalls an das mediale Steuerungsmodell an, das in diesem Fall jedoch nicht als empirisches Konstrukt reformuliert, sondern als semantisches Modell erster Stufe theoretisch interpretiert wird. Damit ist gemeint, daß das mediale Steuerungsmodell zum Original weiterer Modelle gemacht wird, eben jener Modelle und Theorien, die zu Interpretationszwecken herangezogen werden. Voraussetzung ist auch hier Konsistenz und Präzision der medialen Modellterme, weil nur dann wissenschaftlich nachvollziehbar wird, zur Interpretation „wovon" Terme der Modelle zweiter Stufe Verwendung finden. Dabei wird deutlich, daß die analytische Begrifflichkeit der ersten Stufe nicht empirisch gehaltlos ist; ein Term wie „Konstitutionsrelation" beinhaltet eine räumliche Abgrenzung. Ein derartiger empirischer Gehalt überträgt sich dann auch auf die Terme zweiter Stufe. Zur Hypothesengewinnung muß also der Termgehalt des Modells erster Stufe in ein Modell (oder gegebenenfalls eine Theorie) zweiter Stufe eingepaßt werden. Beispielsweise kann „Strukturelle Kopplung“ als vielfältige Interaktionsbeziehung zwischen dem politischen System und anderen sozialen Systemen verstanden und fallweise system- oder handlungstheoretisch rekonstruiert werden. Ebensogut ist „Strukturelle Kopplung“ aber auch als Konversionsprozeß im Sinne des früher skizzierten Medienmodells rekonstruierbar. Wäre „Strukturelle Kopplung“ die abhängige Variable, dann könnte eine medientheoretische Hypothese lauten: Wenn ein Sozialsystem das Medium eines anderen Sozialsystems in Dienst nimmt, dann manifestiert sich Strukturelle Kopplung.

Es versteht sich von selbst, daß modell- wie theoriebezogene Hypothesen operationalisiert werden müssen, um Steuerungspraxis testabel zu machen. Begriffen wie Invention, Innovation oder Indienstnahme müssen beobachtbare Indikatoren zugeschrieben werden, beispielsweise dem Begriff „Indienstnahme“ erst „Verwendung von Spenden für entwicklungspolitische Zwecke“, dann „Subventionierung von Selbsthilfeeinrichtungen“ und schließlich „Finanzierung von Brunnenbauten in Uganda“. Nunmehr ließe sich untersuchen, ob das politische System Geld, also das Medium des ökonomischen Systems, zur Erreichung politischer Ziele in Dienst genommen und damit eine Art der Ankopplung an jenes System vor Augen geführt hat. Die Vorgehensweisen unterscheiden sich folglich nicht in der Methode, sondern in der Methodologie; in beiden Fällen werden zur theoretischen Anreicherung des medialen Steuerungsmodells Hypothesen getestet, aber im ersten Fall leiten sich die Hypothesen vorrangig aus einer „modell-empirischen“ und im zweiten Fall aus einer „modell-theoretischen“ Interpretation ab. Am Ende beider Suchverfahren stehen dann gleichermaßen Bausteine einer medialen Steuerungstheorie.

Die Forschungsanstrengungen zur Testung des medialen Steuerungsverständnisses gehen in beide Richtungen. Allerdings gilt die Eingangsbemerkung, daß es sich nur um idealtypisch unterscheidbare Forschungsstrategien handelt. Offensichtlich kommt der „modell-empirisch“ verfahrende Forschungsprozeß nicht ohne theoretische und der „modell-theoretisch“ geleitete Forschungsprozeß nicht ohne empirische Reflexion aus. Beispielsweise hat die empirische Reformulierung eines Modellterms theoretische Implikationen, etwa sofern identitätsstiftende Spezifitätsrelationen als jeweilige, an Symbolverstehen appellierende Systemrationalitäten konkretisiert werden. Ein Begriff wie „ökonomische Rationalität“ ist ohne – zumindest stillschweigenden – Bezug auf Handlungstheorie nicht ausfüllbar. Im Gegenbeispiel zeitigt die theoretische Reformulierung eines Modellterms empirische Implikationen, etwa sofern grenzstiftende Konstitutionsrelationen auf faktisch ausgrenzbare Sozialräume verweisen. Ein Begriff wie “Sinndifferenz“ meint – ebenfalls wenigstens stillschweigend – vorfindliche Sprach-, Bedeutungs- oder Verhaltensunterschiede. Beide Forschungsstrategien überschneiden sich folglich, auch wenn Theorie im „modell-empirischen“ Forschungsstrang eher im heuristischen und Empirie im „modell-theoretischen" Forschungsstrang mehr im vergegenständlichenden Sinn Verwendung findet. Die nunmehr folgende Präsentation der gegenwärtigen Forschungsstrategien verfährt trotzdem weitestgehend idealtypisch, um den Nachvollzug beider Richtungen zu erleichtern.

3.6.1 Agrar-Ökologiepolitik

Wie erinnerlich, will MEKA – bei Abpufferung von Umstellungsrisiken – Wege zur Extensivierung und Ökologisierung der Landbewirtschaftung weisen. Modellnäher ausgedrückt, soll MEKA routinisierte intensive oder naturschädliche Landbewirtschaftungs-Verhaltensmuster derart stören, daß sie durch – vom politischen System erwünschte wie im agrarischen System gangbare – alternative extensive oder agrar-ökologische Landbewirtschaftungs-Verhaltensvarianten abgelöst werden. Fände Ablösung statt, wäre MEKA ein Anschauungsbeispiel für effektive Strukturelle Kopplung. Zu fragen ist also, ob und gegebenenfalls warum sich ein politisch intendierter Entwicklungspfad eröffnet. Voraussetzung für eine Beantwortung solcher Fragen sind testable hypothetische Annahmen über Verhaltensabwahl und -zuwahl. Derartige Hypothesen sind das Ergebnis eines vorwissenschaftlichen Suchverfahrens: das empirische Relativ, also das modellgemäß interpretierte politische Steuerungsarrangement, beschreibt beobachtbare Verhaltensmuster, die verallgemeinert und als Ursachen-Wirkungszusammenhänge ausformuliert werden; gesucht sind hier also modellbezogene Hypothesen.

Ausgangspunkt der Relativbildung sind die modellspezifischen Relationen. Die Konstruktion setzt also auf der Makro-Ebene an, denn die Relationen bilden Handlungsrahmen für das Verhalten der Landwirte. Das dreifache Strukturmuster des analytischen Modells muß zunächst empirisch so reformuliert werden, daß deutlich wird, innerhalb welcher Grenze, im Rahmen welcher Identität und binnen welcher Regulationen agrar-ökologische Steuerungsimpulse verlaufen. Augenscheinliche agrarökologiesystemische Strukturierungsmerkmale sind Boden, Ertrag und Dorf. Der Landwirt bestellt Felder oder hält Vieh, wirtschaftet zur Erzielung von Gewinnen und lebt in einer Schicksalsgemeinschaft, und diese lebensweltlichen Dimensionen prägen seine Sicht aktueller und potentieller Landbewirtschaftungsweisen. Modellsprachlich kann man von geo-ökologischen, ökonomischen und sozialen Sub-Strukturen sprechen, die agrar-ökologische Entwicklungsvarianten plausibilisieren oder stigmatisieren können. Der Term „Sub-Struktur“ soll verdeutlichen, daß sich jede Relation in diese drei Sub-Strukturen ausdifferenzieren läßt, Grenzziehung zur Konstituierung bäuerlicher Lebenswelten beispielsweise demnach eine geo-ökologische, eine ökonomische und eine soziale Dimension hat.

Zur Identifikation agrarischer Lebenswelten wurde „Region“ als grenz-, identitäts- und kontrollbestimmendes Konzept eingeführt und schrittweise immer weiter ausdifferenziert. Regionale Gegebenheiten konstituieren sich aus einer geo-ökologischen, einer ökonomischen und einer sozialen Dimension. Region in diesem Sinn meint demnach etwas anderes als Region im politischen Sinn: hier geht es um einen Sozial-, dort um einen Verwaltungsraum. Dabei dient das Regionenkonzept als Heuristik zur schrittweisen empirischen Anreicherung des Relativs und nicht als Modell zweiter Stufe; in einem ersten Schritt wurden etwa naturräumliche Gegebenheiten, bereichstypische Bewirtschaftungsweisen oder örtliche Netzwerke zu Beobachtungstatbeständen. Zur Beantwortung der Frage, ob die Abarbeitung mit MEKA gesetzter Steuerungsimpulse überhaupt von derartigen regionalen Gegebenheiten abhängt, Lebenswelt mithin in der Tat steuerungsrelevant ist, wurden zwei Regionen unterschiedlicher Gegebenheiten ausgewiesen (Hohenlohe, Kraichgau). Die Antwortsuche begann im Hohenlohischen. Dazu wurden Hypothesen über die Zu- oder Abwahl von MEKA-Verhaltensoptionen aufgestellt. Diese Hypothesen sollen demnach einen Bedingungszusammenhang zwischen politisch induziertem Verhaltensangebot und agrar-regional realisierter Verhaltensweise behaupten. Würden derartige Behauptungen durch Tests belegt, wären möglicherweise erste Annahmen über die Steuerungskapazität von MEKA möglich.

In enger Modellanbindung wurden zunächst elf Hypothesen aufgestellt, die aus Testabilitätsgründen auf vier Hypothesen reduziert wurden; weil in der Regel zur Testung einer Hypothese mehrere Interviewfragen nötig sind, wäre anderenfalls der Fragenkatalog zu umfangreich geworden. Damit ist zugleich gesagt, daß Prüfmethode der Wahl das Interview war. Die Interviewfragen leiteten sich von diesen Hypothesen ab:[714]

1. Der Landwirt wählt vorrangig solche MEKA-Verhaltensangebote, die er ohnehin praktiziert.
2. Der Landwirt wählt MEKA-Verhaltensangebote, die seine Handlungsroutine unterbrechen, dann hinzu, wenn er darin von relevanten Bezugspersonen bestärkt wird.

714 Vgl. zum Folgenden Dieterle, Das Testergebnis, S. 136 ff

3. Der Landwirt wählt MEKA-Verhaltensangebote, die seine Verhaltensroutine unterbrechen, dann hinzu, wenn ihm das damit verbundene Risiko wägbar erscheint.
4. Je mehr sich Verhaltensangebote an Machbarkeitskriterien (wie Betriebsorganisation oder Investitionskonstellation) orientieren, desto eher löst MEKA mit normbildender Wirkung Verhaltenszuwahlen aus.

Forschungsleitende Orientierung bei der Konstruktion eines Fragebogens ist neben den zur Überprüfung anstehenden Hypothesen auch der Antworthorizont der Befragten, also von Landwirten, die an MEKA teilnehmen. Üblicherweise werden die Befragten durch eine Zufallsstichprobe ermittelt. Wie die zweite Hypothese, die auf Bezugspersonen abstellt, jedoch erkennen läßt, werden hier wie übrigens auch in der vierten Hypothese Interaktionsbeziehungen zwischen Befragten vorausgesetzt. Deshalb wurde statt einer Zufallsstichprobe eine regionaltypische Raumeinheit ausersehen, die vorwiegend ländlich geprägt und durch repräsentative Landwirtschaftsbetriebe wie Bewirtschaftungsweisen gekennzeichnet sein sollte. Eine solche Raumeinheit mit dörflicher Prägung, Vollerwerbs- und Gemischtbetrieben oder einer bunten Produktpalette fand sich nach Auswertung zahlreicher Agrarstatistiken in der Gemeinde Blaufelden, die somit zur Vollerhebung anstand. Zu befragen waren damit etwa achtzig Landwirte.

Am Ende solcher Überlegungen (und von Pretests) stand ein Fragebogen mit 109 Fragen und 5 Fragenbereichen zur betrieblichen Situation, Bewirtschaftung im Jahr 1991 und im Folgejahr, zu MEKA, zur Kenntnis und Bewertung umweltschonender Bewirtschaftungsweisen sowie zur Person. 1993 fand die Befragung statt. 75 Fragebögen konnten mittels SPSS+ (Statistical Package for the Social Sciences) ausgewertet werden. Wie das Befragungsergebnis der Stichprobe zeigt, wird MEKA gleichsam mit abnehmender Intensität angenommen, je weiter sich die zur Wahl gestellten Bewirtschaftungsalternativen von bäuerlicher Alltagstheorie und -praxis entfernen. Positiv ausgedrückt findet eine Zuwahl dann statt, wenn sie sich rechnet, landwirtschaftsgemäß anmutet, subkulturell plausibilisiert erscheint und lokale Akzeptanz genießt, oder, modellnäher gesagt, wenn sie im jeweiligen agrarsozialen Entwicklungsgefüge verortbar ist. Damit bestätigt sich die Modellprämisse, daß nur die im Agrarsystem vorfindlichen Entwicklungspfade politisch intendierte Entwicklungsverläufe einleiten können – und sonst nichts, also z. B. auch nicht eine politische Machtdemonstration.

Alle derartigen Entwicklungspotentiale enthält also das Bild, das sich Landwirte von ihrer Welt und deren Umwelt, terminologischer gesprochen, vom Agrarsystem und seinem Medium machen. Diese Teilwelt und ihr Umfeld erscheint den Landwirten geordnet; von Ordnern wie agrarische

Rationalität oder Routine war gerade die Rede. Modelltheoretisch firmiert die Gesamtheit der Ordner als Strukturen. Folglich sind Systemstrukturen nichts anderes als gedankliche Projektionen zur Koordination von Handlungen und Sprechakten. Agrarsoziale Interaktion und Kommunikation setzen gleichsinnige Strukturierungen des Wissens und Denkens von Landwirten voraus. Zuschreibungen über Wirkungsverläufe agrar-ökologiepolitischer Impulse im Dorf, über deren Wahrnehmungsweisen durch Nachbarn oder über darauf zurückführbare Änderungen im Bewirtschaftungsverhalten projizieren gedankliche auf soziale Ordnung.[715] Ein derartiges Teilweltverständnis konkretisiert und bewährt sich etwa als dorfübliche MEKA-Teilnahme oder -Bewertung.

Weil ein politischer Versuch, agrar-ökologische Weiterentwicklung anzustoßen, in ein regionaltypisches Teilweltverständnis eingepaßt sein muß, um nicht leerzulaufen, steht vor jeder Modifikation von MEKA eine Antwort auf die Frage nach der Beschaffenheit solcher Verständnisse. Genau diese Einsicht stand am Ende der ersten Befragung: die Adaption von MEKA hängt ausschließlich vom Alltagsverständnis der Landwirte ab, so daß jede Modifikation alltagsangemessen sein muß. Folgerichtig richteten sich die anschließenden – von der „Stiftung Natur und Umwelt" geförderten – Forschungsanstrengungen auf die weitere Ausformulierung und Testung agrarischer Teilweltkonstrukte, die die Sicht des Landwirts vom Endpunkt, vom Sinn und von den Garantien seiner Lebenswelt strukturieren. Es ging demzufolge darum, das empirische Relativ zum Modell, insbesondere die analytisch postulierten Relationsdimensionen, mit regionenspezifischen Charakteristika, also mit empirischem Gehalt, weiter anzureichern. Dazu wurde die jeweilige geo-ökologische, ökonomische und soziale Dimension der Konstitutions-, Spezifitäts- und Kontrollrelationen näher gekennzeichnet.

Die geo-ökologische Dimension von Grenzziehung demonstrieren solche Aktionen, die naturräumliche Trennungslinien hervorbringen. Dazu gehören die Ausweitung des Spargelanbaus auf schwere Lehmböden mit Hilfe von schwarzen Folien oder des Maisanbaus auf Karglandschaften mit Hilfe neugezüchteter Sorten, aber auch Feuchtwiesenerhalt und Trockenlegung in ein und derselben Flußaue. Derartige Aktionen stimulieren und beschränken raumwirksame Interaktionen, etwa Sonderkulturanbau. Die ökonomische Dimension von Grenzziehung spiegelt sich in der interaktiven Hervorbringung wirtschaftlicher Trennungslinien. Wirtschaftsbeziehungen derart, daß Saatgut oder Zuchtvieh von bestimmten Erzeugern bezogen oder landwirtschaftliche Produkte an bestimmte Vermarkter geliefert werden, bringen

715 S. Vowe, Kognition, S. 424 ff

raumwirksame Interaktionsketten hervor, wobei der Lieferant im gleichen Dorf oder der Abnehmer in einer weit entfernten Hafenstadt residieren können. Die soziale Dimension von Grenzziehung schließlich scheint in der interaktiven Hervorbringung subkultureller Trennungslinien auf. So zeigt die Ausgrenzung des Fremden im eigenen Dorf oder die Eingrenzung von Verwandtschaft in der Nachbargemeinde raumwirksame Zugehörigkeits- bzw. Nichtzugehörigkeitsrituale.

Die geo-ökologische Dimension von Identitätsstiftung besteht in den dem Boden zugeschriebenen Eigenschaftsprofilen und Nutzungsoptionen. Beispielsweise kann aus einer Eignungsvermutung für den Getreideanbau ein Selbstverständnis als vollmechanisierter Sortenzüchter mit intensiver Viehhaltung herrühren. Daß vorrangig weniger klimatisch-, edaphisch- oder reliefbedingte Faktoren, sondern eher Sinnvorgaben die Naturräume definieren, belegt mancher Grenzübertritt; wo gerade noch Getreidefelder wogten, dehnen sich nunmehr Viehweiden aus. Die ökonomische Dimension von Identitätsstiftung findet sich in den agrarbetriebstypischen Produktionsverhältnissen. Selbstdarstellungen als Voll- oder Nebenerwerbslandwirt, Zuliefer- oder Selbstvermarktungsbetrieb bzw. Groß- oder Kleinbauer verweisen auf Verhaltensstile, die Produktanforderungen, Produktionsorganisation, Rechnungswesen, Vermarktungswege usw. bestimmen. Die soziale Dimension von Identitätsstiftung endlich kommt zuallererst in der jeweils praktizierten Landbewirtschaftungsroutine zum Ausdruck. Intensive versus extensive oder chemische versus biologische Landbewirtschaftungsweise sind Beispiele für Symbolisierungen konkurrierender Bewirtschaftungsverständnisse.

Die geo-ökologische Dimension von Prozeßregelung ist in Normen verortet, die insbesondere die Art und Weise der Bodennutzung kontrollieren sollen. Beispiele dafür sind die administrative Ausweisung von Wasserschutzgebieten mit Gülle- oder Düngemittelausbringungsbeschränkungen und der verbandliche Erlaß von Immissionsverboten für chemische Mittel. Die ökonomische Dimension von Prozeßregelung will vor allem die Teilnahme am Wirtschaftsprozeß normieren und vergegenständlicht sich beispielsweise als Marktkondition oder Qualitätsanforderung an Produkte. Die soziale Dimension von Prozeßregelung zu guter Letzt soll in erster Linie die Integration in die lokale Kulturgemeinschaft verbürgen. Was einen – im Dorfsinn – richtigen Landwirt kennzeichnet, regulieren lokale, aber auch überlokale, eben regionale Normen. Dazu gehören etwa Bräuche wie die Benutzung der chemischen Keule oder des Hackstriegels, aber auch die Stigmatisierung biologisch-dynamisch wirtschaftender Außenseiter oder die Akzeptanz von Bioland- oder Demeter-Betrieben.

Mit dieser empirischen Reformulierung der modellspezifischen Relationsdimensionen wurden die steuerungsrelevanten Umweltkonstrukte von Landwirten faßbarer. Dabei resultiert die Steuerungsrelevanz derartiger Konstrukte vor allem aus dem jeweiligen Grad der Offenheit gegenüber Steuerungsimpulsen. Die Wahrnehmung von Anbau-, Wirtschaftlichkeits- oder Eingliederungskonstellationen leitet, so die im Untersuchungsverlauf zunehmend erhärtete Vermutung, auch die Verarbeitung von Steuerungsimpulsen an. Wer mit einiger Erfolgsaussicht Steuerungsimpulse setzen will, muß also die Umweltkonstrukte von Landwirten berücksichtigen. Gesucht sind folglich beobachtbare Kriterien, die Rückschlüsse auf die teilweltliche Verarbeitung solcher Impulse gestatten.

Während die Teilweltkonstrukte bisher mit Blick auf die teilwelttypischen Verhaltensrahmen entfaltet wurden, ist nunmehr die Perspektive der Teilweltakteure selbst gefragt; der wissenschaftliche wie der politische Beobachter brauchen im Steuerungsinteresse plausible Indikatoren, die Rückschlüsse auf die charakteristische Umsetzung der allgemeinen Rahmen durch die jeweiligen Teilweltakteure zulassen. Solche Rahmen grenzen etwa bei der Auswahl von Bewirtschaftungsalternativen einen Verhaltensmöglichkeitsraum aus, der durch die faktisch gewählten Bewirtschaftungsweisen konkretisiert wird. Hier gerät folglich die Mikroebene ins Visier; in Frage steht, wie einzelne Akteure die vorgegebenen Handlungsrahmen tatsächlich ausfüllen. Zur Beantwortung dieser Frage kann man sich vorab ein Bild des Akteurs machen und beispielsweise Faktoren ausmalen, die individuelle Verhaltenswahlen höchstwahrscheinlich verstärken. Unterstellt man dabei Eigenschaften und Merkmale, die gleichlaufende Handlungsweisen mehrerer Akteure wahrscheinlich machen, hat man einen Durchschnittstypus konzipiert, der ein Durchschnittsverhalten an den Tag legt. Darum ging es hier, wobei die Orientierung an dem aktuell und potentiell eng geschnürten MEKA-Maßnahmenbündel zur Konstruktion von drei Akteurstypen führte.

Diese Konstrukte symbolisieren drei Bauerntypen,[716] denen jeweils unterschiedliche Reaktionen auf MEKA-spezifische Abgebote zur Umstellung von Bewirtschaftungsweisen unterstellt wurden, nämlich ein „traditioneller", ein „ökonomischer" und ein „ökologischer" Bauerntyp. Der traditionelle Bauerntyp realisiert diejenige Vielfalt an Ackerbau- und Viehzuchtvarianten, die er geoökologisch angelegt sieht. Seine Landbewirtschaftungsweise folgt überlieferten oder – in der Regel zögerlich – adaptierten Bewirtschaftungsmustern, ist also vorrangig intensiv und nur punktuell extensiv. Die Produktionstechnik paßt sich gewandelten Produktionsanforderungen

716 nach Schur, Umweltverhalten, S. 261 f

nachhinkend an. Seine ökonomische Kalkulation gründet sich eher auf Alltagserfahrung denn auf betriebswirtschaftliches Rechnungswesen und zeichnet sich durch starkes Sicherheitsdenken aus. Sein Warenangebot ist bunt und wird zumeist direkt oder via Pooling vermarktet. Er ist in die Dorfgemeinschaft sozial vollständig integriert, was etwa Mitgliedschaften im Feuerwehr-, Musik- oder Sportverein demonstrieren. Die öffentliche (Dorf-) Meinung hat Gewicht.

Der ökonomische Bauerntyp ist auf diejenigen Ackerbau- und Viehzuchtvarianten spezialisiert, die sich geoökologisch gut realisieren lassen. Seine Bewirtschaftungsmethoden entsprechen dem jeweils bekannten neusten Stand der Agrartechnik, sind also ganz überwiegend durch intensiven Betriebsmitteleinsatz gekennzeichnet. Die ökonomische Kalkulation versteht sich als betriebswirtschaftliche Kosten-/Nutzenrechnung und gleicht beispielsweise Betriebsmitteleinsatz und Ertrag ab. Dem hohen Spezialisierungsgrad entspricht ein eingeschränktes Warenangebot, dessen Abnahme häufig Lieferverträge mit Großkunden verbürgen. Sozial ist dieser Typ insoweit integriert, als es die durchaus erstrebte Teilnahme an der Dorfgemeinschaft angeraten sein läßt. Im übrigen versteht er sich jedoch als individueller Einzelkonkurrent und mißt der öffentlichen (Dorf-)Meinung zumindest dann wenig Gewicht bei, wenn sie seinem ökonomischen Kalkül zuwiderläuft.

Der ökologische Bauerntyp beschränkt sich auf diejenigen Ackerbau- und Viehzuchtvarianten, die nach seinem Naturverständnis geoökologisch angemessen sind. Dieses Verständnis bestimmt auch die Bewirtschaftungsweise, die naturverträglich und deshalb extensiv ist und sich beispielsweise durch schonendsten Technik- und geringstmöglichen Chemieeinsatz auszeichnet. Er kalkuliert ökonomisch-rational, nimmt jedoch innerhalb bestimmter Grenzen wegen seines Credos Ertragseinbußen hin. Das Warenangebot ist vielfältig und wird zum kleineren Teil direkt und zum größeren Teil über spezielle Vermittler bzw. Abnehmer vermarktet. Sozial ist dieser Bauerntyp mehr in sein Bewirtschaftungskollegium als in die Dorfgemeinschaft integriert, so daß ihn die öffentliche (Dorf-) Meinung eher am Rande tangiert.

Dabei versteht es sich von selbst, daß diese Typologie nur ein Grobraster zur Beschreibung agrarischer Akteure liefert. Eine Vielzahl von Akteuren wird man hier nur mit Einschränkungen derart einordnen können, da es sich um „überwiegend traditionell“, „in erster Linie ökonomisch“ oder „weitestgehend ökologisch“ wirtschaftende Bauern handelt. Dessen ungeachtet liefert das Grobraster Anhaltspunkte zur schnellen Identifizierung agrarischer Wirklichkeitskonstrukte: über die Verteilung traditioneller oder ökonomischer Typen geben zahlreiche Agrarstatistiken Auskunft, die beispielsweise Ertragsmeßzahlen von Böden, Organisationsformen von Betrieben usw. auflisten. Wer aus solchen Statistiken als Gemischtanbau-, Klein- und Haupterwerbsbetrieb, der an eine Agrargenossenschaft liefert, ausgefiltert wird, ist wahrscheinlich ein traditionell wirtschaftender Betrieb, der ungewohnten agrar-ökologischen Bewirtschaftungsvarianten hochgradig skeptisch gesonnen sein dürfte. Damit ist zugleich die Richtung der Hypothesenbildung angedeutet: abhängige Variablen waren die Verhaltensoptionen für aktuelle oder potentielle MEKA-Maßnahmen, unabhängige Variablen die bauerntypspezifischen Merkmalsausprägungen.

Die Hypothesen wurden im Frühjahr 1995 mittels eines – im Vergleich zur früheren Befragung – umfangreicheren Fragenkatalogs und einer fast doppelt so großen Population getestet. Die Befragten rekrutierten sich diesmal aus zwei Raumeinheiten im Hohenlohischen, und zwar aus Gebieten mit unterschiedlichen geographischen, aber ähnlichen ökonomischen und sozialen Voraussetzungen; es handelte sich um Gebiete mit abweichenden Bodenertragsmeßzahlen, aber vergleichbaren Betriebs- und Siedlungsstrukturen. Das Befragungsergebnis soll nur kurz angedeutet werden: für den traditionellen wie den ökonomischen Typ gilt, daß die Teilnahme in erster Linie wirtschaftlich motiviert ist und sozialer Akzeptanz im ersten Fall eine allerdings geringere Bedeutung als angenommen zukommt, während der ökologische Typ erwartungsgemäß vorrangig zur Naturerhaltung und -regeneration teilnimmt.

Von größerem Interesse als ein detailreicher Nachvollzug auch dieses Untersuchungsverlaufs dürfte das Fazit sein, das man aus dem Untersuchungsergebnis ziehen kann. Schließlich ging es weniger darum, die Bedingungen für eine möglichst breite MEKA-Teilnahme auszuloten, als vielmehr um die Gelingensvoraussetzungen für mediale agrar-ökologiepolitische Steuerungsarrangements wie MEKA. Dieses Fazit läßt sich so bündeln:

1. Lebensweltliche Konstrukte leiten zur systemtypischen Wahrnehmung und Verarbeitung agrarökologischer Steuerungsimpulse an.
2. Agrarische Lebensweltkonstrukte können als systemspezifisches, verhaltenserzeugtes und verhaltenserzeugendes empirisches Relativ zum autopoietischen Modell rekonstruiert werden.
3. Agrar-ökologische Entwicklungsimpulse müssen in die anvisierte agrarische Lebenswelt eingepaßt sein, um eine politisch intendierte Verhaltensvariation mit statistisch angebbarer Erfolgswahrscheinlichkeit auszulösen.

Aus diesem Fazit lassen sich einige Lehren für eine lebensweltangemessene Modifikation oder auch Weiterentwicklung von MEKA ziehen, die zugleich Wegweiser für den weiteren Forschungsgang waren:

1. Das Maßnahmenangebot im MEKA muß teilweltspezifisch modifiziert werden. Damit ist gemeint, daß der bisherige Maßnahmenkatalog eher aus der Interessenlage des politischen Systems denn des Agrarsystems konzipiert wurde und deshalb verzerrt wahrgenommen und abgearbeitet zu werden droht. Auch fehlt es an „Paßbreite"; zu wenige Maßnahmen treffen auf zu viele Lebenswelten und lösen bestenfalls periphere Verhaltensmodifikationen, aber keine zentrale Verhaltensvariation aus.
2. Die teilweltspezifische Modifikation von MEKA setzt Teilweltmodellierungen „von unten nach oben" voraus. Wie klar geworden sein dürfte, müssen die empirischen Relative zum autopoietischen Modell aus einer – vom wissenschaftlichen Beobachter konstruierten – lebensweltlichen Sicht gebildet werden. Nicht zuletzt die politische Absichtserklärung, den MEKA EU-weit auszudehnen, empfiehlt die Konstruktion geoökologisch-, ökonomisch- und sozial-spezifischer Teilwelten mit jeweils typischen Wahrnehmungs- und Abarbeitungsstrategien. Dabei muß allerdings die Balance zwischen wissenschaftlicher Richtigkeit und politischer Handhabbarkeit gewahrt, die Zahl der empirischen Relative also begrenzt werden, soll MEKA nicht zur endlosen Geschichte ausufern. Diese Balancenotwendigkeit verweist auf das Regionenkonzept.
3. Die Maßnahmenangebote des MEKA müssen auf die Teilweltmodelle als anbetreffende Verhaltenskomplexe abgestimmt sein. Bei diesem letzten Punkt geht es um Adaptionsbedingungen in Teilwelten. Maßnahmen müssen als teilweltrelevant, -passend und -günstig identifizierbar sein. Da sich Teilwelten in allen modellierten – also geo-ökologischen, ökonomischen und sozialen – Dimensionen überschneiden können, trennen die Teilweltgrenzen nicht Landschafts- oder Kultur-, sondern Wahrnehmungsräume. Um spürbare ökologische Verhaltensvariationen auslösen zu können, müssen Maßnahmen deshalb im Hinblick auf ausgegrenzte Wahrnehmungsräume, eben Regionen, gebündelt werden; der bisherige MEKA-Angebotskatalog mutet demgegenüber zufällig und beliebig an.

Die Forderung, MEKA müsse lebensweltangmessener konzipiert werden, verlangte zusätzliche Anstrengungen bei der Konstruktion von Regionen als steuerungspraktikable Lebenswelten ab. Die Resultate bei der Erforschung der Mikro-Ebene verwiesen also zurück auf die Makro-Ebene; die Relationen gerieten erneut ins Visier. Deshalb wurden zur weiteren Anreicherung des Regionenkonzepts Ergebnisse der – geographische, ökonomische, soziale und nicht zuletzt politische Strukturmuster untersuchenden – Regionalforschung rezipiert, beispielsweise im Rahmen der – speziell den ländlichen Raum anzielenden – „Theorie der zentralen Orte". Indikatoren wie grenzziehende Lebenszusammenhänge, etwa Konfessionen, identitätsstiftende Traditionen wie Trachten, wirtschaftliche Verflechtungen, z. B. Mitgliedschaft in einer Vermarktungsgemeinschaft oder kontrollierende Zugehörigkeitsbekundungen, so beispielsweise Vereinsumzüge, dienten zur Konkretisierung von Lebenswelten als Regionen. Nunmehr wurde Region (im Hinblick auf modellcharakteristische Relationen und Relationsdimensionen) zur abhängigen Variablen, und regionskonstitutive Merkmale wie Religionszugehörigkeiten, Kleidungseigenheiten, Vertriebswege oder Vereinsmitgliedschaften waren unabhängige Variablen. Die auf dieser Grundlage erstellten Hypothesen postulieren modellgemäß Wirkungszusammenhänge zwischen derartigen Attributen und der Stiftung von Regionen, wobei die Hoffnung gehegt wurde, daß am Ende Steuerungsimpulsen lebenswelt- und damit modellangemessene Wege gewiesen werden können.

Zur Testung des Zusammenhangs zwischen Regionenstiftung und Verhaltensdimensionierung wurde nunmehr neben der ersten anfangs erwähnten Region Hohenlohe die ebenfalls aufgeführte Region Kraichgau in die Untersuchung einbezogen. Die Akteure, Wissensvorräte, Deutungsmuster, Kommunikationskanäle usw. der ersten Region, die 18 Ortschaften und mehrere Weiler in Hohenlohe exemplarisch repräsentieren, wurden mit Hilfe von Expertengesprächen, Vor-Ort-Beobachtungen oder Inhaltsanalysen von Lokalblättern näher identifiziert. Darauf baute ein Fagebogen auf, der 1996 zur Totalerhebung dieser Orte diente. Auf die gleiche Weise wurde eine strukturell divergente Gemeinde mit mehreren Teilorten und Weilern im Kraichgau lokalisiert und 1997 mittels des im wesentlichen gleichen, aufgrund der vorangegangenen Interviewerfahrungen nur geringfügig modifizierten Fragebogens komplett erhoben. Befragt wurden dabei jeweils etwa 120 Landwirte. In diesem Projektabschnitt ging es letztlich darum, Hypothesen über die Ausdifferenzierbarkeit einer Region als empirisch nachweisbares autopoietisches System und damit zugleich Korrelationsvermutungen über dieses Akteur- und Relationengefüge zu testen. Die Ergebnisse dieser Untersuchungen lassen sich in den bisherigen Forschungsstand summarisch so einfügen:

1. Agrarökologische Steuerungsimpulse, die auf eine innovative Veränderung von Bewirtschaftungsroutinen zielen, müssen lebensweltangemessen sein, um bei Landwirten Verhaltensänderungen auslösen zu können.
2. Steuerungsrelevante Lebenswelten sind als empirische Relative zum medialen Steuerungsmodell konstruierbar.

3. Die größte anvisierbare Lebenswelt ist im agrar-ökologischen System die derart konstruierte Agrarregion.
4. Empirisch erhebbare (Sub-) Strukturen einer Agrarregion sind geo-ökologische, ökonomische sowie soziale Grenzen, Identitäten und Kontrollen stiftende Interaktionen und Artefakte.
5. Aus den derart empirisch erhobenen Interaktions- und Artefaktkonstellationen lassen sich modellgeleitete Hypothesen über agrar-ökologische Entwicklungs- und politische Impulsverlaufswahrscheinlichkeiten aufstellen.
6. Erhärtete Hypothesen lassen sich als Theoriesätze und damit als Bausteine einer medialen Steuerungstheorie reformulieren.

Der letzte Punkt verweist auf die – an diesen Forschungsstand anschließenden – weiterführenden Forschungsanstrengungen. Parallel zu dieser modellgeleiteten findet eine theoriegeleitete Hypothesensuche statt, die gleichsam ein Prüfstein für die dargestellte Projektarbeit ist – und umgekehrt. Das nunmehr präsentierte Forschungsprojekt, bei dem es um die Umsteuerbarkeit von Verkehrsverhalten geht, demonstriert exemplarisch jenes andere Suchverfahren.

3.6.2 Kommunale Verkehrspolitik

Im Politikfeld Verkehr gibt es, wie bereits erwähnt, drei vorherrschende Steuerungsorientierungen, nämlich Mobilität, Prosperität und Umweltverträglichkeit. Genannt wurde zudem die Priorität von Großkommunen: allerorten steht Umweltverträglichkeit an erster Stelle. Deshalb überrascht auch keinen Stadtbewohner die politisch-stereotype Akzentuierung des öffentlichen Nahverkehrs als Verkehrsmittel der ersten Wahl. Darüber, wie aus mehreren Wahlmöglichkeiten eine Handlungsalternative, eben der Umstieg auf öffentliche Verkehrsmittel, herausgefischt werden kann, gibt es zahlreiche, gleichfalls schon aufgelistete Vermutungen, z. B. durch den Ausbau, die Verbilligung, die Komfortabilisierung usw. dieses Verkehrs, oder, per Umkehrschluß, durch den Rückbau, die Verteuerung, die Behinderung usw. des individuellen Nahverkehrs.

Im medialen Steuerungssinn sind Strukturierungsmaßnahmen wie Aus- bzw. Rückbau oder Finanzierungsmaßnahmen wie Verbilligung bzw. Verteuerung Perturbationen. Eine politisch initiierte Änderung der Verkehrsinfrastruktur oder des Verkehrskostengefüges könnte sodann im Rahmen eines modellorientierten Argumentationszusammenhangs als – einem favorisierten Entwicklunspfad angemessener – Anstoß zur Selbststeuerung interpretiert werden. Eine derartige Vorgehensweise kennzeichnet den skizzierten agrar-ökologischen Forschungsweg. Dort wird ein implementiertes Steuerungsarrangement modelltheoretisch überformt und zur Hypothesengewinnung empirisch reformuliert. Resultat sind modellbezogene Hypothesen. Dieser Forschungsweg geht zu Ende, wenn der steuerungstheoretische Gehalt solcher Hypothesen herausgefiltert, also aus einem Modell- ein Theoriebaustein gemacht wurde.

Die Frage, ob verkehrspolitische Strukturierungs- oder Finanzierungsmaßnahmen entwicklungslogisch angemessene Anstöße zur Selbststeuerung sind, kann aber genauso auf eine theoriegeleitete Hypothesensuche zielen. Gesucht sind dann zwar ebenfalls steuerungstheoretische Hypothesen, die über die Wirkungsweise eines verkehrspolitischen Steuerungsimpulses vergewissern. Weil das mediale Steuerungsmodell aber keine Theoriesätze und folglich keine nomologischen Hypothesen enthält, richtet sich die Suche auf Theorien, die zur Transformation von Modell- in Theoriesätze geeignet sein könnten. Diese Vorgehensweise charakterisiert den präsentierten verkehrspolitischen Forschungsweg.[717] Hier werden in das mediale Steuerungskonzept schrittweise Komponenten aus bewährten Theorien und Theorievorstufen eingepaßt, um Hypothesen über die Steuerbarkeit von (verkehrsteilnehmenden) Adressaten und die Steuerungsfähigkeit des (verkehrs-) politischen Systems abzuleiten. Weitere Schritte sind die Operationalisierung und schließlich die Testung der Hypothesen. Am Ende stehen empirisch erhärtete Vermutungen über die Wirkungsweise verkehrspolitischer Steuerungsimpulse. Diese Vorgehensweise firmiert als theoriebezogene Hypothesenbildung.

Dabei geht es um die Frage, ob und gegebenfalls wie man sich über die Geeignetheit von Maßnahmen zur Stärkung des öffentlichen Personennahverkehrs wissenschaftlich vergewissern kann. Ausgangspunkt ist, wie gesagt, das mediale Steuerungskonzept, das bekanntlich eine politisch erwünschte Umsteuerung des privaten auf den öffentlichen Nahverkehr als Problem einer Indienstnahme von „Struktureller Kopplung" zwischen politischem System und Verkehrssystem definiert. Dieses Problem hat offensichtlich zwei Dimensionen: die Ebene des politischen Systems, das gestalterische Perturbationen setzen will, und die Ebene des Verkehrssystems, das die

717 Vgl. zum Folgenden Gsänger, Kommunale Verkehrspolitik, m. w. N. Die nachstehende Präsentation weicht nicht vom Inhalt, aus Gründen der Nachvollziehbarkeit des Ableitungszusammenhangs jedoch wiederholt vom Aufbau des Forschungsberichts ab. Seitenangaben beziehen sich ausschließlich auf diesen Bericht.

Perturbationen dergestalt abarbeiten soll. Zu analysieren ist folglich, unter welchen Voraussetzungen die erste Ebene tun kann, was sie will, und die zweite Ebene tun wird, was sie soll. Modellgemäß ist derartiges Tun Sache individueller oder kollektiver Akteure und Analysegegenstand damit deren Handlungsgefüge.

Die Analyse beginnt mit der zweiten Problemdimension und damit mit dem Verkehrssystem. Auch hier steht also die Makroperspektive am Anfang, eben das verkehrssystemische Handlungsmuster. Als handlungsspezifizierende Elemente werden insoweit Verkehrsteilnehmer sowie als perturbierendes Medium sogenannte – weil das Politik- mit dem Verkehrssystem grenzüberschreitend verknüpfende – Grenzakteure identifiziert,[718] und Strukturelle Kopplung erscheint als spezifisches Interaktionsfeld. Dieses Interaktionsfeld wird mit Hilfe der Sign-Semiose konzeptualisiert,[719] eines Ansatzes, der die Organisation zielgerichteten Verhaltens zum Gegenstand hat und hier zur Erklärung der Vermittelbarkeit von Perturbationen an die Verkehrsteilnehmer dient. Dem Modell entsprechend versteht sich Systemrationalität als systemtypische Strategie zur Abarbeitung von Perturbationen. Zur Identifikation der besonderen Systemrationalität des Verkehrssystems werden eine Makro- und eine Mikroperspektive eingenommen. In der Makroperspektive ist Systemrationalität eine alles Verkehrsverhalten anleitende Strategie zur raumzeitlichen Koordination von Transportleistungen.[720] In der Mikroperspektive ist Systemrationalität eine individuelles Verkehrsverhalten anleitende Strategie zur Rollengestaltung; dazu wird die Rolle des Verkehrsteilnehmers als Rollenset mit Aspekten wie Pendler, Berufsfahrer oder Reisender spezifiziert,[721] der die Kooordination unterschiedlich konkretisiert. Die Antwortsuche auf Fragen, welcher Akteur auf welche Weise handelt, richtet sich nunmehr auf die Mikroperspektive.

Der Schwerpunkt dieses Teils liegt auf der Analyse des Rollenhandelns, das die Grenzakteure mit Perturbationen anzielen. Untersuchungsansatz ist die Rational Choice-Theorie,[722] die Handlungswahlen kausal-intentional mit Hilfe von Rationalitätskriterien und Randbedingungen erklärt und hier um Elemente einer Rahmenanalyse angereichert wird, d. h. um weitere Kriterien wie Zustands- oder Problemwahrnehmungen, die eine Handlungssituation organisieren. Solche Frames[723] konstituieren und limitieren das jewei-

718 Ebd., S. 54
719 Vgl. ebd., S.21 ff
720 Ebd., S. 100
721 Ebd., S. 93
722 S. ebd., S. 68 ff
723 Vgl. zum Framing ebd., S. 80 ff

lige Rollenhandeln eines pendelnden, anliefernden oder umherfahrenden Akteurs und fächern damit die (mikro-perspektivische) Systemrationalität auf. Demnach verläuft die Verkehrsmittelwahl eines Rolleninhabers so: zunächst registriert und reflektiert er Wahloptionen im Hinblick auf seine selbst definierte Lage, beispielsweise als Pendler, sodann kalkuliert und bewertet er seine Nutzen und seine Kosten im Hinblick auf die potentiellen Handlungsalternativen, etwa Bus versus Auto, nunmehr wägt er vordergründige Rahmenbedingungen vorgegebener Handlungsalternativen wie Fahrplangebundenheit versus Ungebundenheit ab, greift weiter notfalls auf hintergründige Rahmenbedingungen, etwa Umweltschonung versus Umweltausbeutung, zurück, um schließlich ein bestimmtes Verkehrsmittel zu wählen.

Nunmehr lassen sich theoriebezogene Hypothesen ableiten. Eine derartige Hypothese lautet: Wenn die Verkehrsmittelwahl von Verkehrsteilnehmern politisch beeinflußt werden soll, dann müssen Einflußstrategien die verkehrsrelevanten frames von Rolleninhabern einberechnen. Operationaler hört sich das so an: Wenn Grenzakteure wie Verkehrsbetriebe Transportleistungen neu koordinieren wollen, dann müssen dominante Aspekte bei Verkehrsteilnehmern wie Verfügbarkeit, Reisezeit, Bequemlichkeit und Kosten Berücksichtigung finden.[724] Nunmehr können Grenzakteure via Wahloptionen die Rolleninhaber entlang der Netzwerke bei ihrer Verkehrsmittelwahl hinreichend erfolgsgewiß perturbieren. Gestaltungswirksame Perturbationen sind dann beispielsweise[725] Maßnahmen zur Verbesserung der Anbindung an den öffentlichen Nahverkehr (Reisezeitverkürzung, Bequemlichkeitssteigerung) oder zur Verteuerung des Parkens in der City (Kostenerhöhung).

Der zweite Teil der Analyse bezieht sich zwangsläufig auf die erste Problemdimension, also auf das Handlungsgefüge und damit die Handlungsmöglichkeit der Grenzakteure, kurz, auf das politische System. Die Leitfrage dieses Teils läßt sich etwa so umschreiben: Warum muß und wie kann das politische System für das – zuvor akteursspezifisch konstruierte – Verkehrssystem strukturangemessene Perturbationen setzen? Hier geht es also um die Sicht des politischen Systems, das beispielsweise Strukturangemessenheit konstatiert, wenn verkehrspolitische Maßnahmen Zustimmung finden,[726] oder das Perturbationsnotwendigkeit registriert, wenn Legitimationsverluste drohen.[727] Gesucht sind nachfolgend Antworten auf Unterfragen derart, wie die politische Sicht von Perturbationsstrategien und nicht zuletzt von Steue-

724 Vgl. ebd., S. 122, 127
725 S. im einzelnen ebd., S. 131 ff
726 Ebd., S. 118
727 S. hierzu ebd., S. 55, Fußn. 59

rungsfähigkeit modellgetreu zu konstruieren ist, um am Ende Vermutungen über die verkehrspolitische Steuerungskapazität aufstellen zu können.

Beide Unterfragen beantworten sich modellgemäß letztlich mit der Operationslogik oder Systemrationalität des politischen Systems, die sowohl die wissenschaftliche Fremd- als auch die politische Selbstbeobachtung dieses Systems organisiert. Zuerst wird das kommunalpolitische System als autopoietisches System konstruiert,[728] wobei Konstruktionsschwerpunkt die spezifizierenden Akteure sind. Die Ausdifferenzierung solcher Systemelemente erhellt die Mikroebene. Diese Akteure, etwa Parteien, Interessengruppen oder Verwaltungsspitzen, stiften nämlich nicht nur die Identität des Systems, sondern fungieren zudem als Grenzakteure, indem sie soziale Probleme in politische Themen transformieren. Der entsprechende Transformationsprozeß, das Agenda-Setting, veranschaulicht zugleich dem kommunalpolitischen System wie auch dem wissenschaftlichen Beobachter Problemlösungs- und damit Steuerungsfähigkeit. Agenda-Setting, also die Thematisierung und Abarbeitung sozialer Perturbationen durch das politische System, wird damit zum zentralen Theoriesujet dieses Projektabschnitts.

In einer ersten Annäherung dient das politikwissenschaftlich gängige Garbage-Can-Modell zur Illustration des Agenda-Setting-Prozesses.[729] Wie erinnerlich, unterscheidet dieses Modell zwischen drei Prozeßströmen, nämlich dem Problem-, dem Policy- und dem Politics-Strom, die zwar nur sporadisch zusammenströmen, deren Zusammenfluß von Problemwahrnehmungen, Gestaltungskonzepten und Politikereignissen dann aber ein Policy-Window öffnet, das ein soziales Problem auf die politische Agenda bringt. Einen derartigen Zusammenfluß kanalisieren bekanntlich Policy Entrepreneurs, also interessenorientierte Ressourceninhaber, die ihre jeweiligen Politikvorstellungen realisiert sehen möchten.

Im nächsten Schritt geht es um die Reformulierung dieses Modells im Sinne des medialen Steuerungsmodells.[730] Hier wird die Makro-Ebene nachgezeichnet, die das Interaktionsfeld der kommunalpolitischen Akteure absteckt. In den – voneinander weitestgehend unabhängigen – Prozeßströmen werden unterschiedliche Operationslogiken identifiziert, beispielsweise im Policy-Strom eine technische (sachlogische) oder im Politics-Strom eine legitimatorische (konsenslogische) Handlungsorientierung, die akteurserzeugend und von Akteuren erzeugt sind. Daraus wird gefolgert, daß es sich um autopoietische Systeme handelt, die wechselseitig füreinander Umwelt sind.

728 Ebd., S. 155 ff

729 Ebd., S. 167 ff

730 Vgl., auch zum Folgenden, ebd., S. 172 ff

In den Policy Entrepreneurs werden Grenzakteure gesehen, die Systemlogiken kompatibilisieren und damit konsensuelle Bereiche ausbilden, also beispielsweise zwischen sachlogisch nötigen und konsenslogisch möglichen Verkehrsumlenkungskonzepten vermitteln. Die Policy Windows schließlich werden als Manifestationen Struktureller Kopplung aufgefaßt.

Der darauffolgende Schritt, der wieder auf die Mikroebene zurückführt, weil er die Interaktionsbedingungen im derart konstruierten Agenda-Setting-System zum Gegenstand hat, nimmt den früher entwickelten Rational Choice-Theorie-Strang wieder auf und bezieht verstärkt kollektive Akteure in die Analyse ein. Zur Analyse der wechselseitigen Beschränkung von Handlungsoptionen solcher Akteure werden z. B. die in den Strömen ablaufenden Interaktionen als Nested Games interpretiert, so daß sich die Interaktionen in den einzelnen Strömen nunmehr als Randbedingungen der Interaktionen in den jeweiligen anderen Strömen abbilden lassen. Weiter wird in der Öffnung eines Policy Windows die Chance für einen frame switch gesehen, d. h. für die Ersetzung des bisherigen durch einen anderen situationsbestimmenden Handlungsrahmen, falls der vorige Handlungsset keine handhabbare Option für eine politisch als notwendig erachtete Maßnahme bereithielt. Beispielsweise signalisiert der Umschlag einer straßenbaufördernden in eine schienenbaufördernde Generalverkehrsplanung einen frame switch. Der neue Frame eröffnet zugleich einen Markt neuer Handlungsoptionen, der den Akteuren Verteilungs- und damit Verhandlungsprobleme aufgibt. Zu deren Lösung werden von den Akteuren Verhandlungssysteme institutionalisiert, die alle Maßnahmen positiv bewerten, bei denen der Netto-Nutzen der Begünstigten ausreicht, um den Netto-Verlust der Benachteiligten auszugleichen; dazu sind Kompensationszahlungen oder Kooperationsgeschäfte nötig. Die Institutionalisierung solcher Verhandlungsrahmen entspringt einem Rationalitätskalkül, weil die Akteure wechselseitig abhängig sind und zudem über unterschiedliche, einander ergänzende Ressourcen verfügen.

Im letzten Schritt wird untersucht, wie es zu einem verkehrspolitischen Kooperationsgewinn kommen könnte. So müßte die Verlagerung von der Straße auf die Schiene den Akteuren als nutzenbringendes Kollektivgut erscheinen und in dem institutionalisierten Verhandlungssystem anvisiert werden. Wäre das Politikziel derart ausgehandelt, dann bliebe als Verhandlungsgegenstand nur noch die Verteilung der Politikkosten. Um einen allseits akzeptablen und damit realisierbaren Politikinhalt zu verfertigen, müßten alle Prozeßströme in die Verhandlungsprozedur eingebunden sein. Da die Ströme aber in sich und untereinander mehrere Ebenen aufweisen, schränkt sich der Handlungsspielraum von Ebene zu Ebene immer mehr ein.

Beispielsweise sinnt die legitimatorische Handlungsorientierung Konsensbeschaffung sowohl stromintern im Politics-Strom von der Vertretungskörperschaft bis zu den Bürgern als auch strömeübergreifend zwischen Politics- und Policy-Strom für die im Policy-Strom erarbeiteten technischen Expertenlösungen an mit der Folge, daß sich der Handlungsspielraum von Ebene zu Ebene immer mehr einschränkt, eben weil Zustimmung auf der einen Ebene zur Handlungsbeschränkung bei der Zustimmungssuche auf der anderen Ebene wird. Anders gesagt, Konsensfindung für bestimmte verkehrspolitische Optionen bei Vertretungsgremien limitiert die Konsensfindungsmöglichkeiten bei Expertengremien auf diese Optionen, so daß in und zwischen Strömen Konsensvermittlung stattfinden muß, um zu einem Kooperationsgewinn kommen zu können. Insoweit wird die Lösung in verknüpfbaren frames gesehen, die allen Beteiligten Gesamtnutzenperspektiven vermitteln. Hier schlägt einmal mehr die Stunde der Policy Entrepreneurs als Grenzakteure.

Im Beispiel könnte eine theoriebezogene Hypothese lauten: Wenn eine verkehrspolitische Option bei Experten hohe und bei Interessengruppen geringe Akzeptanz genießt, dann müssen Grenzakteure diese Differenz durch Frame-Verknüpfung verringern. Konkreter: Wenn eine temporäre Innenstadtsperrung von Wissenschaftlern als Lösung des Sommersmogproblems und von Einzelhändlern als Schaffung eines Umsatzrückgangsproblems wahrgenommen wird, müßte das städtische Verkehrsamt diejenigen frames beider Akteurskonstellationen verknüpfen, die Erreichbarkeit im Sinne von Verkehrsangebundenheit hoch bewerten. Dazu dürften öffentliche Anhörungen, Bürgerbeteiligung oder Öffentlichkeitsarbeit beitragen, die Gesamtnutzen durch die Favorisierung von Elektro-Bussen, Park-and-Ride oder Road-Pricing stiften könnten.

Nunmehr bleibt noch die Zusammenführung beider Perspektiven: Auf der einen Seite müssen die Kooperations- und Verhandlungsmuster in und zwischen den Strömen so organisiert sein, daß die Maximierung des Gesamtnutzens durch eine favorisierte verkehrspolitische Option im Rahmen von handlungsleitenden frames der Akteure des politischen Systems plausibilisierbar ist, und auf der anderen Seite muß die Instrumentalisierung dieser Option so beschaffen sein, daß die Maximierung des Individualnutzens in handlungsleitenden frames der Rolleninhaber des Verkehrssystems plausibilisierbar ist. Diese Anforderungen an den Politikverfertigungsprozeß werden dann sekundäranalytisch mit verkehrspolitischen Daten aus Städten wie Esslingen, Kassel oder insbesondere Würzburg illustriert. Insgesamt demonstrieren die autopoietische Rekonstruktion von politischem System und Verkehrssystem, die modelltheoretische Reformulierung von strukturellen

Kopplungsbeziehungen zwischen beiden Systemen oder von politischen Perturbationsstrategien durch Grenzakteure exemplarisch jenen Weg, der von medialen Steuerungsmodellbausteinen über Theoriebausteine zu testablen, empirisch gehaltvollen Hypothesen und am Ende zu Steuerungstheoriebausteinen führen soll.

Memo: Mediale Steuerungspraxis

„Modell-empirisch" geleiteter Forschungsprozeß	*Forschungs-schritte*	*„Modell-theoretisch" geleiteter Forschungsprozeß*
Mediales Steuerungsmodell: Konstruktion von „Struktureller Kopplung" im Modellkontext	{Modell} ↓	Mediales Steuerungsmodell: Konstruktion von „Struktureller Kopplung" im Modellkontext
Reales Steuerungsarrangement wird zum modellangemessenen Wirklichkeitsausschnitt: „Strukturelle Kopplung" ist ein empirisch zu interpretierender Prozeß	{Original} ↓	Mediales Steuerungsmodell wird zum semantischen Modell erster Stufe: „Strukturelle Kopplung" ist ein theoretisch zu interpretierender Prozeß
Empirisches Relativ: Rekonstruktion von „Struktureller Kopplung" als spezifisches Interaktionsfeld mittels agrarökologiepolitischer Daten wie MEKA	{Rekonstruktion} ↓	Semantisches Modell zweiter Stufe: Rekonstruktion von „Struktureller Kopplung" als spezifisches Interaktionsfeld mittels Ansätzen wie Sign-Semiose, Rational-Choice, Garbage-Can-Modell usw.
Ableitung aus dem empirischen Relativ Makro-Ebene (Relationen): Annahmen über lebensweltliche Orientierungen Mikro-Ebene (Akteure): Annahmen über das Verhalten von Durchschnittstypen	{Hypothesenbildung} ↓	Ableitung aus dem Modell zweiter Stufe Makro-Ebene (Relationen): Annahmen über Transport- bzw. Stromorientierungen. Mikro-Ebene (Akteure): Annahmen über das Verhalten von Rolleninhabern bzw. Entrepreneurs
Verknüpfung der modellbezogenen Hypothesen mit Beobachtungsdaten	{Operationalisierung} ↓	Verknüpfung der theoriebezogenen Hypothesen mit Beobachtungsdaten. Makro-Ebene: Verkehrs- oder stromtypische Rationalitätskriterien. Mikro-Ebene: Verkehrsteilnehmer- oder entrepreneurtypische Operationskriterien
Felduntersuchung	{Testung} ↓	Sekundäranalyse
Bausteine einer medialen Steuerungstheorie	{Theoriebildung}	Bausteine einer medialen Steuerungstheorie

In Kapitel 3.7 geht es um folgende Frage:

Welche theoretischen Komponenten erfordert eine steuerungstheoretische Erklärung?

3.7 Ausblick

Zum Schluß soll der in Kapitel 3 präsentierte Diskussionsstand summarisch aufgelistet und der daran anknüpfende weiterführende Diskussionsverlauf kurz skizziert werden.

- Politische Steuerung wird definiert als Perspektive des politischen Systems im Prozeß Struktureller Kopplung zwischen politischem System und einem anderen autopoietisch organisierten Sozialsystem. Strukturelle Kopplung wird hierbei als probabilistischer Wirkungs- und Interaktionszusammenhang begriffen.
- Eine steuerungstheoretische Analyse autopoietisch organisierter Sozialsysteme muß zwei sozialtheoretischen Implikationen genügen:
  Die erste Implikation besteht darin, daß eine steuerungstheoretische Analyse autopoietischer Sozialsysteme die formale Struktur eines Makro-Mikro-Makro-Erklärungsmodells im Sinn des strukturell-individualistischen Ansatzes aufweisen sollte. Die zweite Implikation besteht darin, daß einer steuerungstheoretischen Analyse bzw. Erklärung autopoietischer Sozialstrukturen das handlungstheoretische homo-generalis-Konzept zugrunde gelegt werden sollte.
- Als mediale Steuerungsstrategien werden solche politischen Steuerungsstrategien bezeichnet, die den jeweils spezifischen Bedingungen der Strukturellen Kopplung zwischen dem politischen System und dem Adressatensystem gerecht werden. Diese Anforderungen sind dann erfüllt, wenn eine Steuerungsstrategie drei Kriterien genügt: Perzeptibilität, Dynamik und Rekursivität.
- An zwei idealtypischen Forschungsstrategien wird die Verwendung des Steuerungsmodells „Strukturelle Kopplung“ zur Formulierung empirischer Hypothesen über Steuerungsvoraussetzungen, -verläufe und -wirkungen demonstriert: der modell-empirischen und der modell-theoretischen Variante.

Im Anschluß an diese bereits vorliegenden Theoriekomponenten stellt sich für die weitere steuerungstheoretische Analyse die zentrale Frage: Wie sieht die Struktur einer steuerungstheoretischen Wirkungserklärung medialer Steuerungsstrategien aus und welche (zusätzlichen) theoretischen Komponenten werden benötigt? Diese Hauptfrage läßt sich in mehrere Teilfragen auffächern.

- Welche Ausschnitte des konsensuellen Bereiches zweiter Ordnung zwischen den beteiligten sozialen Systemen müssen berücksichtigt werden? Wenn bei medialen Steuerungsstrategien neben dem politischen System und dem Adressatensystem häufig noch ein drittes System, das sogenannte Hervorbringungssystem involviert ist, dann fragt sich, was für andere empirische Konstellationen Struktureller Kopplung relevant sind und wie diese analytisch modelliert werden können.
- Gemäß den genannten sozialtheoretischen Implikationen soll die Wirkungserklärung von Steuerungsstrategien eine Mehrebenenstruktur (entlang der Verknüpfung der drei Logiken) aufweisen. Welche theoretischen Voraussetzungen (Handlungstheorie, Aggregationsmodell) sind zu erfüllen? Wie gewinnt man die für die empirische Ausgestaltung der drei Logiken (d. h. insbesondere für die Formulierung der Brückenhypothesen) notwendigen Erkenntnisse? Wie kann vorhandenes, z. B. im Rahmen policy-analytischer Steuerungsanalysen erarbeitetes empirisches Wissen verwendet werden?
- Wenn im Rahmen der modell-theoretischen Forschungsstrategie vorliegende steuerungstheoretische Konzepte (wie z. B. das Garbage-Can-Modell) zum Zweck der Hypothesenformulierung in die steuerungstheoretische Analyse integriert werden, dann fragt sich, ob Prinzipien für eine systematische Einbindung solcher steuerungstheoretischer Teilkonzepte oder anderer Forschungsheuristiken in eine Makro-Mikro-Makro-Erklärung (medialer) Steuerungsstrategien bzw. in das steuerungstheoretische Erklärungsmodell „Strukturelle Kopplung“ aufgestellt werden können.
- Autopoietisch organisierte soziale Systeme sind autonome dynamische Systeme, die ein rekursives, selbstorganisiertes Systemverhalten aufweisen. Politische Steuerung erscheint somit als Versuch zur Initiierung und Beeinflussung autonomer systemischer Strukturwandelprozesse. Wie bzw. bis zu welchem Grad können solche Strukturwandelprozesse modelliert werden? Lassen sich die Effekte politischer Einflußversuche genetisch erklären und prognostizieren? Hier geht es um die Integration vorhandener (sozialwissenschaftlicher) Selbstorganisationskonzepte in die steuerungstheoretische Heuristik „Strukturelle Kopplung“.

Wie sich zeigt, ist bestenfalls das Fundament für ein Steuerungsmodell „Strukturelle Kopplung" gelegt. Immerhin zeichnen sich aber auch die Umrisse des Modellbaus ab, der auf diesem Fundament errichtet wird. Zu erkennen ist eine Art Mehrzweckbau für unterschiedliche Analysezwecke. Hält der Modellbau, was er verspricht, dann machen die so beheimateten Steuerungsanalysen aus den Modellbausteinen mit der Zeit Theoriebausteine.

Memo Bausteine einer Steuerungstheorie

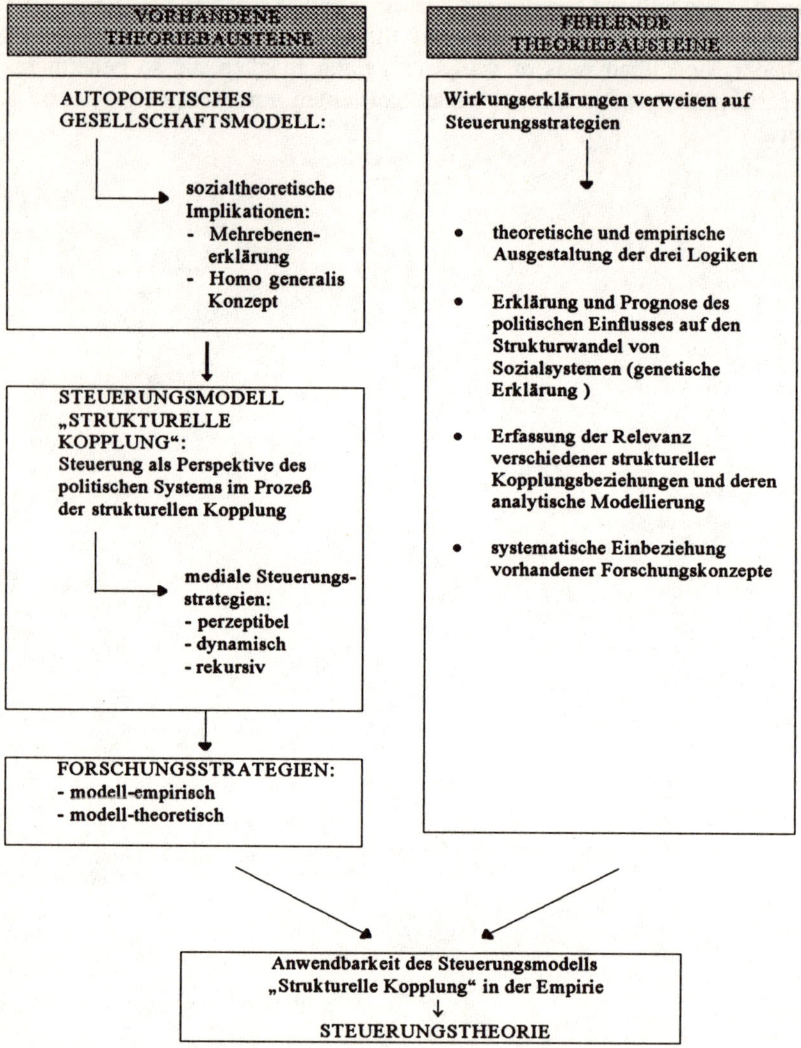

Literatur

Alemann, U. v./Schatz, H., Mensch und Technik, Opladen 1986

Allesch, J./Fiedler, H./Martin, H.-J., Förderung der Auftragsforschung, Zwischenbilanz der Fördermaßnahme „Externe Vertragsforschung" – eine Untersuchung der TU Berlin (Technologietransfer-Stelle) in Zusammenarbeit mit ISI Karlsruhe im Auftrag des BMFT, Köln 1983

Allhoff, J., Technologieparks als Steuerungsinstrument, Magisterarbeit Universität Stuttgart 1993

An der Heiden, U., Selbstorganisation in dynamischen Systemen, in: Krohn, W. (Hrsg.), Selbstorganisation – Aspekte einer wissenschaftlichen Revolution, Braunschweig 1990, S. 57 ff

Arbeitskreis Baden-Württembergischer Technologiezentren, Technologiezentren in Baden-Württemberg, Stuttgart 1993

Arrow, K. J., Social Choice and Individual Values, New York 1951

Ashby, W. R., An Introduction to Cybernetics, London 1965

Ashby, W. R., Design for a Brain, London 1954

Becher, G. u. a., FuE-Personalkostenzuschüsse: Strukturentwicklung, Beschäftigungswirkungen und Konsequenzen für die Innovationspolitik – Endbericht an den Bundesminister für Wirtschaft. Fraunhofer-Institut für Systemtechnik und Innovationsforschung (ISI), Deutsches Institut für Wirtschaftsforschung (DIW), Karlsruhe/Berlin 1989

Bechmann, G./Franz, P., Technikfolgenabschätzung – Institutionelle Voraussetzungen und Probleme der Umsetzung, in: Sozialwissenschaften und Berufspraxis 9, 1986, S. 16 ff

Beck, U., Risikogesellschaft, Frankfurt a. M. 1986

Becker, E./Jahn, T./Wehling, P., Revolutionäre Inszenierungen – Konzepttransfers und Wissenschaftsdynamik, in: Mayer, J. (Hrsg.), Zurück zur Natur? Zur Problematik ökologisch-naturwissenschaftlicher Ansätze in den Geisteswissenschaften, Loccum 1992, S. 137 ff

Bell, D., Die Dimensionen der nachindustriellen Gesellschaft, in: Kern, L., Probleme der postindustriellen Gesellschaft, Königstein 1984, S. 78 ff

Bell, D./Kristol, I. (Hrsg.), Kapitalismus heute, Frankfurt a. M. 1974

Bennett, C. J./Howlett, M., The lessons of learning: Reconciling theories of policy learning and policy chance, in: Policy Sciences, 25, 1992, S. 275 ff

Bergmann, A., Mediale Steuerung und agrar-ökologisches System, Magisterarbeit Universität Stuttgart 1995

Beyme, K. v., Theorie der Politik im 20. Jahrhundert, Frankfurt a. M. 1991

Birch, A. H., Overload, Ungovernability and Delegitimation: The Theory and the British Case, in: British Journal of Political Science 1984, S. 135 ff

Bohne, E., Informales Verwaltungshandeln im Gesetzesvollzug, in: Blankenburg, E./Lenk, K. (Hrsg.), Organisation und Recht. Organisatorische Bedingungen des Gesetzesvollzugs, Opladen 1980; S 20ff

Bohnert,W./Klitzsch,W., Gesellschaftliche Selbstregulierung und staatliche Steuerung, in: Mayntz, R. (Hrsg.), Implementation politischer Programme, Königstein/Ts. 1980, S. 200 ff

Böhret, C., Grundriß der Planungspraxis, Opladen 1975
Böhret, C./Hugger, W., Der Praxistest von Gesetzesentwürfen. Am Beispiel des Referentenentwurfs eines Jugendhilfegesetzes (JHG), Baden-Baden 1980
Böhret, C./Jann, W./Kronenwett, E., Handlungsspielräume und Steuerungspotential der regionalen Wirtschaftsförderung. Eine empirische Untersuchung anhand von Programmen in zwei Bundesländern, Baden-Baden 1982
Böhret, C./Jann, W./Kronenwett, E., Innenpolitik und Politische Theorie. Ein Studienbuch, 3. Aufl., Opladen 1987
Braun, D., Artikel „Steuerungstheorien“, in: Nohlen, D./Schultze, R.-O. (Hrsg.), Lexikon der Politik, Bd.1, München 1995, S. 611 ff
Braun, D., Rezension: Helmut Willke, Ironie des Staats, in: Politische Vierteljahresschrift, 33,1993, S. 348 ff
Braun, D., Zur Steuerbarkeit funktionaler Teilsysteme: Akteurtheoretische Sichtweisen funktionaler Differenzierung moderner Gesellschaften, in: Héritier, A. (Hrsg.), Policy-Analyse. Kritik und Neuorientierung, Opladen 1993, S. 199 ff
Bräunling, G./Harmsen, D.-M., Die Förderungsprinzipien und Instrumente der Forschungs- und Technologiepolitik, Göttingen 1975
Brettschneider, F., Agenda-Setting (Forschungsstand und politische Konsequenzen), in: Jäckel, M./Winterhoff-Spurk, P. (Hrsg.), Politik und Medien, Berlin 1994, S. 211 ff
Brittan, S., The Economic Contradictions of Democracy, in: British Journal of Political Science 1975, S. 129 ff
Bruder, W., Artikel „Politische Planung“, in: Nohlen, D./Schultze, R.-O. (Hrsg.), Politikwissenschaft. Theorien-Methoden-Begriffe, München 1989, S. 770 ff
Bühl, W. L., Grenzen der Autopoiesis, in: Kölner Zeitschrift für Soziologie und Sozialpsychologie, 1987, 39, 1, S. 221 ff
Bundesregierung, Umweltbericht '76 – Fortschreibung des Umweltprogramms der Bundesregierung vom 14.07.1976, BT-Drs. 7/5684
Bundesregierung, Umweltprogramm der Bundesregierung vom 29.09.1971, BT-Drs. VI/2710
Bürgel, H., Grundlagen deutscher Verkehrspolitik. Aus der Werkstatt des Verkehrspolitikers, Darmstadt 1983
Burmeister, J., Der Schutz von Natur und Landschaft vor Zerstörung. Eine juristische und rechtstatsächliche Untersuchung, Düsseldorf 1988
Burth, H.-P., Zur Verbindung von autopoietischer Systemtheorie und strukturell-individualistischer Handlungstheorie, in: Druwe, U./Kunz, V., Handlungs- und Entscheidungstheorie in der Politikwissenschaft, Opladen 1996, S. 226 ff
Bußhoff, H., Demokratietheorie als Steuerungstheorie, in: Bußhoff (Hrsg.), Politische Steuerung, Baden-Baden 1992, S. 241 ff
Bußhoff, H., Der politische Prozeß, Würzburg 1993
Bußhoff, H., Vorwort, in: Bußhoff, H. (Hrsg.), Politische Steuerung, Baden-Baden 1992, S. 7 ff
Bussmann, K.-D., Absprachen in Wirtschaftsprozessen. Die Berücksichtigung von Systemlogik und Komplexität durch Verfahren, in: Dose, N./Voigt, R. (Hrsg.), Kooperatives Recht, Baden-Baden 1995, S. 185 ff
Bussmann, K.-D., Die Entdeckung der Informalität, Baden-Baden 1991

Coase, R. H., The Problem of Social Cost, in: Journal of Law and Economics 3, 1960, S. 1 ff
Cobb, R./Ross, J.-K./Ross, M.-H., Agenda Building as a Comparative Political Process, in: American Political Science Review, 1976, S.126 ff
Cohen, M. D./March, J. G./Olsen, J. P., A Garbage Can Model of Organizational Choice, in: Administrative Science Quaterly 17, 1972, S. 1 ff
Coleman, J. S., Foundations of Social Theory, Cambridge, Mass. u. London 1990
Coleman, J. S., Power and the Structure of Society, New York/London 1974
Coleman, J. S., Social Theory, Social Research and a Theory of Action, in: American Journal of Sociology, 91, 1986, S. 1309 ff
Coleman, J. S., The Mathematics of Collective Action, London 1973
v. Cube, F., Was ist Kybernetik?, Bremen 1967
Czada, R., Regierung und Verwaltung als Organisatoren gesellschaftlicher Interessen, in: Hartwich, H.-H./Wewer, G. (Hrsg.), Regieren in der Bundesrepublik III. Systemsteuerung und „Staatskunst“. Theoretische Beispiele und empirische Befunde, Opladen 1991, S. 151 ff
Demmke, Ch., Die Implementation von EG-Umweltpolitik in den Mitgliedstaaten. Umsetzung und Vollzug der Trinkwasserrichtlinie, Baden-Baden 1994
Deutsch, K. W., Politische Kybernetik. Modelle und Perspektiven, Freiburg 1969, 2. Aufl. 1970
Diekmann, A., Die Befolgung von Gesetzen, Berlin 1980
Dierkes, M./Petermann, T./v. Thienen, V. (Hrsg.), Technik und Parlament, Berlin 1986
Dieterle, H., Das Testergebnis, in: Görlitz, A. (Hrsg.), Umweltpolitische Steuerung, Baden-Baden 1993, S. 135 ff
Döhler, M./Manow-Borgwardt, P., Korporatisierung als gesundheitspolitische Strategie, in: Staatswissenschaft und Staatspraxis 3, 1992, S. 64 ff
Dose, N., Kooperatives Recht, in: Die Verwaltung, 1994, S. 96 f
Dose, N./Voigt, R., Kooperatives Recht: Norm und Praxis, in: Jahresschrift für Rechtspolitologie Bd. 8, 1995, S. 11 ff
Downs, A., Up and Down with Ecology – The Issue-Attention-Cycle, in: Public Interest 1972, S. 38 ff
Druwe, U., Artikel „Politik“, in: Görlitz, A./Prätorius, R. (Hrsg.), Handbuch Politikwissenschaft. Grundlagen-Forschungsstand-Perspektiven, Reinbek b. Hamburg 1987, S. 393 ff
Druwe, U., Einführung in die Politische Theorie, Neuried 1993
Druwe, U., Moderne Handlungsformen in der Umweltpolitik als mediales Recht, in: Jahresschrift für Rechtspolitologie 1991, S. 215 ff
Druwe, U., Politische Theorie, 2.Auflage, Neuried 1995
Druwe, U., Rekonstruktion der „Theorie der Autopoiese“ als Gesellschafts- und Steuerungsmodell, in: Görlitz, A. (Hrsg.), Politische Steuerung sozialer Systeme, Pfaffenweiler 1989, S. 35 ff
Druwe, U., „Selbstorganisation“ – ein neues Paradigma für die Entstehung sozialer Ordnung? in: Zeitschrift für Politik 1988, S. 395 ff
Druwe, U., „Selbstorganisation“ in den Sozialwissenschaften, in: Kölner Zeitschrift für Soziologie und Sozialpsychologie, 1988, S. 762 ff

Druwe, U., Steuerungstheoretische Problemlösungsansätze, in: Görlitz, A. (Hrsg.), Umweltpolitische Steuerung, Baden-Baden 1993

Druwe, U., Vom Modell zur Theorie, in: Görlitz, A./Druwe, U. (Hrsg.), Politische Steuerung und Systemumwelt, Pfaffenweiler 1990, S. 45 ff

Druwe, U./Görlitz, A., Politikfeldanalyse als mediale Steuerungsanalyse, in: Bußhoff, H. (Hrsg.), Politische Steuerung, Baden-Baden 1992, S. 143 ff

Easton, D., A Framework for Political Analysis, Englewood Cliffs 1965

Easton, D., A Systems Analysis of Political Life, New York/London/Sidney 1965

Eichner, V./Voelzkow, H., Umweltinteressen in der verbandlichen Techniksteuerung. Eine empirische Untersuchung der technischen Normung im Bereich der Stadtentwicklung, 1991

Einem, E./Wollmann, H., Kommunale Stadterneuerungspolitik und Investitionsverhalten privater Eigentümer in Stadterneuerungsgebieten. Forschungsprojekt BMBau RS II 70 41 02-77.18 (1980), Koblenz 1982

Ellwein, Th., Politik und Planung, Stuttgart 1968

Esser, H., Soziologie. Allgemeine Grundlagen, Frankfurt a. M./New York 1993

Fischer, F., Beyond the Rationality Project: Policy Analysis and the Postpositivist Challenge, in: Policy Studies Journal, 1989, S. 941 ff

Forschungskommission Baden-Württemberg (Hrsg.), Abschlußbericht, Stuttgart o. J.

Franz, P., Soziologie der räumlichen Mobilität, Frankfurt a. M./New York 1984

Frei, D., Einführung, in: Frei, D. (Hrsg.), Überforderte Demokratie?, Zürich 1975, S. 7 ff

Freudenberg, D., Planen und Entscheiden in der Öffentlichen Verwaltung, Herford 1983

Fricke, J., Evaluation von Technologiepolitik, Magisterarbeit Universität Stuttgart 1994

Fürst, D., Planung heute, in: Neues Archiv für Niedersachsen, 1993, 2, S. 105 ff

v. d. Gablenz, O., Macht, Gestaltung und Recht. Die drei Wurzeln des politischen Denkens, in: Hofmann, H. H. (Hrsg.), Die Entstehung des modernen souveränen Staates, Köln/Berlin 1967, S. 52 ff

Gabriel, O./Brettschneider, F./Kunz, V., Responsivität bundesdeutscher Kommunalpolitiker, in: Politische Vierteljahresschrift 1993, S. 29 ff

Garlichs, D., Grenzen staatlicher Infrastrukturpolitik. Bund/Länder-Kooperation in der Fernstraßenplanung (Politikverflechtung IV), Königstein 1980

Gelbhaar, S., Monetäre Sanktionen als Instrumente staatlichen Handelns. Ökonomik der Geldstrafen und ihre Funktion im umweltpolitisch motivierten Staatshaushalt, Berlin 1994

Gerhardts, J./Neidhardt, F., Strukturen und Funktionen moderner Öffentlichkeit. Fragestellungen und Ansätze, in: Müller-Doohm, S./Neumann-Braun, K., (Hrsg.), Öffentlichkeit. Kultur. Massenkommunikation, Oldenburg 1991

Giddens, A., Die Konstitution der Gesellschaft. Grundzüge einer Theorie der Strukturierung, Frankfurt a. M./New York 1988

Giddens, A./Turner, J. H., Introduction, in: dies. (Hrsg.), Social Theory Today, Cambridge/Oxford 1987, S. 1 ff

Gilleßen, C./Mühlau, P., Grundzüge strukturell-individualistischer Theoriebildung, in: Druwe, U./Kunz, V. (Hrsg.), Rational Choice in der Politikwissenschaft. Grundlagen und Anwendungen, Opladen 1994, S. 26 ff

Glaeser, B., Umweltpolitik zwischen Reparatur und Vorbeugung. Eine Einführung am Beispiel der Bundesrepublik im internationalen Kontext, Opladen 1989
v. Glasersfeld, E., Einführung in den radikalen Konstruktivismus, in: Watzlawick, P. (Hrsg.), Die erfundene Wirklichkeit. Wie wissen wir, was wir zu wissen glauben? Beiträge zum Konstruktivismus, München 1985, S. 16 ff
Görlitz, A., Mediales Recht als Steuerungskonzept, in: Jahresschrift für Rechtspolitologie 1990, S. 151 ff
Görlitz, A., Mediale Steuerung in der Umweltpolitik, in: Jahresschrift für Rechtspolitologie 1991, S. 231 ff
Görlitz, A., Symbol, in: Greiffenhagen, M./Greiffenhagen, S./Prätorius, R. (Hrsg.), Handwörterbuch zur politischen Kultur der Bundesrepublik Deutschland, Opladen 1981, S. 482 ff
Görlitz, A. (Hrsg.), Umweltpolitische Steuerung, Baden-Baden 1994
Görlitz, A./Voigt, R., Postinterventionistisches Recht (Jahresschrift für Rechtspolitologie 1990, Bd. 4)
Görlitz, A./Voigt, R., Rechtspolitologie, Opladen 1985
Gotsch, W., Soziale Steuerung – zum fehlenden Konzept einer Debatte, in: Glagow, M./Willke, H. (Hrsg.), Dezentrale Gesellschaftssteuerung. Probleme der Integration polyzentrischer Gesellschaft, Pfaffenweiler 1987, S. 27 ff
Grozier, M./Huntington, S. P./Watanuki, J., The Crisis of Democracy, New York 1975
Gsänger, M., Kommunale Verkehrspolitik als Problem politischer Steuerung. Zu Fragen der Bildung von Theorien und Hypothesen sowie deren Umsetzung in praktische Politik, Würzburger geographische Manuskripte Heft 37, Würzburg 1996
Guggenberger, B., Herrschaftslegitimierung und Staatskrise. Zu einigen Problemen der Regierbarkeit des modernen Staates, in: Greven, Th./Guggenberger, B./Strasser, D., Krise des Staates?, Zur Funktionsbestimmung des Staates im Spätkapitalismus, Darmstadt 1975, S. 9 ff
Habermas, J., Legitimationsprobleme im Spätkapitalismus, Frankfurt a. M. 1975
Habermas, J., Wissenschaft und Technik als „Ideologie“, Frankfurt a. M. 1968
Haken, H., Erfolgsgeheimnisse der Natur, Frankfurt a. M. 1984
Hanus, P., Mediale Steuerung technologischer Entwicklungen, Dissertation Universität Stuttgart 1993
Hartkopf, G./Bohne, E., Umweltpolitik Bd. 1: Grundlagen, Analysen und Perspektiven, Opladen 1983
Haufe, G., Artikel „Politische Kybernetik“, in: Nohlen, D./Schultze, R.-O. (Hrsg.), Politikwissenschaft. Theorien-Methoden-Begriffe, 3. Aufl., München 1989, S. 751
Hauff, V./Scharpf, F. W., Modernisierung der Volkswirtschaft, Frankfurt a. M. 1975
Häußler-Sczepan, M., Arzt und Schwangerschaftsabbruch. Eine empirische Untersuchung zur Implementation des reformierten § 218, Freiburg 1989
Hegel, G. W. F., Grundlinien der Philosophie des Rechts, 4. Aufl., Frankfurt a. M., 1995
Heidemann, C./Ries, H. O., Raumordnung, Regional- und Stadtentwicklung. Ein methodisches Konzept, Eschborn 1979

Heinelt, H., Policy und Politics. Überlegungen zum Verhältnis von Politikinhalten und Politikprozessen, in: Héritier, A. (Hrsg.), Policy-Analyse, Opladen 1993, S. 307 ff

Henke, W., Subventionsrecht und Wirtschaftsförderung, in: Hill, H. (Hrsg.), Verwaltungshandeln durch Verträge und Absprachen, Baden-Baden 1990

Hennis, W., Zur Begründung der Fragestellung, in: Hennis, W./Graf Kielmannsegg, P./Matz, U. (Hrsg.), Regierbarkeit, Bd. 1, Stuttgart 1977, S. 9 ff

Héritier, A., Policy-Analyse. Elemente der Kritik und Perspektiven der Neuorientierung, in: dies. (Hrsg.), Policy-Analyse. Kritik und Neuorientierung, Opladen 1993, S. 9 ff

Héritier, A., Policy-Netzwerkanalyse als Untersuchungsinstrument im europäischen Kontext: Folgerungen aus einer empirischen Studie regulativer Politik, in: dies. (Hrsg.), Policy-Analyse. Kritik und Neuorientierung, Opladen 1993, S. 432 ff

Hesse, J. J., Artikel "Planung", in: Görlitz, A./Prätorius, R. (Hrsg.), Handbuch Politikwissenschaft. Grundlagen-Forschungsstand-Perspektiven, Reinbek b. Hamburg 1987, S. 380 ff

Hesse, M., Verkehrswende, Marburg 1993

Heuer, H., Gründer- und Technologiezentren – Eine Fata Morgana der kommunalen Wirtschaftsförderung, in: Der Städtetag 1985, S. 638 ff

Hoch, H. J., Die Rechtswirklichkeit des Umweltstrafrechts aus der Sicht von Umweltverwaltung und Strafverfolgung. Empirische Untersuchungen zur Implementation strafbewehrter Vorschriften im Bereich des Umweltschutzes, Freiburg i. Br. 1994

Hornschild, K. u. a., Wirkungsanalyse der Forschungspersonalzuwachsförderung, Reihe: Beiträge zur Strukturforschung, Heft 115, 1990

Hucke, J./Wollmann, H., Altlasten im Gewirr administrativer (Un-) Zuständigkeiten. Analyse zweier Altlastenfälle in Berlin (West), Basel u. a. 1989

Hucke, J./Wollmann, H., Kriterien zur Bestimmung der Wirkung von Gesetzen, Berlin 1982

Huinink, J., Mehrebenensystem-Modelle in den Sozialwissenschaften, Wiesbaden 1989

Hujer, R., Planungstechniken und makroökonomischer Planungsprozeß, in: Zeitschrift für Nationalökonomie 31, 1971

ISDN-Forschungskommission des Landes NRW: ISDN in Unternehmen und Verwaltungen, Opladen 1996

Jacob, S., Evaluation staatlicher Innovationspolitik, Magisterarbeit Universität Stuttgart 1994

Jann, W., Artikel „Policy“, in: Nohlen, D./Schultze, R.-O. (Hrsg.), Politikwissenschaft. Theorien-Methoden-Begriffe, 3. Aufl., München 1989, S. 702

Jann, W., Artikel „Politikfeldanalyse“, in: Nohlen, D. (Hrsg.), Pipers Wörterbuch zur Politik, Bd. 1, München 1985, S. 711 ff

Jann, W., Der Policy-Ansatz, Speyer 1983

Jann, W., Kategorien der Policy-Forschung, Speyerer Arbeitshefte 37, Hochschule für Verwaltungswissenschaften Speyer, Speyer 1981

Jann, W., Staatliche Programme und „Verwaltungskultur“. Bekämpfung des Drogenmißbrauchs und der Jugendarbeitslosigkeit in Schweden, Großbritannien und der Bundesrepublik Deutschland im Vergleich, Opladen 1983

Jürgens, U., Entwicklungslinien der staatstheoretischen Diskussion seit den siebziger Jahren, in: Aus Politik und Zeitgeschichte, 1990, 9/10, S. 14 ff

Kade, G./Hujer, R./Ipsen, D., Kybernetik und Wirtschaftsplanung, in: Fehl, G./Fester, M./Kuhnert, N. (Hrsg.), Planung und Information, Gütersloh 1972, S. 180 ff

Kaier, A., Mit gutem Beispiel voran: Das Fallbeispiel „Staatsdomänenkonzept“, in: Görlitz, A. (Hrsg.), Umweltpolitische Steuerung, Baden-Baden 1994, S. 160 ff

Katz, J./Köhler, S./Dreher, Ch., Politikfeldanalytischer Vergleich der Stadtverkehrspolitik in Stuttgart und Zürich, 3 Bände, Magisterarbeiten Universität Stuttgart 1995

Kaufmann, F.-X., Solidarität als Steuerungsform – Erklärungsansätze bei Adam Smith, in: ders./Krüsselberg, H.-G. (Hrsg.), Markt, Staat und Solidarität bei Adam Smith, Franfurt a. M./New York 1984, S. 158 ff.

Keck, O., Der Schnelle Brüter. Eine Fallstudie über Entscheidungsprozesse in der Großtechnik, Frankfurt a. M./New York 1984

Kenis, P./Schneider, V., Policy Networks and Policy Analysis: Scrutinizing a New Analytical Toolbox, Frankfurt a. M. 1991, S. 25 ff

Kern, L. (Hrsg.), Probleme der postindustriellen Gesellschaft, Königstein 1984

Kingdon, J. W., Agendas, Alternatives and Public Policies, Boston/Toronto 1984

Kippes, S., Bargaining. Informales Verwaltungshandeln und Kooperation zwischen Verwaltungen, Bürgern und Unternehmern. Eine empirische Untersuchung an Hand des Vollzugs des Umweltschutzrechts unter besonderer Berücksichtigung des Problemfelds „Altlastensanierung“, Köln usw. 1995

Kirchgässner, G., Homo Oeconomicus, Tübingen 1991

Kistenmacher, H./Domhardt, J. u. a. (Bearb.), Siedlungs- und raumstrukturelle Wirkungen der Städtebauförderung in ländlichen Teilräumen, Bonn-Bad Godesberg (Schriftenreihe „Forschung“ des Bundesministers für Raumordnung, Bauwesen und Städtebau; Nr. 487), 1991

Knoepfel, P., Ökologische Vernetzung versus rechtsstaatliche Handlungsmaximen – Möglichkeiten zur Überwindung eines gespannten Grundverhältnisses, in: Jahresschrift für Rechtspolitologie Bd. 5, 1991, S. 107 ff

Köck, W. K., Autopoiese, Kognition und Kommunikation. Einige kritische Bemerkungen zu Humberto R. Maturanas Bio-Epistemologie und ihren Konsequenzen, in: Riegas, V./Vetter, C. (Hrsg.), Zur Biologie der Kognition. Ein Gespräch mit Humberto R. Maturana und Beiträge zur Diskussion seines Werkes, 3. Aufl., Frankfurt a. M. 1993, S. 159 ff

König, K./Dose, N., Klassifikationsansätze zum staatlichen Handeln, in: dies. (Hrsg.), Instrumente und Formen staatlichen Handelns, Köln/Berlin/Bonn/München 1993, S. 3 ff

Kontarpinski, T., Merkmale eines guten Plans, in: Alsleben, E./Wehrstadt, W. (Hrsg.), Praxeologie, Quickborn 1966, S. 89 f

Konukiewitz, M., Die Implementation räumlicher Politik. Eine empirische Untersuchung zur Koordination des Vollzugs raumwirksamer Maßnahmeprogramme, Opladen 1985

Krebsbach-Gnath, C./Schmid-Jörg, I., Wissenschaftliche Begleituntersuchung zu Frauenfördermaßnahmen, Stuttgart usw. 1985

Kubicek, H./Berger, P., Was bringt uns die Telekommunikation: ISDN – 66 kritische Antworten, Frankfurt a. M./New York 1990

Kulicke, M./Wupperfeld, U./Walter, G., Modellversuch „Förderung technologieorientierter Unternehmensgründungen", Karlsruhe 1992

Kunreuther, H./Linneroth, J./Lathrop, J. u. a., Risikoanalyse und politische Entscheidungsprozesse. Standortbestimmung von Flüssiggasanlagen in vier Ländern, Berlin usw. 1983

Kunz, V., Empirische Ökonomik. Handlungstheoretische Grundlagen der Erklärung politischer und sozialer Prozesse, Marburg 1996

Kunz, V., Ökonomische Handlungslehre. Grundlagen, Anwendungen und Anwendungsprobleme in den Politik- und Sozialwissenschaften, Dissertation Universität Stuttgart 1995

Laage, G./Michaelis, H./Renk, H., Planungstheorie für Architekten, Stuttgart 1976

Landfried, Ch., Zur Bedeutung des Steuerungswissens für den Erfolg staatlicher Steuerung, in: König, K./Dose, N. (Hrsg.), Instrumente und Formen staatlichen Handelns, Köln/Berlin/Bonn/München 1993, S. 323 ff

Lasswell, H. D., A Pre-View of Policy Sciences, New York 1971

Lau, C., Theorien gesellschaftlicher Planung. Eine Einführung, Stuttgart 1975

Laumann, E./Knoke, D., The Organizational State, Madison 1987

Lay, G. u. a., Erste Ergebnisse der Wirkungsanalyse der indirekt-spezifischen Förderung zur betrieblichen Anwendung von CAD/CAM-Systemen, in: Bey, I./Mense, H. (Hrsg.), Seminar über die Bewertung von Entwicklung und Einsatz moderner Fertigungstechnologien, Karlsruhe am 12. März 1986, Forschungsbericht KfK-PFT 119, Kernforschungszentrum Karlsruhe 1986, S. 59 ff

Lee, Y.-H., Umweltpolitik und Umweltinformation in Ballungsräumen. Vergleichende Fallstudie der Umweltinformationssysteme in Berlin (West) und Seoul (Republik Korea), Baden-Baden 1991

Lehmbruch, G., Concertation and the structure of corporatist networks, in: Goldthorpe, J. (Hrsg.), Order and Conflict in Contemporary Capitalism, Oxford 1984, S. 60 ff

Lehmbruch, G., Der Beitrag der Korporatismusforschung zur Entwicklung der Steuerungstheorie, in: Politische Vierteljahresschrift, 37, 1996, 4, S. 735 ff

Lehner, F., Grenzen des Regierens. Eine Studie zur Regierungsproblematik hochindustrialisierter Demokratien, Königstein/Ts. 1979

Leisering, L., Sozialstaat und demographischer Wandel: Wechselwirkungen, Generationsverhältnisse, politisch-institutionelle Steuerung, Frankfurt a. M./New York 1992

Lindenberg, S., An Assessment for the New Political Economy: Its Potential for the Social Sciences and for Sociology in Particular, Sociological Theory 3, 1985, S. 98

Löbler, F., Stand und Perspektive der Politikfeldanalyse in der deutschen Politikwissenschaft, Bochum 1988 (Ms.)

Lowi, T., Four Systems of Policy, Politics, and Choice, in: Public Administration Review 33 (1972), S. 298 ff

Luhmann, N., Beobachtungen der Moderne, Opladen 1992

Luhmann, N., Die operative Geschlossenheit psychischer und sozialer Systeme, in: ders., Soziologische Aufklärung 6. Die Soziologie und der Mensch, Opladen 1995, S. 25 ff

Luhmann, N., Die Wirtschaft der Gesellschaft, Frankfurt a. M. 1988

Luhmann, N., "DISTINCTIONS DIRECTRICES". Über Codierung von Semantiken und Systemen, in: Neidhardt, F./Lepsius, M. R./Weiss, J., Kultur und Gesellschaft, Opladen 1986, S. 145 ff

Luhmann, N., Einführende Bemerkungen zu einer Theorie symbolisch generalisierter Kommunikationsmedien, in: ders., Soziologische Aufklärung 2. Aufsätze zur Theorie der Gesellschaft, Opladen 1975, S. 170 ff

Luhmann, N., Einige Probleme mit reflexivem Recht, in: Zeitschrift für Rechtssoziologie, 6, 1985, S. 1 ff

Luhmann, N., Ökologische Kommunikation. Kann die moderne Gesellschaft sich auf ökologische Gefährdungen einstellen?, Opladen 1986

Luhmann, N., Politische Planung, in: ders., Politische Planung. Aufsätze zur Soziologie von Politik und Verwaltung, Opladen 1971 S. 66 ff

Luhmann, N., Politische Planung, in: Ronge, V./Schmieg, G. (Hrsg.), Politische Planung in Theorie und Praxis, München 1971, S. 57 ff

Luhmann, N., Politische Steuerungsfähigkeit eines Gemeinwesens, in: Göhner, R. (Hrsg.), Die Gesellschaft für morgen, München/Zürich 1993, S. 50 ff

Luhmann, N., Politische Theorie im Wohlfahrtsstaat, München, 1981

Luhmann, N., Soziale Systeme, Frankfurt a. M. 1984

Luhmann, N., Soziologische Aufklärung 2. Aufsätze zur Theorie der Gesellschaft, Opladen 1975

Luhmann, N., Steuerung durch Recht? Einige klarstellende Bemerkungen, in: Zeitschrift für Rechtssoziologie, 11, 1990, S. 137 ff

Luhmann, N., Zweckbegriff und Systemrationalität. Über die Funktion von Zwecken in sozialen Systemen, 2.Aufl., Frankfurt a. M. 1977

Marin, B., Generalized Political Exchange. Preliminary Considerations, in: ders. (Hrsg.), Generalized Political Exchange. Antagonistic Cooperation and Integrated Policy Circuits, Frankfurt a. M. 1990, S. 37 ff

Marin, B./Mayntz, R. (Hrsg.), Policy Networks: Empirical Evidence and Theoretical Considerations, Frankfurt a. M. 1991

Martinsen, R., Theorien politischer Steuerung. Auf der Suche nach dem dritten Weg, in: Grimmer, K./Häusler, J./Kuhlmann, S./Simonis, G. (Hrsg.), Politische Techniksteuerung, Opladen 1992, S. 51 ff

Maturana, H., Biologie der Sozialität, in: Delfin, 1985 V, S. 6 ff, Wiederabdruck in: Schmidt, S. J. (Hrsg.), Der Diskurs des Radikalen Konstruktivismus, 2. Aufl., Frankfurt a. M. 1988, S. 287 ff

Maturana, H. R./Varela, F. J., Der Baum der Erkenntnis. Die biologischen Wurzeln unseres Erkennens. Bern/München 1992, 4. Auflage

Maturana, H., Erkennen: Die Organisation und Verkörperung von Wirklichkeit, Braunschweig 1985

Maturana, H./Varela, F., Autopoiesis und Cognition, Dordrecht 1972

Maturana, H./Varela, F., Erkennen, Braunschweig 1982

Mayntz, R., Die Implementation politischer Programme. Theoretische Überlegungen zu einem neuen Forschungsgebiet, in: Mayntz, R. (Hrsg.), Implementation politischer Programme, Königstein/Ts. 1980, S. 236 ff

Mayntz, R., Einleitung. Die Entwicklung des analytischen Paradigmas der Implementationsforschung, in: Mayntz, R. (Hrsg.), Implementation politischer Programme, Königstein/Ts. 1980, S. 1 ff

Mayntz, R., Funktionelle Teilsysteme in der Theorie sozialer Differenzierung, in: Mayntz, R./Rosewitz, B./Schimank, U./Stichweh, R. (Hrsg.), Differenzierung und Verselbständigung. Zur Entwicklung gesellschaftlicher Teilsysteme, Frankfurt a. M. 1987, S. 11 ff

Mayntz, R., Naturwissenschaftliche Modelle, soziologische Theorie und das Mikro-Makro-Problem, in: Zapf, W. (Hrsg.), Die Modernisierung moderner Gesellschaften, Frankfurt a. M. 1990, S. 55 ff

Mayntz, R., Policy-Netzwerke und die Logik von Verhandlungssystemen, in: Héritier, A. (Hrsg.), Policy-Analyse. Kritik und Neuorientierung, Opladen 1993, S. 39

Mayntz, R., Politische Steuerung: Aufstieg, Niedergang und Transformation einer Theorie, in: Beyme, K. v./Offe, C. (Hrsg.), Politische Theorien in der Ära der Transformation, Opladen 1995, S. 148 ff

Mayntz, R., Politische Steuerung und gesellschaftliche Steuerungsprobleme – Anmerkungen zu einem theoretischen Paradigma, in: Jahrbuch zur Staats- und Verwaltungswissenschaft Bd. 1 (1987), S. 89 ff

Mayntz, R./Scharpf, F. W., Der Ansatz des akteurszentrierten Institutionalismus, in: dies., Gesellschaftliche Selbstregelung und Politische Steuerung, Frankfurt a. M./New York 1995, S. 39 ff

Mayntz, R./Scharpf, F. W. (Hrsg.), Gesellschaftliche Selbstregelung und politische Steuerung, Frankfurt a. M./New York 1995

Mayntz, R./Scharpf, F. W., Kriterien, Voraussetzungen und Einschränkungen aktiver Politik, in: dies. (Hrsg.), Planungsorganisation. Die Diskussion um die Reform von Regierung und Verwaltung des Bundes, München 1973, S. 115 ff

Mayntz, R./Scharpf, F. W., Policy-Making in the German Federal Bureaucracy, Amsterdam 1975

Meier, K. J., Regulation. Politics, Bureaucracy, and Economics, New York 1985

Melinz, G., Die Umsetzung des Schwerbehindertengesetzes in privaten und öffentlichen Unternehmen, Diplomarbeit Universität Konstanz 1992

Ministerium für Wissenschaft und Kunst, Landesforschungsbericht 1987, Stuttgart 1987

Mühlich-Klinger, I., Wohnungsmodernisierung zwischen Markt und staatlicher Steuerung. Empirische Untersuchung zur 'Treffsicherheit' staatlicher Wohnungspolitik, Berlin 1989

Müller, K., Katastrophen, Chaos und Selbstorganisation. Methodologie und sozialwissenschaftliche Heuristik der jüngeren Systemtheorie, in: Mayer, J. (Hrsg.), Zurück zur Natur? Zur Problematik ökologisch-naturwissenschaftlicher Ansätze in den Gesellschaftswissenschaften 1993, S. 107 ff

Münch, R., Basale Soziologie: Soziologie der Politik, Opladen 1982

Münch, R., Gesellschaftliche Dynamik und politische Steuerung, in: Bußhoff, H., (Hrsg.) Politische Steuerung, Baden-Baden 1992, S. 81 ff

Mußmann, F., Komplexe Natur, Komplexe Wissenschaft. Selbstorganisation, Chaos, Komplexität und der Durchbruch des Systemdenkens in den Naturwissenschaften, Opladen 1995

Naschold, F., Gesellschaftsreform und politische Planung, in: ders./Väth, W. (Hrsg.), Politische Planungssysteme, Opladen 1973, S. 59 ff

Naschold, F., Systemsteuerung. Einführung in die moderne politische Theorie, Stuttgart 1972

Naschold, F., Zur Politik und Ökonomie von Planungssystemen, in: Fehl, G./Fester, M./Kuhnert, N. (Hrsg.), Planung und Information, Gütersloh 1972, S. 69 ff
Naschold, F./Väth, W., Politische Planungssysteme im entwickelten Kapitalismus, in: ders./Väth, W. (Hrsg.), Politische Planungssysteme, Opladen 1973, 7 ff
Nießlein, E., Teil II. Engpässe der Naturschutzpolitik, in: Wittkämper, G./Nießlein, E./Stuckhard, P., Vollzugsdefizite bei der Verwaltungspraxis der Aufgabe Landschaftspflege und Naturschutz, Münster-Hiltrup 1984, S. 129 ff
Nohlen, D., Typologie, in: Nohlen, D./Schulze, R.-O. (Hrsg.), Pipers Wörterbuch zur Politik 1, München/Zürich 1985, S.1040 f
Nullmeier, F., Wissen und Policy-Forschung. Wissenspolitologie und rhetorisch-dialektisches Handlungsmodell, in: Héritier, A. (Hrsg.), Policy-Analyse. Kritik und Neuorientierung, Opladen 1993, S. 175 ff
O' Connor, J., Die Finanzkrise des Staates, Frankfurt a. M. 1974
Offe, C., „Unregierbarkeit". Zur Renaissance konservativer Krisentheorien, in: Habermas, J. (Hrsg.), Stichworte zur „Geistigen Situation der Zeit", 1. Bd.: Nation und Republik, Frankfurt a. M. 1979, S. 294 ff
Opp, K.-D., Soziologie im Recht, Reinbek 1973
Pappi, F. U. (Hrsg.), Methoden der Netzwerkanalyse, München 1987
Pappi, F. U., Policy-Netze: Erscheinungsformen moderner Politiksteuerung oder methodischer Ansatz?, in: Héritier, A. (Hrsg.), Policy-Analyse. Kritik und Neuorientierung, Opladen 1993, S. 84 ff
Parsons, T., Structure and Process in Modern Societies, Gleneoe (Ill.), 1960
Parsons, T., Zur Allgemeinen Theorie sozialer Systeme, (hrsg. v. S. Jensen), Opladen 1976
Paslack, R., Urgeschichte der Selbstorganisation, Braunschweig 1991
Patzeld, W. J., Die Bundesregierung, in: Gabriel, O. W./Holtmann, E. H. (Hrsg.), Handbuch Politisches System der Bundesrepublik Deutschland, München 1997, S. 181 ff
Pauli, P., Evaluierung der neueren politischen Steuerungswissenschaft, Magisterarbeit Universität Stuttgart 1997
Popper, K. R., Das Elend des Historizismus, 2. Auflage, Tübingen 1969
v. Prittwitz, V., Das Katastrophenparadox: Elemente einer Theorie der Umweltpolitik, Opladen 1990
v. Prittwitz, V., Politikanalyse, Opladen 1994
Projektträgerschaft Fertigungstechnik, Kernforschungszentrum Karlsruhe GmbH, Ergebnisse des Programms Fertigungstechnik 1984-1988, Forschungsbericht KfK-PFT 150, Kernforschungszentrum Karlsruhe 1989
Quiehl, Th., Wissenschaftsstädte, Berlin 1995
Regini, M., Still engaging in corporatism? Einige Lehren aus jüngsten italienischen Erfahrungen mit der Konzertierung, in: Politische Vierteljahresschrift, 38, Opladen 1997, 2, S. 298 ff
Reh, W., Die Verkehrspolitik der Europäischen Gemeinschaft, in: Aus Politik und Zeitgeschichte B5/93, S. 34 ff
Reimann, H./Giesen,B./Goetze, D./Schmid, M., Basale Soziologie: Theoretische Modelle, 4. Aufl., Opladen 1991

Riegas, V./Vetter, C., Gespräch mit Humberto R. Maturana, in: Riegas, V./Vetter, C. (Hrsg.), Zur Biologie der Kognition. Ein Gespräch mit Humberto R. Maturana und Beiträge zur Diskussion seines Werkes, Frankfurt a. M. 1993, S. 11 ff

Rieger, C., Begriff und Logik der Planung, Wiesbaden 1967

Ritter, E.-H., Staatliche Steuerung bei vermindertem Rationalitätsanspruch? Zur Praxis der Politischen Planung in der Bundesrepublik Deutschland, in Ellwein, Th./Hesse, J. J./Mayntz, R./Scharpf, F. W. (Hrsg.), Jahrbuch zur Staats- und Verwaltungswissenschaft 1, Baden-Baden 1987, S. 321 ff

Ronge, V., Artikel "Staatstheorie", in: Nohlen, D./Schultze, R.-O. (Hrsg.), Politikwissenschaft. Theorien-Methoden-Begriffe, München/Zürich 1989, S. 973 ff

Rose, R., Persuasive Problems of Governing: An Analytic Framework, in: Matthes, J. (Hrsg.), Sozialer Wandel in Westeuropa, Frankfurt a. M./New York 1979, S. 29

Rosewitz, B./Schimank, U., Verselbständigung und politische Steuerbarkeit gesellschaftlicher Teilsysteme, in: Mayntz, R./Schimank, U./Stichweh, R., Differenzierung und Verselbständigung. Zur Entwicklung gesellschaftlicher Teilsysteme, Frankfurt a. M./New York, S. 295 ff

Rosewitz, B./Webber, D., Reformversuche und Reformblockaden im deutschen Gesundheitswesen, Frankfurt a. M. 1990

Rudzio, W., Das politische System der Bundesrepublik Deutschland, 4. Aufl., Opladen 1996

Sabatier, P. A., Advocacy-Koalitionen, Policy-Wandel und Policy-Lernen: Eine Alternative zur Phasenheuristik, in: Héritier, A. (Hrsg.), Policy-Analyse. Kritik und Neuorientierung, Opladen 1993, S. 116 ff

Sabatier, P. A., The advocacy coalition framework: revisions and relevance for Europe, in: Journal of European Public Policy 5 (1998), S. 98 ff

Scharpf, F. W., Koordination durch Verhandlungssysteme. Analytische Konzepte und institutionelle Lösungen, in: Benz, A./Scharpf, F. W./Zintl, R. (Hrsg.), Horizontale Politikverflechtung. Zur Theorie von Verhandlungssystemen, Frankfurt a. M. 1992, S. 1 ff

Scharpf, F. W., Planung als politischer Prozeß, Frankfurt a. M. 1973

Scharpf, F. W., Planung als politischer Prozeß, in: Naschold, F./Väth, W. (Hrsg.), Politische Planungssysteme, Opladen 1973, S. 167 ff

Scharpf, F. W., Politiknetzwerke als Steuerungssubjekte, In: Derlien, H.-U./Gerhardt, U./Scharpf, F. W. (Hrsg.), Systemrationalität und Partialinteresse, 1994, S. 381 ff

Scharpf, F. W., Politische Planung zwischen Anspruch und Realität, in: Lendi, M./Linder, W. (Hrsg.), Politische Planung in Theorie und Praxis, Bern/Stuttgart 1979, S. 21 ff

Scharpf, F. W., Politische Steuerung und politische Institutionen, in: Politische Vierteljahresschrift 1989, S. 10 ff

Scharpf, F. W., Positive und negative Koordination in Verhandlungssystemen, in: Héritier, A. (Hrsg.), Policy-Analyse. Kritik und Neuorientierung, Opladen 1993, S. 57

Scharpf, F. W., Verhandlungssysteme, Verteilungskonflikte und Pathologien politischer Steuerung, in: Politische Vierteljahresschrift, 1988, 19, S. 61 ff

Scharpf, F. W./Benz, A., Kooperation als Alternative zur Neugliederung? Zusammenarbeit zwischen den norddeutschen Ländern, Baden-Baden 1991

Scharpf, F. W./Mohr, M., Efficient Self-Coordination in Policy Networks? A Game-Theoretic Exploration., Ms. Köln: Max-Planck-Institut für Gesellschaftsforschung, 1993

Schatz, H., Auf der Suche nach neuen Problemlösungsstrategien, in: Mayntz, R./Scharpf, F. W. (Hrsg.), Planungsorganisation, München 1973, S. 11 ff

Schimank, U., Determinanten sozialer Steuerung – akteurstheoretisch betrachtet. Ein Themenkatalog, in: Bußhoff, H. (Hrsg.), Steuerbarkeit und Steuerungsfähigkeit, Baden-Baden 1992, S. 165 ff

Schimank, U., Gesellschaftliche Teilsysteme als Akteurfiktionen, in: Kölner Zeitschrift für Soziologie und Sozialpsychologie, 1988, 40, S. 619 ff

Schimank, U., Theorien gesellschaftlicher Differenzierung, Opladen 1996

Schimank, U./Glagow, M., Formen politischer Steuerung: Etatismus, Subsidiarität, Delegation und Neokorporatismus, in: Glagow, M. (Hrsg.), Gesellschaftssteuerung zwischen Korporatismus und Subsidiarität, Bielefeld 1984, S. 4 ff

Schmid, M., Verhaltens- und Lerntheorie, in: Reimann, H./Giesen, B. u. a., Basale Soziologie: Theoretische Modelle, Opladen 1991, S. 148 ff

Schmitter, P., Interest Intermediation and Regime Governability in Contemporary W. Europe and N. America, in: Berger, S. (Hrsg.), Organizing Interests in Western Europe, Cambridge 1981, S. 285 ff

Schmitter, P. C., Still the Century of Corporatism?, in: Review of Politics 36, 1974, 85 ff.

Schmitter, P. C./Grote, J. R., Der korporatistische Sisyphus: Vergangenheit, Gegenwart und Zukunft, in: Politische Vierteljahresschrift, 38, Opladen 1997, 3, S. 530

Schneider, V., Politiknetzwerke der Chemikalienkontrolle. Eine Analyse einer transnationalen Politikentwicklung, Berlin/New York 1988

Schubert, K., Politikfeldanalyse, Opladen 1991

Schubert, K., Artikel „Steuerungstheoretische Ansätze“, in: Nohlen, D./Schultze, R.-O. (Hrsg.), Lexikon der Politik. Bd. 1, München 1995, S. 452 ff

Schulze-Fielitz, H., Informales oder illegales Verwaltungshandeln, in: Benz, A./Seibel W. (Hrsg.), Zwischen Kooperation und Korruption. Abweichendes Verhalten in der Verwaltung, Baden-Baden 1997, S. 233 ff

Schur, G., Umweltverhalten von Landwirten, Frankfurt a. M. 1990

Siegert, G./Meyer-Kramer, F. u. a., Wirkungsanalyse der fachprogrammbezogenen Projektförderung bei KMU – Endbericht an den BMFT ISI-Fraunhofer-Institut für Systemtechnik und Innovationsforschung (ISI-B-26-85), Karlsruhe 1985

Siegmund, G., Die Technik des Breitband-ISDN, Heidelberg 1993

Singer, O., Policy Communities und Diskurs-Koalitionen: Experten und Expertise in der Wirtschaftspolitik, in: Héritier, A. (Hrsg.), Policy-Analyse. Kritik und Neuorientierung, Opladen 1993, S. 149 ff

Spiegel-Spezial, Europa ohne Grenzen. Alarm für die Umwelt, Nr. 1, 1992

Sternberg, R., Technologie- und Gründerzentren als Instrument kommunaler Wirtschaftsförderung, Dortmund 1988

Suntum, U. v., Verkehrspolitik in der Marktwirtschaft, in: Aus Politik und Zeitgeschichte B5/93, S. 3 ff

Teubner, G., Die vielköpfige Hydra: Netzwerke als kollektive Akteure höherer Ordnung, in: Krohn, W./Küppers, G. (Hrsg.), Emergenz. Die Entstehung von Ordnung, Organisation und Bedeutung, Frankfurt a. M. 1992, S. 189 ff

Teubner, G., Hyperzyklus in Recht und Organisation. Zum Verhältnis von Selbstbeobachtung, Selbstkonstitution und Autopoiese, in: Haferkamp, H./Schmid, M. (Hrsg.), Sinn, Kommunikation und soziale Differenzierung. Beiträge zu Luhmanns Theorie sozialer Systeme, Frankfurt a. M. 1987, S. 89 ff

Teubner, G., Recht als autopoietisches System, Frankfurt a. M. 1989

Teubner, G., Social Order From Legislative Noise? Autopoietic Closure As A Problem For Legal Regulation, in: Teubner, G./Febbrajo, A. (Hrsg.), State, Law And Economy As Autopoietic Systems. Regulation And Autonomy In A New Perspective., Milano 1992, S. 609 ff

Teubner, G./Willke, H., Kontext und Autonomie, in: Zeitschrift für Rechtssoziologie, Jg. 5, 1984, S. 4 ff

Traxler, F., Regieren die Verbände? Ihr wirtschaftspolitischer Einfluß und dessen Effekte im internationalen und intersektoralen Vergleich, in: Hartwich, H.-H./Wewer, G. (Hrsg.), Regieren in der Bundesrepublik 3: Systemsteuerung und „Staatskunst“, Opladen 1991, S. 133 ff

Treiber, H., Regulative Politik in der Krise?, in: Kriminalsoziologische Bibliographie, Jg. 10, 1983, S. 33 ff

Uebersohn, G., Effektive Umweltpolitik. Folgerungen aus der Implementations- und Evaluationsforschung, Frankfurt a. M. 1990 (Europäische Hochschulschriften: Reihe 2, Rechtswissenschaft; Bd. 1018)

Ullmann, A., Industrie und Umweltschutz. Implementation von Umweltschutzgesetzen in deutschen Unternehmen, Frankfurt a. M./New York 1982

Ulrich, G., Politische Steuerung. Staatliche Intervention aus systemtheoretischer Sicht, Opladen 1994

Umpleby, S. A., Zur Kybernetik von konzeptuellen Systemen, in: Martinsen, R. (Hrsg.), Das Auge der Wissenschaft, Baden-Baden 1995, S. 157 ff

Umweltbundesamt (Hrsg.), Verkehrsbedingte Umweltbelastungen, Berlin 1991

Vanberg, V., Die zwei Soziologien. Individualismus und Kollektivismus in der Sozialtheorie, Tübingen 1975

Vester, V., Ausfahrt Zukunft. Strategien für den Verkehr von morgen. Eine Systemuntersuchung, München 1990

Voigt, R., Artikel „Staat“, in: Görlitz, A./Prätorius, R. (Hrsg.), Handbuch Politikwissenschaft. Grundlagen-Forschungsstand-Perspektiven, Reinbek b. Hamburg 1987, S. 508 ff

Vowe, G., Politische Kognition. Umrisse eines kognitionsorientierten Ansatzes für die Analyse Politischen Handelns, in: Politische Vierteljahresschrift 1994, S. 423 ff

Weber, H., Selbstregulierung und Modernisierungsdruck. Zur Leistungsfähigkeit technokorporativer Arrangements in der Forschungs- und Berufsbildungspolitik, in: Glagow, M./Willke, H. (Hrsg.), Dezentrale Gesellschaftssteuerung. Probleme der Integration polyzentrischer Gesellschaft, Pfaffenweiler 1987, S. 117 ff

Weidner, H./Knoepfel, P., Innovation durch international vergleichende Politikanalyse dargestellt am Beispiel der Luftreinhaltepolitik, in: Mayntz, R. (Hrsg.), Implementation politischer Programme II. Ansätze zur Theoriebildung, Opladen 1983, S.221 ff

Wieacker, F., Privatrechtsgeschichte der Neuzeit, 2. Aufl., Göttingen 1967

Willke, H., Entzauberung des Staates. Grundlinien einer systemtheoretischen Argumentation, in: Ellwein, Th./Hesse, J. J./Mayntz, R./Scharpf, F. W. (Hrsg.), Jahrbuch zur Staats- und Verwaltungswissenschaft, Band 1 (1987), S. 285 ff

Willke, H., Ironie des Staates. Grundlinien einer Staatstheorie polyzentrischer Gesellschaft, Frankfurt a. M. 1996

Willke, H., Prinzipien politischer Supervision, in: Bußhoff, H. (Hrsg.), Politische Steuerung, Baden-Baden 1992, S. 51 ff

Willke, H., Regieren als Kunst systemischer Intervention, in: Hartwich, H.-H./Wewer, G. (Hrsg.), Regieren in der Bundesrepublik 3: Systemsteuerung und „Staatskunst", Opladen 1991, S. 35 ff

Willke, H., Systemtheorie, Stuttgart 1982

Windhoff-Héritier, A., Policy-Analyse. Eine Einführung, Frankfurt a. M./New York 1987

Windhoff-Héritier, A., Policy-Sciences, in: Gabriel, O. W. (Hrsg.), Grundkurs Politische Theorie, Köln/Wien 1978, S. 267 ff

Windhoff-Héritier, A., Politikimplementation (Ziel und Wirklichkeit politischer Entscheidungen), Königstein/Ts. 1980

Windhoff-Héritier, A., Staatliche Steuerung aus politikwissenschaftlicher, policyanalytischer Sicht – erörtert am Beispiel der amerikanischen Luftpolitik, in: König, K./Dose, N. (Hrsg.), Instrumente und Formen staatlichen Handelns, Berlin/Bonn/München 1993, S. 249 ff

Windhoff-Héritier, A., Wirksamkeitsbedingungen politischer Instrumente, in: Ellwein, Th./Hesse, J. J./Mayntz, R./Scharpf, F. W. (Hrsg.), Jahrbuch zur Staats- und Verwaltungswissenschaft, Band 3 (1989), S. 89 ff

Winter, G. (Hrsg.), Die Steuerungsfähigkeit der Neubau- und der Modernisierungsförderung, Düsseldorf 1983

Winter, G./Unger, J., Interventionistisches und flexibles Verwaltungsrecht. Das Beispiel Zweckentfremdungsverbot für Wohnraum, in: Kritische Justiz 1984, S. 394

Wollmann, H. (Hrsg.), Politik im Dickicht der Bürokratie. Beiträge zur Implementationsforschung. Leviathan Sonderheft 3/1979, Opladen 1979

Wollmann, H., Implementation durch Gegen-Implementation von unten? Das Beispiel der Wohnungspolitik, in: Mayntz, R. (Hrsg.), Implementation politischer Programme II. Ansätze zur Theoriebildung, Opladen 1983, S.168 ff

Wörner, A., Für Geld und gute Worte: Das Fallbeispiel „MEKA", in: Görlitz, A. (Hrsg.), Umweltpolitische Steuerung, Baden-Baden 1994, S. 83 ff

Zeh, W., Wille und Wirkung der Gesetze. Verwaltungswissenschaftliche Untersuchung am Beispiel des Städtebauförderungsgesetzes, Bundesimmissionsschutzgesetzes, Fluglärmgesetzes und Bundesausbildungsförderungsgesetzes, Heidelberg 1984

Zürn, M., Interessen und Institutionen in der internationalen Politik. Grundlegung und Anwendungen des situationsstrukturellen Ansatzes, Opladen 1992

Stichwortverzeichnis

(Fettgedruckte Seitenzahlen verweisen auf Begriffserläuterungen)

A

Abhängige Variable 76
Adressat 133; 139
Adressaten
  -system 135; 254; 257; **291**
  -umfeld 184
  -verhalten 31; 221; **258**
Agenda 24-26; 27; 28; 144; 150; 152; 155; 179; 285 f
Aggregationsmodell 291
Akteur 57; **69 f**; 73; 86; **90 f**; 115; 137 f; 157; 174; 198; 220; 231; 236-239; 281; 284
Akteurs
  -handeln 171; 173; **232**; 236
  -theoretisch 79
Aktor 95; **227 f**; 231; 235; 254
Aktorennetzwerk 243
Alltagstheorie 274
Alternativauswahlmodell 94
Analyseperspektive 231
Anpassungsprozeß 225
Anschlußfähigkeit 133; **213**; 251
Artefakt 262
Aufgabenplanung 86
Autopoiese **198**; 200; 203-213; 217; 223; 227; 229; 239; 241
Autopoietische Geschlossenheit 136
Axiomatik **205-209**; 221; 235; 237; 270

B

Bargaining 105
Belief System 57-60; 73; 76; **163-167**
Beobachter 203; **209-211**; 218; 225; 228; 242; 279; 285

C

Code 42; 46; **214**; 216; 219-221

D

Deduzierung 270
Definitionskompetenz 179; 252
Delegation 121; **123**; 125; 149
Differenzierung 15; **21**; 34; 102; 109; 117; 136; 149; 187; 214; 220; 243
Dissipative Strukturen 200
Distribution 120
Dynamik 71; 85; 112; 151; 153; 155; 200; 233; 241; **260**; 266; 268; 290

E

Effektivität 61; 186
Effizienz 186
Empirisches Relativ 76; 289
Entscheidungs
  -agenda 154
  -kalkül 95; 217
  -kriterien 88
  -prozeß 71; **92**; 104; 123; 149; 151; 156; 174; 238
  -struktur 79; **85**; 149; 151
  -system **86**; 90; 113
Entwicklungspfad 248; **252**; 272
Erkenntnistheorie 203; 205
Erklärung 26; 54; 59; 61; 67; 198; 200; 205; 223 f; **232-234**; 237; 239; 248; 283; 290 f

Erklärungskonzept 20; 229; **232 f**; 237
Erwartungswert 239
Etatistische Steuerung 79
EU 52; 65; **74**; 147; 181; 259; 279
Evaluation 135; **143-145**; 179
Evaluationsansätze 81; 148; **175**; 188; 269
Evolutionszusammenhang 252 f
Explanandum 232 f

F

Finanzierung **30-32**; 35; 53; 189; 246; 253; **261**; 268 f; 271
Fixzielmodell 93
Förderprogramme 183 f; **188**; 262
Formulierungsprozeß 74
Forschungs
-ertrag 178
-gegenstand 29; 110; **176 f**; 189; 249
-strategie 55; 291
Frame 286 f
Funktionale Differenzierung 136

G

Garbage-Can-Modell 153; 285
Gebot 35 f
Gemeinwohl 7; 131; **156**
General-Political-Exchange-Modell 169
Gesellschafts
-politische Ansätze **101 f**; 105; 111; 117; 216
-system 7; 39
Gewerkschaften 65; 124; **126-128**; 170; 181; 227
Governance 78; 174
Grenzakteure 283-288
Gruppe 75; **168**; 194

H

Handlungs
-alternative 30; **239**; 282
-fähigkeit 132
-folgen 94
-komplex 265
-kontext 75; 81; 171; 173; 232; **236 f**; 256; 272; 277; 283-287
-koordination 78
-kriterien 132
-logik 225
-motiv 137; **173**; 286
-option 225
-prägung 137
-prämissen 34
-set 286
-struktur 260; 283
-system 64
-theorie 233; **237 f**; 271; 291
-wahl 232 f; 237 f
Heuristik 80; **131**; 135; 139 f; 144 f; 165; 199; 223; 273; 292
Hierarchie 114; **120**; 160-163
Hyperzyklus 200
Hypothese **270**; 273 f; 284; 287
Hypothesenbildung 270; 282

I

Impact **81**; 83; 134 f; 143
Implementation 67; 71; 83; 110; 114; 123; **143-148**; 152; 177; 183; 185; 188; 194; 255; 269
Implementations
-forschung 9; **175**; 184
-problem 90; 113
Implikation 62; 231; 233; 235; **239**; 290
Indikatoren 18; **143**; 271; 277; 280
Informations
-austausch 99; 124
-kapazität **98**; 184; 187

-problem 123; 159
Informierung **30-32**; 266; 268 f
Infrastruktur 118; 264
Initiativkompetenz 252
Initierung 291
Inklusion 121
Inkonsistenz 221
Innovation 105; 270 f
Input 40; **82**; 102 f; 107; 209
Institution 119
Institutionalisierungsform 120
Institutionelle Steuerung 134
Instrumenten
-art **31**; 133; 266
-einsatz **28**; 115; 179; 244; 246; 248; 250
-problematik 248
-variablen 91
-wirkung 132
Integrationsmodell 215
Interaktion 31; 39; 41; 101; **103**; 132; 148; 174; 198; **201 f**; 209; 220; 222; 224; 242; 253 f; 266; 274
Interaktions
-feld 243; **245**; 251-253; 283; 286; 289
-logik 245
-netzwerk **242**; 251; 256 f; 271
-prozeß 133; 163; **241-245**; 254 f; 260-263; 267; 290
-struktur 57; **120 f**; 170; 174 f; 247; 251-254
Interdependenz 89; **108 f**; 121; 139; 140; 171; 235
Interessen
-aggregation 108
-gruppen 14; 25; 58; 64 f; 82; **102**; 126; 153; 164; 285; 287
-konstellation 102
Interview 273
ISDN **246**; 264; 268
Issue **24-27**; 82; 142; 149

K

Kapitalismuskritische Ansätze 11
Kausal
-beziehung 232
-diagramm 249
Knappheiten 232
Koalitionen 14; **57-61**; 76; 164; 165; 171
Koevolution 208
Kognition **202-205**; 208; 210; 229
Kognitionskonzept 205
Kollektivgut 287
Kollektivität 227
Kommunen **52 f**; 65; 181
Kommunikation 89; 133; 202; **212**; 214; 224; 263; 265; 274
Kommunikations
-medien 133; 213
-verflechtung 73
Kompatibilisierbarkeit 247
Kompensation 53; **180**; 182; 188; 251
Kompensationsstrategie 259
Komplexität **15**; 66; 102; 107; 112; 139; 141; 146; 165; 170; 195; 201
Komplexitäts
-problem 113
-reduktion 107; 108
Konflikt 76; **137**; 164 f; 194; 228
-regulierung 69
-vermeidung 182
Konsistenz 139; 270
Konstitutionsrelation 207; 270
Kontextsteuerung 210; 217-222
Konversion 40
Konversionsproblem 43 f
Konzepttransfer 197; 199
Kooperation 10; 57; **64 f**; 69; 73; 127; 144; 159; 169 f; 195; 228; 263
Kooperations
-gewinn 287

-netzwerk 162
Koordination 126; 133; 138; 144; **156-162**; 209; 274; 284
Kosten-/Nutzen-Ansatz 143
Kreiskausalität 97; 100; **202**
Krisentheorie 106
Kybernetik 8; 77; 79; 92; **96**; 200; 202; 210 f

L

Lebende Systeme 204
Legislative 65; 152
Legitimation 85; **108 f**; 124
Leistungsprogramme 146
Leitdifferenzen 213
Logik der
-Aggregation 232
-Selektion 232; 237
-Situation 232; 236 f

M

Macht 21; 24; 31-33; 36; **38-46**; 59; 70; 108; 133
Makroebene 128; 198; 201; 221; **229-232**
Makroperspektive 223; 283
Makrovariablen 201
Mediale
-Finanzierung 246
-Regulierung 246
-Steuerungsstrategie 251-261
-Strukturierung 246
Mediales Steuerungsmodell 289
Medien 25; **35**; 37; 40; **41-44**; 142; 153; 165 f; 171; 213; 220; 226; 228 f
Medienkonzept 34-38; 42-46
Mehrebenen
-dynamik 201
-struktur 231; 291
MEKA 246; 258 f; 260; 268 f; **272-280**; 289
Mesoebene 130; 138; 222; **229**
Methode 18; **70 f**; 271
Methodologie 18; 271
Mikroebene 198; **232**; 277; 285; 286
Mikrovariablen 201
Mitnahmeeffekt 32
Modell 23; 36; 40; 44 f; 49; 57; 59; 61; 76; 81; 84; 93; 95; 102; **141-155**; 163; 165; 168; 170; 173; **204-206**; 222-224; 229; 232; 234 f; 251; 270; 273; 275; 279; 282 f; 285; 289; 291
-ebene 227; 250
-gehalt 38; 40
-grundlage 38
-prämisse 274
Motivation 32; 129
Motivationsproblem 113; 158

N

Neokorporatismus 119; 121; **124-127**
Netzwerk 68; 76; 138; 141; 142; **148 f**; 162; 165; 168; 170; 181; 193; 204; 229; 265 f
-konzepte 171
Norm
-befolgung 249
-zweckerfüllung 249
Normen 33; 52-54; 68; 76; 82; 104; 122; 162; **171**; 173; 188; 232; 236; 238; 276
Nutzen
-minderung 256
-struktur 69

O

Öffentlichkeit **25**; 61; 74; 142; 153; 195; 254; 267

Ökonomische Theorie der Politik 129
Operationalisierung **110**; 134; 137; 283
Operative Steuerung 133
Optimierungsmodell 93
Ordnungsrelation 207
Organisation 65; 74; 82; 123; **149**; 151; 159; 183; 206; 207; 217 f; 220; 224; 226; 228; 231; 283
Organisations
 -grenzen 151
 -soziologie 179
 -struktur **49**; 99; 108
Organisierte Interessen 73
Outcome 83; 143
Output 40; **81-84**; 102 f; 143; 209

P

Parteien **25**; 57; 65; 69; 73; 82; 124; 142; 153; 164; 285
Penetration 133
Persuasive Politik 50
Perturbation 208; 225 f; **241-244**; 252; 253
Perturbationsnotwendigkeit 285
Perzeption 68; **252**; 268; 290
Perzeptionsmuster 73
Planungs
 -forschung 9; 175
 -konzept 77; 90; 111; **176**; 181
Planverwirklichung 178
Pluralismus
 -kritische Ansätze 14
 -theorie 116; 130
Pluralistische Systempolitik 96; **101-104**; 109
Policy 29; 49 f; 57-62; 67-78; 81-84; 138; **141-158**; 163-170; 175; 181; 196; 228 f; 242; 245; 285-287
 -analyse 81; 111; **139**; 222; 245
 -Entrepreneur 286; 287
 -Learning 163
 -Making 8
Politics **54**; **67**; 76; 153 f; 285-287
Politik
 -arena 69 f; 181
 -feld **48-50**; 73; 83; 164; 182; 187 f; 229; 270; 282
 -formulierung **82-84**; 129; 138; 144; 152; 156; 180 f
 -kosten 287
 -verfertigung 9; 288
 -verflechtung 49; 222
 -ziel 287
Politische
 -Ökonomie 130
 -Philosophie 164
 -Planung **80-86**; 90; 101 f; 105-110
Politisches System 229
Polity 54; 67; **76**
Polyarchie 120 f; 124
Positive Koordination 161
Präferenz
 -funktion 91
 -ordnung 95; 186; **239**
Präferenzen 68; 91; 94; 99; 121; 147; 151; **236**
Präzision 270
Problem
 -definition 132
 -lösungskompetenz 177
 -perzeption 58; 142
 -verarbeitungsprozeß 81
Produkteigenschaften 40
Professionalität 120
Programm
 -auslegung 182
 -intention 189 f
 -setzung 9
 -struktur 216
 -typ 182
 -vollzug 9; 143; **181-185**; 192
Programmierung 72; 214

Projektrelevanz 190
Prosperität 12; **51**; 282
Prozeß
-logik 150
-muster 119; 124; 148; 229; **233**; 263; 276
Public
-agenda 27
-Policy Ansatz 163

R

Rahmenanalyse 284
Randbedingung 233 f
Rational 161; **284**; 286; 289
Rational Choice 161; **284**; 286
Rationale Rekonstruktion 206
Rationalitäts
-kalkül 42; 286
-kriterien 40; 262; **284**
-muster 57
Reales Modell 57; 145; 149; 152; 168; 224; 227; **241**
Realitätsanalogie 270
Rechtsnorm 259
Rechtsprechung 254
Redistribution 29
Reduktion 255 f
Reflexion 90; **108**; 217 f; 236; 271
Reflexionsfähigkeit 218-222
Regel 31; **40**; 59; 64; 108; 112; 147; 160; 165; 176; 186; 189; **195 f**; 237; 239; 253; 258-261; 266; 273; 277
-kreis 97
Regelung **8**; 70; 85; 97; 100; 124; 161; 254
Regelungsprozeß 8; 97
Regime **69**; 170; 194
Regionenkonzept 273
Regulation 29; 254
Regulative Programme 82
Regulierung 14; 19; **30-32**; 35; 53; 72; 191; 246; 253; **258 f**; 268 f
Reiz 208 f; **235**; 241
Rekonstruktion 76; 178; 187; **197 f**; 205 f; 210; 288 f
Rekursion **200-205**; 255 f; 268; 290
Rekursive Interaktion 255
Rekursivität **255 f**; 268; 290
Relation **186**; 233; 273
Relationennetzwerk 225
Relationstypen 207
Relevanzbaumverfahren 86
Repräsentationsmonopol 126
Responsivität 14; 99; **104**
Ressource 32
Ressourcen
-knappheit 68
-mobilisierung 182
-planung 88 f
-struktur 85
-verteilung 127
Richtlinie 75; **181**; 259; 267
Rolle 59; 65; 74; 78; 104; 127 f; 164; 167; 218; **235**; 284
Rollen
-handeln 284
-inhaber 284; 288
-set 284
Rückkopplung **96-100**; 103; 135; 185

S

Sanktion **32 f**; 192; 249
Seinsprinzip 211
Selbst
-konstitution 212
-organisationskonzept 196
-referentialität 202; 212 f
-reflexiv **211**; 217; 285
-steuerung 32; 79; **121-125**; 167; 195; 219 f; 241; 250; 258; 282
Selektion 153; 212; **232**; 237 f; 248

Selektions
-logik 239
-prozeß 256
Semantik 202
Semantisches Modell 289
SEU Modell 239
Solidarität 46; **120**; 124
Sonderinteressen 124
Sozial
-modell 232 f; 239
-system **22**; 37; 41; 102; 220; 225-227; 241; 250; 252; 271; 290
-theoretische Implikation 240
-theorie 197
Spezialisierung 117; 178
Spezifität 270
Spezifitätsrelation 207
Spieltheorie 174
Staat 7; 10-14; **18-21**; 26; 28 f; 35; 55; 65; 79; 81; 88; 105; 111; 114-119; 123-131; 187; 189
Staats
-domänenkonzept 246; **266**; 269
-interventionismus 96; 101; **105 f**
Steuerbarkeit 10; 19; 47; 79; 112; **114**; 130; 187; 215; 217; 219; 231; 283
Steuerung 7-10; 19-24; 29; 34; 42; 56; 77-81; 84 f; 88 f; 97; **110-119**; 122-137; 140-142; 145; 147; 149; 156-159; 167; 171; 177 f; 186 f; 195 f; 215; 217-219; 222 f; 239-247; 250; 252; 254; 256; 262; 269 f; 290 f
-als Kooperation 10
Steuerungs
-akteur 90; 133; **136-139**; 156
-aktivität 177
-arrangement 42; **256**; 272; 289
-definition 25; **112**; 115; 175; 182; 248
-effektivität 14; 76
-einflüsse 221
-fähigkeit 10; 47; 79; 102; 106; 112; 117; 130; 148; 177; 187; **215**; 217; 273; 283; 285
-feld 55; 62; **67**; 176; 246
-handeln 112; 136
-heuristik 223
-impuls 7; 8; **241**; 247; 251
-instrument 88; 187; **246**; 248
instrument 28
-leistung 37; 119
-medium 34-47; 134
-modell 37; 100; 119-121; 198; **215**; 223; 241; 250; 256; 269; 270; 281 f; 289
-objekt 9; **112**; 115; 241-243
-perspektive 37; 112
-potential 10; 182
-präferenzen 25; 26
-praxis 46; 139; 175-179; 183-187; 192 f; 250; 258; **269**; 271; 289
-problematik **7**; 12; 141
-prozeß 9; 67; 78; 112; 131 f; 167; **177 f**; 185; 219; 243; 247; 270
-situation 139
-strategie 72; 133 f; 243; **245-248**; 251-254; 259; 261; 264; 290
-subjekt 9; **114 f**; 137; 167; 241; 242
-theorie 46; **77-80**; 111; 114-120; 126; 130; 134; 139; 141 f; 175 f; 196; 221; 270 f; 281; 293
-versagen **15-19**; 112; 130; 181; 187; 192
-verständnis 7; 9; 77; 80; 84; 100; 111; 116; 142; 145; 148; 167; 175; **196**; 219; 222; 241; 269
-voraussetzungen 269
-wirkung **33**; 115; 131; 135; 148; 187; 222; 244; 246
-zentrum 79
-ziel 55; **112**; 133; 136
Störeinwirkung 22 f

Strategie 32; 72; 75; 105 f; 248; 253; **261**; **266-268**; 283
-problem 248
-verwendungssystem 253
Strategische Zielplanung 86; 89
Struktur **22**; 52; 56; 89; 101; 107; 113; 119; 122; 146; 159; 160; 162; 167; 171; 183; 187; 198; 201 f; 207 f; 222-233; 239; 241; 244 f; 250; 272; 290 f
-anpassung 191
-determiniert 209; 227
-gleichheit 197
-muster 35; **120**; 272; 280
-politik 51; 188
-veränderung 244; 246
-wandel **12**; 128; 208; 254
Strukturelle Kopplung 80; 196; 199; 207; 210; 215 f; **223**; 225; 241 f; 252; 255 f; 271; 289-292
Strukturierung **30-32**; 53; 68; 86; 214; 246; 264; 268 f
Stufenmodell 136; 140
Subsidiarität 121 f; 125
Subsystem **43 f**; 83; 85; 102; 164; 243; 245
Subvention 268
Synergetik 200
System
-analyse 86; 203
-code 36
-dynamik 201
-integration 102; 215
-komponenten 201
-logik 24; 27
-perspektive 100
-problem 24; 27
-rationalität 37; **107-110**; 228; 242; 245; 270; 283-285
-theorie 77; **96**; 130; 211; 213
-Umwelt 8; **22**; 214
-verhalten 98; 291
-ziel 8

T

Testung der Hypothesen 283
Theorie 20; **33**; 42; 77; 80; 83; 101; 108; 111; 129; 131; 136; 176; 192; 197-200; 203-213; 220-223; 232; 239; 241; 271; 280; 284; 286
-baustein 282
-der zentralen Orte 280
-des Lebens 205
-selbstreferentieller Systeme 80; 220 f
Theorien des Staatsinterventionismus 96; **101**; 105 f
Totalerhebung 281
Transaktionskosten 162
Transformation 106; 282
Trittbrettfahrerverhalten 129
Typologie **30 f**; 53; 119; 125; 177 f; 236; 278

U

Umgebungsstruktur 262
Unabhänige Variable 76
Unregierbarkeitstheorem 14
Untersuchungsgegenstand 190; **198**; 221; 229
Ursache 209; 228

V

Variabilität 173; 263
Varietät 112
Verbände 57; 82; 116; **123-227**
-theorie 80; 125
Verbot 35; 253
Verfahrens
-routinen 264
-ziel 193
Verhaltens
-abwahl 272
-änderung 9; **133**; 279

-angebot 32; 273
-koordination 231
-regulation 35
-struktur 243
Verhandlung 120 f; 133
Verhandlungs
-dilemma 160
-problem 158 f
-prozedur 287
-struktur 138
-systemtheorie 138; 150
Verkehrspolitik **51-56**; 60 f; 282
Vernetzung **98**; 138; 264
Verteilungs
-funktion 15
-gerechtigkeit 162
-konflikt 160; 174
-politik **15**; 88; 105
Verwaltung 9 f; 28; 73; 81; 107; 108; 123; 153; 154; **181-183**; 194; 245
Verwaltungs
-lehre 176
-organisation 178; 183
Verwendungszusammenhang 38; 176
Vollzug 65; **184**; 194
Vollzugs
-instanz 185; 187
-problematik 184

W

Wahrnehmung 19; 23; 72; 142; 171; **204 f**; 208; 225; 227; 253; 276; 279
Wahrscheinlichkeit 94; 239
Wechselwirkung 267
Wertaggregation 93; 95
Wirkungs
-erklärung 291
-forschung 178; 186
-studien 186; 187
-verlauf 189; 274
-zusammenhang 190; **244**; 247
Wirtschaftstheorie 119
Wohlfahrtseffekt 157

Z

Ziel
-bildung 179
-erreichung **8**; **21**; 37; 39; 93; 101; 189-191; 238
-struktur 85
-variable 91
-veränderung 96
-vorstellung 8; 93
Zustandsbeschreibung 24; 179
Zwangsanwendung 182
Zweck 79; 90; **93 f**; 97; 100; 108; 118; 249; 291
-erreichung 194
Zweistufentheorie 248; 249

Content

Political Science has defined what is loosely called „governing“ or „steering“ – that is, the purposeful structuring of society by means of the state – as „political control“. Consequently, the book answers to the question if, or how far, societal conditions can be subject to political change. On the one hand, the topics of the inquiry are the ability of the political system to control society at all, the scope of such control instruments as are politically available, and the balance sheet that can be drawn up after surveying the practice of political control. On the other hand, the common methods of analyzing, valueing, or improving strategies of political control offered by political science are discussed. Last, not least, recent suggestions are presented.

In the second edition the authors have intensified their efforts to present, didactically, long-established insights into political control, as well as newer findings. For that reason, the single chapters are initiated by structuring questions and completed by summaries. Moreover, the state of research into political control is illustrated by brief descriptions of some examples of research projects. Thus, the book can be used as a textbook as well as an introduction to the research in the field: those who want to inform themselves about the state of research on political control will find what they need as will those who want to pursue new research in the field of political control.

Verfasser

Axel Görlitz, Professor für Politikwissenschaft an der Universität Stuttgart, Direktor des Instituts für Politikwissenschaft

Veröffentlichungen (Auswahl):

A. Görlitz (Hrsg.): Politische Justiz, Baden-Baden 1996
A. Görlitz (Hrsg.): Umweltpolitische Steuerung, Baden-Baden 1994
A. Görlitz/U. Druwe: Politikfeldanalyse als mediale Steuerungsanalyse, in: H. Bußhoff (Hrsg.), Politische Steuerung, Baden-Baden 1992, S. 143 ff.
A. Görlitz/R. Voigt (Hrsg.): Regulative Umweltpolitik, Pfaffenweiler 1990

Hans-Peter Burth, M.A., Wissenschaftlicher Angestellter am Institut für Politikwissenschaft der Universität Stuttgart

Veröffentlichungen (Auswahl):

H.-P. Burth: Die Begründung des Entschädigungsgrundsatzes in R. Nozicks „Anarchie, Staat, Utopia", in: Archiv für Rechts- und Sozialphilosophie, 1994, S. 383 ff.
H.-P. Burth: Zur Verbindung von autopoietischer Systemtheorie und strukturell-individualistischer Handlungstheorie, in: U. Druwe / V. Kunz (Hrsg.): Handlungs- und Entscheidungstheorie in der Politikwissenschaft, Opladen 1996, S. 226 ff.
H.-P. Burth / U. Druwe: Rationalität und Moralität, in: U. Druwe / V. Kunz (Hrsg.): Rational Choice in der Politikwissenschaft, Opladen 1994, S. 156 ff.
H.-P. Burth (Hrsg. zus. mit A. Görlitz): Informale Verfassung, Baden-Baden 1998

Memos

Silke Adam, cand.rer.pol., Wissenschaftliche Hilfskraft am Institut für Politikwissenschaft der Universität Stuttgart

André Bergmann, M.A., Wissenschaftlicher Angestellter am Institut für Politikwissenschaft der Universität Stuttgart